D1729802

Heinz Esp. Kindl

Vom unendlichen Weg

Autobiographie eines Menschen

© 2024 Heinz Esp. Kindl

ISBN

-
- Softcover978-3-384-30105-5
- Hardcover978-3-384-30106-2

Druck und Distribution im Auftrag des Autors:
tredition GmbH, Heinz-Beusen-Stieg 5, 22926 Ahrensburg, Germany

Umschlaggestaltung Christina v. Puttkamer unter Verwendung eines
Motivs von iStockphoto.com / fcscafeine

Inhaltsverzeichnis

tredition

Widmung

Ich widme dieses Buch allen, die mich kennen oder auch nicht kennen, insbesondere aber meiner Tochter und meinem Sohn als Erinnerung an ihren Vater.

Prolog

Nicht lange nachdem meine Eltern geheiratet hatten, wurde mein Vater nach Russland geschickt. Es war der 2. Weltkrieg. Als der Krieg, den Hitler begonnen hatte, verloren war und die Russen, die Sieger, in Deutschland einmarschierten, wurden viele Deutsche, die im Ausland lebten, in diesem Fall die Sudetendeutschen im Gebiet der Tschechoslowakei, von dort vertrieben und nach Deutschland gebracht.

Dies geschah, wie ich aus Erzählungen meiner Großmutter weiß, folgendermaßen: Die Sieger kamen in die Häuser der Dörfer und machten den Bewohnern mit der Waffe unmissverständlich klar, dass sie in fünf Minuten das Nötigste zu packen und sich dann auf der Straße einzufinden hätten. Von da ging es zu Fuß in Richtung Deutschland. Die Heimat und aller Besitz blieben zurück. Dies war eine Karawane von Alten, Frauen und Kindern, denn die Männer waren ja im Krieg gewesen und noch nicht wieder zurück, beziehungsweise in Gefangenschaft oder gefallen.

Diese Reise war voller Entbehrungen und meine spätere Mutter, meine Schwester und meine Oma hatten oftmals nur ein Stück Brot am Tag, welches meistens meine Schwester, nur wenige Jahre alt, erhielt, denn Oma sagte immer, sie hätte schon gegessen. Schließlich landeten die drei in Grünwald bei München, zuerst in einer Turnhalle, dann in einem kleinen Gartenhäuschen und allmählich und notgedrungen begann dieser Ort zu einer neuen Heimat zu werden.

Einige Jahre später fand der Mann meiner Mutter, der mein Vater werden sollte, aus der Gefangenschaft in Skandinavien den Weg nach Grünwald zu seiner Familie. Dieser Mann, der da zurückkam, war natürlich nicht mehr der, der damals in den Krieg nach Russland zog. Ich weiß nichts von diesen Jahren, denn mein Vater hat niemals davon gesprochen. Selbst dann, als ich schon größer war und ich mich interessierte und ihn fragte, kamen so gut wie keine Antworten. Dass er nicht so viel Hunger hatte, wie die anderen, weil er geraucht hat und dass Rauchen das Hungergefühl dämpft oder dass einmal ein feindlicher Panzer nur wenige Zentimeter an ihm, auf dem Boden liegend, vorbeifuhr – an mehr kann ich mich nicht erinnern. Diese vielen Jahre wurden totgeschwiegen und dies ist natürlich auch irgendwie verständlich. Und das sicher nicht nur, weil sie den Krieg verloren hatten, sondern auch, weil man diesen Heimkehrern

8

entgegenrief, dass sie in einem falschen, ungerechten Krieg gekämpft hatten, dass sie sich für einen bösen und größenwahnsinnigen Führer verheizen hatten lassen, was ja auch richtig war und wohl für die meisten oder alle Eroberungskriege zutrifft. Diese Männer, die heimkehrten, kamen nicht erhobenen Hauptes. Viele ihrer Kameraden waren gefallen und wer wollte schon über das Grauen berichten, das sie in ein fremdes Land getragen hatten und natürlich auch selbst erfahren hatten. Nachher will es immer keiner mehr gewesen sein, der gemordet, gebrandschatzt und vergewaltigt hat.

Dieser Mann traf also seine Frau wieder, die er vor dem Krieg geheiratet hatte und wenig später wurde ich gezeugt.

Kindheit

Ich wurde in eine Zeit hineingeboren, in der es vorrangig um den Wiederaufbau ging, darum, sich wieder ein materielles Zuhause zu erschaffen. Meine Eltern hatten ein kleines Haus mit Garten, es gab Arbeit für meinen Vater, er war Handwerker und ich wuchs gut behütet und versorgt mit Schwester und Großmutter im Hause auf. Es kam die Zeit des Wirtschaftswunders und Deutschland erholte sich schnell und was man auch begann, es hatte Erfolg, denn alles wurde gebraucht. Ganz anders, wie heute, wo es von allem sehr viel gibt und es deshalb sehr schwer ist, sich auf dem Markt durchzusetzen.

Mein Vater, der in seiner alten Heimat Bürgermeister war und einen eigenen Betrieb hatte, wirkte auf mich immer irgendwie unzufrieden, er war wohl ein gebrochener Mann und konnte sich mit den neuen Lebensumständen nie ganz zufriedengeben. Mit meiner Mutter schien mir, war es anfangs nicht viel anders. Später, als sie dann auch arbeiten ging, fand sie zu einem neuen Selbstbewusstsein und zu neuer, eigener Identität, die im lebenslänglichen Zusammenleben mit ihrer Mutter, meiner Großmutter, die ich sehr mochte, nicht so leicht zu entwickeln war.

Jedoch will ich hier nicht näher auf die Psychologie meiner Eltern eingehen, denn hier geht es nicht um diese, sondern um mich, der ich mit dem Namen Heinz Peter getauft wurde.

Auf jeden Fall blieben meine Eltern zeitlebens zusammen. Auch wenn diese Ehe sicher schwierig war, so hatte man damals doch noch ein anderes Verständnis von der Ehe und außerdem hatten die Frauen zu dieser Zeit noch nicht die finanziellen oder beruflichen Möglichkeiten, wie es ja heute bei uns weitgehend der Fall ist.

Ich wuchs also in eine Welt hinein, in der es zwar eine Religion gab, die aber nicht wirklich, aus was für Gründen auch immer, gelebt wurde, beziehungsweise sich in hohlen Ritualen erschöpfte. Es gab keine wirklichen Ideale, außer einem und das war die Materie, die in ausreichendem Maße angestrebt wurde, was ja nach den vielen Jahren der Not, die diese Menschen erlebt haben, durchaus auch verständlich ist. Dieses materielle Sicherheitsdenken übertrug sich auf mich und erzeugte eine seltsame Enge, die ich mir nicht erklären konnte, aus der ich aber von Anfang an zu fliehen versuchte.

Die Kindheit habe ich in sehr glücklicher Erinnerung. In der Pubertät empfand ich das ganze Leben aber immer mehr als eine Zwangsjacke. Ich wurde aufs Gymnasium geschickt, was mein Vater nicht wirklich für nötig hielt. Aber ich sollte es ja einmal besser haben, war die Meinung meiner Mutter. Meine Schwester, die 12 Jahre älter war, heiratete den Sohn einer reichen Unternehmerfamilie, was einen großen sozialen Aufstieg bedeutete. Ob dies ein Segen war, möge dahingestellt sein. Auf alle Fälle lebten wir in einer scheinbar heilen Welt, lebten ein bescheidenes durchschnittliches Leben und litten keinen Mangel.

Reibungspunkte und Irritationen gab es für mich allerdings im Gymnasium. In dem Ort bei München, wo wir lebten, wohnten sehr viele sehr reiche Familien und Prominenz und die Kinder des Großbürgertums kamen in der Schule mit den Kindern auch sehr armer Familien zusammen. Dies sorgte für Zündstoff und obwohl ich diese Vermischung als sehr positiv und lehrreich betrachte, muss ich doch sagen, dass in dieser Gemeinde die Selbstmordrate unter Jugendlichen sehr hoch war. Ich kann mich sicher an bald ein Dutzend Freunde und Bekannte erinnern, die diese Zeit nicht überlebt haben. Dies betraf Kinder aus armen wie auch aus reichen Familien.

Durch den Besuch des Gymnasiums wuchs mein Bildungsstand natürlich allmählich über den meiner Eltern hinaus. Ich fühlte immer mehr die geistige Enge dieser kleinbürgerlichen Welt und die leeren Lebensinhalte der sogenannten Spießer. Wirkliches Verständnis für mein Unbehagen und meine Sehnsucht konnte ich bei meinen Eltern nicht erwarten, denn ihre Sorge galt in erster Linie dem materiellen Versorgt sein, den Rest ihres Herzens hatten sie irgendwo auf den Schlachtfeldern des Krieges oder sonst wo begraben.

Das war die Zeit, wo ich begann, Schule zu schwänzen. Dies war ein Ausdruck meiner Rebellion und meiner Sehnsucht nach Freiheit und Befreiung. Diese Vormittage verbrachte ich dann meist in der Einsamkeit der Natur, im Wald oder am Fluss, an der Isar. Dort fühlte ich eine Geborgenheit und fand Zuflucht. Ich genoss die Reinheit und Ursprünglichkeit der Natur sehr und es wurden dort archaische Gefühle in mir geweckt. Der Waldläufer, der Jäger, der Krieger und der Eremit lebten in mir auf, schufen aber irgendwie eine neue Problematik, denn diese Aspekte waren nicht wirklich kompatibel mit der Welt, in der so viele Forderungen an mich gestellt wurden und in der ich wusste, dass ich funktionieren muss.

Manchmal ging ich statt in die Schule auch in die Leihbücherei und suchte nach geistiger Nahrung. Da entdeckte ich zum Beispiel Friedrich Nietzsche und so verbrachte ich viel Zeit lesend am Fluss. Da las ich den Satz „Gott ist tot" und dieser Satz hinterließ einen tiefen Eindruck auf mich. Die Religion und das Gottesmodell, das mir in meiner Kindheit und Jugend vermittelt wurde, hatten mich nie wirklich überzeugt und ließen immer mehr Fragen offen, als beantwortet wurden. So erkannte ich in diesem Satz ein besseres Modell, obwohl, und daran kann ich mich noch sehr gut erinnern, mich auch ein sehr trauriges Gefühl ergriff, welches mich in eine scheinbar sinnlose und ziellose Lebenseinstellung zog und damit auch einer Art Selbstzerstörung den Weg ebnete. Der Verlust einer übergeordneten, lenkenden Instanz kam meinem Mistrauen gegenüber Autoritäten sehr entgegen, warf mich aber andererseits auf mich selbst zurück und hinein in einen leeren Raum, wo jegliche Geborgenheit und Orientierung fehlten. Ich landete in dieser Zeit dann auch bei der Lektüre von Karl Marx, wo ich aber auch keine Heimat fand, denn dieser Materialismus schenkte mir ebenfalls keine Wärme oder eine wie auch immer geartete Befriedigung für die Sehnsucht, die in mir brannte.

Eine gewisse Kompensation lieferte in den Jahren der Pubertät die Entdeckung der Drogen und des Rausches. Grenzüberschreitende und bewusstseinserweiternde Erfahrungen zeigten eine Welt, die offensichtlich in unserer Welt und in uns enthalten war, und gaben der

Idee von Befreiung und Erlösung ein Gesicht oder zumindest den Blick frei, wie wenn man durch ein Schlüsselloch ins Paradies schaut, um somit zu wissen, wohin man sich auf den Weg machen sollte. Der Preis für solche Erfahrungen ist bisweilen hoch und man bezahlt die Höhenflüge mit weiteren Bruchlandungen auf den Realitäten unserer Zivilisation. Und selbstverständlich entsteht sehr leicht für den so Suchenden ein Suchtverhalten, das sich auf alles Mögliche, Drogen jeglicher Art beziehen kann, wie Alkohol, Sex, alle Vergnügungen eben, Konsum, Fernsehen, Internet, Sport und vieles mehr.

Die Liebe zu den Frauen, die Sexualität, die Beziehung zum anderen Geschlecht begann eine unglaublich wichtige Rolle zu spielen. In der Vereinigung schien sich die Sehnsucht nach Ganzheit zu erfüllen und war dann aber in der Beziehung nicht zu halten, ja ein Ding der Unmöglichkeit. Es war unglaublich schwierig und wieder eine neue Quelle für Irritationen und Leiden. Das Glück, welches ich zeitweise erleben durfte, mündete immer wieder in Dramen, die zu dieser Zeit noch fast ganz unverständlich blieben, in ihrer Intensität aber durchaus dem Leben seine Würze gaben. Und da war immer diese Ahnung von einer Liebe, die Erlösung bedeutet, eine Erinnerung an einen Zustand, der einem vertraut war, der einen hierher in dieses Leben getragen hatte, den man aber irgendwo auf dem Weg verloren hatte und den es wiederzuerlangen galt. Diese non–duale, ekstatische Liebe ist in Momenten des Rausches und in den Extremen, wie Grenzerfahrungen aller Art, möglicherweise erfahrbar. Sie wird aber auch leicht verwechselt mit den verschiedensten Zuständen höchster Intensität, die uns für Augenblicke von unserer persönlichen Geschichte befreien und uns vorübergehend von den uns einschränkenden Aspekten unserer Persönlichkeit lösen kann. Über diese Dinge wird uns in der Schule sowie in der Gesellschaft im Allgemeinen nicht viel bzw. gar nichts gelehrt.

In diesen Zeiten war ich ein Suchender, ein vieles Erfahrender und Erlebender, aber kein Findender.

Die Kultur des sich nicht Festlegens

Nach dem Abitur und als sich schon bald die Freude über das „es geschafft haben" gelegt hatte, gab es so ein Loch, in dem die Frage schwebte: Was nun?

Ich kann mich erinnern, wie ich mit einem Studienverzeichnis der Ludwig-Maximilian-Universität München an der Isar saß und die Studienfächer ankreuzte, die ich interessant fand. Es waren sehr viele. Aus diesen traf ich wiederum eine engere Auswahl, die ich dann mit einem zweiten Kreuzchen versah. Nach mehreren Durchgängen hatte Philosophie als Hauptfach und Kunstgeschichte und Germanistik als Nebenfächer die meisten Kreuzchen und für dieses Studium schrieb ich mich dann auch ein.

Mein anfänglicher Enthusiasmus wich bald einer ziemlichen Enttäuschung. Ohne wirkliche Vorstellungen von einem Studium, empfand ich es doch bald als völlig überflüssig und spürte irgendwie kein Leben hinter den vielen Worten der akademischen Welt. Da war nur ein Professor, Herr Konrad, damals schon sehr alt, der mich zu sich nach Hause einlud, um mit mir zu philosophieren und der mich zumindest teilweise mit dem ganzen Universitätsbetrieb wieder versöhnte.

Ich wechselte die Nebenfächer. Doch mit der Ethnologie ging es mir genauso. Ich hatte einfach das Gefühl, dass die Dozenten das, worüber sie da sprachen, selbst gar nicht verstanden hatten. Es wurde eben von außen beschrieben, was gewisse Naturvölker so machen, ohne aber einen wirklichen Bezug dazu zu haben.

In der Theaterwissenschaft ging es mir nicht besser. Irgendwann vernahm ich den fundamentalen Satz, dass Theater immer dann stattfindet, wenn der Schauspieler(A), eine Rolle(B) spielt vor dem Zuschauer (C). Das war der Moment, wo mir klar wurde, dass ich, wenn ich Theater verstehen möchte, selbst werde Theater spielen müssen. Und so tat ich es dann auch. Und das war gut so. Ich arbeitete in verschiedenen avantgardistischen Theatergruppen und machte sozusagen ganzheitliche Erfahrungen. Die Suche nach Ausdruck hatte etwas mit mir zu tun und das gefiel mir bedeutend besser, als die Gedankenkonstruktionen und Hirngespinste von Philosophen oder Wissenschaftlern zu studieren. Außerdem verbrachte ich sowieso bedeutend mehr Zeit im Park, auf Festen und in Bars als in der Uni. Die Schauspielerei war eine große Herausforderung und passte wunderbar in mein sonstiges Leben am Rande der bürgerlichen Welt mit Künstlern, Lebenskünstlern, Trinkern, Anarchisten und allen Arten von Suchenden und Sehnsüchtigen.

Längere Zeit verbrachte ich in einer Theatergruppe, die von George Tabori geleitet wurde. Er war mehr als nur ein Regisseur, er war eine außergewöhnliche Persönlichkeit und ein Theaterguru und hat die Theaterszene maßgeblich beeinflusst und bereichert. Ich erinnere mich an ein besonderes Erlebnis, welches ich hatte und damals ein Meilenstein auf meinem Lebensweg war:

Bei einer Theaterprobe sollte ich eine Szene vorspielen und als ich da vorne stand, überkam mich eine unglaubliche Angst. Ich hielt mich für unfähig, der Sache überhaupt nicht für gewachsen und es war mir derart peinlich, dass ich kurz davor war, davon zu laufen. Natürlich bemerkten dies die anderen Schauspieler und selbstverständlich auch George Tabori. Er bat mich zu ihm zu kommen und fragte mich, ob ich Angst hätte, was ich mit einem eindeutigen JA beantworten konnte. Darauf sagte er, ich solle einmal schauen, wo denn die Angst sei. Diese Frage verwirrte mich und er fragte, wo in meinem Körper. Ich spürte einen starken Druck und ein unangenehmes flatteriges Gefühl in der Gegend des Solarplexus und sagte dies. Er forderte mich daraufhin auf, meine Hände dorthin zu legen und auch dorthin zu atmen. Ich tat dies und in wenigen Minuten verschwand dieses Gefühl wie von Zauberhand. Ich fühlte mich vollkommen leicht und frei und konnte mit unglaublichem Elan in meine Rolle gehen und Theater spielen. Es war für mich damals höchst erstaunlich zu erleben, wie man durch seine Achtsamkeit auf den Körper mit emotionalen Dingen umgehen und zu schnellen Lösungen kommen kann.

Neben der Schauspielerei, die mich nicht wirklich ernährte, und dem dahinplätschernden Studium machte ich die verschiedensten Jobs. Ich war Bauarbeiter, Gärtner, Barkeeper, Bühnentechniker und vieles mehr. Ich konnte so die unterschiedlichsten Erfahrungen machen und diese Jobs passten mir gut in mein Image. Ich fühlte mich frei, zumindest dachte ich damals noch, dass Freiheit darin besteht, sich nicht festzulegen. Natürlich machte ich diese Jobs, um dann Geld zu haben, von welchem ich mir versprach, dass es mir die Möglichkeit gibt, das zu machen, was ich wirklich will. Nur wusste ich überhaupt nicht, was ich tun sollte oder wollte. Die Jobs waren also ein Mittel zum Zweck und ich machte diese Arbeiten eigentlich eher widerwillig und war mir im Grunde zu gut dafür. Der Zweck erschöpfte sich also meist darin, das Geld in Kneipen und Bars wieder auszugeben, um dann wieder durch ungeliebte Arbeiten neues zu verdienen. So geriet ich in einen seltsamen Kreislauf, der im Grunde die Perspektivlosigkeit widerspiegelte, die dadurch entstand, sich nicht festlegen zu wollen, in dem Glauben, dass das zur ersehnten Freiheit führt. Dies galt auch für Berufe wie Schauspieler oder Künstler und so vermied ich es unter allen Umständen in solch eine Kiste gesteckt zu werden. Auf diese Art umging ich jegliche Identifikation mit irgendetwas und kam auch nie wirklich in die Situation, irgendwo bestehen oder mich durchsetzen zu müssen, da ich ja mit der ganzen Sache eigentlich gar nichts zu tun haben wollte. Selbst das Wort Künstler wurde mehr als Schimpfwort verwendet, um zu beweisen, dass man ganz sicher keiner sei. Und selbstverständlich gab es auch Literatur, die dieses Lebensgefühl beschrieb und verherrlichte. Man bestätigte also die doch schmerzende Sinnlosigkeit seines Daseins durch die erhabenen und edlen Schriften von Dadaisten, Anarchisten, Nihilisten und frönte der Punkkultur oder dem Absurden.

Ja, auch damals schon schrieb ich gerne, genauso wie ich immer schon meinem Bedürfnis nach Kreativität in den verschiedensten Disziplinen Ausdruck verlieh. So entstanden damals diverse Manifeste, die im Grunde etwas festmachen und Halt und Richtung geben sollten. Wir hatten viel Spaß damals, aber letztlich führte alles immer tiefer in die Sackgasse von Absurdistan.

Reisen und die Suche nach dem Glück

Also beginne ich das Glück in der Ferne zu suchen. Es gibt viele wunderbare Klischeevorstellungen von unberührter Natur, von Palmenstränden, exotischen Schönheiten, romantischen Städten, märchenhaften Kulissen und so weiter. Es ist der Traum vom Paradies und ich machte mich auf den Weg, es zu suchen. Ich machte viele Reisen in die verschiedensten Länder dieser Welt und möchte keine missen und auch nicht die vielen Abenteuer, die ich erleben durfte. Oft habe ich das Paradies gefunden und eine Zeitlang war es auch möglich, es zu genießen, darin aufzugehen. Doch irgendwann tauchte immer auch der Zweifel auf, wo auch immer ich war, schon bald stellte ich fest: Da ist der Wurm drin. Im Paradies ist die Hölle los!

Diese Suche im Außen macht tiefen Sinn, es ist die Pilgerreise der Sehnsucht und wir lernen und erfahren so vieles über die Welt, das Leben und uns selbst. Wie kann man heimkommen, wenn man nie auf Reisen gegangen ist, zurückkommen zu sich selbst, wenn man sich nie in der Fremde verloren hat?

Meine Erkenntnis auf diesen Reisen war dann auch diese, dass ich feststellte, wohin ich auch kam, ich hatte immer den gleichen Rucksack mit dabei. In diesem Rucksack saß ich selbst mit meinen Träumen und Ängsten und irgendwann hörte ich auch in Jamaika den Reggae und das Lied: „...are you running and you running and you running away, but you can`t run away from yourself..." von Bob Marley.

Also kam ich immer wieder nach Hause, in meine Heimat, mein Bayernland und auf diese Art lernte ich es immer mehr zu schätzen, sah immer mehr die Schönheit meiner Heimat und ihre wunderbare Natur. Ich begann zu begreifen, dass alles überall war und dass es deshalb auch egal war, wo ich danach suchte.

Die Schönheit der Natur, ihre Reinheit und Wahrheit, spielten mein Leben lang eine entscheidende Rolle. Sich geborgen zu fühlen in ihrer Einfachheit und Natürlichkeit war immer ein Balsam und in Verbindung zu stehen mit den Elementen ist heilsam und eben elementar. Nun begegnet man der Natur, sowie sich selbst, immer und überall und sicherlich ist der Sonnenuntergang in Afrika nicht großartiger als in Europa, wie auch die Blume im Himalaya nicht schöner blüht wie die in den Alpen. Die Natur lehrt uns etwas, was in keinem Buch steht, wofür es keine Worte gibt. Sie ist die heilige Schrift der Götter, sie bestimmt unser Leben, sie ist die Mutter, die uns nährt und nichts geschieht außerhalb von ihr. Es ist die Liebe, die die Menschen retten wird und es ist die Liebe zur Natur, zum Natürlichen, die unsere Welt und damit uns retten wird.

Eine Todeserfahrung

Selbstüberschätzung und Starrheit

Eine Spezialität in meinem Leben waren Unfälle. Immer wieder, aus den verschiedensten äußeren Gründen, brachen Knochen und es hat lange gedauert, bis ich verstand, was die wirklichen Gründe dafür waren. Ich war immer sehr kühn, sehr wagemutig und lebte in vielerlei Weise über meine Verhältnisse. Immer wieder wollte ich beweisen, dass mir Unmögliches möglich war. Dies war ein irregeleiteter Gedanke, der mich erst viel später in meinem Leben zu seiner angemessenen Bedeutung führte: Ein alles ist möglich, nicht von einer persönlichen Perspektive hergesehen, sondern ein Ausdruck von einem umfassenden Angebundensein an ein universales Potential, welches sich durch die Person manifestiert und was mehr durch ein Geschehen lassen als durch ein Handeln geschieht. Es ist ein Ausdruck des selbstverwirklichten Menschen und nicht eines sich selbst überschätzenden Egos.

Nun, in jedem Fall ist jeder Unfall auch eine Chance und bietet die Möglichkeit des Innehaltens und des Erkennens von unbrauchbaren Verhaltensweisen. Als junger Mann, und das ist sicherlich gar nichts so ungewöhnliches, sondern ein Überlebensinstinkt, will man seine Kraft zeigen, will man sich im Rudel behaupten, will man imponieren und sucht so seinen Platz in der Gemeinschaft. In meiner Haltung zu mir selbst, wie auch zum Leben war aber etwas Starres, unglaublich stures, eine Haltung, die mir so vertraut war, so tief in mir verankert, dass ich selbst sie nicht erkennen konnte. Durch diese sich wiederholenden Knochenbrüche, die sich in ihrer Dramatik steigerten bis zu einem Wirbelsäulenbruch, der mich für lange Zeit in die Horizontale beförderte, wurde mir diese Haltung, diese Starrheit allmählich bewusst, beziehungsweise allmählich aufgeweicht.

Der Unfall

Den Unfall, der zu meiner Wirbelsäulenfraktur geführt hat, möchte ich hier kurz beschreiben, denn er enthielt auch ein Schlüsselerlebnis, welches für mein weiteres Leben sehr richtungsweisend war. Ich hatte zu dieser

Zeit mit einem Freund zusammen einen Job. Wir waren damit beschäftigt, ein kleines Haus, welches sich in einem Naturschutzgebiet am Ufer eines bayerischen Sees, befand, zu unterkellern. Das heißt unter dem Haus, welches abgestützt wurde, wurde die Erde weggegraben, um Raum für den neuen Keller zu schaffen.

Wir waren morgens unterwegs von München zur Arbeit und machten erst einmal bei Andechs auf einem Hügel eine Frühstückspause. Es war eine schwierige Zeit damals in meinem Leben. Finanziell war es sehr knapp, meine berufliche Perspektive ziemlich unklar, unglücklich oder mehrfach verliebt zu sein schien sich zum Dauerzustand auszuweiten und ich trank zu viel Alkohol, was an der Situation natürlich nichts verbesserte, sondern mich allmählich in den Irrsinn trieb.

Wir saßen also auf diesem Hügel, meine Stimmung war verkatert und miserabel und ich kann mich an folgende Worte erinnern, die ich an meinen Freund, den Langen, so nannten wir ihn, denn er war sehr groß, richtete: „Es müsste mal jemand oder irgendetwas kommen und mir mit einem Brett auf den Kopf schlagen, damit ich endlich aufwache und begreife, was ich da für einen Unsinn treibe." Mein Freund lachte, er hatte sowieso einen fatalistischen Humor und in seinem Leben sah es auch nicht viel besser aus.

Wir fuhren dann weiter zu unserem Arbeitsplatz, schlüpften unter dieses Haus, unter dem wir mühsam die Erde wegschaufelten. So eine Arbeit tat mir gut. Sie war schwer. Ich war körperlich gefordert und das holte mich heraus aus den ewigen neurotischen Erwägungen und Erörterungen des Verstandes, den Denkkreiseln des Kopfes. Ich stand da unten in Gummistiefeln im Wasser, die Erde war schwarz, Moorerde, und es war ziemlich dunkel und ich schwitzte und beförderte Schaufel für Schaufel die feuchte Erde nach oben. Wir befanden uns ja am Ufer des Ammersees, umgeben von Schilf und das Wasser des Sees sickerte in unsere Grube.

Dann geschah es:

Plötzlich traf es mich wie ein Schlag, wie ein Blitz durchzuckte mich der Gedanke: Das ist es, darauf habe ich gewartet, das ist die Lösung. Ich wusste nicht, was es war, aber es war da. Um mich herum begann die schwarze Erde zu glitzern, alles wurde von Licht durchflutet und ein wohliges Staunen und Freude, ja ein unbändiges Glücksgefühl erfasste mich. Alles verlor seine Schwere und mit großer Leichtigkeit erhob ich mich und schien zu schweben, ja, ich konnte fliegen und wie von selbst verließ ich den Keller und befand mich oben im Garten und schwebte durchs Schilf über den Steg, der hinausführte auf den offenen See. Dort gewann ich an Höhe und blickte über die Landschaft. Unglaubliche Schönheit überall und ein Lebensgefühl von friedlicher Ekstase. Ja, dachte ich, so will ich leben, so soll es sein, so habe ich es mir immer erträumt. Das ist der Zustand, der mir entspricht, der meine eigentliche Natur ist, mein natürliches Sein. Da war ein einziger Jubel von Freiheit und Befreiung.

Doch dann tauchte ein weiterer Gedanke oder vielleicht auch mehr ein Gefühl auf, und zwar, dass ich hier nicht weitergehen dürfe, dass ich zurückmuss, dass da hinter mir noch etwas auf mich wartet, noch etwas zu erledigen war und das schien plötzlich sehr wichtig, bedeutungsvoll. Ich erkannte etwas wie eine Aufgabe, die zwar nicht konkret zu erkennen war, aber mich doch mit unglaublicher Kraft, wie ein Gummiband zurückzog. Und dann wusste ich, dass ich auch zurückwollte und dass das, was ich hier über dem See erfuhr, nicht wirklich verloren gehen kann und dass ich es immer wieder wiederhaben kann. Als der Entschluss der Rückkehr gefällt war, fand ein Rückweg in unglaublicher Geschwindigkeit statt, es war nur ein Augenblick und ich befand mich wieder im Keller. Ich lag da im Schlamm und spürte unvorstellbare Schmerzen, die ich gar nicht lokalisieren konnte und dann hörte ich mich schreien.

Was dann kam, weiß ich nicht mehr so genau, doch mein Freund hat den Rettungsdienst benachrichtigt und ich lag dann im Hubschrauber und wurde in die Unfallklinik nach Weilheim geflogen.

Was war passiert?

Ein mehrere Zentner schwerer Mauerbrocken hatte sich aus dem Fundament gelöst und war mir bei gebückter Haltung von hinten, wodurch ich natürlich das Unglück nicht kommen sah, in den Rücken gestürzt und hatte meine Wirbelsäule stark beschädigt. Mehrere Wirbel waren gebrochen.

Mein Wunsch, den ich wenige Stunden vorher formuliert hatte, war also, wenn auch anders als erwartet, in Erfüllung gegangen: Kein Brett auf den Kopf, sondern ein Stein in den Rücken war gekommen und hatte mich aufgeweckt und mir etwas gezeigt, was man schwerlich glauben kann, solange man es nicht erlebt hat. Es war ein Nahtoderlebnis von außen betrachtet und eine Todeserfahrung aus meiner Perspektive. Nach diesem Erlebnis war es mir nicht mehr möglich zu glauben, dass man stirbt, wenn man stirbt. Es war wie ein Blick durchs Schlüsselloch ins Paradies. Ja, es war in der Tat noch mehr, denn ich war da gewesen, habe es erlebt, gesehen und gespürt und das war subjektiv gesehen gar nicht mehr wegzudiskutieren. Das hieß für mich, dass es das, was ich erlebt habe, auch tatsächlich gibt und dass es gilt, sich auf den Weg zu machen, um diesen Ort, diesen Zustand wiederzufinden.

Natürlich geraten auch solche Erlebnisse wieder in Vergessenheit und man versinkt, wenn man nicht aufpasst, sehr schnell wieder in den Wogen der alltäglichen Anforderungen und man fällt zurück in die alten Gewohnheiten. In den alten vertrauten Gefilden fühlt man sich ja auch zu Hause und es ist einfach, weil man sich da auskennt. Das Neue macht uns immer ein wenig Angst oder wir stellen es, da wir es ja nicht wirklich kennen, wieder in Frage und übergeben dem Verstand wieder die Regie. Dieser findet genügend Gründe, um uns von der Absurdität jenseitiger Phantasien zu überzeugen.

Und auf der anderen Seite vergessen wir auch wieder nicht, denn die Kraft solcher Erlebnisse wirkt und bahnt sich ihre Schneise durch das Gestrüpp unserer Vorstellungen und Konzepte. Und selbst wenn man zeitweise vergisst, so wird doch zur rechten Zeit die Erinnerung aktiviert werden und wir werden unweigerlich und wie von selbst schlussendlich dahingezogen oder geführt, wohin es ohnehin unser aller Schicksal ist.

Krankenhaus und Schmerzerfahrung

Ich lag für viele Wochen im Krankenhaus. Ich war nicht gelähmt und es war bald klar, dass ich wieder laufen können würde. Es war das Glück im Unglück und ich war eigentlich in vielerlei Hinsicht reich beschenkt. Reich beschenkt auch durch diese Zwangspause in meinem Leben. Natürlich wird man bedauert, dass man im Krankenhaus liegen muss, aber auf der anderen Seite ist dieser Aufenthalt dort ja auch ein Urlaub, ein Segen, denn man muss sich für diese Zeit um nichts kümmern. Man hat Pause von seinem Leben, wirklichen Urlaub und wenn man das so sehen kann, dann kann man diese Zeit auch genießen. Man hat eben einmal wirklich Zeit, keine Termine und nichts drängt einen voran. Man kann also verdauen, sich orientieren, nachdenken, sich entspannen und entdeckt wieder einmal die kleinen Freuden des Lebens. Ich meine die ganz kleinen, normalen Freuden, wie eine gute Position im Bett, ein Schluck Tee oder ein gelungener Stuhlgang.

Anfangs waren die Schmerzen, die abends immer zunahmen, fast unerträglich und dann konnte man klingeln und ich bekam Schmerz – und Schlaftabletten. Eines Abends jedoch hatte ich plötzlich den Gedanken keine Schmerzmittel zu nehmen. Ich dachte, wie das wohl wäre, wenn ich versuchen würde, den Schmerz einfach auszuhalten. Mein Gedanke war, was wohl passieren würde, wenn man dem Schmerz nicht ausweicht, sondern ihm begegnet, ganz bewusst schaut, wie lange man es aushält, beziehungsweise wie er sich denn nun wirklich anfühlt, um ihn kennenzulernen, denn wie kann man etwas kennen, vor dem man immer davonrennt. Wir leben in einer Schmerzvermeidungsgesellschaft und hätten es heutzutage gerne, wenn wir ihn aus dem Leben verbannen könnten. Doch es gelingt nicht. Er holt uns immer wieder ein.

Als abends also die Schmerzen wieder zunahmen, bekräftigte ich meinen Entschluss und klingelte nicht nach dem erlösenden Schmerzmittel. Ich lag da und war bereit. Ich wollte einfach wissen und eine Erfahrung machen. Ich war neugierig und ich hatte Angst, Angst vor der Hölle, dem Grauen und dem Leid.

Ich lag also da. Aufstehen und herumgehen war sowieso nicht möglich, ja nicht einmal sich auf die Seite legen oder sich zusammenrollen. Ich lag also immer auf dem Rücken, denn ich konnte und sollte mich ja nicht bewegen. Diese Stellung war aber für dieses Experiment von Vorteil, denn so war auch kein körperliches Ausweichen möglich. In dieser Haltung konnte ich offen und direkt dem begegnen, was da kommt.

Die Schmerzen wurden allmählich immer stärker. Ich versuchte bewusst zu atmen und dorthin, wo der Schmerz sich zeigte, in mein Kreuz, in den Bereich meiner Lendenwirbel. Ich ging völlig in die Wahrnehmung dessen, was sich da zeigen wollte, was gefühlt werden wollte. Es ist im Grunde eine Art willkommen heißen, der Versuch also nicht abzulehnen oder irgendwie auszuweichen, sondern ein Hineingehen, ein Einswerden mit diesem Phänomen. Die Schmerzen steigerten sich und das Gefühl es nicht aushalten zu können, war eigentlich ein Gedanke. Diesen Gedanken musste ich immer wieder ersetzen durch meine Absicht, den Schmerz zu erforschen und durch ihn hindurchzugehen, um zu sehen, was oder ob überhaupt etwas dahinter zu entdecken ist. Irgendwann wurde der Schmerz so stark, dass da nichts mehr war außer Schmerz und an dem Punkt, wo eine Steigerung wohl nicht mehr möglich war, jedenfalls nicht, ohne in Ohnmacht zu fallen, tauchte vor meinem inneren Auge ein violettes Dreieck auf. In dieses blickte ich sodann. Es war wie eine Hilfe, die mir geschickt wurde. In dieser Farbe violett verlor ich mich und plötzlich war da nur noch ein Zustand, dieser Zustand höchster Intensität und irgendwie keiner mehr, kein ich, das den Zustand erfuhr. Und dieser Zustand begann in etwas anderes zu kippen, in etwas sehr Freudevolles. Ich staunte oder besser, es staunte über eine ungeahnte Leichtigkeit und Ekstase. Es war plötzlich pure Freude und Glück und ganz ähnlich dem, was ich bei meinem Unfall, dieser „Nahtoderfahrung" erlebt hatte.

Ich habe keine Ahnung, wie lange das alles gedauert hat, waren es Stunden oder vielleicht nur Sekunden, ich kann es nicht sagen. Auf jeden Fall war das Erlebnis so klar, präsent und konkret, dass ich es heute, ein paar Jahrzehnte später hier gerade aufschreibe.

Ich bin dann wohl eingeschlafen. Und als ich aufwachte, war ich von einer tiefen Befriedigung erfüllt und mein Heilungsprozess entwickelte sich zufriedenstellend. Was nicht heißen soll, dass ich daraufhin auch weiterhin auf Schmerzmittel verzichtete. Nein, es ist wirklich ein Segen, dass wir diese Dinge haben.

Da waren also in kürzester Zeit zwei Erlebnisse, die sich mir tief eingeprägt haben und die mein Verständnis von den üblichen Dingen erweiterten. Das, was als normal galt, schien mir sowieso immer wieder als ziemlich verrückt, ja manchmal auch als krankhaft, pervers und unbrauchbar. Natürlich liegt auch viel Schönheit in dem Normalen, doch zugleich fand ich es keinen wirklich geeigneten Weg, um glücklich zu werden. Willst du glücklich sein oder normal? Ist das die Frage? Diese beiden Dinge müssen sich nicht gegenseitig ausschließen, aber die Norm wird der Individualität nicht gerecht. Das Individuum ist unterwegs zu sich selbst, ist auf dem Weg seine Einmaligkeit zu entdecken und sie auch auszudrücken, sie zu leben.

Als ich das Krankenhaus verließ, führte mein Weg erst einmal wieder zurück in mein altes Leben und da begegnet man allem wieder, von dem man Pause gehabt hatte. Der Genesungsprozess dauerte lange und so hatte ich Zeit und konnte mich allmählich wieder zuhause installieren und in meine alten Gewohnheiten schlüpfen.

Mein altes Leben hatte mich wieder. Neugierig und abenteuerlustig ging es voran.

Erste Beziehungen

Sex und Liebe

Es ging voran und immer wieder hinein in neue Beziehungen. Wir Menschen wünschen uns Beziehungen und wir brauchen Beziehungen. Ohne diese sind wir im Grunde gar nicht lebensfähig. Wir stehen in Beziehung zu unserm Körper, unseren Gefühlen, zur Natur, zur Gesellschaft, zu Gott und der Welt und natürlich zu den Menschen und ganz im Besonderen natürlich zum anderen Geschlecht.

Man kann nicht genau sagen, was wir alles tun, um dem andern Geschlecht zu gefallen, es zu beeindrucken, um es für sich zu gewinnen, aber ganz sicher ist ein Großteil aller unserer Aktivitäten auf dieses Ziel hin ausgerichtet. Das Ziel scheint die Liebe zu sein, aber doch ist es erst einmal ganz einfach die Arterhaltung. Diese ist mit Lust verbunden, denn sonst würde es ja niemand machen und wir wären schon längst ausgestorben. Niemand käme auf den Gedanken, wenn sich die Rehe im Wald paaren oder der Löwe die Löwin begattet, von Liebe zu sprechen. Und doch ist es genau diese Verwechselung von Fortpflanzungstrieb und Liebe, die bei den Menschen beständig Probleme erzeugt. Noch dazu, da sich die beiden ja auch teilweise überschneiden und irgendwie miteinander verknüpft zu sein scheinen. Aber sind sie das wirklich, haben sie überhaupt etwas miteinander zu tun?

Oh ja, denn wer möchte schon behaupten, dass die körperliche, erotische Liebe nicht göttlich sei – wundervoll, erfüllend, ein Geschenk und eine Gnade!

Das Männliche sucht das Weibliche und das Weibliche braucht das Männliche. Man ist nicht vollständig ohne das Andere, etwas fehlt, man sucht es im Außen und ein wunderbares Spiel beginnt. Man sucht es im Inneren und ein wunderbarer Weg beginnt. Die Suche und das Streben nach Vollkommenheit sind ein höchst spirituelles Ziel und vielleicht der Sinn und Zweck des Lebens überhaupt. Die Suche im Außen nach der vollkommenen Ergänzung, nach dem idealen sexuellen Gegenstück, das ist der normale weltliche Weg. Und die Suche im Inneren, das Aufspüren der männlichen und weiblichen Aspekte und deren Ausbalancierung, das ist der spirituelle Weg, der Weg des Mystikers. Diese Wege schließen sich nicht gegenseitig aus, sondern ganz im Gegenteil sie ergänzen und bedingen sich.

Es ging voran. Abenteuerlustig, neugierig und bedürftig stolperte ich in die verschiedensten Beziehungen. In diesem Spielfeld gilt es die unglaublichsten Erfahrungen zu machen: Schmerz und Freude, Abgründe und Gipfel, ein uferloses Feld und eine beständige Chance, sich selbst, das Leben und die Liebe besser kennenzulernen.

Erste Liebe

Ich erinnere mich noch gut, wie stark schon in ganz jungen Jahren meine Sehnsucht war, eine diffuse Sehnsucht nach Ganzheit und Vollständigkeit, die konkret wurde, wenn es um das andere Geschlecht ging. Und ich erinnere mich noch gut, wie ich meiner ersten späteren Freundin begegnete. Ich war 16 und sie 13 Jahre alt. Ich war im Jugendheim und mit Freunden am Kicker – Spielen. Plötzlich betrat sie den Raum. Es war eine Erscheinung, wie wenn der Raum sich mit Licht füllen würde. Diese Frau, die eigentlich noch ein Kind war, hatte Präsenz und Ausstrahlung. Und ich war geblendet und erfuhr zum ersten Mal diesen Moment, wenn man sich verliebt. Sich zu verlieben kann ein Prozess sein, ein allmähliches Erblühen oder aber, und das ist die bedeutend erstaunlichere Variante, ein blitzartiges Ereignis. Aus dem Nichts heraus ist in einem Moment alles anders – Amors Pfeil hat getroffen. Die Welt verwandelt sich in ein Paradies, in Schönheit und zugleich, durch die Stärke der Sehnsucht, die sich jetzt auf das Objekt der Begierde richtet, in einen genüsslich schmerzhaften Zustand. Sowie sie in ihrem zitronengelben Kleid aufgetaucht war, so war sie auch im nächsten Augenblick wieder verschwunden. Dieses Kicker – Spiel war für mich nicht mehr zu gewinnen. Meine Aufmerksamkeit war dahin und mein Interesse war gefesselt und nicht mehr von meiner „Erscheinung" zu lösen.

In den Tagen danach war mein Interesse an der Schule noch geringer, als es sowieso schon war. Aber ich ging mit offen Augen durch die Welt, denn irgendwo musste sie mir wiederbegegnen und dies geschah auch schon bald. Zufällig, wenn es denn diesen berühmten Zufall überhaupt gibt, wurde ich von einem Freund auf eine Party mitgenommen und dort tauchte die Erscheinung wieder auf. Ich war tierisch nervös, aber, und das war wirklich ein Wunder für mich, sie schien sich tatsächlich für mich zu interessieren. Und, wie dies damals auf Teenagerpartys üblich war, saßen wir bald auf einem Sofa und tauschten erste Zärtlichkeiten aus. Es war ein Rausch und rauschhaft ging es weiter und wir wurden ein Liebespaar.

In allen Religionen oder spirituellen Schulen wird immer viel von der Liebe gesprochen und das „in der Liebe sein" als der erstrebenswerte Zustand beschrieben. Der Christ zum Beispiel hat möglichst eine Liebesbeziehung mit Jesus Christus und der Sufi mit Gott, mit Allah, den er personifiziert erlebt als seinen Geliebten. Nun, aber wie soll man auch Gott lieben, etwas völlig Abstraktes, von niemandem jemals Gesehenes, wenn man noch nicht einmal die menschliche Liebe erfahren hat, diese Flamme, die alles verzehren kann, dieses Fieber, welches uns über unseren Normalzustand hinaushebt in Sphären von Verzückung und Verherrlichung. Vielleicht muss man zuerst einmal lieben lernen und ein wenig üben und Liebe erfahren und dies geschieht in der Begegnung mit dem anderen Geschlecht.

Gott ist tot

Diese Beziehung mit jener Brigitte Gottesleben, so war ihr Name, ließ an Intensität in jeder Hinsicht keine Wünsche offen. Ich war von dieser Liebe völlig besessen und nichts sonst war noch von großem Interesse. Es war, wie wenn eine neue Tür aufgeht und alles andere, alles Alte wurde langweilig. Mein Ehrgeiz bezüglich schulischer Leistungen war sowieso sehr gering und jetzt kam das Schuleschwänzen dazu. Den ganzen Vormittag die Schulbank drücken und dabei mit den Gedanken ganz woanders, das war sinnlos und oft unerträglich. Es zog mich in die Natur. Wir lebten nicht weit von einem wunderbaren Fluss, der Isar, wo es noch längere unberührte Flussabschnitte gab und wo ich viele Vormittage, eingebettet in etwas reines, heilsames verbrachte. Scheinbar weit weg von den Menschen und der Zivilisation und ihren Forderungen und Zwängen konnte ich Kraft sammeln und fühlte mich frei.

Es gab da einen Typen, den wir Wachtel nannten und der für mich den Gymnasiasten schwer einzuordnen war. Er war irgendwie die Verkörperung von Kraft, Wildheit und Freiheit. Manchmal stand er schon morgens an der Straßenbahn, die mich in die Schule bringen würde, und fragte, ob ich nicht lieber mit an den Fluss kommen wolle. Und ich wollte. Er zeigte mir viele Dinge in der Natur, zum Beispiel wie man mit der Hand Fische fängt und auch wie man diese dann zubereitet an einem kleinen Feuer. Es war eine Köstlichkeit. Diese Wiederentdeckung einer ursprünglichen, natürlichen Lebensweise war nicht nur spannend, sondern gab mir auch neuen Sinn und Zuversicht. Dieser Mann lebte zu der Zeit in einer kleinen Hütte am Fluss, die er sich selbst gebaut hatte. Er war eine Art Siddhartha für mich und der Fluss ein herrliches Symbol für das ewige Strömen des Lebens und dieses Kommen und Gehen, dieses Mysteriums des nichts festhalten Könnens.

An einem Morgen ging er aber mit mir in die Bibliothek. Er wollte mir Bücher zeigen. Dieser Mann war zwar nicht auf dem Gymnasium gewesen, aber dennoch durchaus sehr gebildet und ein Philosoph, und zwar nicht nur theoretisch und intellektuell, sondern auch in praktischer Hinsicht. Ich verließ die Bibliothek mit einem Buch von Friedrich Nietzsche. Dieses Buch hat mich tief beeindruckt: Da war von einem Ziel die Rede, von etwas wohin diese ganze Evolution führen soll, etwas, was uns Menschen von unseren Unzulänglichkeiten befreien würde und das nannte er den Übermenschen. Dieser wäre dann quasi gottgleich und macht all diese Religionen überflüssig. Die Idee von Gott entlarvt sich als eine alberne Projektion, als ein geeignetes Mittel zur Unterdrückung des Menschen, als eine Droge für den Schwächling.

Ich weiß noch gut als ich den, oft zitierten, Satz: GOTT IST TOT gelesen habe. Ich saß auf einer Bank am Fluss und als ich diesen Satz in mich hineinsinken ließ, ihn mir wie eine große, harte Wahrheit verinnerlichte, da starb etwas in mir und ich spürte eine unendliche Einsamkeit. Der Himmel über mir veränderte seine Qualität und etwas wie eine kosmische Symphonie verstummte. Ich, der ich christlich katholisch aufgewachsen bin, dachte diese bittere Pille schlucken zu müssen, dies war der Preis für die Weiterentwicklung, für den Sieg des Geistes. Die spürbare Einsamkeit, Verlorenheit und Leere interpretierte ich als Schwäche und als etwas, was es zu überwinden galt. Natürlich wusste ich damals nicht, dass dies eine intensive und schmerzliche Etappe in meinem Leben einleitete und mich auf meiner Suche tiefer hineintrieb in Süchte, in die Fänge von König Alkohol und in leidenschaftliche Liebesaffären, denn die Frau schien mir das Versprechen der Erlösung in sich zu tragen.

Das freie Leben, das Siddhartha am Fluss führte, fand jedoch bald ein jähes Ende. Eines Tages, noch am Hochufer stehend und ins Isartal blickend, war da ein ungewöhnlich heller Feuerschein, dort wo die Hütte stand, zu sehen. Wer macht da nur ein so großes Feuer? Das war die Frage. Unten angekommen, waren da nur noch die glimmenden Reste der Hütte. Sie war in Flammen aufgegangen. Es war wohl der Förster gewesen, der etwas gegen diesen Lebensstil hatte und dies angekündigt und tatsächlich auch in die Tat umgesetzt hatte. Es war sehr traurig. In unserer bürokratischen und geregelten Welt war kein Platz für solche Experimente. Solche Erfahrungen haben ihre Wirkung und lassen den inneren Rebellen wachsen und jegliche Machtstrukturen und Autoritäten werden in Frage gestellt. Der Begriff Anarchie im Sinne von „keine Macht für niemanden" gewann an Bedeutung.

Krieg der Geschlechter und Suizid

Die Geschichte mit meiner Freundin Brigitte, genannt Gilli, war wunderbar. Ich war stolz ein so schönes und aufregendes Geschöpf erobert zu haben. Jedoch entwickelte es sich immer mehr zu einem Drama. Einerseits fühlte ich mich in dieser Beziehung endlich aufgehoben und angekommen und auch ihre Familie gab mir eine Art neue Heimat und ein Verständnis, das ich zuhause nicht hatte. Doch andererseits begannen wir immer mehr in einen fast permanenten Kriegszustand zu geraten. Man kann die Gründe für die Streitereien gar nicht wirklich benennen, sie sind, wie meistens, banal und können auf die übliche Unsicherheit und Eifersucht zurückgeführt werden. Natürlich waren wir pubertär und unreif und die Beziehung war für uns beide eine Flucht nach vorne, hinaus aus unbefriedigenden Familienverhältnissen, hinein in etwas, was wir nicht wirklich verstanden.

Es war uns damals natürlich noch nicht klar, dass unsere persönlichen Auseinandersetzungen gar nicht nur so persönlich waren, sondern dass wir mittendrin waren im Krieg der Geschlechter, der schon so viele Jahrhunderte dauerte und die Rollen von Mann und Frau in Frage stellte. Der klassische Macho kämpft um sein Überleben. Doch seine Zeit läuft ab, denn die Frau kämpft um ihre Selbstständigkeit und Selbstbestimmung, um ihre Freiheit und dieser Prozess ist letztlich nicht aufzuhalten und das ist auch gut so. Man spricht heute von „auf Augenhöhe" und denkt, in unserer Kultur wäre dies schon so, jedoch die alten unbewussten Vorstellungen und Machtverhältnisse sitzen tief, tiefer als wir denken. Es ist noch gar nicht lange her, kaum 50 Jahre, da brauchte meine Mutter noch die schriftliche Erlaubnis meines Vaters, um arbeiten gehen zu können.

So verwandelte sich Liebe immer wieder in Hass und Verzweiflung. So wurde aus diesem Engel in Windeseile immer wieder ein Teufel und es war ein grausames Spiel aus Rache, Untreue und Abhängigkeit. In der Liebe, in diesem Rausch war Todesnähe spürbar und in den Phasen des Versagens, der Ohnmacht und der Einsamkeit war Todessehnsucht zu erkennen.

In diesem ersten allmählichen Ausloten von menschlichen Abgründen war auch etwas wie Größe und Herrlichkeit enthalten. Es waren eben Bereiche jenseits der von uns Jugendlichen damals so verachteten, spießbürgerlichen Mittelmäßigkeit. Diese Erfahrungen waren existentiell und ließen aber auch immer wieder den Gedanken an Flucht aufkommen. Der Suizid schien eine verlockende Lösung zu sein, ein Ausweg aus dem Drama, hinein in weite wunderbare Landschaften, in ein Land der Freiheit und Harmonie. Wo stand denn bitte geschrieben, dass ein 18-jähriger Jüngling das alles ertragen muss. Nein, es gab da diese ultimative Freiheit selbst zu bestimmen, wann es zu Ende ist, wie lange dieses Leben dauert. Welch ein süßes Geschenk schien mir diese Freiheit zu sein. Es gab ja auch die Dadaisten. Und es gab Zeiten, wo ich fast täglich mit diesem Gedanken kokettierte. Erst viel später, als ich allmählich müde wurde, mit einem Gedanken zu spielen, den ich ja scheinbar doch nicht in die Tat umzusetzen bereit war, beschloss ich, den Gedanken der Flucht aus meinem Kopf zu streichen, um mir in Ruhe anzuschauen, was so passieren würde, und um dann in 10 Jahren, also so mit 30, wieder darüber nachzudenken. Heute danke ich dafür, dass ich noch lebe und danke auch dafür, dass es für den Menschen diese Möglichkeit gibt.

Das Ausloten des Dramas schafft Intensität und einen Erfahrungsreichtum, aber dies bedeutet noch nicht, dass sich die Blindheit gegenüber sich selbst aufzulösen beginnt. Schuld an allem sind immer die anderen und die Umstände, die ungünstigen Bedingungen eben. Auch eine Lektüre, wie die von Kafka oder Hemingway, war in dieser Hinsicht nicht hilfreich, so wie auch die Kunst mir nicht wirklich dienlich war, was die Selbstreflexion betraf. Psychologisches oder auch psychospirituelles Material war mir bis dato noch nicht in die Hände gefallen….

Wie also aus dem Drama mit meiner Freundin entkommen? Das Drama in sich selbst zu lösen, war noch nicht möglich. Schluss gemacht hatten wir beide vermutlich schon dutzende Male. Aber das hatte meist den gegenteiligen Effekt und steigerte nur wieder die Anziehung und die Abhängigkeit. So musste mir das Schicksal helfen und das tat es: In Form einer neun Liebe.

Das Verlassenwerden

Der klassische Macho erwartet zwar Treue unter allen Umständen, ist es aber selbst natürlich nicht. Die prinzipielle Untreue ist sozusagen ein Konzept, denn erstens sind die Kirschen in Nachbars Garten noch schöner und köstlicher und zweitens ist der Mann doch von Natur aus ein Jäger und deshalb muss er Beute machen. Das ist er sich schuldig und auch seinem Minderwertigkeitsgefühl und den anderen Männern, deren Bewunderung er sich dadurch sicher sein kann.

Wie es damals ebenso üblich war, auf einer Party, im angeheiterten Zustand – plötzlich, Gott weiß wie, hatte man so ein herrliches weibliches Geschöpf in den Armen. Und morgens beim Aufwachen, welch ein Wunder, lag da jemand neben einem und dies war der Anfang einer neuen Geschichte. Die Neue war so wunderbar, dass es kein Zurück mehr gab und es war natürlich die Chance so aus der alten Geschichte auszusteigen. Das, was aus eigener Kraft nicht möglich gewesen wäre und was wohl auch eine Zeit des Alleinseins nach sich gezogen hätte, war jetzt möglich und es ging einfach weiter, nur mit jemand anderem und scheinbar anders. Jedoch, da keine Zeit war, etwas zu reflektieren oder zu verdauen, denn dazu sind Beziehungspausen gut und hilfreich, wiederholte sich die Geschichte in den alten Mustern und natürlich mit leichten Variationen. Das Spiel des verwundeten Machos endete in diesem Fall nach einigen Jahren damit, dass er verlassen wurde. Und jetzt gab es eine Beziehungspause, denn der Schmerz des Verlassen Seins war unendlich und legte die alte Wunde frei und ließ sie wieder bluten. Wirkliche Heilung war noch lange nicht in Sicht und wohl auch noch gar nicht vorgesehen. Die Wunde war ein Katalysator, etwas, was mich in Bewegung setzte, und viele Kompensationsversuche schenkten mir ein reiches und abenteuerliches Leben. Es ist mittlerweile allgemeines Gedankengut, dass die Neurose eine Quelle der Kreativität ist. Oder anders ausgedrückt: wenn der Künstler heilt, dann erschlafft sein Schaffensdrang, zumindest der, der ihn zu diesen erfolglosen Heilungsversuchen führt. Erfolgreich jedoch in der Hinsicht, dass auf diese Art Kultur entsteht, die Blume unserer Zivilisation.

In der Phase des Verlassen Seins und des Schmerzes war es jetzt nicht mehr möglich sogleich eine neue Beziehung einzugehen. Alle Versuche dieser Art wurden vereitelt und es war aus geheimnisvollen Gründen nicht möglich. Der Grund dafür lag natürlich in mir selbst. Lerne dich selbst kennen. Lerne es, allein zu sein. Lerne zuerst dich selbst zu lieben. Und ich begann damals schon mit einer Art Selbstreflexion. Auch damals habe ich schon gerne geschrieben, geschrieben, um etwas inneres Unsichtbares nach außen zu bringen und sichtbar zu machen. Dies schien mir schon immer ein guter Weg zu sein, um zu verstehen, um weitergehen zu können - dem einen entgegen – der Liebe, der Freiheit und der Erfüllung entgegen... So kam es also nicht selten vor, dass ich anstatt in der Schule zu sitzen, schon am Vormittag in einem Café namens „Lydia" saß und meinen Frühschoppen zusammen mit Papier und Stift verbrachte. Und natürlich ging es in diesen Jahren der Pubertät in erster Linie darum sich die Problematik des Lebens von der Seele zu schreiben. Aber nicht nur: Ich gefiel mir auch in dieser Rolle des Bohemiens. Es galt auch Rollen auszuprobieren. Identitätsmöglichkeiten waren gesucht und gehören selbstverständlich als Optionen in die Entwicklung des Menschen.

Die Schulzeit

Eine Rolle, die wir spielen müssen, in die wir hineingezwungen werden, ist die des Schülers. Natürlich ist man stolz, wenn man eingeschult wird, ein Ritual mit Schultüte, etwas Neues beginnt. Man lernt viele andere Kinder kennen und, daran besteht kein Zweifel, Kinder wollen lernen.

Damals waren die evangelischen und katholischen Kinder noch in verschiedenen Klassen. Selbst in diesen jungen Jahren und daran kann ich mich noch gut erinnern, fand ich dies seltsam und unverständlich. Später kam ich in die Gemeinschafsschule, da durften sich dann die Konfessionen mischen. Ich glaube, ich war ein sehr braves Kind, zurückhaltend, still und schüchtern und genau dafür wurde ich auch immer wieder ausgezeichnet. Dies sollte sich aber allmählich ändern und zwar in dem Maße, wie der Rebell in mir zum Leben erwachte.

Die Mutter und das Heft

Es gab da ein kleines Erlebnis, das große Wirkung hatte: Es war am Beginn der 4. Volksschulklasse. Ich hatte die erste Seite des neuen Deutschheftes mit einem Gedicht und einer Zeichnung zu gestalten. Dabei machte ich ein paar Fehler. Meiner Mutter, die die Hausaufgaben immer überwachte, fand dies für die erste Seite als vollkommen unangemessen und schickte mich mit ein wenig Geld zum Kaufmann gegenüber, um ein neues Heft zu holen. Nur leider wiederholte sich das Malheur und wieder schlichen sich Fehler ein. Meine Mutter, die wirklich ein lieber Mensch war, der ich unendlich dankbar bin und die es zweifellos gut gemeint hat, schickte mich wieder los zum Kaufmann für ein neues Heft. Und in der Tat, es wiederholte sich wieder und als ich, so glaube ich, zum sechsten Mal zum Kaufmann lief, da liefen mir schon die Tränen über die Wangen und ich war beschämt und zutiefst gedemütigt und verstand das alles überhaupt nicht. Wie konnte mir meine Mutter das nur antun und damit meine ich jetzt nicht, dass ich ihr heute deswegen den geringsten Vorwurf machen möchte, sondern dass ich mich damals eben ungeliebt fühlte und vergewaltigt. Wieso geschah es, dass ich immer wieder einen Fehler machte und warum darf das nicht sein. Warum darf ich nicht sein, wie ich bin? Warum werde ich nicht geliebt, auch für meine Fehler? So empfand ich und etwas in mir zerbrach und zugleich wurde etwas in mir geboren, etwas wie Trotz, eine Kraft, eine kämpferische Kraft, etwas, was für meine Wahrheit einstand, und das war der Rebell gegen die Konvention.

In der 4. Klasse waren alle ein bisschen nervös, denn es ging ja darum den Übergang auf das Gymnasium zu schaffen. Und ich habe es geschafft und ich war erstmal natürlich stolz, als ich die Aufnahmeprüfung bestanden hatte. Dies war einfach eine Bestätigung, dass ich nicht zu den Dummerchen gehörte, sondern zu den besseren, denn die gingen aufs Gymnasium.

Das Gymnasium und schlechte Noten

Auf dem Gymnasium startete ich allerdings in der ersten Latein Schulaufgabe mit der Note 6. Dies war auch kein Wunder, denn Latein interessierte diesen 10 – jährigen Knaben nicht im Geringsten. Hausaufgaben waren mir ein Gräuel. Ich wollte spielen, mich mit den anderen Kindern aus der Siedlung herumtreiben im Wald und auf den Wiesen und etwas erleben, mich bewegen, etwas erfahren.

Das Gymnasium, das Albert-Einstein-Gymnasium war eine strenge, reaktionäre Schule mit altmodischen grausamen Lehrern. Mein Lateinlehrer, Herr Fromholzer, der mich scheinbar von Anfang an auf dem Kieker hatte und wahrscheinlich fand, dass ein Arbeiterkind sowieso nicht hierhergehört, half mir dergestalt weiter, dass er mich die Vokabeln, die ich scheinbar nicht gelernt hatte, 3-mal abschreiben ließ. Am nächsten Tag rief er mich wieder auf und ich, vor Versagensangst schier gelähmt, blieb stumm und musste sie wieder 3-mal abschreiben. Dies wiederholte sich jahrelang bis der Herr die Schule verlassen musste, weil die Schüler aus der Oberstufe ihm das Leben schwer machten.

So hangelte ich mich von Jahr zu Jahr mit immer nur einem 5er im Zeugnis. Natürlich bekam ich auch Nachhilfe, doch die half gar nichts, denn auch in der Nachhilfe hörte ich nicht wirklich zu, genau wie in der Schule. Es interessierte mich nicht und ich träumte am Vormittag in der Schule und am Nachmittag in der Nachhilfe von irgendetwas, auf jeden Fall von der Freiheit.

Bis zur 10ten Klasse habe ich es geschafft und war dies auch meiner Mutter schuldig, die wohl so manche Entbehrung auf sich nehmen musste, um diese Nachhilfestunden zu bezahlen. In der 10ten allerding brachte ich ein Zeugnis nach Hause, in dem nur noch 5er und 6er zu finden waren. Ich bestand nur noch aus Ablehnung und Verweigerung und das war auch die Zeit, in der die Frauen und der Alkohol in mein Leben kamen. Auch meine damalige Freundin, jene Brigitte Gottesleben, war auf dem gleichen Trip und flog von ihrer Schule.

Einen meiner besten Freunde, Thomas, mit dem ich mir schon im Sandkasten ewige Freundschaft geschworen hatte, und der ganz im Gegensatz zu mir auf demselben Gymnasium fast jedes Jahr als Schulbester ausgezeichnet wurde, fragte ich einmal, wie das nur möglich sei, dass er so gut und ich so schlecht sei. Er sagte, da gäbe es wohl einen hauptsächlichen Unterschied und das wäre der, dass er im Gegensatz zu mir in der Schule zuhört und dann bräuchte er auch zuhause fast gar nichts mehr zu lernen. Dies gab mir sehr zu denken und ich begann allmählich die Ohren zu spitzen, aber nur ganz allmählich.

Die Schulzeit war eine Tortur. Allein welche Qual jeden Morgen aufzustehen, nur um sich zu diesem verhassten Ort voller Schrecken zu begeben.

Dennoch, erstmal wiederholte ich die 10te Klasse, man braucht ja schließlich einen Abschluss und natürlich lief es dabei mit meiner alten Einstellung auch nicht viel besser und ich musste dann nach einer bestandenen Mittlere Reife Prüfung das Gymnasium verlassen.

Danach war viel hin und her. Kleine Jobs, ein halbes Jahr auf der Fachoberschule für Ingenieurswesen, wo ich im Praktikum ein Stück Eisen auf ein Zehntel Millimeter genau in einen Würfel feilen musste und wo ich mich ziemlich deplatziert fühlte und ebenfalls bald entlassen wurde. Dies war eine bittere und verzweifelte Zeit völliger Desorientierung. Bis schlussendlich die familiäre Entscheidung gefällt wurde, mich auf eine Privatschule zu geben, um das normale Abitur zu machen. Nur mein Vater war dagegen, denn er war der Ansicht, wer nichts lernt, den braucht man auch nicht auf die Schule zu schicken, der soll eben etwas arbeiten. Ich muss ihm da heute durchaus auch irgendwie Recht geben. Nur zum Arbeiten hatte ich erst recht keine Lust und so wählte ich dankbar die Privatschule, sozusagen meine letzte Chance. Diese verdankte ich hauptsächlich der Fürsprache meiner Schwester und deren Mann, der als junger Unternehmer nicht auf „kleine Brötchen backen" ausgerichtet war, sondern auf Ausbildung, Bildung, Karriere und dafür war ein Abitur das mindeste.

Verunsichert

Auf der Ganztages Privatschule mit Namen „Bergmannskolleg - Katholisches Familienwerk" in Pullach war dann alles anders.

Meine Mitschüler waren anders. Sie kamen zum Großteil von normalen Gymnasien, wo sie eben auch, aus was für Gründen auch immer, versagt hatten und ein anderer Teil kam aus gutem Hause, wo man die Kinder sowieso auf eine bessere, private Schule gibt. Also letztlich fast alles Kinder aus wohlhabenden Familien, denn Geld muss man haben für eine Privatschule. Da bezahlt man und in gewisser Weise kauft man sich so sein Abi. Allerdings nicht ganz, man muss schon lernen. Manche sind auch von der Privatschule geflogen und das Abi wird natürlich staatlich überwacht.

Meine Lehrer hier waren anders. Irgendwie viel menschlicher. Da war nicht so ein Drill, so ein Druck und man wurde irgendwie als Mensch, als Person wahrgenommen und auch gewürdigt. Die Beziehung zu den Lehrern hatte bisweilen durchaus auch persönliche Züge. Wir verbrachten auch Freizeit mit den Lehrern, waren zusammen im Biergarten, beim Baden an der Isar oder auf Festen. Mit meiner Deutschlehrerin, eine besonders nette und junge Frau, hatte ich sogar eine kleine Affäre. Und einer meiner besten Klassenfreunde, der Sohn eines Hopfenbauers aus der Hallertau, hat diese Deutschlehrerin nach dem Abitur sogar geheiratet und es wurde eine gute Ehe. In diesem fruchtbaren Lernklima begann ich nun allmählich wirklich meine Ohren zu spitzen. Dabei fand ich nach und nach heraus, dass das, was da gelehrt wurde, ja eigentlich alles total interessant ist. Ich wollte es plötzlich wissen. Somit waren diese 3 Jahre bis zum Abitur vielleicht nicht gerade einfach, weil fleißig war ich natürlich immer noch nicht, aber es war zu schaffen und ich wollte es auch.

Eine kleine Geschichte:

Beim Abitur waren wir alle sehr nervös, speziell unser Direktor, denn es ging für die Schule auch darum die staatliche Anerkennung zu bekommen und deshalb sollten natürlich möglichst viele Abiturienten bestehen. Vor der mündlichen Lateinprüfung kam plötzlich der Direktor, unser Lateinlehrer, ganz aufgelöst ins Klassenzimmer und rief Kindl, Kindl, wo ist denn der Kindl, na kommen sie, kommen sie mit und ich ging natürlich mit, so nervös, wie er war, war ich auch. Er führte mich ins Direktorat. Was will der nur von mir, dachte ich und dort sagte er, dass er glaube, ich sei sicher nicht ausreichend vorbereitet und auf seinem Schreibtisch herumwühlend, gab er mir dann einen Text mit den Worten, dass dies der Text fürs mündliche sei, dass ich ihn mir gut anschauen solle und dass ich bloß nicht versagen solle. Das fand ich unglaublich und unglaublich nett. Und ich habe in der Tat ein ganz gutes Abitur hingekriegt.

Abi Alptraum

Am Tag nach der Abiturzeugnisübergabe fuhren wir, ein paar Klassenkameraden und ich, in die Mühle, ein herrliches altes bayrisches Gasthaus an der Isar, ein bisschen südlich von München. Da saßen wir also bei einem schönen Weißbier im Schatten unter den Bäumen und wollten es feiern, feiern, weil wir es jetzt geschafft hatten. Aber und ich weiß es noch genau, es wollte keine so rechte Stimmung aufkommen. Wir alle waren zwar erleichtert, aber irgendwie auch verunsichert, weil keiner wusste so genau wie es jetzt weitergehen sollte. Keiner hatte irgendeinen Plan oder ein Ziel, jedenfalls keiner von uns. Diese Verunsicherung bezüglich der Zukunft war an diesem Fest- und Glückstag größer, wie die Freude am Vollbrachten. Wir ahnten, ja wir wussten, dass es jetzt erst richtig losgeht. Als man noch in der Schule war, da war man irgendwie aufgeräumt, untergebracht und alles war klar. Jetzt, nach dieser Initiation, denn in unserer Kultur haben diese Prüfungen durchaus diesen Charakter, beginnt das, was sie „Erwachsen Sein" nennen, was wohl bedeuten soll, Verantwortung zu übernehmen und eigene Entscheidungen zu treffen. Jetzt beginnt ein neuer Lebensabschnitt. Und jetzt erzeugte die neue Freiheit, nach der wir uns so gesehnt hatten, ein mulmiges Gefühl und dies war eine überraschende Erfahrung.

Der Stress, der wegen dieses Abiturs erzeugt wird, ist kein geringer und heutzutage vermutlich noch größer als vor über 40 Jahren und dieser

Stress, dieser Leistungsdruck prägt und dringt tief ein. Auf jeden Fall verfolgte mich das Abitur in meinen Träumen bis in ein Alter von über 30. Im Traum musste ich das Abitur machen. Ich stand kurz davor, wissend, dass ich den Prüfungsstoff nicht mehr parat hatte. Meine Beteuerungen, dass ich das Abitur doch schon gemacht hätte, wurden ignoriert und es entstand jedes Mal eine peinliche und schreckliche Situation, der ich nicht gewachsen war, weil ich wusste, dass ich es so unvorbereitet nicht schaffen kann. Der einzige Ausweg war aufwachen aus diesem Alptraum. Und welch eine Erleichterung dann zu sehen, dass dies alles längst vorbei war...

Die Studienzeit

Philosophie enttäuschend

Die Ludwig-Maximilian-Universität in München war ein würdiges und schönes Gebäude, um sich in die Bereiche der Philosophie hineinzubewegen. Sehr weit bin ich dort nicht gekommen. Schon bald war ich irgendwie enttäuscht. Vermutlich auch, weil ich falsche Vorstellungen hatte. Ich erwartete mir in ebendieser Fakultät Philosophen zu begegnen. Stattdessen schienen mir die Dozenten eher Bürokraten oder intellektuelle Beamte zu sein. Nicht, dass ich hier ihr Fachwissen und ihre Kompetenz in Frage stellen möchte, jedoch alles war so trocken und knöchern, so schulmäßig und brav, dass da bei mir keine so rechte Begeisterung aufkommen wollte.

Dennoch hatte das Studentenleben seine Reize. Man war Student, eine angenehme Identifikation und schob damit den sogenannten „Ernst des Lebens" wieder vor sich her, zumindest wenn man Philosophie studierte. Jeder wusste natürlich, dass daraus kein klares Berufsbild resultierte. Man war wieder nicht so richtig festgelegt und genoss diese scheinbare Freiheit. Freiheit war wichtig und immer schon ein erstrebenswertes Ziel gewesen. Und unter Freiheit verstanden wir damals, wie schon erwähnt, ein „sich nicht festlegen" und ahnten nicht, dass wir uns damit die Freiheit nahmen, uns festzulegen, konkret zu werden, was somit in eine ganz fatale Unfreiheit führte.

Ich war von zuhause ausgezogen, ein für jeden Jugendlichen wichtiger und befreiender Schritt. Ich war in Schwabing, dem Künstler- und Studentenviertel Münchens gelandet. Wir lebten damals in riesigen Wohnungen und bildeten Wohngemeinschaften mit etwa Gleichaltrigen und Gleichgesinnten. Dies war wunderbar. Die Organisation des Haushaltes war zwar oftmals nicht unkompliziert und auch das Zusammenleben an sich nicht immer einfach, aber wir hatten viel Spaß, feierten herrliche Feste und hatten interessante und lehrreiche Begegnungen. Es war die Zeit der Hippies, der Blumenkinder. Man war gegen das Establishment, gegen Krieg und Grenzen und man trug lange Haare und rauchte auch Haschisch, um der Erleuchtung, dem Frieden und der Freiheit näher zu kommen und natürlich, um Spaß zu haben. Man war kreativ, schrieb Gedichte, spielte Theater, machte Musik und frönte dem Absurden, dem Phantastischen und dem Surrealen.

Auf der Suche

Wir waren auf der Suche, wir waren immer auf der Suche und ich war umgeben von Outsidern, von seltsamen Vögeln. Da waren die Hippies, die Rocker, die Punker, die Esoteriker, die Schickimickis, die Karrieremenschen, die Kriminellen und auch die Anarchisten, die Politischen usw. usw. Es gab viele spezielle Ausrichtungen und scheinbare Lebenskonzepte, doch alle waren auf der Suche und ich gehörte überall dazu und irgendwie auch nirgendwo. Ich entdeckte auch bei näherem Kennenlernen der verschiedenen Gruppen, dass da viel Getue war und auch viele Unstimmigkeiten und Verlogenheit. Ich fand es zum Beispiel sehr seltsam, dass der Anarchist von Sozialhilfe lebte und das damit begründete, dass er so den Staat schädigen wollte, um ihn schlussendlich dann irgendwann abzuschaffen. Ein wirkliches Gegenmodell hatte er aber auch nicht. Dass viele andere wiederum ihr Glück im Suff oder im Rauschgiftkonsum suchten, war auch nicht wirklich überzeugend. Man kannte ja das Elend der Süchtigen. Man war irgendwie gegen die Spießer, gegen das Establishment, gegen den Kapitalismus – man sah ja, wie dies alles von einem Krieg zum nächsten führte, welch kranke und perverse Blüten es hervorbrachte. Ja, da war Aufbruchsstimmung, nur wusste keiner so recht wohin. Und so blieben alle diese Bewegungen letztlich etwas Individuelles, man suchte sein Glück. Natürlich lebten wir auf der einen Seite eine große Freiheit, hatten viel Spaß und waren kreativ, aber auf der anderen Seite sah ich, dass alle Leidende waren, dass jeder auch die Verzweiflung und die Angst in sich trug. Dies war gar nicht so leicht zu verstehen, denn wir wuchsen ja in einer Zeit, dem sogenannten Wirtschaftswunder auf, in der es nur bergauf ging und kaum jemand bei uns wirklich Not zu leiden hatte. Trotzdem lösten diese Zeit und das Modell des „schaffe, schaffe Häusle baue" und dann irgendwann eine Rente bekommen, keine Freude in mir aus. Ich wollte Erfüllung finden, nur hatte ich keine Ahnung worin. Ich erinnere mich noch gut an den Satz, den ich zu einer Freundin im Auto sagte: „Also eines weiß ich gewiss, zum Arbeiten bin ich nicht auf die Welt gekommen." Wozu aber dann, das war nicht so ganz klar. Um Spaß zu haben, das war die Devise und das finde ich auch heute noch. Nur Spaß womit. Nur langt das scheinbar leider doch nicht so ganz. Und dass man Spaß, Freude und Erfüllung darin finden kann, zu dienen, den Menschen, der Natur, der Liebe und dem Leben schlechthin, das muss man erst einmal herausfinden und erkennen und das wiederum ist die Folge eines kontinuierlichen Reifungsprozesses und bedarf dieser oft mühsamen und schmerzvollen Kultivierung des Herzens.

Ja, wir waren auf der Suche, wir waren immer auf der Suche und es ist gut auf der Suche zu ein, es ist immer der Anfang der Reise und ein guter Motor. Wer sucht, bleibt nicht stehen und gibt sich eben nicht so leicht zufrieden mit dem, was ihm geboten wird. Die allmähliche Verwandlung von einem Suchenden in einen Findenden ist ein anderes Thema und kommt später, eben nach dem Suchen.

In den alternativen Wohngemeinschaften sowie auch in diesen Studenten- Hippie- und Freak-Kreisen kursierten natürlich auch spirituelle und esoterische Bücher und so bekam ich damals ein Buch von Carlos Castaneda in die Hände. In diesem begegnet dieser Schriftsteller in Mexiko einem Schamanen, der ihn als Schüler annimmt und ihn in die Welt der Magie und des Geistes einführt. Ich weiß nicht, ob sie, der Leser dieser Zeilen, diese Bücher von Carlos Castaneda und die Lehren des Don Juan kennen – egal – ich war damals jedenfalls fasziniert von dieser Welt, die ich zwar nicht verstand, die mir aber zeigte, dass sich hinter der materiellen Bühne ein noch grandioseres Spektakel verbarg. Ebenso faszinierend war für mich die Idee, sich von seiner persönlichen Geschichte zu befreien, was mir als nahezu unmöglich erschien, denn über genau diese definieren wir uns ja gerade. Und dennoch sollte das die Voraussetzung sein, um in die Sphären der Freiheit einzutauchen. Wie durch ein Schlüsselloch blickte ich in einen Raum einer anderen Wirklichkeit, einen Raum aus Licht, Wundern und Kraft und ahnte, dass dieser Raum sich auch in mir befinden muss. Das anfängliche Hilfsmittel, um in diesen Raum zu gelangen, waren halluzinogene Drogen und die waren mir bekannt und vertraut. Jedoch, und das war die Herausforderung, wie war es möglich eine erweiterte Perspektive unserer normalen Wirklichkeit zu bekommen, ohne den Genuss eben dieser berauschenden Substanzen. Und es wurde somit klar, dass man nicht umhinkommt, sich an die Arbeit an und mit sich selbst zu machen. Dies erfordert Disziplin, Ausdauer, einen starken Willen und die Sehnsucht, die Sehnsucht nach dem Phantastischen, dem Göttlichen, nach der Wahrheit hinter den vergänglichen Erscheinungen. Diese Sehnsucht war in mir, jedoch der Rest noch stark entwicklungsbedürftig. Heute weiß ich, Meditation ist das Zauberwort und in Ihrer unendlichen Weite der Weg dorthin, wohin kein Weg uns führen kann.

Die Methode von Castaneda ist eigentlich ganz einfach: Die Leinwand unseres Bewusstseins, die wir mit unseren Vorstellungen, Meinungen, Erfahrungen und Absichten bemalt haben, wieder leerfegen, um Platz zu machen für das Neue, Unaussprechliche, für die Blitze aus der anderen Welt, für Intuition und die Botschaften aus den „göttlichen" Sphären. Nun, dies ist leichter gesagt als getan, wenn man als Student ja damit beschäftigt ist, sich mit Wissen vollzustopfen. Da waren also zwei Richtungen, die mir als erstrebenswert schienen, und zwar einerseits zu lernen, zu studieren, um Wissen und Ein- und Durchblick zu erlangen und andererseits zu verlernen, um wieder ganz einfach und unschuldig, leer und empfänglich zu werden. Also arbeitete ich gewissermaßen in zwei entgegengesetzte Richtungen, ohne mir dessen wirklich bewusst zu sein. Ich befand mich im Grunde in einer absurden Situation und mag sein, dass ich auch deshalb immer eine starke Affinität zum Absurden hatte. Im Absurden, so schien mir, liegt ein Ausgang aus dieser absurden, sogenannten normalen Welt, die uns mit ihrer Logik, ihrer Rationalität und ihren Gesetzen fest im Würge-Griff hat.

Natürlich ist es ein Prozess. Ein Prozess, der lebenslänglich dauert. Man geht auf ein Ziel zu. Dieses Ziel ist wunderbar und schön. Irgendwie ist es ähnlich wie der Horizont, auf den man zugeht und dem man doch niemals näherkommt, wie wenn er zurückweichen würde, bis man merkt, dass man schon immer da war, dass man immer auf ebendiesem steht. Es ist ein Prozess und man muss vieles lernen, bis man dies erkennen kann. Man kann die Regeln erst hinter sich lassen, wenn man sie intus hat. Die Freiheit kommt, nachdem man sich eingelassen hat und nicht davor.

Mich auf etwas wirklich einzulassen, das fiel mir schwer. Jedoch das Schicksal wird uns die Erfahrungen, die es für uns vorgesehen hat, sicher nicht ersparen.

Ich war kein politisch engagierter Mensch. Dazu war ich zu sehr mit mir selbst beschäftigt. Es war die studentische Aufbruchszeit der 68er Jahre. Es war eine Zeit, in der demonstriert wurde. Das Establishment, der Materialismus und die Kriegsindustrie wurden in Frage gestellt und man ging dafür auch auf die Straße.

Als ich eines Tages aus einer Vorlesung kam und die Aula der Universität betrat, war da zu meiner Überraschung eine Demonstration. Studenten der Ludwig-Maximilian-Universität standen da in Reihen mit den Armen aneinander gehakt und skandierten gewisse Forderungen und Anliegen. Ich wusste nicht welche und verstand auch nicht, um was es ging und wollte mich schon aus dem Staub machen, da erblickte ich Thomas, einen guten Freund unter den Demonstranten. Dieser rief mir zu, ich solle mich doch anschließen und mitmachen und ich dachte dann, warum nicht. So hing ich mich als letztes Glied an eine Menschenkette, um mal zu sehen, wie das so ist und um was es da eigentlich geht. Jedoch nur wenige Augenblicke später, wie aus dem Nichts, waren wir von Polizei umzingelt. Zwei kräftige Polizisten zogen mich sogleich aus der Kette, was ja nicht schwierig war, da ich ja nur locker am Ende hing und nicht den geringsten Widerstand leistete. Ich wurde von den beiden in den Keller geführt, wo sich so etwas Ähnliches wie ein Polizeibüro befand. Und dies im Keller der Universität! Dort war viel los und ich wurde von einem Beamten hinter einem Schreibtisch nach meinen Personalien befragt. Auf seine Frage an die Polizisten, was ich denn getan hätte, antwortete einer, ich hätte Widerstand geleistet, nach ihnen getreten und geschlagen und sie beleidigt. Dies notierte er und sagte, dass dies wohl ein Nachspiel haben würde.

Man kann sich vorstellen, dass ich vollkommen überrascht war, ja es gar nicht glauben wollte, dass die Polizisten eine solche Lüge zu Protokoll gaben. Ich fragte mich, warum nur machen die das? Dann konnte ich gehen.

Ich war zutiefst erschüttert und irritiert. Bis zu diesem Tag hatte ich immer noch an eine weltliche Gerechtigkeit geglaubt. Ich war immer der Meinung gewesen, dass unser Staat und seine Werkzeuge für uns da sind und dem Wohle des Volkes, also auch dem meinen zu dienen haben. Mein

Verhältnis zu Autoritäten war zwar vielleicht nicht das Beste, aber ich hatte bis dahin auch kein größeres Problem mit diesen. Jetzt jedoch entstand eine Art Feindbild und ich spürte, dass ich da irgendwie nicht dazu gehörte und jetzt auch nicht mehr dazugehören wollte. Ich fühlte am eigenen Leib den Machtmissbrauch und damit wurde ein neuer Aspekt in mir geboren: Es war der Anarchist mit dem Postulat: Keine Macht für niemand. Ich hatte zwar Bekannte in der Studentenbewegung und der Anarchoszene, und ich glaube es war ziemlich nahe dran, aber ich bin nicht wirklich in diese Szene hineingerutscht. Jedoch beinahe hätten sie aus mir einen Anarchisten gemacht, einen, der gegen das Establishment kämpft und ja, der vielleicht in seinem Hass und seiner Verzweiflung zu Gewalt greift.

Was geblieben ist, ist ein tiefes Misstrauen gegenüber sogenannten Autoritäten und vielleicht war es ja genau dafür gut: Ich glaube bis heute noch nicht nur deshalb jemandem, weil er einen Titel, einen Namen, ein Amt hat oder weil er ein Buch geschrieben hat oder im Fernsehen spricht oder weil jemand sagt, dass er ein Erleuchteter sei.

Die Sache hatte dann auch ein Nachspiel. Es gab eine Gerichtsverhandlung, wo ich wegen Widerstand gegen die Staatsgewalt, Körperverletzung und Beleidigung angeklagt war. Die Aussagen der beiden Beamten widersprachen sich aber derart und waren von solch unglaublicher Dummheit, dass mich der Richter zu guter Letzt freisprechen musste. Das war tröstlich und hat damals zumindest teilweise meinen Glauben an unser Rechtssystem wieder hergestellt. Jedoch etwas blieb zurück. Eine seltsame Gewissheit, dass es fatal ist, sich auf unsere Welt da draußen, auf unser System zu verlassen. Es gab da keine wirkliche Sicherheit oder Geborgenheit. Mir wurde klar, dass ich diese wohl irgendwo anders würde finden müssen.

Aufbruchsstimmung und Alternativen

In den Studentenkreisen und nicht nur da, war Aufbruchsstimmung. Man sehnte sich nach Freiheit und neuen gesellschaftlichen Modellen. Man war erbost über alte Nazis, die plötzlich wieder in Regierungskreisen auftauchten, über Kriegstreiberei, Waffenlobby und Vietnamkrieg, über die kapitalistische Ausbeutung, sowie den Kolonialismus, der jetzt in der

Ausbeutung der 3. Welt weiterging und das Verbot und die Kriminalisierung von Haschichrauchern und die Einschränkung der Meinungsfreiheit.

Man glaubte an eine neue freie und friedliche Gesellschaft und hielt es für seine Pflicht den Kriegsdienst zu verweigern, sich die Haare wachsen zu lassen, was den deutschen Spießer damals noch auf die Palme trieb, und probierte neue Formen des Zusammenlebens in den sogenannten Kommunen aus. Man wollte die Enge der bürgerlichen Kleinfamilie verlassen, dieses genormte und ängstliche Verhalten eines zwanghaften Anpassungsmodus. Nur nicht auffallen, was nach dem „dritten Reich" der Nazis verständlich war, war nicht mehr IN, sondern ganz im Gegenteil, man wollte seine Individualität zur Schau stellen und diese auch gewürdigt sehen.

Wir waren nicht die Kriegskinder, sondern die Nachkriegskinder. Wir hatten Eltern, die traumatisiert waren. Traumatisiert von dem Grauenvollen, das sie verursacht hatten und von dem Leid, das sie selbst erfahren hatten. Diese nicht gelösten Traumata sorgten in unseren Eltern für diese Verschlossenheit und eine emotionale Kälte. Wir wurden nicht in die Arme genommen – das konnten sie irgendwie nicht so recht – sondern wir wurden nach nicht erklärten und nicht erklärbaren Regeln erzogen, um angepasst zu sein, um zu funktionieren. Natürlich verständlich nach so langen Kriegs-Zeiten, wo praktisch nichts mehr richtig funktioniert hat. Man wollte es endlich wieder sauber, brav und geordnet. Aber das wurde dann natürlich schon wieder alles sehr autoritär sowie eben der ganze Erziehungsstiel und seine Methoden. Man erzieht automatisch wieder so, wie man selbst erzogen wurde.

Schuld der Väter

Ich habe mich von Anfang an dagegen gewehrt. Ich sehnte mich nach Freiheit. Noch genau so wie damals als ganz kleiner Junge, der am Gartenzaun stand und hinaus in die verlockende Welt blickte, aber mit dem Verbot der Eltern im Nacken, den Garten nicht verlassen zu dürfen. Instinktiv und unbewusst habe ich mich gewehrt, das Päckchen meines Vaters und das meiner Mutter, das sie aus den Kriegszeiten mitgebracht hatten, zu übernehmen. Nein, ich war nicht bereit auch nur in irgendeiner

Weise Verantwortung für die Gräueltaten des Hitlerregimes zu übernehmen. Ich hatte damals noch gar nicht gelebt. Ich hatte damit nichts zu tun und wollte damit auch nichts zu tun haben. Ich hatte nichts aufzuarbeiten, nichts zu sühnen, nichts zu bereuen und nichts wieder gut zu machen. Ich bin nicht verantwortlich für die Sünden meiner Ahnen und beende die Übernahme und Weitergabe von Schuld, auch an meine Kinder. Natürlich wurde im privaten darüber nie gesprochen. Öffentlich schon und es entstanden Gedenkstätten für das Unglaubliche und Unfassbare. Die karmische Schuld jedoch ist noch nicht wirklich erlöst und es ist Zeit, sich darum zu kümmern. Es ist Zeit, sich von den alten Verstrickungen zu lösen, denn sonst wiederholen sich die Dinge oder eben unser Schicksal, wenn wir es so nennen wollen.

Obwohl man materiell gut versorgt war und der Aufschwung in Deutschland neuen Wohlstand brachte, haben wir uns gewehrt, waren auf der Flucht und auf der Suche. In der Gesellschaft entstand damals das, was man die „Außerparlamentarische Opposition" oder APO genannt hat, etwas Neues und für viele etwas sehr Irritierendes. Es wurde gegen etwas gekämpft: gegen Konsumterror, Lustfeindlichkeit, Leistungs- und Wachstumswahn und für etwas: für Toleranz, freie Meinung, freie Sexualität und freie Entfaltung und Selbstbestimmung. Und es wurde in diesen Zeiten auch viel erreicht:

Frauen mussten nicht mehr ihre Männer um Erlaubnis fragen, wenn sie arbeiten gehen wollten. Schwul sein war nicht mehr kriminell. Ein Oswalt Kolle brachte sowas ähnliches wie sexuelle Aufklärung und die Pille ermöglichte angstfreie Lust und jetzt mag es auch dem letzten klar geworden sei, dass die Sexualität nicht nur der Fortpflanzung dient. Man durfte den Kriegsdienst verweigern. Es erschien die antiautoritäre Erziehung und vieles mehr!

Heimatlosigkeit

Jedoch dies alles war mir nicht genug. Ich suchte nach dem Sinn, mein Herz nach der Liebe und meine Seele nach dem Licht.

In der Universität erwartete ich fündig zu werden. Jedoch irgendwie war dem nicht so. Ich war enttäuscht. Weil ich mich getäuscht hatte. Ich hatte geglaubt das Studium der Philosophie, der Germanistik und der

Kunstgeschichte würden mich persönlich bereichern, würden mir auf meinem Weg weiterhelfen, aber ich stellt fest, dass diese Anhäufung von Wissen irgendwie nichts mit mir zu tun hatte. Der Wechsel zu anderen Fächern änderte daran auch nichts und mir wurde immer klarer, dass ich außerhalb suchen musste, abseits des akademischen Mainstreams. Ich war wohl der klassische Außenseiter. Dies war und ist wohl auch noch heute mein Prinzip. Ähnlich wie wir eben auch politisch gesehen keine Heimat in den etablierten Parteien fanden, sondern in Strömungen außerhalb davon, was das Phänomen der außerparlamentarischen Opposition entstehen ließ. Überall, sowie auch in jeder Partei war auch etwas enthalten, was ich gut fand, und so musste man sich eben auf seiner Suche überall das herauspflücken, was einem brauchbar erschien. Und dies ist auch heute noch so. Man ist also gefordert, selbst genau hinzuschauen, selbst zu denken. Denn man kann sich ja mit keiner Strömung so ganz identifizieren. Damals in jungen Jahren war das aber auch ein Problem. Diese Heimatlosigkeit war ein Problem, das man sich selbst gar nicht so recht eingestehen wollte. Denn man will ja dazugehören, man will ja dieses süße Gefühl des Eingebundenseins, dieses archaische Gruppen- oder Familiengefühl haben. Der Einzelgänger sucht seinen Stamm. Er kann aber auf Grund seiner Kompromisslosigkeit und seiner Kritiksucht keinen finden. Man gehört überall so ein bisschen dazu, aber doch nirgendwo so richtig. Irgendwie die beste Voraussetzung, um unglücklich oder wahnsinnig zu werden...Solche Typen werden, so sagt man, gerne von radikalen oder extremen Vereinigungen oder Gruppen eingefangen. Dies ist mir Gottseidank nicht passiert, dazu war und bin ich auch immer noch viel zu misstrauisch.

Nun, es waren noch viele Wege und Umwege nötig, bis das Milde und Weiche in mir erwachte und bis ich mich ganz fraglos als dazugehörig empfand.

In diesen Jahren haben wir viel diskutiert und viel nachgedacht. Wir haben neue Wege gesucht und wir waren **sowieso** immer kreativ und hatten viel Spaß. Es war die SOWIESO Phase und unser Ziel war es ein „Vollprofi" zu werden. In diesen Zeiten entstand auch folgendes Manifest, welches ein Versuch war, meine künstlerische Position zu formulieren. Gottseidank habe ich es aufgehoben und wiedergefunden. Es stammt wohl so aus der Zeit um 1983. Und hier ist es:

SOWIESO – MANIFEST

- Der Profi ist auch nur ein besserer Amateur der Vollprofi aber ist immer voll drauf.
- Der Vollprofi spricht mit Gott – ganz einfach.
- Angriff ist nicht gut und Verteidigung langweilt.
- Keiner will es wahrhaben, aber es ist das Paradies.
- Der Vollprofi weiß das; er vergibt sich täglich.
- So ist es.
- Vollmond ist sowieso mehr als der Vollprofi ertragen kann, trotz der täglichen Vitamintablette von Staats wegen.
- Übergib und stirb dich.
- Jeder Spaß ist sowieso ernst genug.
- Es gibt sowieso genug, aber zu wenig Unbrauchbares und zu wenig Vollprofis.
- Sowieso nicht verständlich, sondern selbstverständlich.
- So weit im Winkel herrscht und Ruhe und Stabilität, wie auch in Reit im Winkel.

Man erkennt in diesen Sätzen, dass im Grunde auch damals schon, vor circa 40 Jahren, fast alles enthalten war, was aber noch viele Jahre der Reifung und Entfaltung bedurfte, um fruchtbar zu werden, um Sinn zu machen und anwendbar für dieses Leben zu werden.

Der ewige Student

Ich habe damals schon viel geschrieben, Texte aller Art, Gedichte, Theaterstücke, Geschichten und Manifeste...

Ich habe gerade wieder darin herumgestöbert und gestaunt wie viel Negativität, Unsinn, Verzweiflung und sehnsüchtige Suche darin steckt. Alles auch gespeist von einem tiefen Misstrauen gegenüber der etablierten Welt und ihrem scheinbaren Rationalismus und ihrer materialistischen und mechanistischen Ideologie. Ich habe mich in eine Welt des Absurden geflüchtet und verloren in einen Nihilismus, in dem es zwar einen Gott gab, allerdings mehr einen lächerlichen Hanswurst, der nichts Besseres als diese Welt zustande gebracht hatte.

Mein Studium bestand also mehr darin, meine innere Zerrissenheit durch kreative Versuche zu überwinden, als mich meinem universitären Studium zu widmen, um durch das Erlernen eines „Berufes" ein sinnvolles und nützliches Mitglied der Gesellschaft zu werden. Aber genau dies war ja auch ein Teil der Zerrissenheit und der Motor für das, was bald in eine spirituelle Suche münden sollte.

Trotz allem waren es auch Zeiten, in denen wir viel Freude hatten und nichts möchte ich missen von den herrlichen Blüten und tiefen Erfahrungen, die das Leben in diesen Jahren hervorgebracht hat.

Der Student, sowie auch der ewige Student, braucht natürlich auch Geld, um zu leben. Und wenn man nicht aus reichem Hause stammt, dann muss man sich etwas einfallen lassen und das ist gar nicht so einfach. Glücklicherweise habe ich schon immer „einfache" Arbeiten geliebt und tue dies auch heute noch. Arbeiten, bei denen man nicht viel zu denken braucht und die ein direktes und sichtbares Ergebnis zeigen, sind mir eine Freude, eine Entspannung und Befriedigung.

In jenen Zeiten habe ich alle möglichen Jobs gemacht. Ich war Gärtner, Bauarbeiter, Dachdecker, Lagerist, Fließbandarbeiter und Tellerwäscher und vieles mehr. Und ich hatte auch alle möglichen Jobs, die mich, so wie ich bisweilen hoffte, meinen Zielen, das heißt dem, was ich vielleicht einmal wirklich berufsmäßig machen wollte, näherbringen sollten. Ich war Bühnentechniker, Beleuchter, Barkeeper, Modell, Tänzer, Schauspieler, Autor, Maler und Bildhauer. Nichts so richtig, obwohl irgendwie schon auch, nur weigerte ich mich hartnäckig, wie schon erwähnt, irgendeiner Identifikation zu verfallen. Am ehesten kam noch, allerdings nur heimlich, „Künstler" in Frage. Die Kunst schien mir die letzte Domäne der Freiheit zu sein, in der Kunst galten keine Regeln. Und das hörte sich gut an und hieß für mich alles und nichts. Dazu gehörten für mich in erster Linie das Theater und die Performance. Da flossen die verschiedenen Disziplinen zusammen und es schien mir dort die größte Chance zu liegen, sich zu verwirklichen und ein Gesamtkunstwerk zu schaffen. Es entstanden in dieser Zeit mit und in diversen Theater- und Tanzgruppen viele bizarre und avantgardistische Aufführungen und unter anderem auch ein Manifest zum Spiel. Das Spiel war mir wichtig und es schien hilfreich zu sein, um das

Leben und eben überhaupt alles nicht so ernst zu nehmen, um es eben als Spiel zu begreifen.

Manifest zum Spiel, Performance Akademie

NEIN, NICHT MEHR VON ALLEM, SONDERN NUR MEHR SPIELZEUG

- Jedes Spiel wird gespielt; natürlich wollen wir gewinnen.
- Jedes Spiel bringt uns irgendwohin; das ist ein Genuss.
- Jedes Spiel ist eine Übung. SOWIESO klar!
- Jedes Spiel ist heiter, weil es nur ein Spiel ist.
- Jedes Spiel ist ernst, nicht nur wegen dem Risiko und nicht nur, wenn ein Spieler andere Regeln verwendet, es ist ernst als Übung.
- Das Spiel wird nicht noch ernster, wenn statt der Erfrischung Gift gereicht wird. Das Durchbrechen der Regel ist nicht kein Spiel und nicht einmal Respektlosigkeit, sondern es bestätigt das Spiel durch die Möglichkeit seiner Erweiterung. Es gibt dem Spiel die Wahrheit des Lebens.
- Jedes Spiel spiegelt die Struktur des Lebens und die Idee des Todes.
- Jedes Spiel hat seinen Sinn und das Ziel ist nicht nur der Sieg oder der Tod, sondern der Spaß.
- Jedes Spiel ist bestimmt durch Anfang und Ende. Das stimmt nicht, sondern da sind alle Spielzeuge auf allen Ebenen; ein Geheimnis dieser Luxus.

Wenn ich dies heute nach über 40 Jahren wieder lese, dann staune ich und muss sagen, dass ich vieles heute natürlich anders sehe und anders ausdrücken würde. Dies bringt mich jetzt auf die Idee, ein neues und aktuelleres Manifest des „unendlichen Weges" zu schreiben. So, wie ich es heute sehe und empfinde nach so vielen Jahren der Suche, des Bemühens und der vielfältigen Erfahrungen, die ich auf meinen Wegen machen durfte.

Dieses Manifest wird am Ende meines Weges des Schreibens und also am Ende dieses Buches stehen.

Hier noch einige Erinnerungen an diese Zeit:

In einem Nebengebäude im Garten der Akademie der bildenden Künste in München habe ich damals unter anderen mit meiner Freundin Alice, einer Studentin an der Akademie, folgende Performance gemacht:

Im Inneren gab es verschiedene skurrile Installationen aus banalen Gegenständen und Akteure, die alltägliche Handlungen immer wieder ausführten und einen Lautsprecher, der mit einem Micro verbunden war. Das Micro hing versteckt draußen in der Hecke neben dem Gartentor, welches allerdings abgesperrt war. Man musste also, um dieses Event mit anschließendem Fest zu besuchen, über das Tor klettern. Es war ein schmiedeeisernes Tor und nicht gerade niedrig. Wir drinnen, während der Performance, hatten somit einen Text im Hintergrund, der aus den Dialogen, Bemerkungen, Kommentaren und Diskussionen der Besucher am Tor bestand. Da war wirklich etwas geboten! Schimpfen und fluchen, Beschwerden und Gelächter, Hilfeschreie von Damen in Stöckelschuhen, die im Gestänge es Tores hängengeblieben waren und Streitgespräche von Pärchen, von denen, meist das Mädchen, lieber wieder gehen wollte, usw. usw. Wir hatten also die ideale, banale Hintergrundmusik und die war wirklich heftig, erstaunlich, erschreckend, lächerlich und lustig.

Dies war für diese Zeit und nicht nur für mich, sondern für viele Besucher ein gelungenes Event, welches die Absurdität und Gewöhnlichkeit unseres kultivierten Lebens auf wunderbare und humorvolle Weise demonstrierte.

Tellerwäscher und Schauspieler

Damals war zeitweise Schauspieler meine Traumtätigkeit. Erstens war ich der Ansicht, dass man dafür im Grunde nichts können muss, man genießt hohes Ansehen und man könnte berühmt und reich werden. Und zweitens hatte ich Angst davor, mich vor Menschen zu zeigen und zu sprechen und genau das war der Grund, warum ich der Meinung war, dass ich es unbedingt machen muss. Sozusagen um diese Hemmung oder

Verkrampfung zu lösen. Deshalb war ich also Schauspieler geworden und eines Tages bekam ich folgende Rolle:

Die Lee Strasberg Schülerin und Regisseurin Barbara McEly aus New York war vorübergehend in München und wollte ein Stück inszenieren, um zu beweisen, dass die berühmte Lee Strasberg Methode es ermöglicht, aus praktisch jedem, eben auch aus jedem Laien, in Windeseile einen passablen und authentischen Schauspieler zu machen. Das Stück hieß „die Penthouse-Legende" nach Ayn Rand und ich wurde glücklicherweise ins Ensemble aufgenommen und hatte eine der Hauptrollen zu spielen und das war ein Gangster von der knallharten Sorte. Meine Partnerin, in die ich verliebt sein sollte und für die ich auch bereit war jedes Verbrechen zu begehen, war eine wahrlich bezaubernde junge Frau.

Bei einer Probe nun bekam diese Frau den Auftrag dafür zu sorgen, dass ich mich in sie verlieben würde, denn hier sollten Gefühle ja nicht „nur" gespielt werden, sondern es sollte echt sein, um so eben auch beim Zuschauer mit der entsprechenden Intensität anzukommen. Ich weiß nicht wie, aber wer weiß das schon und sie musste auch gar nicht sehr viel dafür tun, aber ich habe mich blitzartig verliebt, und zwar total. Da waren scheinbar nur stereotype und ganz einfache Dinge nötig. Verliebt sein ist schön, aber in diesem Fall war es anders, denn ich war so verliebt, dass es mich blockierte und mich ganz schüchtern werden ließ, was in dieser Rolle völlig unbrauchbar war.

Ich begann zu leiden und bekam Zweifel diese Rolle meistern zu können. Dies ließ sich auch schon bald in den Proben nicht mehr vertuschen. Diese Rolle fraß sich tief in meine Psyche, verwirrte mich und ließ mich Wahrheit und Fiktion, Wirklichkeit und Spiel völlig vermischen. Vielleicht hätte Lee Strasberg seine Freude an diesem Psychowahnsinn gehabt. Welch kreatives Potential wird da wohl freigelegt… Ich jedenfalls hatte keine Freude daran und bekam Pickel im Gesicht.

Eines Tages, als ich zuhause saß, kam ein Freund vorbei und fragte mich, ob ich nicht in der Küche seines neuen vegetarischen Restaurants mithelfen könnte – da wäre wirklich Not am Mann. Da ich nicht nur in Schwierigkeiten mit meiner Theaterrolle steckte, sondern auch noch meine finanzielle Situation katastrophal aussah, sagte ich zu. Die Bezahlung bei freien Theaterproduktionen, speziell während der Probephase, war überaus spärlich.

Da stand ich dann also in einer Küche und ich war der Tellerwäscher. Die Arbeit war einfach, klar und seriell und da gab es natürlich nicht viel zu überlegen oder nachzudenken. Ich empfand diese Tätigkeit als eine Erholung und eine Befriedigung. Man sah, dass etwas voran ging, man sah ein Ergebnis und auch wie sinnvoll diese Tätigkeit war.

Als nach ein paar Tagen der Koch, der auch wie meine Regisseurin, Amerikaner war, zu mir sagte: „You are the best dishwasher, I ever had" fühlte ich mein Selbstbewusstsein und mein Selbstvertrauen zurückkehren. Ist das nicht unglaublich. Und auch heute noch, circa 40 Jahre später, zaubert mir diese Erinnerung ein Lächeln ins Herz und auf die Lippen.

Ich hatte also 2 Jobs, ich war Tellerwäscher und Schauspieler. Der Tellerwäscher gab dem Schauspieler die Kraft und ich bemerkte damals schon, dass die Werteskala der Tätigkeiten, die sich kollektiv gebildet hatte, eine Illusion war. Ich merkte, dass jede Rolle eben nur eine Rolle ist und dass es letztlich gar keine Rolle spielt, welche Rolle wir spielen. Hauptsache wir nehmen die Rolle an, die uns das Schicksal präsentiert und Hauptsache wir spielen die Rolle mit Liebe und gut, so gut es eben geht - so gut wie möglich. Mit diesem Ja können wir wachsen.

Und so wuchs auch ich in diese Rolle eines Gangsters hinein und ich habe es geschafft, während meine Partnerin, die mir den Kopf verdreht hatte, und wer hätte dies gedacht, es nicht gepackt hat. Die Regisseurin hat dann ihre Rolle selbst übernommen. Und in die habe ich mich nicht verliebt.

So kam also die Premiere und ich war gut und ich war glücklich. Die Kritiken allerdings waren trotz eines enormen Produktions- und Werbeaufwandes eher bescheiden.

Aus diesem kleinen Mosaiksteinchen meines Lebens habe ich wichtiges gelernt und dieses - es geht doch immer weiter - tief empfunden. Ja, wie das Leben eben so spielt.

Hausbesetzer und die Rebellion verebbt

Meine erste eigene Wohnung bekam ich von meinem Freund Thomas, der nach Hamburg zog. Zwei Zimmer, Toilette auf dem Gang, 60 DM Miete und kein Mietvertrag. Das war wunderbar, Hinterhofromantik, erschwinglich für einen Studenten und in einer idealen Gegend. Wir waren eine nette Haugemeinschaft und es bestand reger Kontakt zwischen den Bewohnern. Mit der Zeit war aber nicht mehr zu übersehen, dass immer mehr Bewohner aus nicht geklärten Gründen verschwanden. Erstaunlicherweise kamen auch keine neuen Mieter. Zu guter Letzt wohnte noch mein Bekannter Peter Blachetzki im 4. Stock und ich im 1. Stock und es wurde klar, dass auch wir verschwinden sollten. Die Hausbesitzerin teilte uns dies nicht sehr freundlich mündlich und schriftlich mit.

Wir hatten nicht nur keine Lust auszuziehen, sondern empfanden dieses Vorgehen auch als höchst ungerecht und unzumutbar. Was auch immer die Besitzerin mit dem Haus vorhatte, es abreißen oder renovieren, was durchaus auch nötig war, hatte für uns keine Relevanz, denn ausziehen bedeutete ja zugleich immer auch woanders einziehen. Es waren die berühmten 68er Jahre und damals waren Besetzungen von leerstehenden Häusern gar nichts so seltenes. Es war ein Ausdruck davon, dass man die Machenschaften von kapitalistisch eingestellten Menschen nicht einfach so hinnehmen wollte. Man wollte das Grundrecht auf bezahlbaren Wohnraum bestätigen und einfordern. Es gab damals wie auch heute noch genug Menschen, die auf der Straße, unter Brücken oder sonst wo schlafen mussten. Und das in unserem reichen und fortschrittlichen Land mit sehr kalten Wintern. Wir mit unserem sozialen Gerechtigkeitsempfinden wollten das nicht hinnehmen, dass die einen nicht wissen, was sie mit dem vielen Geld, das sie irgendwie bekommen haben, machen sollen und die anderen darben, hungern und frieren. Nun ein Problem so alt wie unsere menschliche Kultur. Unglaublich einerseits und scheinbar ganz normal andererseits.

Ich beschloss also nicht auszuziehen. Zwar hätte ich wieder nachhause zu meiner Mutter ziehen können, aber das erschien mir irgendwie unwürdig. Ich war auf Konfrontation gepolt und in kämpferischer Stimmung und ich fühlte mich im Recht.

Natürlich eskalierte erstmal die Situation. Ich bekam Briefe vom Anwalt und suchte selbst einen auf. Dieser erklärte mir, dass es gut für mich stünde, weil ich keinen Mietvertrag hätte und man mir deshalb auch gar nicht kündigen könne. Erstaunlich, aber wunderbar. Und mein Anwalt ging zum Gegenangriff über und forderte einen neuen Elektroherd von der Haubesitzerin, da der alte kaputt war. Scheinbar hatte ich, nach dem Gesetz, ein Anrecht auf einen funktionierenden Herd.

Nach einiger Zeit kam die Hausbesitzerin mit zwei Trägern und einem neuen Herd. Die Auseinandersetzung hatte schon längst auch eine persönliche Komponente bekommen. Mag sein, ich wäre ausgezogen, wenn es menschlicher abgelaufen wäre und diese Frau mit mir geredet hätte, wenn sie eine gewisse Freundlichkeit und Verständnis gezeigt hätte. Aber dem war nicht so und so kam mein Moment der Rache: Oben bei meiner Wohnung mit dem Herd angekommen, erklärte ich ihr unmissverständlich, dass ich den Herd nicht will, nicht brauche und nicht nehme. Sie ließ den Herd also wieder hinuntertragen und ihr Gesicht sprach Bände…

Ich muss heute sagen, dass ich darauf wahrlich nicht stolz bin, mir dies irgendwie leidtut und ich mich fast ein bisschen schäme, denn dies war schon ein ziemlich pubertäres Verhalten und genau das, was sicherlich nicht zum Frieden auf dieser Welt beiträgt.

Natürlich kam bald die Antwort und ich saß in der Wohnung ohne Heizung. Das Gas war abgedreht und das war im Winter auch nicht gerade lustig. Irgendwann hatte ich auch keinen Strom mehr und genoss das sanfte Licht des Kerzenscheins. Und so ging es hin und her und die Anwälte hatten etwas zu tun und konnten ihre Briefe schreiben.

Wie hat diese kleine Geschichte nun geendet? Es hatte mich interessiert, ob es soweit hätte kommen können, dass mich ein Räumungskommando von der Polizei mit meinen Habseligkeiten auf die Straße setzt. Aber so kam es nicht, sondern es endete damit, dass die Hausbesitzerin sich an die Stadt München wandte und ich ins Wohnungsamt von Haidhausen bestellt wurde. Dort wurde ich gefragt, ob ich denn ausziehen würde, wenn ich eine gleichwertige, bezahlbare Wohnung in der Nähe bekäme. Und damit war ich natürlich einverstanden. Man bot mir mehrere wunderbare Wohnungen an und ich suchte mir eine aus, eine, die wirklich ein Schmuckstück ist und die ich heute noch habe und in der jetzt zurzeit mein Sohn wohnt.

Hinzu kam ein Umzugsgeld von der Stadt, eine Pauschale von mehreren Tausend Mark. Dies war wie ein Geschenk des Himmels und damals für einen Studenten ein kleines Vermögen.

Ja, so ist es im Leben. Manchmal muss man aufgeben und manchmal muss man kämpfen. Und man muss lernen, wann was dran ist und das erfordert schon ein bisschen Weisheit und die entsteht allmählich im Leben durch Erfahrung, gesunden Menschenverstand und Intuition. Und trotzdem ist Weisheit bestimmt nicht nur ein Privileg des Alters.

Diese 68 Jahre waren eine Aufbruchszeit. Und wie schon gesagt, man rebellierte gegen das Establishment. Die Jugend und spezielle Bewegungen der Studenten suchten neue Wege und eine neue Freiheit von den alten bürgerlichen Konventionen, die man als verlogen und ausbeuterisch durchschaute.

Vieles aus dieser Zeit ist natürlich mehr oder weniger im Sande verlaufen und so mancher Revolutionär hat sich nach und nach angepasst und der pubertäre Zorn ist allmählich verebbt. Wenn man sich aus der Identifikation mit einer Seite oder Partei löst, wird es möglich auch die andere Seite zu sehen und zu verstehen. Man erkennt dieses Rollenspiel und wie das Drama diese Rollen braucht. So relativiert sich eine Haltung und auch ich sehe heute die Geschichte mit der oben erwähnten Hausbesetzung anders. Denn wenn ich mir die Sache durch die Augen der Hausbesitzerin anschaue, dann werde ich auch ihr gerne gewisse Rechte zusprechen.

Sport und Natur

Sport als Kompensation

Sport, körperliche Ertüchtigung und Bewegung jeglicher Art haben immer dazugehört. Schon als Kinder waren wir wie die jungen Hunde. Wir haben gerungen, gerauft, gefochten, uns mit Lassos eingefangen und alle Spiele waren Spaß und haben wirklich Spaß gemacht und waren aber auch immer ein sich messen, ein beständiges Üben für den Ernstfall, für den Existenzkampf dann, wenn wir einmal groß sind. In der Schule und im Sportverein kam natürlich noch der Leistungsdruck von außen dazu. Man wurde schließlich bewertet, benotet und sollte gewinnen.

Später kamen noch alle möglichen Sportarten hinzu, wie Tennis und Skifahren und natürlich Radfahren, Joggen, Schwimmen, Fußball und so weiter.

Sport hat viele Funktionen. Für mich waren da immer eine starke soziale Komponente, das Dazugehören im Mannschaftssport und das Ausleben des Männlichen, des Kämpferischen in mir. Wir waren junge Männer und wir waren stolz darauf. Wir ließen den Archetypen des Kriegers in uns leben und wir wissen heute alle, wie wichtig es ist, die ganz natürliche Aggression auszuleben und sie zu kultivieren.

Ideal war und ist natürlich die Bewegung im Freien, verbunden mit dem Naturgenuss. Der Waldläufer in mir durfte leben und ich trieb mich in den Bergen, am Fluss und in den Wäldern herum. Wir hatten Einbäume und Baumhäuser, schliefen in Höhlen und unter den Sternen. Freiheit und Abenteuer, das waren Ideale. Das war ein Aufatmen in der Natur, wo man zumindest zeitweise den Zwängen der Gesellschaft entkommen war. Interessant, wenn ich mich heute erinnere, denn da waren 2 Seelen in meiner Brust: Da war auf der einen Seite der Naturbursche und Waldläufer und auf der anderen Seite der Nachtschwärmer, der Zecher und Frauenliebhaber. Dies waren für mich die zwei Seiten einer Medaille. Es schien mir eine gute Kombination zu sein, jedoch, und das verstand ich erst viel später, verpasste ich etwas Dazwischen. Ich umschiffte geschickt eine Mitte, wo man sich „bürgerliche" Stabilität hätte aufbauen können. Und ohne mir dessen so richtig bewusst zu werden, litt ich doch auch genau darunter. Für eine sportliche Karriere hatte ich nicht genug Ehrgeiz und vermutlich auch nicht wirklich genug Talent. Somit blieben der Sport und die Natur eine wunderbare Kompensation und es beruhigt unglaublich das Gewissen, wenn man sportlich etwas geleistet hat und meint, sich und dem Körper etwas Gutes getan zu haben. Denn dann kann man ja wieder mit den Jungs zum Zechen gehen, einen draufhauen oder wie man auch in Bayern sagt: die Sau rauslassen. Es fühlte sich stimmig an, wenn man nach dem sportlichen Ritual, nach dem Kampf, beim Eishockey zum Beispiel, ein weiteres männliches Ritual folgen ließ, und zwar das Trinkgelage. Nun, das war die Belohnung und nur, wer es kennt, weiß, wie gut man sich dabei fühlt.

Eishockey

Eishockey spielte jahrzehntelang eine wichtige Rolle. Da war ich schon über 20, als ich mir zum ersten Mal die Schlittschuhe anzog und es ist allgemein bekannt, dass man die Sachen am besten kann, die man schon als Kind gelernt hat, je früher, desto besser. Es war am Anfang ein bisschen zäh. Aber es hat unglaublichen Spaß gemacht. Es gab auch einen genialen Motivator, den Andi, der uns begeistern konnte und uns gezeigt hat, wie es geht. Anfangs haben wir nur auf zugefrorenen Seen gespielt und erst viel später dann auch im Stadion.

Es war mehr als nur Eishockey, es war der pure Naturgenuss. Dieser hat auch im Winter viel zu bieten: Eiskristalle und Strukturen, der verzauberte, schlafende Wald, die klare, reine Luft, die sich auf dem Eis spiegelnde Sonne, die vor dir tanzt, wenn du tanzt...

Ein Gedicht aus dieser Zeit:

Wenn im Winter Schnee liegt
und die Sonne auf dem Eise blitzt
gehen wir zum Gleiten

Ein Spielchen, ein Tänzchen
sich fallen lassen irgendwohin
und sich wieder einholen
und dabei gewinnen

an Schnelligkeit und Mut

Nur auf einem Bein stehen
den Oberkörper gebeugt, den Kopf im Genick
den Blick über der Fläche
und einschneiden mit Macht und Leichtigkeit
ins glitzernde harte Eis

Der rote Streifen einer untergehenden Sonne
tanzt verzögert im Rhythmus der Wechsel
und Tränen verschleiern die Weite

Nur zum Ruhen steht man auf beiden Beinen

Es war mehr als nur Eishockey, es war Poesie. Verzaubert, frei von Gedanken, denn alle Energie war auf das Spiel gerichtet, lief uns der Schweiß übers Gesicht. Der Puck war das Zentrum und wurde mit Kreativität kämpferisch umworben. Es ging nicht darum zu gewinnen, es ging um die Schönheit des Gleitens, der Bewegung, um die Schönheit der Spielzüge. Manchmal rauchten wir Marihuana und tranken den Tee mit viel Rum und feierten ein Fest auf dem Eis. Es war unsere Performance, die, geholt aus der Dunkelheit der Nacht und der Fabrikhallen, jetzt zelebriert wurde am helllichten Tag in der Weite des Sees und ein Publikum war jetzt nicht mehr wirklich nötig.

Es kostete Schweiß und Blut und die Prellungen, blauen Flecken und Verletzungen waren zahlreich. Dieser Preis wurde gerne und mit Würde bezahlt und wenn wir manchmal abends dann, nach dem Spiel, abgekämpft am Lagerfeuer saßen und uns Forellen am Spieß brieten und ein paar Bierchen schlürften, dann konnte es spät werden und niemand nahm irgendjemandem etwas übel. Und wenn die Sterne am Himmel blitzten, dann gab es in der Winternacht eine Klarheit, von einer Qualität, wie ein Archetyp, der seinesgleichen sucht. Das war wie ein Rausch. Das war die Essenz, das Elixier, nach dem wir uns sehnten.

Feuer, Elemente und Jack London

Das Feuer spielte sowieso eine wichtige Rolle. Wenn wir irgendwo im Wald oder am Fluss verweilten oder unser Lager aufschlugen, dann brannte da auch immer ein Feuer. Es ging nicht nur darum sich zu wärmen oder etwas zu braten, nein, das Feuer brannte um des Feuers willen. Stundenlang oft starrten wir in die Glut und da war diese Faszination von etwas Altem, etwas sehr Altem und Vertrauten. Jahrtausende schon saßen wir um das heilige Feuer, dieses Wunder, diese Schönheit in der Mitte und nährten uns von seiner Energie und transformativen Kraft. Da, wo die Flamme brannte, da fühlten wir uns zuhause und geborgen. Geborgen und sicher und verbunden mit den Elementen. Wir saßen auf der Erde, atmeten die reine Luft und das Licht der Flamme und neben uns rauschte der Fluss.

Der Fluss spielte sowieso auch eine wichtige Rolle und hatte schon immer eine starke Anziehungskraft auf mich. Das Fließen war mehr als ein Symbol, es war wie das Leben selbst und Ausdruck von etwas Heiligem. Ja, die Isar war und ist mein heiliger Fluss. Ich brauche nicht zum Ganges in Indien zu fahren, nein, ich weiß dieser Fluss hier ist heilig, sowie doch alle Flüsse heilig sind.

Zeitweise hatten wir unseren Lieblingsplatz auf einer Insel in der Isar und das gab uns noch mehr das Gefühl in der Wildnis zu sein – das war unser Kanada oder Alaska – und am Ufer lag dann unser Kanu, ein Einbaum, den wir aus einer mächtigen Fichte geschlagen hatten. Auch das Einbaum-Fahren muss gelernt sein, genau wie Feuermachen oder Fischen und wir übten uns in den Fertigkeiten, um in der Wildnis zu überleben. Auf der Insel fühlten wir uns manchmal wie ein Eingeborenenstamm, ganz archaisch, weit der Zivilisation entrückt und doch waren wir nur ein paar Kilometer weg von dieser und den Lichtern und Verlockungen der Großstadt. Es war abenteuerlich und immer auch gefährlich. Es gab ja auch nicht nur uns, sondern auch noch andere Gruppen und Cliquen und daraus entstehende Revierkämpfe. Wir waren harte zähe Burschen und ließen nichts anbrennen und Probleme, falls wir denn welche hatten, gaben wir nicht zu und taten so, als ob wir das Leben im Griff hätten und unbesiegbar wären. Viele meiner damaligen Freunde und Bekannten haben in diesen Jahren ihr Leben verloren, durch Unfälle, im Suff, durch Selbstmord oder

Mord. Auch Waffen in vielerlei Form waren bei manchen sehr gefragt, denn das gehörte zum Trapperleben und war wichtig für die Jagd und natürlich zum Schutz. Und es gab da einen gewissen Fetischismus und die Waffe war und ist ja Ausdruck von Macht und Gewalt. Gewaltig erschien dann so manchem seine persönliche Kraft. Ein Stückchen Blei ist schneller als die schnellste Faust, sagte einmal einer meiner Kumpels mit schallendem Gelächter.

Und natürlich gab es auch wunderbare Literatur, die so ein Leben in und mit der Natur und mit König Alkohol verherrlichte. Ich erinnere mich an Namen wie Ernest Hemingway oder Jack London. In ihren Büchern fanden wir das, was wir suchten: Abenteuer, Einsamkeit und Trost in der Natur, männliche Macho-rituale wie die Jagd, den Rausch und die Illusion des selbstbestimmten Lebens, einschließlich eines selbstbestimmten Todes. Ja, Literatur ist auch gefährlich, denn sie wirkt auf uns, färbt ab, manipuliert im Positiven wie im Negativen und lässt uns Idole jeglicher Art nachahmen. Es gibt auch genügend andere Bücher von Marquis de Sade bis Jean Genet, von Nietzsche bis Henry Miller, die ich heute nicht unbedingt jedem Jüngling in der Pubertät als Lektüre empfehlen würde.

Nun, das Leben und der edle Kampf mit der Natur und den Elementen waren ein Traum, ein Traum von Natürlichkeit, Reinheit und Gesundheit und auch eine Flucht vor den Herausforderungen der modernen, uns krank erscheinenden Welt. Und es war auch eine starke Körperlichkeit, ein Versuch der Rückkehr zur Erde, zum Elementaren, zur Materie, zu dem, von was wir leben. Das heißt aber nicht, dass ich als Sportler auch eine wirklich gute Beziehung zum Körper hatte. Einerseits beachtet der Sportler seinen Körper sehr stark in seiner Eitelkeit und pflegt und optimiert ihn auf seinem Leistungstrip und andererseits werden seine Grenzen und Signale wieder überhaupt nicht beachtet und er wird vergewaltigt und ausgebeutet. Diese gesteigerte Körperlichkeit beschert einen körperlichen Genuss und hat aber auch noch folgenden Effekt auf den Geist, beziehungsweise die Psyche: Der Kopf wird leer, die sich oftmals bis ins Unendliche wiederholenden Denkvorgänge verschwinden und das ist wahrlich eine Erholung. Bei Sportarten wie Joggen oder Radfahren, wo es keiner so besonderen Konzentration bedarf, gibt es auch den gegenteiligen Effekt. Die Denkmaschine arbeitet wie verrückt, sozusagen auf Hochtouren und es mag sein, dass auch das einen gesunden

Verbrennungsvorgang darstellt, der zu einer gewissen Gedankenhygiene beiträgt. Aber es gibt Sportarten die höchste Konzentration erfordern, sodass da keine Zeit mehr bleibt für Überlegungen, wie zum Beispiel alle Kampfkünste, Tennis, Fußball oder auch das Klettern. Und da gibt es ein Erlebnis, welches nachhaltigen Eindruck auf mich gemacht hat.

Klettertour

Ich hatte in Italien am Strand einen Typen kennengelernt, der auf dem Heimweg nach Deutschland noch in die Schweizer Berge wollte, um dort einen Freund zu treffen, zum gemeinsamen Klettern. Er meinte, ich solle doch mitkommen, denn das wäre sicher auch was für mich. Also fuhr ich mit.

Es war schon dunkel, als wir ankamen, aber im Sternenlicht erkannte ich noch die mächtigen Felswände, die sich vor mir auftürmten und mir war wahrlich mulmig zumute als ich ins Zelt schlüpfte zum Schlafen, denn mir war klar, dass es am nächsten Morgen genau dahinauf gehen sollte.

Andreas, der mich mitgenommen hatte, war offensichtlich Freeclimber- Vollprofi und sein Freund war Bergführer und machte von Berufswegen sowieso nichts anderes. Die Jungs hatten mich inspiziert, ich bin eher zierlich, drahtig und zäh, und sie fanden, dass ich das kann, obwohl ich erwähnte, dass ich noch nie derartig geklettert sei. Deshalb fanden sie auch, dass sie mich am besten in die Mitte nehmen und diesmal auch mit Seil klettern würden.

Am frühen Morgen ging es los. Der Fels hier im Bergell war Granit und einzigartig zum Klettern, glatt wie Haut, rau wie Sandpapier und überhaupt nicht brüchig. Es gab also, auch wenn sie meist sehr klein waren, wunderbare sichere Griffe. Ich kletterte also und es ging gut voran, Seillänge um Seillänge und dabei war ich von den beiden gut gesichert. Ich war wahrlich überrascht, dass es überhaupt möglich war, solche senkrechten, manchmal überhängenden Felswände hinaufzuklettern. Der Andreas kletterte barfuß, weil er meinte, so hätte man das beste Gefühl für den Fels in den Zehen. Sie zeigten mir natürlich auch einige Tricks und Griffe und das war sehr hilfreich und oft erstaunlich einfach. Jeder Griff und jeder Tritt erforderte Kraft und absolute Konzentration. Die Gefahr, in der man scheinbar und auch konkret schwebte, erzeugte diese

Konzentration und ein Verschmelzen von Körper, Fels und Bewegung. Da war sonst nichts mehr, keine persönliche Geschichte, keine Gedanken und irgendwie auch kein Ich. Nur ein Handeln in völliger Übereinstimmung mit dem Augenblick und seinen Bedingungen, ein Handeln aus sich selbst heraus in Kommunikation mit dem Berg, beziehungsweise seiner Haut, etwas Sinnliches, was nach keinem Sinn verlangt.

Trotzdem passierte folgendes, und zwar genau das, was man zu vermeiden sucht:

An einer Stelle, wo ich über mich greifend, nicht sehen konnte, wohin ich griff, fand ich keinen richtigen Griff. Ich suchte mehrmals, doch nicht zufrieden stellend, und spürte plötzlich ein Gedankenkarussel aus Angst und Kraftlosigkeit und Ungeduld. Und so zog ich mich schließlich ohne festen Griff zu haben nach oben und meine plötzlich angstschweißnasse Hand rutschte ab und ich stürzte ab. Ich fiel in Augenblicke reinen Staunens und ganz sanft, wie mir schien, in ein Wunder, in Gottes Hand…

Konkret hing ich ein paar Meter tiefer, ein Stück weit weg von der Wand im Seil und über mir tauchte ein lachendes Gesicht auf, welches mir zurief: „Keine Angst, ich hab dich." Mein Leben an einem Seil in seiner Hand – unter mir wohl hunderte Meter Abgrund. Was für ein Glück und von Glück erfüllt fühlte ich mich sicher und auch die letzten Seillängen dann waren ein Genuss.

Oben angekommen fühlte ich mich so frei und leicht. Mir war irgendwie klar, dass dieses Gefühl der Freiheit davon kam, dass ich in diesen paar Stunden des Kletterns nichts gedacht hatte, frei war von Gedanken, nicht mit Gedanken identifiziert, sondern mit dem Körper oder mit gar nichts. In dieser Herausforderung und Konzentration des Kletterns war wohl keine Zeit für überflüssige Gedanken und das war herrlich und genussvoll und das prägte sich mir ein und das wollte ich haben, auch ohne zu klettern. Dieses Gefühl blieb mir in Erinnerung und diese Erinnerung wurde zu einer Art Wegweiser.

Funktion des Sports

Es wundert mich nicht, dass sogenannte Extremsportler in gewisser Weise einer Sucht, eben nach dem Extrem, verfallen. Ich verfiel nicht wirklich dieser Sucht, sondern meine Suche suchte sich viele andere Bahnen.

Sport, Bewegung, Tanz sind etwas Natürliches. Der Körper will sich bewegen und will bewegt werden. Was uns bewegt ist die Natur und die Natur ist das Leben. Das Leben entwickelt sich zur Kultur und diese entfernt sich bisweilen vom natürlichen Leben, verliert die Wurzeln aus den Augen, wird unnatürlich. Dann entsteht oft eine Sehnsucht, die uns zurückruft zur Natur und zu einem Leben mit und in ihr.

Sport hat viele Funktionen. Manches mag absurd erscheinen. Der Kampf um Zentimeter und hundertstel Sekunden, wie albern ist denn das, und wenn Menschen in ihrer Eitelkeit ihr Leben und ihre Gesundheit aufs Spiel setzten, um Ruhm und Reichtum zu erringen. So kann man das sehen. Aber andererseits ist es auch Ausdruck einer alten Sehnsucht und zwar nach der Überwindung von Grenzen und nach Perfektion. Allein darüber könnte man ein eigenes Buch schreiben und auch davon gibt es bestimmt schon viele, sowie es überhaupt über alles schon verdammt viele Bücher gibt. Aber hier noch ein Gedanke zum Patriotismus im Sport.

Patriotismus im Sport

In meiner Jugend war es mir peinlich ein Deutscher zu sein. Wenn ich in anderen Ländern war, erwähnte ich kaum, dass ich aus Deutschland war. Der Grund war nicht nur dieses unsägliche und furchtbare dritte Reich mit seinem sogenannten Nationalsozialismus, sondern auch mein Gefühl zum Nachkriegsdeutschland, welches ich als spießig, kleinkariert, verlogen und materiell oberflächlich empfand. Ich hatte und wollte mit diesem Hitler – Regime nichts zu tun haben. Ich hatte damals noch gar nicht gelebt und ich hatte auch niemals irgendwelche Schuldgefühle. Natürlich laufen gewisse Prozesse meist auch unbewusst ab und irgendwann entdeckte ich in späteren Jahren, dass mein Vater mir etwas von seinem Russlandfeldzug mitgebracht hatte. Dieses Päckchen war schwer und geheimnisvoll und als ich es bemerkte, habe ich es ihm viele Jahre nach seinem Tod zurückgegeben, ohne zu wissen, was sich wirklich darin befand. Es waren wohl Selbstzweifel, Schuld und Scham. Er hat es zurückgenommen, es war nämlich seines und ich war sehr erleichtert und befreit.

Da ich nicht das geringste Schuldgefühl für die Taten meiner Ahnen verspürte, war es für mich seltsam, dass, und das begleitete mich lange Zeit, beständig und immer wieder Denkmäler errichtet wurden. Nicht, dass ich prinzipiell etwas gegen Denkmäler gehabt hätte, nein, ich finde es gut zu erinnern: Dieses DENK MAL - nach. Diese Denkmäler erinnerten aber auch an dieses Grauen und diese unglaublichen Untaten, zu denen ich überhaupt keinen Bezug hatte und ich wollte meine Aufmerksamkeit nicht immer wieder auf diese richten und ihnen damit immer wieder Energie und Leben zu führen. Und ich verstand auch nicht, warum man für viel Geld Denkmäler für längst Vergangenes aufstellte, während doch in der Gegenwart an so vielen Orten in der Welt Menschen in die Flucht geschlagen wurden, man sie beschoss, bombardierte und in Hungersnöte trieb. Wäre es nicht viel sinnvoller, etwas für die lebenden Menschen zu tun, die jetzt gerade leiden müssen? Dies alles erschien mir so verlogen und scheinheilig. Schon in der Schule im Geschichtsunterricht wurde mir klar, dass man aus der Geschichte hauptsächlich lernt, dass man aus der Geschichte nichts lernt. Nach einem Krieg rufen die Menschen immer „nie wieder Krieg" und schon einige Jahre später fangen die Menschen mit dem nächsten Krieg an. Und das geht offensichtlich schon so, solange wir Geschichte schreiben… ist das nicht seltsam?

Jahrelang studierte ich im Lateinunterricht den „DE BELLO GALLICO", den Feldzug eines Herrn Cäsar gegen die Germanen, sowie auch eines Alexander, Hannibal oder Napoleon und diese Kriegsherren und Aggressoren sollte ich wohl als große Feldherren bewundern, was bei einem Hitler ja vollkommen undenkbar war. Dieser war schließlich auch noch ein bemerkenswerter Massenmörder mit einer industriellen Tötungsmaschinerie, aber wahrlich auch nicht der einzige auf dieser Welt. Das Thema „drittes Reich" wurde ja in der Schule auch, vermutlich vorsichtshalber, ausgeklammert. Aber vorsichtshalber für wen oder was? Ich bewunderte sie alle, aber nicht ihre Besessenheit, nicht im Geringsten, sondern sie taten mir eher leid. Gibt es tatsächlich Kriegsverbrecher, nun ich fand schon, aber ist im Grunde nicht der Krieg selbst das Verbrechen. Wurde und wird da nicht mit zweierlei Maß gemessen. Ist das nicht seltsam?

Irgendwie schien mir manchmal, wie wenn ein kollektives Schuldbewusstsein erhalten werden sollte. Ich fragte mich bisweilen, wozu oder für wen dies wohl von Nutzen sei. Auch heute noch ist es manchmal nicht „ungefährlich" zu zeigen, dass man seine Heimat liebt, sich als Deutscher fühlt oder seine deutsche Kultur für etwas Wertvolles hält. Das erinnert ja schließlich irgendwie ans „dritte Reich". Ganz schnell gilt man als völkisch, nationalistisch oder rassistisch. Meine Einstellung hat sich jedenfalls, was das betrifft, mit den Jahren geändert und ich empfinde Deutschland als ein lebenswertes Land und schätze durchaus auch die Leistungen dieses deutschen Volkes und es ist mir überhaupt nicht mehr peinlich ein Deutscher zu sein.

Im Sport verhält es sich erstaunlicherweise anders und der Patriot und Nationalist ist gefragt. Als ich einmal bei einem Länderspiel gegen eine afrikanische Mannschaft eindeutig auf Seiten der Afrikaner war, erntete ich herbe Kritik und völliges Unverständnis. Ich fand aber, dass es den Afrikanern und ihrem Selbstwertgefühl verdammt gutgetan hätte, zu gewinnen, während die Deutschen doch wirklich schon oft genug gewonnen hatten.

Beim Sport ist es also in Ordnung, vollkommen national zu denken und zu Tausenden oder millionenfach „Deutschland" zu brüllen und mit den deutschen Fahnen hupend durch die Städte zu fahren. Das macht ihnen offensichtlich Spaß und tut ihnen gut, denn wir, ja wir, haben ja gewonnen. Ist das nicht seltsam? Genau wie diese deutsche Nationalhymne: „Deutschland, Deutschland über alles…"

Objektivität und Autobiographie

Ich konnte mir nur schwer vorstellen, dass ein Subjekt oder eine Person irgendetwas objektiv sehen kann. Dies schien mir immer vollkommen unmöglich zu sein. Und dies gilt natürlich auch für die Geschichtsschreibung, denn Menschen, Personen und Sieger haben die Geschichte überliefert und aufgeschrieben.

Ich war eben auch beeinflusst von den 68er Jahren, der Studentenbewegung und einer Hippiekultur, einer Revolte für Freiheit und Frieden, die die alten Autoritäten, ihre Kriege und Unterdrückungs-mechanismen nicht mehr anerkannte. Wir waren gegen Faschismus, gegen die Amerikaner in Vietnam und gegen Geschichtsmanipulation. Unsere Haltung war gegen eine Konsum- und Leistungsgesellschaft, gegen dieses Wachstum um jeden Preis und es war auch ein Rückzug von der Gesellschaft, vom Establishment. Jede Haltung hat ja auch eine politische Dimension, aber irgendwie war ich überhaupt nicht politisch, sondern ein Hippie, ein Gammler, ein Freak oder welchen Namen auch immer wir uns damals gegeben haben.

Diese Entthronung der politischen Autoritäten, denen ich nicht mehr vertrauen konnte und wollte, entsprach auch eine Entthronung religiöser Autoritäten und einem wachsenden Misstrauen ihnen gegenüber. Ich bin mit 18 Jahren aus der Kirche ausgetreten und das war nicht zur Freude meiner Eltern. Dieser Zweifel an der Objektivität der Autoritäten ist auch ein Zeichen einer erwachenden, sich befreienden Spiritualität. Dieses „ich zeige dir den rechten Weg" konnte ich eigentlich von niemandem mehr annehmen, denn ich sah da keinen objektiv richtigen Weg, sondern nur den Weg für mich, den ich dadurch erschuf, dass ich ihn gehe. Diesen galt es zu finden, eben dadurch, dass ich ihn auch gehe. Da ist keiner außerhalb von mir, der meinen Weg kennt. „Ich bin es selbst, es ist in mir" das ist das Paradigma der befreiten Spiritualität und das ahnte ich bereits damals, obwohl es mir noch nicht wirklich bewusst war.

Und so wie ich keine objektiv wahre Geschichte erkennen konnte, so kann ich auch jetzt keine objektive Lebensgeschichte von mir erkennen. Die Euphorie der Kreativität beim Schreiben soll mich nicht täuschen. Auch Erinnerungen sind nicht sicher. Diese Autobiographie ist absolut nicht objektiv, sondern natürlich eine von mir bestimmte Auswahl von

Ereignissen. Dies Auswahl wird von meinem Geschmack bestimmt und von der Wertigkeit, die ich den Ereignissen beimesse, um dieser Lebensgeschichte eine Bedeutung zu geben, die über meine Persönlichkeit hinausreicht. Und selbstverständlich entdecke ich dabei eigentlich noch unbewusste Mechanismen, die mich veranlassen, ein Bild von mir zu zeigen, das ich als präsentabel empfinde. Ich merke, wie ich nur zu gerne mir peinlich erscheinendes auslasse. Man zeigt eben am liebsten seine Schokoladenseite, doch genau darum soll es ja hier im Grunde nicht gehen. Dieses Buch schreibe ich unter anderem und im Besonderen auch für meine Kinder. Mögen diese sehen und verstehen. Dies ist mein Geschenk auch an sie.

Das heißt, dass ich ehrlicherweise sagen muss, dass diese Autobiographie zwar nichts Unwahres enthält, aber in gewisser Weise sozusagen „geschönt" wird. Und ich bin mir absolut bewusst, dass der Mensch auch noch mit seiner Ehrlichkeit und Demut sehr eitel sein kann. Würde eine andere Person diese Biografie verfassen und da besteht nicht der geringste Zweifel, so käme vermutlich eine ganz andere Geschichte heraus und man würde vielleicht sogar denken, dass es sich um eine ganz andere Person handelt. Diesen Sachverhalt finde ich sehr interessant und von prinzipieller Bedeutung.

In erster Linie schreibe ich dieses Buch, welches mein drittes ist, zu meinem Vergnügen. Es macht mir einfach Spaß und in der Reflexion meines Lebens erfahre ich seine tiefe Sinnhaftigkeit und sehe, wo ich mich im Gegensatz zu früher befinde. Dies zeigt mir, dass tatsächlich eine Entwicklung stattgefunden hat.

Dieses sich erinnern ist schön und wertvoll, genauso wie das Vergessen und sehr vieles habe ich natürlich vergessen. Durch mein tägliches Weiterleben endet eben diese Geschichte erst mit dem letzten Satz in diesem Buch...

Wie schön, dass es noch nicht zu Ende ist. Der Teil meiner Lebensreise, der nach der Niederschrift dieses Buches stattfinden wird, wird in diesem natürlich nicht erscheinen und dann wird es mich bald nicht mehr geben...

Wie schön, dass es noch nicht zu Ende ist.

Reisen

Ich habe viele Reisen in fremde Länder gemacht. Diese sind natürlich eingebettet in meine Lebensreise und stellen gewissermaßen Höhepunkte und Zäsuren in deren Verlauf dar und haben hauptsächlich in einem Alter zwischen 15 und 35 Jahren stattgefunden. Wie im Prolog schon kurz beschrieben, war ich getrieben von Sehnsucht und Neugierde nach dem Paradies und natürlich war da auch die Lust auf Abenteuer und Exotisches. Ich war auf der Flucht vor diesem engen und spießigen Deutschland und zugleich auf der Suche nach etwas Besserem, nach irgendetwas, nach einem Ort, wo man glücklich würde leben können. So bin ich in viele Länder auf der ganzen Welt gekommen und die Kultur, in der ich aufgewachsen war, relativierte sich einerseits und andererseits begann ich sie mit der Zeit mit größerer Wertschätzung wahrzunehmen. Ja, ich habe vieles gesehen und auch erstaunliches und interessantes erlebt und möchte einige Erfahrungen und Episoden, die für meinen Weg und meine Entwicklung von Bedeutung waren, hier kurz beschreiben.

Der illegale Grenzübertritt

Ich war circa 15 Jahre alt und mit meinem Freund Thomas nach Italien an den Gardasee getrampt. Trampen, das heißt an der Straße stehen, die Hand hochhalten und hoffen, dass ein Auto stoppt und einen mitnimmt. Diese Art zu Reisen war damals für Studenten und Leute mit wenig Geld nicht ungewöhnlich, ist heute aber, jedenfalls hierzulande, kaum mehr zu beobachten.

Beim Trampen erlebt man naturgemäß sowieso schon alles Mögliche und Unmögliche und wir hatten auch schon eine abenteuerliche Zeit am Gardasee, doch das größte Abenteuer erwartete uns noch auf der Heimreise.

Unser Geld war ausgegeben und es war höchste Zeit heimzufahren. Ein Auto nahm uns mit bis an die Schweizer Grenze. Dort wollten wir zu Fuß über die Grenze und dann Weitertrampen nach Vorarlberg in Österreich, wo meine große Schwester wohnte. Jedoch der Grenzbeamte fragte uns, wieviel Geld wir denn dabeihaben und wir antworteten wahrheitsgetreu, dass wir keines mehr haben und schon hungrig schnell nach Hause müssten. Dem Beamten gefiel das überhaupt nicht und er ließ uns nicht einreisen und schickte uns, zwei 15-jährige deutsche Kinder, wieder zurück nach Italien.

Da standen wir also vollkommen ratlos und verzweifelt und konnten die Welt nicht mehr verstehen. Wir wollten doch nur nach Hause.

Und dann kam uns die Idee: Wenn wir unten im Tal nicht über die Grenze dürfen, dann müssen wir eben weiter oben am Berg diese passieren. Dieser Gedanke, die Grenze sozusagen illegal zu überqueren, war schon sehr aufregend und wir waren notgedrungen bereit für dieses Abenteuer. Wir gingen also ein paar hundert Meter die Straße zurück und stiegen dann durch den Wald ein gutes Stück den Berg hinauf. Von dort konnten wir hinunter schauen auf die Grenzstation im Tal. Wir hatten Angst, denn wir hatten ja keine Ahnung, was uns da erwarten würde. Und unsere Fantasie lieferte alle möglichen Befürchtungen: Elektrische Grenzzäune, Tretminen oder Grenzpolizisten mit Gewehren. So passierten wir vorsichtig, immer wieder Deckung suchend, Wiesen, Wald und Gebüsch. Jedoch wir begegneten niemandem und nichts geschah und als wir die Grenze unter uns ein Stück hinter uns gelassen hatten, stiegen wir den Berg wieder hinunter bis zur Straße, die in die Schweiz hineinführte. Geschafft! Wir waren glücklich und stolz und freundlicherweise hielt auch bald ein Auto, das uns mitnahm.

Wir träumten damals von einer Welt ohne Grenzen und wir hatten eine überwunden. Das hatte eine symbolische, metaphorische Wirkung und schenkte mir ein neues Vertrauen, dass es wohl möglich sei auch meine Grenzen zu überwinden, alle Grenzen zu überwinden, hinein in ein grenzenloses, freies Leben.

Todeserfahrung im Meer in Marokko

In den Sommerferien vor dem Abitur machte ich mit einem Klassenkameraden eine Reise nach Marokko. Mein Schwager, der eine große Firma besaß und somit auch viele Autos, lieh mir dafür einen VW Käfer. Wir fuhren quer durch Frankreich und durch Spanien und besichtigten, da mein Begleiter sehr an kulturellen Sehenswürdigkeiten interessiert war, viele besondere Orte, unter anderem auch die Alhambra.

Nach Tanger übergesetzt, war es wirklich ein positiver Kulturschock. So etwas Buntes, Lebendiges und Fremdes hatten wir noch nie gesehen, es war wie ein Märchen aus Tausend und einer Nacht. Ja, auch diese Armut, gepaart mit unbändiger Lebensfreude, war uns neu und wir waren tief beeindruckt und fasziniert.

Unser Weg führte uns dann nach Süden, an Agadir vorbei bis fast zu einem Land, das damals Spanisch Sahara hieß. Dort, wo die große Wüste schon begann, fanden sich herrliche, einsame Strände, wo sich die verschiedensten Aussteiger und die Hippies aufhielten, in Höhlen lebten und das einfache, pure Leben abseits der Zivilisation suchten.

Ich lernte da zwei Australier kennen, die mir vom Bodysurfen und den riesigen Wellen vorschwärmten. Also ging ich eines Tages mit ihnen ins Meer, um mir dieses Vergnügen von ihnen zeigen zu lassen und zu lernen. Das Meer war in dieser Bucht sehr flach und man ging erstmal sehr weit hinein, bis es tief genug war und die Wellen, die vom Ozean an die Küste rollten, eine wahrlich fast beängstigende Größe hatten.

Wenn eine geeignete Welle kam, begann man loszuschwimmen, um möglichst nahe an die Geschwindigkeit der Welle zu kommen, um dann von dieser vor ihr her geschoben zu werden. Der Körper wurde dabei zum Surfbrett und es war in der Tat ein berauschendes, fantastisches Gefühl. Die beiden Australier waren wahre Meister darin und sie zeigten mir einige Tricks und so gelang es auch mir immer wieder mal, eine Welle zu reiten.

Ich glaube, wir waren stundenlang draußen auf dem Meer und irgendwann waren die Australier verschwunden und wohl wieder an Land gegangen. Ich übte in meinem Wellenrausch bis zur völligen Erschöpfung weiter und als ich merkte, dass es jetzt wirklich Zeit war, an den Strand zurückzukehren, da sah ich, dass ich mich sehr weit von diesem entfernt hatte. Mit meinen letzten Kräften begann ich zurückzuschwimmen. Jedoch die Küste kam nicht näher, sondern im Gegenteil, sie zog an mir vorüber. Es war wohl inzwischen Ebbe geworden und ich war in eine Strömung geraten, die an der Küste entlang verlief. Schon völlig erschöpft, tauchte jetzt die Panik auf. Da war nichts und niemand weit und breit, was mir hätte zu Hilfe kommen können. Also schwamm ich mit den allerletzten Kräften um mein Leben… jedoch die Küste kam nicht näher. Ich sah sie auch nur noch, wenn ich auf den riesigen Wellen oben war und bald war ich nur noch ein Spielball von diesen. Völlig entkräftet war mir klar, dass ich es nicht mehr schaffen konnte. Und ich begann immer wieder das salzige Wasser zu schlucken. Irgendwann hörte ich auf, in Richtung Land zu schwimmen und ich gab auf. Etwas in mir gab auf. Mir war klar, dies ist mein Ende. Nach diesem verbissenen Kampf um mein Leben, war dieses Aufgeben seltsamerweise und ganz plötzlich von einer tiefen Entspannung und seltsamen Zufriedenheit begleitet. Ich wusste nicht mehr so recht, ob ich noch lebte oder schon tot war. Ich fühlte, dies war mein Leben hier gewesen und es erschien mir lang und reich und dann geschah, während ich immer wieder Wasser schluckte, etwas Seltsames. Lebendige Bilder, messerscharf und sehr bunt wie in einem Film zogen durch mein Bewusstsein. Ich staunte, ob der Schönheit dieser Bilder und wurde von einem unglaublichen Glücksgefühl erfasst. Dies waren die Bilder meines kurzen 19-jährigen Lebens und irgendwie war diese Leben satt und stimmig und ich fühlte Dankbarkeit dafür…

Während ich in diesem unbeschreiblichen Zustand versank, in diesem Meer und auch in einem Meer von Fülle und einfachem Dasein, geschah folgendes: Da ich ja nicht mehr schwamm, sondern nur noch irgendwie im Wasser trieb, hingen ja meine Beine nach unten, und erstaunlicherweise spürten meine Füße, als ich mich in einem Wellental befand, Boden unter sich. Ja, staunend nahm ich zur Kenntnis, dass ich, wenn sich die Woge senkte, Sand unter den Füssen hatte. Wenn die Woge mich wieder hob, war er weg. Das hieß und ich wurde wieder wach in meinem Überlebensinstinkt, ich konnte immer, wenn ich Boden unter den Füssen hatte, ein paar Schritte Richtung Land laufen. Es dauerte lange, aber allmählich arbeitete ich mich voran. Hier fast mitten im Meer konnte ich auf einer Sandbank zurück zum Strand laufen. Als ich aufgegeben hatte, kam die Rettung, welch ein Wunder. Ich konnte es kaum glauben, doch irgendwann erreichte ich das rettende Ufer und da lag ich dann im Sand. Lange lag ich da, wie ein Robinson, der seine Insel gefunden hat, weit und breit niemand und ein neues Leben.

Der Weg zurück in unsere Bucht, wo wir campierten, war weit und als ich meinen Freund und die anderen wieder traf, erzählte ich nicht viel. Zu beeindruckt war ich von diesem Farbfilm über mein Leben, wie ich es noch nie gesehen hatte, so erfüllend und voller Gnade und von meiner glücklichen und unverhofften Rettung.

Diese Bilder hatten ihre Wirkung und heute noch, nach über 45 Jahren, kann ich sie sehen.

Ja, immer wieder bekommen wir ein neues Leben geschenkt, jeden Morgen und jeden Augenblick – welch ein Wunder

Ein „Schamane" in Marokko

Ein paar Jahre später war ich nochmal in Marokko. Diesmal mit meiner Freundin Assunta und wir waren mit dem Flugzeug nach Tanger gekommen und mit einem Leihauto unterwegs im ganzen Land gewesen. Dann geschah folgendes:

Wir waren schon wieder auf dem Heimweg und am Flughafen in Tanger angekommen. Jedoch ein wenig zu früh und wir hatten bis zum Abflug noch ein paar Stunden Zeit. So beschlossen wir noch einen Spaziergang zu machen. Wir gingen gleich hinter dem Flughafengelände einen kleinen Weg hinein in die wunderschöne Landschaft. Es war Frühling und alles blühte und jubilierte, die Vögel sangen, die Sonne schien und eine angenehme Briese kam vom Meer herüber. Wir nahmen Abschied von diesem herrlichen Land und genossen diese Stunden in der Natur vor unserem Heimflug, der uns wieder zurück in unseren gewohnten Alltag bringen würde.

Als wir umkehrten, um zum Flughafen zurückzukehren, sah ich unter blühenden Büschen vielleicht 100 Meter entfernt einen Mann sitzen. Warum saß der da einfach so? Irgendetwas zog mich, ich wusste nicht was, aber ich musste hin und sagte zu Assunta, sie solle doch kurz warten und dass ich gleich wieder zurück bin. Sie stimmte etwas erstaunt zu und erinnerte mich daran, dass nicht mehr allzu viel Zeit bis zum Abflug war. Also ging ich los.

Mein Näherkommen war etwas zögerlich und ich war schon ein bisschen unsicher, da ich ja gar nicht wusste, was ich eigentlich wollte. Doch er half mir, indem er mir freundlich winkte, ein Winken, welches mir anzeigte, dass ich doch kommen solle. Als ich dann ein paar Meter vor ihm stand, sah ich dies Gesicht. Es war wohl ein schon ziemlich alter Mann, ein bisschen wie ein Bettler in alten zerschlissenen Kleidern und doch sehr sauber und gepflegt. Er hatte viele Falten und eine von der Sonne gegerbte und gebräunte Haut mit sehr wachen, klaren Augen. Diese Augen waren voller Schalk und Humor, da war Freude und Güte, irgendwie genauso wie man sich die Begegnung mit einem Schamanen vorstellt. Ich erinnerte mich an Don Juan, dem Carlos Castaneda in seinen Büchern begegnet war und den ich mir beim Lesen erstaunlicherweise genauso vorgestellt hatte.

Da stand ich also. Ich weiß nicht wie lange und ich weiß nicht, ob wir Worte gewechselt haben. Ich glaube nicht, ich glaube wir haben uns nur angeschaut, gelächelt und uns gefreut. Vermutlich hätten wir uns auch gar nicht verstanden, dieser Mensch kam aus einer anderen Welt mit einer anderen Sprache. Er war sehr weit weg und fremd und ganz anders wie ich, dieser junge Mann aus der europäischen Zivilisation und doch andererseits so vertraut, wie ein guter alter Freund oder Onkel. Ich wusste einfach, hier vor mir auf diesem Stein saß mein Lehrer. Mein Kopf war leer und voll zugleich und ich war in einem seltsamen, rauschhaften Zustand.

Da stand ich also, und ich weiß nicht, wie lange ich wie angewurzelt stehen geblieben wäre, hätte mir nicht dieser, mein Don Juan per Zeichensprache zu verstehen gegeben, dass ich mit ihm in die Berge gehen soll. Er deutete dabei auf die Berge, die gar nicht so weit weg, gut zu erkennen waren. Dies ließ mich aufwachen und ich erkannte die unglaubliche Chance, die sich mir hier bot. Ich wusste, Wunder und Geheimnisse und Erkenntnisse warteten da auf mich und ein völlig neues Leben, das, was ich immer gesucht hatte. Was für eine einmalige Gelegenheit von einem Lehrer in die andere Welt geführt zu werden. Was für eine einmalige Gelegenheit auf ein wirkliches Abenteuer, ein Abenteuer außerhalb des Rahmens der üblichen und berechenbaren Abenteuer, die ein gewöhnliches Leben zu bieten hat. Da waren ein kurzer Jubel und der Geschmack der Freiheit in mir und dann auch Angst. Es fiel mir wieder ein, mein Studium, mein München und meine Freunde und meine Eltern und mein Bankkonto und dann auch meine Freundin Assunta, die ja nicht weit von hier auf mich wartete, genauso wie dieses Flugzeug, das uns nach Hause bringen würde.

Ein kurzer Konflikt in mir und dann ein Bedauern und auch Angst vor dem Unbekannten und Sehnsucht nach Vertrautem und dann fiel die Entscheidung und ich riss mich los. Ich verabschiedete mich kurz mit einer leichten Verneigung und ging zurück. Ich wurde schon erwartet, denn es war höchste Zeit für unseren Heimflug.

Sehr nachdenklich saß ich dann im Flieger. Einerseits enttäuscht von meiner Feigheit und andererseits erleichtert. Erleichtert, weil ich heimflog in meine mir vertraute Welt und traurig, weil ich wusste, so eine Chance kommt nicht alle Tage. Aber ich war mir auch irgendwie bewusst, dass die Zeit noch nicht reif war für mich und dass, wenn es denn sein sollte, ich meinem Lehrer noch begegnen würde. Und so war es dann ja auch, etwa 10 Jahre später.

Und ich war dankbar für diese Begegnung und das Geschenk, das ich bekommen hatte, ein Geschenk, für das ich keinen Namen habe. Ich wusste nicht was, aber etwas war in mir passiert, vielleicht etwas wie ein Samen, der zu keimen begonnen hatte. Ich weiß nicht, was für ein Mann das war und schon gar nicht ob es ein Schamane war – aber das spielt ja auch gar keine Rolle.

Heute kribbelt es noch in mir, wenn ich an diese Erscheinung denke, an dieses Lächeln und an die Berge, auf die seine Hand zeigte.

Jamaika und das liebe Geld

Schon bald danach unternahmen wir eine Reise nach Jamaika, einem Land geprägt von der früheren Sklaverei und Armut. Zu dieser Zeit liebten wir die Reggea Musik, die vor allen Dingen durch Bob Marley auch bei uns bekannt wurde. Wir verbrachten herrliche Zeiten in Bambushütten am tropischen, türkisfarbenen Meer unter Palmen mit Sonnenuntergängen von kosmischer Dramatik und Schönheit. Fast immer und überall begleitete einen dort dieser Reggea-Rhythmus. Man bewegte sich nach und in diesem Rhythmus. Es war ein Lebensgefühl, relaxt, cool und voller Lebensfreude und eine Lebensphilosophie und Religion aus der Karibik: die Rastafari, das hieß, das Leben nehmen, wie es kommt und ein sich abwenden von Babylon, von Kapitalismus und Konsum und ein Aufgehen in der Natur und einem natürlichen Leben, eine Religion geprägt von Liebe, Frieden und Freiheit. Man könnte vielleicht sagen eine Variante zur Hippiebewegung.

Dann geschah folgendes:
Ich hatte Formalitäten am Flughafen zu erledigen. Aus diesem Grund trug ich einen kleinen Beutel mit mir, in dem sich mein Pass, mein Geld

und mein Ticket befanden. Als ich zurückkam, begegnete ich, noch bevor ich meine Lodge erreichte, mir bekannte Amerikaner, die im Jeep unterwegs waren zu einem Konzert in den Bergen. Sie riefen mir zu, mitzukommen und schon saß ich im Jeep und fuhr mit.

Das Konzert, natürlich Reggea-Musik, war ausverkauft und weil wir soweit gefahren waren, wollten wir hinein. Es war sowas wie ein kleines Fußballstadion. Wir kletterten also, genauso wie viele andere, auf der Rückseite des Stadions über einen ziemlich hohen Zaun. Das war kein großes Problem und schon saßen wir im Konzert. Ich glaube, wir waren da so ziemlich die einzigen Weißen.

Irgendwann während dem Konzert fasste ich mir an die hintere Tasche meiner Jeans und da war der Beutel nicht mehr da. Die Freude an dem Konzert war damit zu Ende und Panik beschlich mich. Während des Kletterns über den Zaun musste es mir jemand herausgeholt haben. Da saß ich also in Jamaika auf einem Reggea Konzert ohne Geld, Pass und Ticket.

Die nächsten Tage waren seltsam, denn das Leben ging natürlich weiter, nur ohne diese für einen Europäer wichtigsten Dinge. Es war irgendwie auch wie der Wegfall einer Identifikation. Ich fühlte mich einerseits wie befreit und andererseits hatte ich richtig Angst. Ich war allein, meine Freunde waren nämlich schon wieder heimgeflogen und mir war klar, dass ich, und schon gar nicht als Tourist in diesem armen Land, ohne Geld wirklich überleben könnte. Und ohne Pass und Ticket konnte ich ja auch nicht nach Hause fliegen. Also was?

Jedoch es geschahen viele kleine Wunder! Als ich in ein Touristenbüro am Strand ging und meine Situation erklärte, gaben sie mir einfach so 50 jamaikanische Dollar als Überbrückungsgeld, wie sie sagten. Die Vermieterin meiner Bambushütte am Strand war einverstanden, dass ich da weiterwohnte und in ihrem kleinen Restaurant aufschreiben konnte. Sie war einfach cool. Die mir bekannten Amerikaner schenkten mir kleine Geldbeträge für das Nötigste und ich war ja im „land of wood and water" in den Tropen und da hingen die herrlichsten Früchte an den Bäumen.

Natürlich hatte ich möglichst schnell telegraphisch meine liebe Schwester um Geld gebeten und ich wusste, dass sie mir auch welches schicken würde. Nur wusste ich nicht, dass diese Transaktion fast 5 Wochen dauern würde.

Diese Zeit war unglaublich interessant für mich. Wir machten damals diese Reisen, weil wir zumindest für eine Zeit die babylonische Zivilisation hinter uns lassen wollten. Jetzt, so ganz ohne Geld, war ich plötzlich einer von ihnen, von den Lokals, so nannten wir damals die Eingeborenen, diejenigen, die nicht herumreisen konnten, so wie wir, sondern vor Ort mit der Natur lebten. Natürlich nur fast, letztlich war ich keiner von ihnen, denn ich war ja ein Weißer und noch dazu ein Weißer ohne Geld. Aber ich war jetzt näher dran. Ich war nicht mehr nur der Tourist. Die Leute waren nach unseren Maßstäben arm, sehr arm. Aber sie waren irgendwie so glücklich, sie lachten so viel, sie waren wie die Kinder, sie spielten und tanzten und da war so ein selbstverständliches Glück, so eine bedingungslose Freude, sodass ich einen lebenden Beweis hatte dafür, dass Geld allein wirklich nicht glücklich macht. Nun, das mag eine Binsenweisheit sein, aber wir wissen ja, welch zentrale Rolle das Geld normalerweise in unserer modernen Welt spielt.

Diese Zeit war unglaublich interessant für mich, weil ich trotz aller existenziellen Ängste überlebt habe. Ich hatte erlebt, dass das Leben weitergeht, dass es nicht das Ende ist und das erzeugte einen wunderbaren Impuls in mir, der ein erstes, zartes Vertrauen in dieses Leben aufkeimen ließ. Ja, wir fühlen uns in unserer Welt so abhängig von unserem Gehalt, unserem Job, unseren Ersparnissen, der Erbschaft und unserer Brieftasche, dass wir mehr Vertrauen in unser Bankkonto haben als in das Leben selbst. Dieser Mangel an Urvertrauen ins Leben mag der Grund für so viele absurde und schädliche Kompensationen sein, die unser Leben komplizieren und mühsam werden lassen. Dieses Urvertrauen wiederzufinden, mag einer der wesentlichsten Aspekte des spirituellen Weges sein und ich hatte damals eine wunderbare Lektion erhalten.

Das Geld kam dann und ich bewegte mich wieder hinein in meine alten Strukturen und Verhaltensweisen, in das, was für mich eben normal war und das war auch gut so.

Jamaika und die Polizei

Ich hatte in jungen Jahren eine starke Abneigung gegen den Staat und seine Organe, im Besonderen gegen das Militär und die Polizei. Ich war ja Kriegsdienst – Verweigerer und von meiner Einstellung sowas wie ein

Anarchist, was für mich bedeutete: „Keine Macht für Niemand." Oftmals, wenn mir Polizisten auf der Straße begegneten, spürte ich diese Ablehnung und Verachtung ihnen gegenüber und ich war weit davon entfernt, zu erkennen, dass diese Menschen, die da ihren Dienst taten, alles andere verdient hatten als meine Verachtung. Natürlich spürten das auch die Beamten und so machte ich auch immer wieder schlechte Erfahrungen mit ihnen.

In Jamaika durfte ich folgende Erfahrung machen:

Ich war gegen Ende meiner Reise in Kingston und besuchte dort wieder einmal ein Reggea Konzert. Alles war wunderbar, die Stimmung war bombastisch und die Musik von Bob Marley eine Offenbarung. Als ich zwischendurch einmal zur Toilette ging, wurde ich hinter den Tribünen plötzlich von ein paar Schwarzen, es waren sowieso nur Schwarze auf dem Konzert, umringt und sie zerrissen mein T-Shirt und meine Hose und rissen auch die Geldbörse aus meiner Tasche. Um die ging es ihnen in erster Linie. Sehr viel war nicht drin, denn ich war ja durch vorhergehende Erlebnisse ziemlich vorsichtig geworden. Während Bob Marley im Hintergrund von „freedom and peace" sang, wurde ich überfallen und ausgeraubt. Mit meiner Geldbörse verschwanden sie dann auch höhnisch grinsend und mir wurde sehr deutlich gezeigt, dass sie den weißen Mann nicht besonders liebten. Ich hatte körperlich keinen großen Schaden genommen, aber der Schock saß mir in den Knochen und ich saß wie gelähmt auf meinem Platz bis zum Ende des Konzertes.

Als es zu Ende war, hatte ich nur einen Wunsch, und zwar möglichst schnell heim in mein sicheres Hotel. Überall und auch vor dem Stadion war ein furchtbares Gewühle und ich, so verunsichert wie ich war, war irgendwie zu langsam und dann waren alle Taxis weg und ich musste mich zu Fuß auf den Weg machen durch die dunkle Nacht. Dies war wahrlich ein Spießrutenlauf, denn überall standen noch Gruppen von Schwarzen herum, die ich in der Dunkelheit oft erst erkannte, wenn sie ihre weißen Zähne zeigten. Ich fühlte ihren Hass, ich war der einzige Weiße, und jetzt nicht der Unterdrücker, der Sklaventreiber, sondern das Opfer. Ich lief in Panik, ja in Todesangst diese Straße entlang, bis sich plötzlich links und rechts von mir ein Mann befand und der eine mir ins Ohr flüsterte: "You better do not move." Das löste einen augenblicklichen Fluchtreflex aus und ich rannte, so schnell ich konnte, in die einzige Richtung, in der es Licht gab und das war eine Laterne vor dem Stadion. Der eine Typ hinter mir her, aber ich war schnell, denn ich lief um mein Leben und als ich näher zur Laterne kam, tauchte unter ihrem Lichtschein ein Jeep auf. Ich rannte auf diesen zu. Der Mann hinter mir blieb weg und als ich beim Jeep ankam, riss ich hinten die Tür auf und hechtete einfach hinein....

Ich landete auf den Knien von mehreren Soldaten mit Gewehren, die mich freundlich lachend empfingen. Ich war, völlig außer Atem und noch zitternd vor Angst, gerettet und ich war so dankbar. Ich war so dankbar, denn diese Männer mit ihren Gewehren strahlten für mich Sicherheit und Stärke aus. Sie wollten wissen, wer mich denn überfallen und verfolgt hätte und ich sollte sie ihnen zeigen. Sie fuhren dann ohne Licht herum und schalteten plötzlich die Scheinwerfer an. Da standen dann die schwarzen Männer draußen und hatten Angst, aber ich erkannte natürlich niemanden, für mich sahen alle Schwarzen in der Nacht gleich aus. Schlussendlich fuhren sie mich dann zu meinem Hotel und ich schlief nach diesem Alptraum in Sicherheit.

Dass es möglich sein konnte, Soldaten zu treffen und darüber glücklich zu sein, drehte ein starres Weltbild einfach um und mir wurde die nächsten Tage immer klarer, dass doch alles eine Frage der Perspektive ist.

Ja, Jamaika und diese Welt hatten viele wunderbare Lektionen für mich. Welch ein Abenteuer und welch ein Glück ich doch hatte...

In Lebensgefahr im Watt an der Nordsee

Ich hatte einen Freund, den Hans-Werner, der wohnte auf einem großen Hof am Deich an der Elbe zwischen Hamburg und der Nordsee. Er liebte Pferde und noch mehr sein Boot. Er war auch ein Kapitän und hatte eine Barkasse. Sie war alt und aus Eisen und wurde früher im Hamburger Hafen als Transport- und Arbeitsschiff verwendet. Es war also kein hochseetaugliches Schiff und würde wie ein eiserner Kochtopf sinken, wenn hohe Wellen über die Reling schlagen würden.

Als ich einmal den Sommer dort verbrachte, beschlossen wir, in See zu stechen und auf die Nordsee zu fahren, durch die Helgoländer Bucht zu den Nordfriesischen Inseln.

Wir waren zu dritt, hatten genügend Proviant an Bord und Abenteuerlust im Herzen und dann ging es los:

Es waren herrliche Tage! Wir besuchten verschiedene Inseln, spazierten über endlose Strände, aßen köstlichen Fisch in kleinen Hafenkneipen und zogen uns immer wieder in die Einsamkeit zurück und genossen das einfache Leben an Bord.

Oftmals fuhren wir tief hinein ins Watt und ließen uns trockenlegen, das heißt, wenn die Ebbe einsetzte, dann wurde unser Schiff ganz sanft irgendwo mit dem ablaufenden Meer auf einer Sandbank abgesetzt. Da, wo vorher noch der Ozean war, da war jetzt Land soweit das Auge reichte und wir konnten das Schiff verlassen. Wir liefen über die Sandbänke, schwammen in ablaufenden Prielen – dies sind die Wasserströme, die sich bilden und durch das Watt winden, manchmal wie ziemlich reißende Flüsse. Wir beobachteten die Seehunde, die mit uns schwammen oder auf den Sandbänken ruhten. Um uns unzählige Wattwürmer und noch mehr Seevögel der verschiedensten Art, die zu tausenden überall kreisten oder herumspazierten. Besonders erinnere ich die Lachmöwen, die immer wieder über uns in ihr schallendes Gelächter ausbrachen. Es war so pur und rein, auf so weniges reduziert – da war der endlose Himmel, die Wolken und die Sonne und da war der Sand und der Schlick in unendlichen Mustern und Wasser und kein Mensch weit und breit. Da war nichts zu sehen von menschlicher Zivilisation, da waren nur diese Elemente und wir, nackt und frei und unschuldig wie die Kinder spielten wir mit dem, was da war, mit der Schönheit, der Sonne und dem Wind...

Einmal passierte dann folgendes: Wir waren weit gelaufen, immer wieder angelockt von noch schöneren Sandbänken, von noch größeren Robbengruppen oder Vogelschwärmen, von reißenden Prielen und glänzenden Wasserflächen mit zurückgebliebenen Fischen und Krabben und wir hatten uns weit entfernt von unserem Schiff, ohne es wirklich zu merken. Irgendwann zog sich der Himmel zu, die Sonne verschwand und wir bemerkten, dass wohl schon viel Zeit verstrichen sein müsse und dass es höchste Zeit ist zum Schiff zurückzukehren, bevor die Flut wieder einsetzt. Nur wir hatten das Schiff aus den Augen verloren und auch die Richtung, in der es liegen müsste. Durch den jetzt grauen Himmel verwandelte sich alles in grau in grau und wir wussten nicht mehr in welche Richtung wir gelaufen waren.

Sogleich war da Unsicherheit und dann die blanke Angst. Diese kompensierte und drückte sich durch bizarres und unmotiviertes Gelächter aus. Wir besprachen kurz die Lage, die jedem klar war, denn wir wussten, dass schon bald die Flut kommt und dass wir ohne unser Schiff verloren waren. Über die Richtung, in der es sein könnte, konnten wir uns nicht einigen und so gingen wir einfach los. Was auch sonst hätten wir tun sollen.

Da war Panik und eine tiefe Stille breitete sich aus und wir gingen nebeneinander in irgendeine Richtung, ohne ein Wort mehr zu sprechen. Im Angesicht einer auf uns zukommenden Katastrophe verspürte ich eine so lebendige Intensität, etwas, was mir die Angst wieder nahm und mir Kraft und eine süße Gleichgültigkeit gab. Es wurde kalt, der Wind blies immer stärker und die ersten Tropfen peitschten uns entgegen.

Und jetzt passierte etwas, was mich staunen ließ: Wir blieben nicht zusammen. Am Anfang gingen wir nebeneinander, doch dann wurde der Abstand zwischen uns immer größer. Man könnte sagen, es war ein Ausschwärmen und geschah ganz von selbst. Zuerst dachte ich noch wir müssen doch zusammenbleiben, doch dann erkannte ich den Vorteil und die größere Chance unser Schiff zu finden. Die Gestalten links und rechts von mir wurden immer kleiner und ich spürte die Todesangst und die Einsamkeit, dieses völlige nackte Ausgeliefertsein und dachte auch, dass wohl jeder lieber alleine seinem Ende entgegengehen möchte und auch muss. Jeder ging seinen Weg, jeder suchte seine Rettung auf seine Art und dies öffnete mir irgendwie die Augen. Wir waren doch Freunde und gemeinsam unterwegs und doch war da plötzlich kein Zusammenhalt, sondern ein anderes Prinzip begann zu wirken, ein höheres, übergeordnetes Überlebensprinzip setzte ein. Dieses betraf uns alle und zeigte mir zugleich, dass man alleine kommt und geht und dass der ganze soziale Kontext irgendwie eine Illusion ist und dass mein Tod, der Tod eine Privatsache ist. Meine Hoffnung war nur noch gering. Das Wasser stieg und der Zustand lässt sich kaum beschreiben, eine Mischung aus Frösteln, Panik, höchster Anspannung und Gleichgültigkeit - ein Außersichsein, ein existentieller Zustand jenseits des Verstandes.

Irgendwann dann - fast plötzlich - wie eine Fata Morgana vor mir das Schiff auf einer Sandbank am Rande eines Priels schon von Wasser umspült. Ein Winken und Rufen hin zu den winzigen Figuren am Horizont.

Es war Eile geboten. Sie kamen. Sie kamen sehr schnell. Wir waren gerettet. So viel Freude und Glück dann an Bord und Lachen und Staunen ob so viel Leichtsinn und Dummheit.

Irgendetwas Unnennbares hatte ich begriffen, dass das Wunder des Lebens noch wunderbarer und geheimnisvoller ist, als jemals wir uns vorzustellen in der Lage sind.

Das Leben lebt, es will leben in mir und fließt unaufhaltsam wie der Fluss ins Meer.
Das Leben lebt und der Tod stirbt.
Das Leben schreitet durch viele Tore, der Tod ist eines davon.

Fata Morgana in Persien

Ich hatte schon meinen Führerschein und hörte, dass man, wenn man ein Auto, möglichst einen Mercedes, nach Persien, sprich Teheran, fährt, ihn dort ziemlich einfach mit gutem Gewinn verkaufen kann. So beschlossen ein Freund und ich, uns auf dieses Abenteuer einzulassen, natürlich mit der Absicht dieses wunderbare, geheimnisvolle Land dann mit dem verdienten Geld zu bereisen und kennenzulernen.

Als wir dann endlich von München losfuhren, waren wir ein gutes halbes Dutzend junger Männer mit ebenso vielen Autos. Es hat Spaß gemacht und wir haben ziemlich Gas gegeben. Manchmal kam es mir fast vor wie ein Autorennen – wir waren auf einer Rallye durch den Balkan und Kleinasien und durch atemberaubende Landschaften. Diese Strecke ist nicht ungefährlich und das konnte man auch sehen, sowohl an den seltsamen, oft fast untauglichen Fahrzeugen und Fahrern auf den Straßen, wie auch an den vielen Fahrzeugwracks am Straßenrand. Es war in diesen Ländern zumindest damals nicht üblich die vielen verunglückten oder kaputten Autos zu beseitigen. Es war eine abenteuerliche Reise, aber wir sind gut in Teheran, der Hauptstadt von Persien, so hieß damals der heutige Iran, angekommen und konnten unsere Autos gut verkaufen. So machte ich mich dann mit meinem Freund auf die Reise durch dieses wunderbare, geheimnisvolle Land mit seiner uralten Kultur.

Unser Weg führte uns auch in eine vollkommen flache Ebene zwischen einem Gebirge und dem Persischen Golf. Es gab da noch keine richtigen

Straßen, nur Pisten und natürlich auch keine öffentlichen Verkehrsverbindungen und so wurden wir von zwei Persern auf ihren Mopeds in ein Dorf gefahren und dort beim Dorflehrer sozusagen abgegeben. Dieser war sehr erfreut. Hatte er doch wohl kaum jemals jemanden wie uns zu Gesicht bekommen, die Dorfbewohner ganz sicher aber noch nie. Er sprach ein wenig Englisch und war sehr gastfreundlich und fragte uns täglich, ob wir ein Huhn essen wollten, welches er dann zubereitete. Am dritten Tag jedoch, als ich bereits wusste, dass er nur 5 Hühner besaß, sagte ich ihm, dass wir auf keinen Fall mehr ein Huhn essen würden. Ansonsten gab es nicht viel in diesem Ort, kein Geschäft oder Lokal oder sonst irgendetwas. Da gab es aber auch noch keinen Müll oder Plastikeimer. Es war wunderschön, ganz puristisch. Alles war ganz natürlich und die Häuser oder besser Hütten waren aus der gleichen Erde gebaut wie die, auf der sie standen. Den Lehrer verdankte dieses Dorf dem damaligen Schah, der das Gesetz erlassen hatte, dass alle Kinder in Persien Lesen und Schreiben lernen sollten.

Die Menschen im Dorf waren sehr scheu und zurückhaltend und die Frauen sind kichernd davongelaufen, wenn wir kamen. Nur einmal war das ganze Dorf in heller Aufregung und sehr besorgt, als ich spazieren war und lange nicht zurückgekommen bin. Es war ihnen vollkommen unverständlich, was Spazierengehen ist und welchen Sinn das wohl haben könnte. Ich glaube das gab es in ihrem Leben nicht und nachdem ich ja wohlbehalten zurückgekommen war, gingen sie kopfschüttelnd wieder auseinander.

Eines Tages hatte sich folgendes ereignet:

Ich ging wieder einmal spazieren, hinaus in diese völlig flache Ebene zwischen dem Meer, das man allerdings nicht sehen konnte, auf der einen Seite und den hohen Bergen in der Ferne auf der anderen Seite. Man konnte sich um die eigene Achse drehen und sah da keine Unebenheit und auch keinen Baum oder Busch, nur ein wenig Gras, das auch nötig war für die Ziegen, die wohl die Lebensgrundlage für die wenigen Menschen dort waren. Ich ging also der aufgegangenen Sonne entgegen und wusste selbst nicht wohin, vielleicht das Meer sehen oder einfach nur die Gegend erkunden. Nach einer Weile entdeckte ich allerdings ein Ziel in der Ferne. Ich war wirklich erstaunt, denn ich sah einen herrlichen in der Sonne glitzernden See vor mir. Da wollte ich hin. Ich ging und ging, doch er kam kaum näher und irgendwie doch, denn das Bild wurde konkreter und ich sah Palmen, Schilf und wunderbare Vögel wie Flamingos. Ich war begeistert so etwas herrliches, ein wahres Paradies, entdeckt zu haben. Und ich ging und ging, Stunden vergingen wohl, die Sonne stand schon ziemlich hoch, da versperrte mir ein Fluss den Weg. Der Fluss kam aus den Bergen und hatte die gleiche lehmige Farbe wie die Erde und die Häuser. Er war ziemlich breit mit starker Strömung, völlig undurchsichtig und unheimlich. Ich wollte in dieses Natur-paradies, also musste ich jetzt allen meinen Mut zusammennehmen und durch diesen Fluss schwimmen. Am Ufer im Schlamm wimmelte es von diesen Fischen, die schon aus dem Wasser kommen und auf dem Weg sind, Reptilien zu werden, Grenzgänger und die, glaube ich, Schlammspringer heißen. Mein Gott, ich wusste natürlich nicht, was sich eventuell sonst noch alles in dieser schlammigen Brühe verbergen könnte. An Krokodile wollte ich lieber gar nicht erst denken. Ich überwand mich und schwamm durch den Fluss und kam natürlich glücklich und stolz am anderen Ufer an.

Und ich ging weiter und weiter, vor mir immer dieses Bild einer unberührten, üppigen Natur. Jetzt sah ich bereits Nilpferde und Elefanten am Ufer des Sees stehen, jedoch ich ging und ging, aber ich kam irgendwie nicht näher an diese paradiesische Schönheit heran. Und ganz plötzlich dann, wie ein Schlag, ein Erschrecken und staunendes Lachen zugleich: Die Erkenntnis, dass es hier am Persischen Golf ja gar keine Nilpferde und Elefanten gibt, dass das, was ich da sah, ein Produkt meiner Träume war. Plötzlich war mir völlig klar, dass ich einer Vorstellung und einer Illusion hinterhergelaufen war. Eine Luftspiegelung hatte mir einen glitzernden See vorgegaukelt und meine Fantasie hatte den Rest, die Tiere und Palmen, hinzugefügt. Und doch, ich habe gesehen, was ich gesehen habe, zweifellos.

Und dann waren vor mir diese Bilder verschwunden und da waren nur noch diese endlose braune und leere Ebene und mein staunender und enttäuschter Kopf.

Ich machte mich also auf den nicht gerade kurzen Rückweg, ziemlich nachdenklich, denn irgendwie schien mir diese Fata Morgana eine Metapher zu sein für so vieles in meinem Leben. Gibt es da nicht Dinge oder Ideale, auf die wir zugehen und die wir doch nie erreichen, sowie den

Horizont, den wir auch niemals erreichen, beziehungsweise erst dann, wenn wir bemerken, dass wir bereits auf ihm stehen.

Nur zu leicht und voller Vertrauen verlassen wir uns auf unsere Sinneswahrnehmungen und Vorstellungen und laufen nicht selten Dingen hinterher, die sich als Illusion erweisen. Wir stülpen der „Realität" eine weitere, von uns erfundene oder kreierte, gewünschte „Realität" oder Vorstellung über und täuschen uns so selbst etwas vor und steuern nur zu oft auf diese Art der nächsten Enttäuschung entgegen.

Sandsturm und Coca-Cola

Einmal verbrachte ich längere Zeit in Israel. Wir alle kennen dieses Land. Es war mein Leben lang aus den verschiedensten Gründen in den Schlagzeilen und es war eine interessante und lehrreiche Erfahrung, jedoch meine Sehnsucht zog mich in die Wüste. Immer schon habe ich diese Leere, diese Reinheit, diesen Raum für das Wesentliche geschätzt, als Gegenmodell zum Urwald und seiner Fülle und Vielfalt. Jedoch - auch die Wüste lebt, die Wüste bebt und Engel pilgern durch die Wüste und immer schon haben sich Wahrheitssuchende in die Einsamkeit zurückgezogen, haben zumindest vorübergehend Abstand gesucht zum nie endenden bunten Treiben der Marktplätze und Bühnen dieser Welt.

Also machte ich mich auf den Weg zu einer längeren Wanderung durch den Sinai. In der Wüste entsteht durch diese Menschenleere eine andere Beziehung zu Abstand und Nähe. Manchmal, es war sehr selten, wenn am Horizont oder in weiter Ferne ein menschliches Wesen auftauchte, hatte dies Bedeutung und zog meine Aufmerksamkeit fast magisch auf sich. Und wenn unsere Wege sich kreuzten oder sich annäherten, dann war Spannung in der Luft. Ich spürte diese archaische Vorsicht und Achtsamkeit, die auftaucht, wenn Gefahr in der Luft liegen könnte. Schon ein sich nahe kommen mit noch einem Abstand von mehreren hundert Metern, empfand ich als zu nahe und wie ein Eindringen in meine Privatsphäre. Das war erstaunlich und war mir aus meiner bayerischen Heimat und den Wäldern und Bergen dort gänzlich unbekannt.

Einmal, auf dem Weg durch ein langes, nicht sehr breites Tal, tauchten vor mir in der Ferne ein paar niedrige, umzäunte Gebäude mit Fahnenmast auf. Ich hatte ein ungutes Gefühl und hätte mich gerne daran vorbeigeschlichen. Jedoch, das war kaum möglich, ohne doch vielleicht gesehen zu werden. Ich befand mich an einem vollkommen vegetationslosen Ort ohne Deckung, in der Wüste eben. Die Felswände links und rechts waren extrem steil und es erschien mir zu gefährlich da hochzuklettern. Was tun? Ich entschloss mich durch diesen kleinen Außenposten einer Militärstation, denn das war es offensichtlich, hindurchzuspazieren. Ich hatte nichts zu verbergen, warum also dieses ängstliche Gefühl. Beim Näherkommen wurde ich bald entdeckt und einige herum liegende Gestalten kamen in Bewegung und schienen ein wenig in Aufregung zu geraten. Nun, so oft kam da ja auch niemand vorbei. Als ich durch das Tor trat, wurde ich von einigen bewaffneten Männern umringt. Ich verstand nichts und dann kam ein weiterer verschlafener Mann, der ein bisschen wie der Anführer oder Vorgesetzte aussah, aus einem Gebäude. Dieser nun verlangte von mir den Passport. Ich gab ihn ihm. Er blätterte und las verständnisvoll nickend und laut darin. Nur sah ich, dass er ihn verkehrtherum in der Hand hielt. Ich hatte wirklich gar kein gutes Gefühl, obwohl ich zugleich mein Lachen unterdrücken musste. Irgendwann dann kam er auf die Seite, wo sich mein Foto befand und da lachten dann auch seine Soldaten und ihm war es schon peinlich und er wurde auch ein bisschen wütend und schrie irgendwas herum und gab mir meinen Pass zurück und gab mir zu verstehen, dass ich meines Weges weitergehen sollte. Glück gehabt!

Doch mein Glück hielt nicht lange an, denn am nächsten Tag schon kam ich in einen Sandsturm. Ich war zwar nicht mehr allzu weit von der israelischen Grenze und einer Ortschaft entfernt, jedoch bei einem richtigen Sandsturm ist so viel Sand in der Luft, dass man die Sonne nicht mehr sieht. Es ist wie in der Dämmerung und man sieht nur noch ein paar Meter weit. Kompass hatte ich keinen dabei, was wohl nicht sehr professionell war. Hinzu kommt, dass dieser feine Sand einfach überall ist, in der Nase, in den Ohren, einfach überall, aber vor allem in den Augen. Man sieht also nichts mehr und weiß also auch nicht, in welche Richtung man gehen sollte. So bleibt einem gar nichts anderes übrig, als sich eine Decke über den Kopf zu ziehen und auszuharren, abzuwarten, bis der Sturm vorbei ist.

Das letzte, was ich noch verschwommen sah, und ich wusste nicht, ob das nur ein Traum war, war ein Kamel ohne Reiter. Wie ein Wüstenschiff und scheinbar ganz unbeeindruckt von dem Sturm tauchte es auf aus dem Zwielicht und verschwand wieder im dämmrigen Dunst des Sandsturmes.

Ich zog mir also den Schlafsack über den Kopf. Und obwohl die Sonne verschwunden war, wurde es doch nicht kühler und ich hatte Angst. Ich hatte ja keine Ahnung wie lange dieser Sturm dauern würde, ein paar Stunden, einen Tag oder eine Woche. Ich wollte daran gar nicht denken, denn in meiner Wasserflasche befanden sich nur noch ein paar Schlucke Wasser. Es war also nur eine Frage der Zeit wie lange ich so noch überleben könnte. Das Wasser war bald ausgetrunken und so dämmerte ich dahin. Wach, schlafend und viel so dazwischen im Halbschlaf. Mein Durst wurde immer größer und irgendwann verzehrt man sich nach etwas Flüssigem und Kühlenden. Ich weiß nicht, wie lange ich da wohl so gelegen habe, aber eines weiß ich noch ganz genau: In diesem Dämmerzustand sah ich immer wieder eine Flasche vor mir, perlend mit frischem Tau bedeckt und gefüllt mit einer schwarzen Flüssigkeit, auf der Coca-Cola stand.

Das hat mich unglaublich überrascht und auch erschreckt und auch heute noch muss ich darüber schmunzeln. Ich war doch irgendwie sowas wie ein Hippie, einer von „Zurück zur Natur", einer der mit dem ganzen babylonischen Konsumprodukten gar nichts am Hut hatte und der ja auch sonst überhaupt kein Cola trank. Und einer der langsam am Verdursten ist, der träumt doch nicht von Schnaps, Wein oder Cola, sondern von Wasser. Ich aber nicht, ich träumte immer wieder von dieser Cola Flasche und kann sie auch jetzt noch, ca. 40 Jahre später, sehr deutlich vor mir sehen.

Wie tief sinken doch irgendwelche Klischees in unser Unterbewusstsein, ohne dass wir es merken und treiben da ihr Unwesen, beziehungsweise manipulieren uns aus ihrem Schattendasein heraus. Ich fand es ernüchternd und lehrreich und finde es immer noch eine gute Hilfe gegen die Überheblichkeit.

Nun der Sandsturm hat, wie man sich denken kann, da ich ja noch lebe, so plötzlich wie er angefangen hat, auch wieder aufgehört, und ich ging oder schleppte mich zu dieser keinen Ortschaft. Es waren in der Tat nur ein paar Kilometer. Als ich an den ersten Hütten vorbeikam, ging ich weiter, bis sowas wie eine kleine Bar oder ein Café kam und setzte mich und du, lieber Leser, weißt natürlich jetzt genau, was ich mir da bestellt habe…

Der Mann ohne Arme und Beine

Natürlich war früher auch Indien ein verlockendes Reiseziel und der Himalaya sowieso. Berge hatten immer eine starke Anziehung auf mich gehabt und ich wollte schon einmal die berühmten Acht – Tausender sehen. Ja, reisen war wunderbar und eine herrliche Entschuldigung für das Nichtstun, denn der Reisende tut ja was, er reist eben.

Ich war oft monatelang unterwegs und es gibt so viele Erlebnisse, von denen ich berichten könnte. Aber dies würde wohl ein eigenes Buch, eine Reisebeschreibung eben, ergeben. Diese kleine Episode hier möchte ich aber noch erzählen:

Ich wanderte an einem kleinen Fluss am Rande es Himalaya entlang. Eine herrliche Landschaft! In der Ferne ragen die ewigen schneebedeckten Zeugen wie Skulpturen, wie Kristalle in den Himmel. Hier am Fluss war eine Frühlingsstimmung. Die Luft vibrierte vor Lebendigkeit. Vögel und Insekten überall und eine Pflanzenwelt, die ihre Üppigkeit lustvoll zur Schau stellte. Es war die Zeit, in der alles blüht und diese Schönheit eine Art Ekstase erzeugt. Bisweilen drangen Schreie irgendwelcher Tiere aus dem Urwald und der balzende Ruf des Pfaues verzauberte die Szene in ein himmlisches Fest auf Erden.

Diese Gegend war nicht so voller Menschen, wie man es so oft in Indien erlebt. Es war nur dünn besiedelt und Touristen verirrten sich wohl so gut wie niemals hierher. Nur ab und zu ein kleines Dorf und vereinzelt Menschen in der Landschaft, die ihren bäuerlichen, alltäglichen Arbeiten nachgingen. Die Dörfer waren so, wie sie wohl schon vor hunderten von Jahren waren und fügten sich völlig organisch in ihre Umgebung. Da war noch kein Lärm von Traktoren, sondern Büffel zogen den Pflug und alles Gerät war von musealer Schönheit. Irgendwie paradiesisch, eine scheinbar heile Welt oder doch ein Garten Eden. Dies war so circa um 1980.

So wanderte ich dahin und wurde auch gar nicht weiter beachtet. Ein kurzer Blick, vielleicht ein kaum angedeutetes Nicken und man wendete sich wieder seiner Beschäftigung, seiner Arbeit zu. Mir war das nur recht, denn mein Zustand war dem dieser heilen Welt vollkommen entgegengesetzt. Ich war in der Krise. Es war mir zu heiß, die vielen Mückenstiche nervten, alles dahinwandern erschien mir sinnlos. Ich fühlte mich deplatziert und überhaupt nicht dazugehörig, was ja auch stimmte. Ich fühlte mich leer und deprimiert und sehnte mich nach einer Heimat, die ich nicht finden konnte. Meine eigene Heimat war so weit weg und auch diese hatte all ihre Anziehung und Vertrautheit verloren. Ja, ich hatte mich verloren, fremd und mir selbst fremd, wandernd durch das immer gesuchte Paradies.

An einer Biegung des Flusses dann sah ich vor mir jemanden auf einem Stein sitzen. Im Vorbeigehen stutzte ich. Da saß ein Mann mittleren Alters mit nur einem Tuch um die Hüften und ohne Arme und Beine. Von selbst konnte er da nicht hingekommen sein. Man musste ihn wohl an dieser wunderschönen Stelle am Fluss auf einer Art Sack abgesetzt haben. Ich näherte mich ihm auf ein paar Meter. Man kennt ja verstümmelte und behinderte Bettler, die an belebten Stellen um Almosen bitten und das Mitleid der Menschen erregen sollen und auch erregen. Hier jedoch waren keine Menschen in der Nähe und es waren hier auch keine zu erwarten und Touristen schon gar nicht und Bettelschale war da auch keine. Warum also saß er hier und was machte er hier? Ich blickte also auf diesen Torso mit einem Kopf und natürlich erwacht bei einem so seltsamen und ungewöhnlichen Anblick auch das Mitgefühl. Jedoch als ich in sein Gesicht blickte, da waren da zwei strahlende Augen, ein freundliches Lächeln und Freude, übersprudelnde Freude. Wir blickten uns an und staunten. Ich, weil es so unerwartet und wohltuend war und er, so schien mir, weil er so etwas wie mich auch noch nie gesehen hatte und ich wohl vom Himmel gefallen sein musste oder war er der, der für mich vom Himmel gefallen war? So standen wir eine Weile und es war wie ein ewiger Moment voller Liebe und Magie.

Und dann drehte sich irgendwie etwas um. Plötzlich begann ich zu fühlen, dass nicht er, sondern ich der zu bemitleidende war. Ich stand da, war gesund, konnte laufen und die Welt bereisen, war mein eigener Herr, nicht auf andere angewiesen, konnte machen, was ich wollte und hatte die Taschen voller Geld und dieser Mensch da hatte nichts, nicht mal eine Tasche, er hätte auch nichts hineinstecken können. Aber er schien glücklich zu sein, ganz in Harmonie und zufrieden, während ich, der ich doch alles hatte, unglücklich, deprimiert und gestresst war. Zwei so ungleiche Ausgangssituationen, wie absurd, zwei so verschiedene

Menschen, alles verdreht, nicht ich konnte ihm etwas geben oder etwas für ihn tun, sondern er beschenkte mich...

Beim Weitergehen dann wurde mir langsam klar, dass da etwas ganz Grundsätzliches nicht stimmte in meinem Leben, dass, und das ist natürlich keine Neuigkeit, Geld, Erfolg, Vergnügungen und Luxus per se nicht glücklich machen und dass es doch ein grundloses Glück geben muss, ein Glück, das nicht abhängt von all den Dingen, von denen wir glauben, dass sie so wichtig sind.

Dieser Inder jedenfalls schien für sein Glück praktisch nichts zu brauchen, nicht einmal Arme und Beine.

Es macht Spaß in diesen Erinnerungen zu schwelgen. Und obwohl mir dies alles gar nicht mehr real vorkommt, sondern mehr wie geträumt oder erträumt, erlebe ich es beim Schreiben fast noch einmal, vielleicht sogar klarer und bewusster. Es gibt so viele solche Ereignisse und Erlebnisse, die natürlich alle mein Leben beeinflusst haben und ich weiß gar nicht so genau, warum ich diese hier ausgewählt habe. Es muss wohl einen Grund geben. Vielleicht können sie, lieber Leser diesen erkennen. Ich kenne ihn jedoch nicht so genau. Es sind eben die Erfahrungen, die mir als erstes wieder einfallen und die ich auch immer wieder gerne, zum Beispiel meinen Kindern, Freunden oder Schülern, erzähle. Und da fällt mir schon wieder etwas dazu ein:

Einst war ich mit einem Freund an unserem geliebten Fluss, der Isar, an jenem legendären Wehr. Es war Sommer und Badewetter und wir unterhielten uns so wie Gott uns erschaffen hatte, nackt herumstehend an der Fischtreppe. Unsere Gespräche waren immer sehr intensiv und eifrig und wieder einmal, wohl um irgendeinen Sachverhalt zu beweisen, erzählte ich einen Schwank aus meinem Leben. Ganz aufgehend in meiner Erzählung, nahm mich mein Freund, der Michi, mittendrin beiseite und sagte mir, dass ich ihm diese Geschichte mindestens schon ein halbes Dutzend Mal erzählt hätte. Ich erschrak! Aber er fügte freundlich hinzu, dass dies gar nichts mache und er es immer wieder gerne hören würde. Natürlich haben wir gelacht und ich war froh, weitererzählen zu können. Wenn das nicht wahre Freundschaft ist.

Ja, da gibt es die Geschichte der Menschheit, natürlich keine objektive, und unsere persönliche Geschichte, natürlich auch keine objektive. Über diese Geschichte definieren wir uns und von ihr werden wir sozusagen festgehalten und der innere Weg verlangt irgendwann von uns, diese Verbindung zu lockern und uns schließlich von genau der Vorstellung dieser Identität zu lösen.

Wenn ich heute so auf meine Geschichten schaue, dann wird mir klar, dass ich schon immer das Abenteuer gesucht habe. Das normale Leben war mir zu banal und in Grenzerfahrungen hoffte ich wohl den Punkt zu erreichen, wo einem ein Licht aufgeht.

Eine letzte Erfahrung, die ich auf meinen Reisen gemacht habe und die mir nicht unwichtig erscheint, will ich hier noch erwähnen:

Ein Mönch im Kloster

Ich war mehrere Male in Asien im Kloster. Einerseits war da eine starke Affinität zum Buddhismus und andererseits war dieser Rückzug zu mir selbst immer ein wunderbarer Gegenpol zu meinem ausschweifenden Leben. Das Dionysische, das ich leidenschaftlich leben wollte, musste natürlich durch etwas Asketisches ausbalanciert werden. Es ist wohl niemals gesund in einer Ganzheitlichen Art und Weise der Betrachtung, wenn wir uns ausschließlich in einem Extrem verheddern.

Ich war zum ersten Mal in einem wunderbaren Kloster in Thailand mitten im Urwald und wohnte in einer kleinen Hütte unter riesigen Bäumen. Es ist sehr befreiend einen geregelten Tagesablauf zu haben. Man braucht nicht mehr zu überlegen, was zu tun ist und braucht also keine wirklichen Entscheidungen mehr zu treffen, wenn man sich in die vorgegebenen Strukturen einfügt. Und genau das tut man, wenn man ins Kloster geht.

Um 4.00 Uhr früh bei noch völliger Dunkelheit wurde aufgestanden. Bis zur ersten Mahlzeit um 10.00 Uhr wurde sitzend in Stille meditiert, immer nur kurz unterbrochen von Geh-meditationen und knappen Unterweisungen über die Bedeutung des Atems, der richtigen Sitzhaltung, der Beobachtung der Gedanken und vieles mehr. Danach war eine Pause zum Verdauen oder für Bewegung, Gartenarbeit zum Beispiel und dann wurde wieder meditiert bis zur zweiten Mahlzeit um 16.00 Uhr. Danach wurde wieder meditiert. Es wird dort sehr früh und sehr schnell dunkel und um 20.00Uhr war Nachtruhe angesagt. Und die war auch nötig, denn es war anstrengend, sowohl für den Körper, der ja so langes Sitzen nicht gewöhnt war, als auch für die Psyche, die ja die Stille, die nicht still ist, ebenso nicht gewöhnt war.

Am Anfang hatte ich ziemliche Rückenschmerzen und in der Meditation war ich hauptsächlich mit diesen beschäftigt. Beim stillen Sitzen wurden sie fast unerträglich und ich war mit Durchhalten und meiner Haltung beschäftigt. Nach einer guten Woche wollte ich mir Rat holen und fragte einen der leitenden Mönche, was ich tun sollte, denn ich könnte ja vor lauter Schmerzen gar nicht meditieren. Er sah mich lange etwas streng an und lächelte dann und sagte geheimnisvoll, dass wir doch alle Schmerzen hätten und entließ mich aufmunternd nickend. Nun, wirklich weitergeholfen hat mir diese Bemerkung damals nicht.

Es gab da auch verschiedene Gebäude, Meditationshallen und einen Tempel. Von diesem Tempel fühlte ich mich magisch angezogen und wann immer es mir möglich war, ging ich dorthin. Ich hatte keinen besonderen Grund und wollte einfach nur diese Atmosphäre genießen. Immer wenn ich kam, saß da ein Mönch mit rasiertem Schädel und mit dem typischen Tuch bekleidet. Zuerst beachtete ich ihn kaum, doch mit der Zeit zog er immer mehr meine Aufmerksamkeit auf sich. So näherte ich mich ihm dann einmal und sah zu meinem Erstaunen, dass er eine Augenbinde trug. Er saß einfach da, ein Glas Wasser vor sich und sonst nichts. Und jedes Mal, wenn ich kam, saß er da. Ich kam tagelang zu den verschiedensten Zeiten und immer war er da, vollkommen regungslos mit Augenbinde. Manchmal ging ich nur in den Tempel, um nach ihm zu schauen, aber auf ihn war Verlass: Er saß da. Er saß immer da und ich begann ihn allmählich zu bewundern und obwohl dieses Dasitzen, dieses zwanghafte Nichtstun ja auch irgendwie einen absurden Charakter hat, empfand ich Respekt. Sicherlich nicht nur deshalb, weil ich mit so langem Dasitzen meine Schwierigkeiten hatte, sondern auch, weil mir diese Disziplin fast unmenschlich erschien oder anders ausgedrückt, weil da etwas Vollkommenes, Göttliches diesen Mann umgab.

Ich fragte mich, was er wohl erlebt und was da mit ihm geschieht. Ich wusste nicht was, aber ich ahnte, dass es das war, was auch ich suchte: Befreiung, Einsicht, Einheit, Glück. Nur zu gerne wäre ich einmal in sein

Bewusstsein geschlüpft, um zu erfahren, wo er sich befand, ob er mit etwas zu kämpfen hatte oder ob er im Nirwana schwelgte. Und manchmal, wenn ich bei ihm war, keine Ahnung, ob er davon etwas bemerkt hat, spürte ich irgendeine nährende und ekstatische Energie, die auch mich zu erfassen schien.

Einmal, als ich mitten in der Nacht aufwachte, dachte ich sofort wieder an ihn und wollte wissen, ob er auch jetzt dasitzen würde. Irgendwie ahnte ich, dass er nicht schlafen würde und dass er wie immer regungslos mit Augenbinde dasitzen würde. Ich machte mich auf den Weg in den Tempel und so war es denn auch. Da war er in diesem fast dunklen, gespenstig wirkenden Raum. Dieser war nur spärlich mit wenigen Öllampen erleuchtet.

Ich weiß nicht, wie lange ich vor ihm gestanden bin, aber ich glaube es war lange. In mir entstand ein für mich seltsamer Impuls. Ich wollte mich vor diesem Wesen verneigen und meine Ehrerbietung zum Ausdruck bringen. Im Grunde meinte ich auch gar nicht diesen Menschen, sondern irgendetwas, was mich überwältigte, was mich in die Knie zwang. Und dann kniete ich mich von ihn hin und legte meine Stirn auf den Boden. Es war eine Befreiung. Etwas Hartes, Starres wurde weich in mir. Niemals in meinem Leben hatte ich so etwas gemacht und es wäre für mich auch ganz undenkbar gewesen, denn niemals konnte ich bis dahin irgendeine Autorität so ganz anerkennen. Hier brach mein Stolz und ich genoss zum ersten Mal dieses Gefühl von Demut, von, ich glaube, echter Demut. Eine Demut, die sich auf gar nichts Konkretes bezog, sondern das Wunder meinte, das Wunder des Lebens und seine unglaublichen Erscheinungsformen.

Als ich zurückging in meine Hütte, um weiterzuschlafen, wusste ich, dass etwas Besonderes und Wichtiges mit mir passiert war. Und jetzt wusste ich auch, warum ich in dieses Kloster gekommen war. Mag sein, dass dieser Mönch mit seinen verbundenen Augen von dem allen gar nichts mitbekommen hat, was ja eigentlich auch gar keine Rolle spielt. Jedoch ich war sehr dankbar und auch diesem Menschen, der mir ein großes Geschenk gemacht hatte. Und auf alle Fälle war ich tief erfüllt und schlief glücklich wieder ein.

Kreativität

Der Mensch ist ein Künstler

Jeden Abend schlafen wir ein, voller Vertrauen und ohne Angst davor, dass wir nicht wieder aufwachen könnten. Und tatsächlich wachen wir wieder auf und haben meist unglaubliches und unbeschreibliches erlebt. Natürlich kennen wir alle die Träume in der Nacht, die oft spannender und bunter sind wie das Leben am Tage, das aber, so habe ich gehört, auch nur ein Traum sein soll. Das Leben kann uns schon manchmal sehr grau, banal und langweilig erscheinen, jedoch in der Nacht sind wir dann oft sehr abenteuerlich unterwegs und staunen über die Kreativität dieser Bilder, Geschichten und Szenen, die auf die Leinwand unseres scheinbar vom Alltag befreiten Bewusstseins geworfen werden. Diese Kreativität geschieht, ist von unserem Willen kaum beeinflussbar, eine kosmische Urtätigkeit. Es ist die Natur des Lebens selbst, dass es etwas kreiert, etwas entfaltet und ohne Unterlass sich in die Zukunft hinein ergießt. Deshalb gehört Kreativität auch zu unserer Natur und muss gar nicht groß entwickelt werden, sondern entdeckt, beziehungsweise einfach nur zugelassen werden. Kreativität ist das göttliche Spiel, ohne welches wir wohl kein Universum und keine tanzenden Schmetterlinge und Galaxien hätten und Kreativität ist das im Menschen weitergeführte göttliche Spiel, das uns eine Kultur geschenkt hat.

Es geschieht automatisch durch uns und unser Leben. Dazu brauchen wir gar nicht viel zu tun. Unser Leben schreibt unsere einmalige Geschichte und ist ein Kunstwerk und dieser Körper eine Skulptur. Der Mensch ist ein Künstler, jeder Mensch ist ein Künstler. Es gab da einen Joseph Boys, der genau das gesagt hat und das war zu der Zeit wirklich etwas Revolutionäres. Der Künstler ist aus der bürgerlichen Perspektive gesehen etwas ganz Besonderes. Er hat irgendein spezielles Talent, eben etwas, was nicht jeder hat. Und deshalb kann auf keinen Fall ein Jedermann ein Künstler sein. Hinzu kommt, dass es aus der bürgerlichen Perspektive unserer Leistungsgesellschaft dazugehört, dass man lange und hart üben muss, bis dieses Talent zu seiner Entfaltung kommt und dem Publikum präsentiert werden kann.

Aber es ist natürlich so, dass jeder etwas hat, was nicht jeder hat. Das macht seine Einmaligkeit aus, seine Individualität. Zweifellos jedoch wird sich nicht jeder dazu berufen fühlen, künstlerisch und kreativ tätig zu sein. Und das ist ja auch gar nicht nötig. Ich war immer der Meinung, dass in jedem, also auch in mir ein Künstler steckt und dass man diesen entsprechend seiner Vorlieben und Neigungen jederzeit mit ein wenig Mut zum Ausdruck bringen kann und dass dies auch von Nutzen ist. Und es war mir auch immer ein Anliegen, mir und allen anderen genau das zu beweisen. So habe ich viel Freude dabei gehabt, mich in den verschiedensten künstlerischen Bereichen auszuprobieren. Dabei stand eben immer die Freude an der Sache im Vordergrund und nicht so sehr der Erfolg, die Anerkennung oder das ehrgeizige Ziel besser wie die anderen oder gar vollkommen zu sein. Das Ziel war immer mehr ein mich spiegeln in meinen Werken, um mein Geheimnis, mein Sosein und meine zugrungeliegende Problematik besser zu verstehen. Da war am Anfang in jungen Jahren noch keine Botschaft in mir angekommen, die ich hätte verbreiten wollen.

Schreiben

Eines der ersten Spielfelder war und ist immer noch die Sprache. Welch ein unglaublicher Lernvorgang eine Sprache zu entwickeln und welch eine Spielwiese für den ja meist unbewussten Ausdruck von unserem inneren Leben. Jedes Wort hat eine so endlos lange Geschichte hinter sich und staunend können wir auf diese Blüten blicken, deren Wurzeln zurückreichen bis in den Anfang, so wie es ausgedrückt ist in dem Satz aus der Bibel: Am Anfang war das Wort. Dieses Wort ist Schwingung und feinstoffliche Schwingung mag das Baumaterial sein für alles, was wir wahrnehmen in unserer Welt.

Also begann ich zu schreiben. Schon in der Pubertät war dies ein gutes Ventil für mich. Diese Art, sozusagen intuitiv drauflos zu schreiben, hatte ja nicht das Ziel von außerhalb dann Lob zu erheischen, sondern diente hauptsächlich dazu etwas loszuwerden oder es durch die Formulierung in den Griff zu bekommen, es konkret werden zu lassen, um es zu verstehen. Man blickt in seine Werke wie in einen Spiegel. Und auf der anderen Seite bereichert man dadurch die Welt, das Leben und die Kultur. Ja, der

Künstler ist auch stolz auf seine Werke. Dies hat fast etwas Kindliches, so wie Kinder gerne die Mama oder den Papa rufen und sagen, schau, wenn die Sandburg fertig ist. Da ist dieses Staunen darüber, dass etwas durch einen selbst entstanden ist, fast wie von selbst. Mir ging es immer so, dass meine Werke meine Babys waren, die ich gar nicht hergeben wollte und dass sie mir zugleich immer fremd waren. Das war ein Gefühl, wie wenn ich mit den Produkten gar nichts zu tun hätte, es waren irgendwie Abfallprodukte irgendeines Prozesses, der wohl wichtig war, aber nicht so sehr diese Resultate. Da war ein seltsamer Widerspruch zwischen der Geringschätzung und dem Stolz darauf. Es ist zwar eigentlich nichts wert, aber ich bin stolz darauf – ein herrliches Koan. Und auch heute finde ich noch, dass sich die Künstler gar nicht so wichtig nehmen sollten und auch nicht ihre Werke. Sehr schön ausgedrückt ist dies beispielsweise in den alten sakralen und schamanischen Schnitzereien der afrikanischen Skulpturen, die ich sehr liebe und die niemals von ihren Erschaffern signiert werden. In unserer Kultur ist heutzutage der Name ein Label geworden und oft wichtiger für den Wert und die Qualität, zum Beispiel eines Gedichtes oder eines Bildes, als die Sache selbst.

Nun, ich habe also immer schon geschrieben und es gibt so viele verschiedene Formen das zu tun: Geschichten, Gedichte, Sentenzen, Essays, Theaterstücke, Hörspiele und auch Tagebuch und Briefe, die eine wunderbare Form der Berichterstattung und Zustandsbeschreibung sind, eine Form, die langsam durch die neuen Medien und ihren Hochgeschwindigkeitsverkehr in Kurzform im Verschwinden begriffen ist.

Viele Jahre pflegte ich einen regen Briefwechsel mit meinem Freund Thomas. Diese Briefe waren für mich Kunst, eine Kunstform und herrliche Dokumente einer Freundschaft und eines Mitteilungsbedürfnisses über neue Ausdrucks- und Bewusstseinsformen. Ich hatte einen riesigen Stapel von seinen Briefen gesammelt, auch in der Absicht diese vielleicht eines Tages zusammen mit den meinigen in einem Buch zusammenzufassen. Jedoch eines Tages in einem Anfall von Befreiung, in einem Bedürfnis nach Häutung und Ablösung von Altem und auch, um diesem Sammelwahn entgegenzuwirken, schmiss ich alle Briefe in die Mülltonne. Es hat wirklich gutgetan. Es war wirkliches Dada, „ein alles nicht so wichtig nehmen". Ich spürte tatsächlich auch eine körperliche Erleichterung. Es war ein Schlag gegen das Habenwollen und gegen die Eitelkeit, ein Handeln gegen das

Gewohnheitsmäßige. Und doch, es gab dann auch wieder Momente des Bedauerns und es war gut, dass bei uns auf die Müllabfuhr Verlass ist.

Vielleicht kennt ihr die Mönche in Tibet, die ihre Mandalas, an denen sie wochenlang gearbeitet haben, nach ihrer Fertigstellung wieder zerstören. Wie herrlich und wie absurd!

Nur manches gelangte auch zur Veröffentlichung: Ein Hörspiel, ein paar Theater - Stücke, die auch gespielt wurden, Zeitungsartikel, Gedichte und zwei Bücher. Und auch heute noch schreibe ich, wie man ja hier sehen kann. Und ich schreibe hier an einer Autobiographie. Wie eitel ist denn das? Jedoch, vielleicht brauchen wir gar keine Geschichten zu erfinden, denn die spannendsten schreibt das Leben. Schreibe doch einfach die Wahrheit, die glaubt sowieso fast niemand, die ist sowieso das unglaublichste und fantastischste, was es gibt. Jeder Mensch könnte seine Biografie schreiben und ich denke, keine wäre langweilig, sondern einmalig, spannend und lehrreich. Jedes Leben ist interessant. Es kommt nur darauf an, wie man es betrachtet und wie man es beschreibt.

Musizieren

Jedoch schreiben war mir nie genug. Ich wollte auch den körperlichen Ausdruck und die Sinnlichkeit. Eine Möglichkeit war da die Musik. Nur war ich, was das betrifft, schon von zuhause aus ein bisschen gehandicapt. Mein Vater, der zwar manchmal zu Weihnachten Geige gespielt hat, allerdings ganz fürchterlich und grausam, hatte mir in jungen Jahren mitgeteilt, dass wir Kindls nicht musikalisch sind. Das hat lange nachgewirkt und auch in der Schule habe ich mich dann geweigert, die Sprache der Noten zu verstehen und zu erlernen. Auch was meine Stimme betraf, da kam nicht viel heraus und das Singen vor der Klasse in der Pubertät mit Stimmbruch hat mich dann auf Grund des Gelächters völlig verstummen lassen.

Allerdings tauchte dann ein Freund auf, der Musiker war und in einer Band spielte und der das große Talent hatte, zu motivieren. Wir machten, mit allen die Lust dazu hatten, einfach Musik, auf Festen, am Feuer am Fluss oder wo auch immer. Das waren theatralische Darbietungen, bizarre Performances, in denen ich Töne, Gesänge, Flötenspiel und Rhythmen auf der Trommel beisteuerte und es war vollkommen frei, hauptsächlich zusammengehalten durch den Bass meines Freundes Andi. Diese ausgeflippten und bekifften Sessions haben mir Türen geöffnet hinein in eine Welt des ungebremsten Ausdrucks, frei von Regeln im reinen Vertrauen auf die Intuition und deren Stimmigkeit jenseits jeglicher Planung oder Absicht. Damals waren das schon die ersten Versuche eines Seins ganz aus dem Augenblick heraus. Dies waren Wegweiser und mein Selbstvertrauen, ein Vertrauen in mein Selbst, begann sich zu entwickeln. Und auch der Prozess meine Stimme wieder zu befreien, nahm damals seinen Anfang und wurde später vorangetrieben durch das Theaterspielen, Stimmworkshops und das Tönen von Mantren. Es ist unglaublich, wieviel Schaden so ein, wohl gar nicht böse gemeinter Satz meines Vaters, wie „wir Kindl's sind nicht musikalisch," in der Kindheit anrichten kann und wie lange es braucht und welch herrliche Wege wir finden müssen, um ein solches Trauma wieder loszuwerden.

Hier habe ich eine schöne Erinnerung an Mallorca, wo ich einmal einen Sommer mit vielen deutschen und spanischen Freunden auf einer Finka, einer alten Eremitage, an einem wunderschönen Ort in den Bergen verbracht habe. Das war eine herrliche Zeit und natürlich haben wir viel gefeiert.

Jeden Abend betrachtete ich vom Dach aus, den Sonnenuntergang. Die Dächer der Finkas sind flach und begehbar, es sind wunderbare Terrassen. Dies war meine Meditation und eine Stunde, die nur mir gehörte, eine Stunde mit mir allein. Schon bald hatte ich Lust dieses Fest am Himmel mit Tönen zu begleiten und so begann ich vom Sonnenuntergang inspiriert meine Flöte zu spielen. Jeden Abend wochenlang das gleiche Ritual. Mein Blick auf die Sonne und das Drama und die Farben am Himmel gerichtet, atmete ich in die Flöte und es entstand zum Farbenspiel am Himmel ein Spiel der Klänge und Töne. Durch die tägliche Wiederholung begannen sich auch bestimmte Fingerspiele und Atemvariationen zu wiederholen und es entstand langsam so etwas wie ein Lied, mein Lied, gewoben aus Atem, Tönen, Geräuschen und meiner Stimme, jeden Abend das Gleiche in Variationen. Ich bemerkte, wie sich gewisse Abläufe verfestigten und wie die Kreativität eine Form fand und somit auch eine Begrenzung, ja ich sah auch die Grenzen meiner Kreativität. Jedoch ich hatte große Freude dabei und vielleicht kann man sagen, dass das ekstatische Geschehen am Himmel sich in meiner Ekstase reflektierte. Das war mein

Sonnenuntergangsfest und meine Begeisterung war wohl auch ein guter Ersatz für meine musikalische Unbedarftheit und mein musikalisches Unvermögen.

Eines Tages fiel mein Konzert aus. Die Stille und die unaufhaltsam sinkende Sonne waren mir genug. Als ich dann in den Garten kam, wo alle meine Freunde und Bekannten saßen, wurde ich gefragt, was den heute los sei und warum es kein Konzert gegeben hätte. Ich war total überrascht, denn mir war nicht klar gewesen, dass man mein Spiel im Garten unten hören konnte und ich wollte mich fast entschuldigen für meinen Dilettantismus. Jedoch der Mufdi, der ein Profimusiker war, sagte mir und alle lachten, dass sie sich schon seit Wochen jeden Abend auf das Konzert gefreut hatten.

Ich war natürlich höchst angenehm berührt und das machte mir Mut, Mut mehr Selbstvertrauen zu wagen. Es war ein schöner Schritt hinaus aus dem, was man ein negatives Selbstbild nennen könnte.

Ich habe dann wieder auf dem Dach gespielt. Aber es war dann anders, weil ich wusste, dass jemand zuhören könnte. Da geht eine gewisse Unschuld verloren und man beginnt sich zu produzieren und dann war auch irgendwann die Luft raus und in diesem, meinem Rahmen die Sache ausgereizt. Auch könnte ich wohl heute dieses Stück nicht wiederholen, denn das war damals und diesem Ort und dieser Sonne von Mallorca geschuldet.

Ein Musiker ist nicht aus mir geworden. Das hatte ich auch nie vorgehabt. Dennoch hat sie, die Musik, immer eine wichtige Rolle gespielt und entsprechend gewisser Lebensphasen gab es auch den dazu stimmigen Musikstil. Aber das ist ja wohl bei fast allen Menschen so.

Schauspielerei

Ich habe immer nach Möglichkeiten von Ausdruck gesucht oder besser ausgedrückt vielleicht: Es, das Leben und seine Lebendigkeit hat sich immer irgendwie durch mich ausdrücken wollen und auch Wege dafür gefunden. Eine weitere war der Tanz, die Pantomime und die Schauspielerei. Ich habe am Beginn des Buches schon einiges über die Schauspielerei geschrieben, doch jetzt noch ein paar Worte dazu.

Bei allen Bestrebungen die geistigen Sphären des Lebens zu verstehen und zu erhellen, war da doch immer ein in mir vorhandenes Wissen darüber, dass der Körper auf keinen Fall vernachlässigt werden darf. Da war eine Ahnung davon, dass über die Sinnlichkeit der Sinn erfahrbar wird. Der Körper ist nun mal das Gefäß und das Medium, durch welches uns die Erfahrungen bewusst werden. So war mir in der Schauspielerei der Ausdruck durch den Körper sehr wichtig, wenn nicht wichtiger als das Wort. Das literarische Theater, wo man halt hauptsächlich Texte aus Büchern aufsagt, die man genauso gut lesen könnte, waren nicht so meine Intention.

Das Theater wie auch der Film ist ein Gesamtkunstwerk. Da kommt alles zusammen: Licht, Farbe, Masken, Bilder, Bühnenbilder, Bewegung, Tanz, Psycho, Dramatik, Geräusche, Töne, Musik, Worte, Wissenschaft, Analyse, Rituale, Kunst, Poesie und so weiter und so weiter, einfach alles. Das hat mir gefallen und so bin ich beim Theater und auch ein bisschen beim Film gelandet. Von der Universität und der Theaterwissenschaft, die ich als ziemlich unbefriedigend empfand, habe ich mich hinbewegt zur Praxis, zum Theater machen und spielen. Was Theatertheorie betrifft, kann ich mich noch daran erinnern, dass immer dann Theater stattfindet, wenn ein A ein B spielt vor einem C. Ich wollte jedoch nicht von außen über das Theater sprechen, sondern ich wollte hinein, es von innen her erfahren und machen. Ich war dann bei verschiedenen Theatergruppen und habe auch selbst welche gegründet.

Ich hatte auch viele Lehrer und einer davon hieß tatsächlich Manfred Killer. Er hat seinem Namen Ehre gemacht und mich oft bis zum letzten getrieben und vernichtet. Es gab Szenen und Texte, die ließ er mich 10-mal, 20-mal oder 30-mal wiederholen. Jedes Mal mit dem Satz: „Aber doch nicht so!" Und wenn ich dann schrie: „Ja wie denn dann!" und er es mir dann vorspielte und ich es dann nachspielte, dann tadelte er mich entsetzt und sagte, ich solle ihn doch nicht nachmachen...! Es war wirklich hart und manchmal fast unmenschlich. Aber ich habe etwas gelernt, was ich damals lange nicht verstanden habe, und zwar, dass da etwas aus mir herauskommen sollte, was nicht von meinem eitlen Ego gespeist wurde, sondern von einem Ort kam, den ich selber noch nicht kannte. Heute kann ich sagen. Vielen Dank!

Unsere damaligen Lehrer und Idole waren viele, zum Beispiel Antonin Artaud und sein „Theater der Grausamkeit." Damit war eine expressive und inhaltliche Direktheit gemeint, die nicht mehr den klassischen dramatischen Regeln folgte und auch stark vom Surrealismus beeinflusst war. Oder auch Jerzy Grotowski und „das arme Theater." Dies beinhaltete den Verzicht auf ein herkömmliches illustratives Bühnenbild, sowie auch sonst auf jegliche Schnörksel, Verzierungen und Accessoires. Im Focus befinden sich Haltungen, Gesten, Gebärden und Bewegungen und die Basis ist die Stille, ein Tanz ohne Musik. Durch diese Betonung des Körperlichen wurde ich immer mehr zum Tanz hingezogen. Dieser abstrakte Ausdruck beinhaltete eben auch den Verzicht auf das Wort und in dieser Stille lag die Antwort auf das Geschwätz und die ganze Rechthaberei der Welt. Es gab zu der Zeit das Tanztheater von Pina Bausch in Wuppertal, welches mich sehr beeindruckt und beeinflusst hat. Erst vor kurzem habe ich den Film von Wim Wenders über die Arbeit von Pina Bausch gesehen und noch immer bin ich tief beeindruckt von der Intensität dieser Kunstform, die tief eindringt in archaische Bereiche des Unterbewusstseins. Dieses Ausweichen vor dem Wort und der konkreten Aussage hat sich bei mir mit der Zeit wieder verflüchtigt und heute sehe ich sehr deutlich die Wichtigkeit einer klaren, einfachen Sprache, die Stellung bezieht und den Mut hat, die Dinge beim Namen zu nennen.

Eine meiner letzten Rollen im Theater war wohl die, des Menschen. Ich hatte weder einen Text noch irgendwelche Regieanweisungen, noch eine Rolle, außer eben die, ein Mensch im Geschehen des Stückes zu sein. Ich konnte mich frei zwischen den Schauspielern, die ihre festgelegten Szenen spielten, durch den Raum bewegen und machen oder sagen, was ich wollte, ohne zum Stück dazu zu gehören. Und doch gehörte ich dazu. Ich war ja auf der Bühne. Einerseits war ich also nur unbeteiligter Zeuge und andererseits bereicherte ich das Geschehen durch eine Rolle, die ich jeden Moment neu erfinden musste. Ich war nur ein Mensch auf der Bühne und hatte praktisch fast die totale Freiheit, außer der, die Bühne zu verlassen. Ich war einerseits vollkommen überflüssig für das Geschehen, den Ablauf des Stückes und andererseits die Würze, das Besondere, Irrationale und Unverständliche dazwischen und mittendrin. Keine Regieanweisung für mich bedeutete auch, dass, was auch immer ich tat, nicht kritisierbar war. Das war eine, meine Traumrolle und die war gar nicht einfach. Es war eben auch eine Sackgasse, weil es keine Steigerung mehr gab, weil die Rolle „der Mensch" keine Geschichte hatte und weil diese Beliebigkeit meiner Expressivität ins völlig Absurde, ins schauspielerische Nichts führte. Damals ahnte ich schon, dass das die Rolle war, die ich im Leben suchte, ein radikales einfach nur da sein.

So hat das Theater mir Türen geöffnet, durch die ich erst viel später gegangen bin. Ich wollte immer die Rolle spielen, die keine Rolle spielt, die gar keine Rolle ist. Ich wollte nur das sein, was ich bin. Da taucht dann die große Frage auf, „ja wer bin ich denn?" und bis zur Antwort darauf schien es damals noch ein weiter Weg zu sein. Denn egal was wir in der Welt treiben, wir spielen immer eine Rolle auf dieser Bühne, die wir die Welt nennen. Und doch ist etwas spielen, etwas ganz anderes, wie es zu sein.

Malerei

Von den darstellenden Künsten wechselte ich dann irgendwann fast zufällig zu den bildenden Künsten, zuerst zur Malerei. Das geschah einfach nur dadurch, dass ich einen Freund, den Arno, einen Maler, traf, der mir erzählte, dass er ein wunderbares Atelier mitten in München an der Hand hätte, aber dass es sehr groß sei und deshalb auch zu teuer für ihn. Sofort sagte ich, dass ich mich beteiligen könnte und mit einsteigen würde. Er sagte darauf, dass ich doch gar nicht malen würde oder vielleicht auch, dass ich doch gar nicht malen könne. Ich dachte, ich könnte da ja Performance machen oder was mit Theater oder irgendwas halt und da kam die Idee, einfach auch zu malen. Der Arno war überrascht und dann haben wir uns das Atelier geteilt und ich habe angefangen zu malen.

Auch ich war überrascht. Ich habe einfach losgelegt. Ich wusste, das Bild entsteht durch Bewegungen meiner Hand, eigentlich meines ganzen Körpers. Manchmal war es wie ein Tanz vor dem Bild oder über dem Bild. Manchmal habe ich dabei die Augen geschlossen. Und wenn ich danach sah, was entstanden war auf dieser Fläche aus diesen Farben, ja, dann war ich überrascht. Ich wollte malen, nicht denken. Ich wollte den Beweis dafür, dass alles durch mich geschehen kann, dass alles möglich ist, dass ich alles kann. Ich wollte den Beweis, dass man kein Künstler werden muss durch lange Bemühungen, sondern dass dieses Phänomen Künstler etwas ist, was schon in uns lebt. Und da hatte ich ihn, den Beweis, und ich staunte über die Ergebnisse, die keine Produkte eines rationalen Vorganges waren und erlebte diese freudigen, ekstatischen Momente der Kreativität. Die Interpretation kam danach, sie findet im Auge und Verstand des Betrachters statt. Auch die Verfeinerung, Betonung, Konkretisierung und Ausarbeitung kam danach.

So entstanden viele Bilder und natürlich wollten diese gezeigt werden und so gab es auch diverse Ausstellungen. Das war spannend und machte Spaß. Nur merkte ich dann in meiner Naivität doch sehr bald, dass die Welt nicht auf meine Bilder gewartet hatte. Das heißt meine Familie konnte ich damit nicht so ganz ernähren. Es gab und gibt einfach unglaublich viele Menschen die Kunst produzieren.

Meine letztendliche Desillusionierung, was den Kunstmarkt betraf, verdanke ich dem Wiener Kunsthändler Kurt Kalb. Er erklärte mir, dass es im deutschsprachigen Raum circa zwanzigtausend ernsthafte und potente Kunstsammler, fast alles Industrielle, gibt und dass man dafür höchstens zweihundert Hofnarren, so nannte er die Künstler brauchen kann. Und die machen wir, sagte er, und aus dir könnte auch einer werden, wenn du brav weitermalst, weil deine Bilder gut sind.

Er hat auch eines der besten davon gekauft und meinte: „Schau, dein Bild stell ich in den Keller, wo schon hunderte andere stehen und wenn aus dir was wird, dann kann ich es für ein Vielfaches wieder verkaufen. Ist das ein Geschäft? Und wenn nicht, macht es auch nichts, dann habe ich ein gutes Bild. Vielleich bring ich es aber auch zu einer Versteigerung, wo ich mit Freunden zusammen den Preis in die Höhe treibe und wir es selbst wieder ersteigern. So wird dann langsam was aus dir, du bekommst einen Namen und dein Marktpreis steigt."

Ich habe diesen Mann wirklich geschätzt. Er war ein morbider, versoffener Wiener Kaffeehaus Intellektueller und er war so wunderbar ehrlich in dieser verlogenen, blasierten und gierigen Kunstwelt, die vollkommen seine Welt war. Und ertragen konnte er diese nur so vortrefflich, weil er Humor hatte.

Ich liebe die Kunst und die Welt der Künste auch heute noch und diese ist natürlich etwas ganz anderes als der Kunstmarkt. Auf dem Kunstmarkt kannst du den Kapitalismus und seine Spekulationen studieren.

Ich liebe die Kunst, aber ich bewundere sie nicht mehr so besonders, nehme sie nicht mehr so ernst. Ich habe genug Artefakte selbst in Museen hängen sehen, die ich wohl als misslungen auf den Sperrmüll gestellt hätte. Diese Bewunderung ist auch eine typisch bürgerliche Haltung, die dem Künstler, den man in sich selbst trägt, nicht traut oder ihn gar nicht wahrnimmt. Dieser Haltung fehlt der Mut, den Kinder noch haben, wenn sie uns ihre Werke zeigen.

Meine Bilder haben sich mit der Zeit verändert. Der Verstand begann sich einzumischen und so verloren die Bilder ihre Unschuld und Spontanität. Eine Veränderung brachte auch das Verlassen des Ateliers, um in meiner Wohnung zu malen. Der Ort des Geschehens hat durchaus einen Einfluss auf das Bild. Die Bilder wurden kleiner, kleinlicher und aufwendiger, berechnender. Das Ende meiner Malerei und auch der Bildhauerei fand statt, nachdem ich mir ein wunderbares Atelier im Garten gebaut hatte, um dann da arbeiten zu können. Jedoch als das Atelier fertig war, hatte ich gar keine Lust mehr dazu, wie seltsam und wie stimmig dieser Schlusspunkt. Das Atelier war die letzte Skulptur, die ich erschuf. Neues tauchte auf und wurde wichtiger.

Manifest

In dieser Zeit ist folgendes Manifest zur Kunst entstanden. Es ist ähnlich wie das schon erwähnte Sowiesomanifest und wie gesagt, ich würde so etwas heute circa 40 Jahre später anders ausdrücken, aber ich muss schmunzeln, weil ich so sehr den Versuch spüre, das alles nicht so ernst nehmen zu wollen. Warum habe ich immer wieder Manifeste geschrieben? Ich wollte, glaube ich, klüger sein wie die Klugheit. Ich wollte das viele Wissen in Weisheit verwandeln und mir war klar, dass man dafür auch Humor braucht und so sollte es einfach und auch witzig sein. Und es war immer auch der Versuch in diesen weiten Feldern und undefinierbaren Bereichen etwas festzumachen, festzulegen, fixieren zu wollen. Ich habe nach Sicherheit gesucht, nach etwas Verlässlichem, etwas Greifbarem. Genau das ist natürlich gar nicht möglich. Es geht letztendlich einfach nicht, nicht in diesen Bereichen, weder mit der Kunst noch mit dem Geist und dem Bewusstsein, noch mit dem Leben an und für sich.

Und hier ist es mit seinem absurden, irrealen und poetischen Charakter:

SOWIESO-MANIFEST 2

- Der Denker denkt. Der Bäcker bäckt. Der Maler malt.
- Kult und Kunst verbinden uns mit dem Unsichtbaren.
- Es ist ein neues Wesen und es schenkt uns Staunen.
- Es ist Verherrlichung.
- Es ist ein Spiel und es ist heiter, weil es ein Spiel ist.
- Jeder Spaß ist schon ernst genug.
- Siehst du: Augenzeit ist in der Mitte
- Siehst du: Die Liebeserklärungen verblassen am Himmel.
- SOWIESO nicht verständlich, sondern selbstverständlich.
- Keine Zeit. Kein Bild. Prost Malzeit.
- Können wir weglassen...

Bildhauerei

Meiner Phase der Malerei schloss sich ebenfalls fast zufällig eine Phase der Bildhauerei an.

Ich hatte ein nur wenige Zentimeter langes tropisches Stück Teak-Holz von irgendwo mitgenommen. Es war die Zeit als gerade mein Sohn geboren war und plötzlich war da das Bedürfnis, ihm etwas zu schenken und da kam mir die Idee, aus diesem Stück Holz einen Handschmeichler für ihn zu machen. Ich ging in die Werkstatt, die mir mein Vater, der ja Schreiner bzw. Wagner gewesen war, hinterlassen hatte. Da gab es eine Hobelbank, Stemmeisen, Sägen, Schnitzmesser, Feilen und vieles mehr, was ich seit Jahren aufbewahrt, aber nie benützt hatte.

Ich begann also an dem kleinen Stück Holz herumzuschnitzen und zu feilen und alsbald war da ein herrliches kleines Gebilde, weich geformt und warm und schmeichelnd, das ideale Spielzeug für ein Baby. Das hat mir Spaß gemacht und deshalb habe ich weitergemacht und es entstanden viele kleine Skulpturen, die aber mit der Zeit immer größer wurden und am Schluss standen da 3 – 4 Meter hohe Stehlen in meinem Garten.

Diese Arbeit mit dem Material Holz war wunderbar. Allein schon den Geruch der verschiedenen Baumsorten fand ich berauschend. Die Holzstämme wie Leiber waren etwas Lebendiges, waren in Bewegung und in ihnen enthalten schon die Gestalt, die ich zu entdecken hatte und herausarbeiten durfte. Da half die brüllende Power der Motorsäge. Es war eine auch körperlich oft schwere Arbeit und sehr wohltuend, befriedigend und befreiend von den, manchmal die Menschen quälenden, Gedanken um Existenz und Identität.

Es ist ein Akt der Gnade, dass sichtbar wird, was gesehen werden soll. Und dann ist da die Qualität, die Einstimmung, von der der Künstler erfüllt ist, bei seinem Schaffen und diese Qualität fließt mit ein in das Werk. Das Werk oder das Material sind nur die Transportmittel dafür.

Es ist ein Akt der Gnade, dass dann fühlbar wird, was gefühlt werden soll. Das, was wir also letztlich durch solche künstlichen Gegenstände dargeboten bekommen, ist nichts Gegenständliches, sondern etwas wie eine Stimmung, bzw. das, was diese Stimmung erzeugt, bzw. das, was uns auf etwas einstimmt. Diese Skulptur ist für mich in gewisser Weise immer auch ein Fetisch gewesen, ein Objekt, ausgestattet mit besonderen Kräften oder Qualitäten.

Eigentlich produziert der Künstler nur das, was er sehen möchte. Wenn er es nicht produziert, wird er es nie zu Gesicht bekommen, denn ein anderer kann es nicht für ihn tun. Ein anderer kann nur etwas anderes machen. Kreativität ist immer neu, spontan. Das Schöpferische ist das Unvorherbestimmte.

Die Kunst mag auch ein Spiegel sein für jene Welt, die wir aus den Nachrichten kennen und eine Reaktion darauf enthalten. Jedoch bedeutet Kreativität zu handeln, nicht nur zu reagieren. Ihr Wesen ist Offenbarung, welches gespeist wird aus der Tiefe des Ozeans des Seins. Sie ist Ausdruck des ganzen Seins, das sich in ihr und durch sie im Konkreten zeigt. Das Werk ist das Gefundene und die Suche endet im zweckfreien Spiel, in Begeisterung und Schönheit.

Wie kommt man zum Bild, zur Skulptur, zum Werk. Man muss sich in Bewegung setzten. Das heißt handeln. Um den kreativen Prozess reinzuhalten und damit frei von persönlichen Vorstellungen und Anschauungen, muss man schneller sein als diese Gedanken, denn diese produzieren sich selbst mit ihrer unglaublichen Penetranz. Das heißt, man muss schneller handeln als denken. Du musst freier Kanal sein, frei für das, was durch dich in Erscheinung treten will. Nichts ist schneller als die Intuition, sie liegt außerhalb der Zeit. Der Künstler ist Vermittler vom Unsichtbaren zum Sichtbaren. Er ist immer noch der Priester oder das Medium.

Kunst entsteht aus dem Bedürfnis des Geistes Fleisch zu werden. Die Natur erschafft permanent Kunstwerke. Der Mensch als Teil der Natur ist selbst Kunstwerk und mittels des Geistes und der Kraft, der durch ihn wirkt, vollbringt er Werke. Der Mensch erschafft aus dem Geist, der ihn erschafft. Sein größtes Werk ist er selbst und er selbst ist das Material für sein Werk: Er ist er also der Künstler, sein Material und sein Kunstwerk zugleich.

Wozu also Skulpturen machen, wenn man das wichtigste und größte Kunstwerk doch selbst ist? So gab es in dieser Zeit auch Ausstellungen und Performances, in denen wir uns selbst ausgestellt haben. Lasst uns den Menschen in den Mittelpunkt unseres Schaffens stellen, lasst uns eine schöne Welt mit schönen Menschen erschaffen. Welch eine Aufgabe, die über die Kunst als Selbstzweck hinausreicht und die der Evolution des Menschen dient und seiner spirituellen Bestimmung. Ganz beruhigt können wir dann auf unsere Werke schauen und brauchen sie endlich nicht mehr so wichtig zu nehmen. Es geschieht, es geschieht durch uns.

Es gab viele Leute, die sagten, meine Skulpturen seien besser als meine Bilder. Sie seien stärker, hätten mehr Kraft. Ich finde nicht und es ist auch egal, was die Leute sagen und es spielt auch keine Rolle, was ich über sie, meine Werke, denke. Sie sind da. Es sind Tatsachen. Sie waren und sind meine Babys, die ich geboren hatte und ich habe sie nie gerne hergegeben oder eben auch verkauft. Und andererseits habe ich jetzt nichts mehr mit ihnen zu tun. Sie entstammen einer anderen Lebensphase, sind alte Häutungen, Überbleibsel schon fast vergessener Zeiten.

Meine allgemeine Verweigerung bezog sich damals auch darauf, ein Künstler zu sein, zu irgendeiner Gruppe zu gehören oder in eine Schublade gesteckt zu werden. So wurde ich doch letztendlich auch kein Maler und kein Bildhauer und verließ auch diese Lebensbühne wieder, ganz von selbst und ohne Reibung. Neue Lebensbühnen waren dran und warteten schon auf mich.

Spiritualität und ihre Anfänge

Ich bin in einem christlichen Land aufgewachsen. In Bayern ist man hauptsächlich katholisch und pflegt die Tradition. Was auch immer man davon halten mag, auf alle Fälle sorgt dies für eine gewisse Stabilität. Ich habe meine Eltern nie für besonders religiös gehalten, aber sie haben zumindest so getan als ob. Das hat einfach dazugehört und man war religiös, um dazuzugehören. Man ging also am Sonntag in die Kirche. Zwar verstand ich als Kind nicht, was das alles sollte, aufstehen, hinknien, wieder setzten und wieder aufstehen und so weiter, aber die Orgel, die Gesänge, der Weihrauch, die Glocken und der Ernst der Stimme des Priesters in seinen prachtvollen Gewändern hat mich beeindruckt und eine Atmosphäre des Besonderen, des Heilen und Heiligen erzeugt. Als Kind konnte ich diese Stimmung bis in die Pubertät hinein genießen. Dann lange nicht mehr und heute kann ich es wieder.

Das Besondere und das Märchenhafte ist ja als Kind noch gar nichts so besonderes, denn man ist irgendwie und irgendwo noch verbunden mit einer anderen Welt außerhalb der nüchternen Schul- und Erwachsenenwelt. Und natürlich hat man mit mir gebetet, vor dem Schlafengehen zum Beispiel und auch sonst wurde mir immer wieder mitgeteilt, dass da einer ist im Himmel, der auf mich aufpasst und mich beschützt.

Meine Oma und Gott sieht alles

Es gab da ein Erlebnis, das eine nachhaltige Wirkung auf mich hatte. Ich habe immer gerne die Plätzchen aus einer Dose im Zimmer meiner Oma genascht. Eigentlich war das ja verboten und ich durfte mich möglichst nicht erwischen lassen. Jedoch meine Oma hat mich erwischt und drohend mit erhobenem Zeigefinger zeigte sie durch das Fenster auf den Himmel und sagte, der liebe Gott würde alles sehen. Ich weiß noch, ich habe durchs Fenster hinaus geschaut durch die Wolken ins Himmelblau und ich habe den Gott nicht gesehen, von dem ich ja die Vorstellung und das Bild eines alten grauhaarigen Mannes mit langem Bart hatte. Dennoch fühlte ich einen Blick auf mir ruhen, fühlte ich mich beobachtet. Dies missfiel mir und um dem Blick auszuweichen, versteckte ich mich im Kleiderschrank. Da war es vollkommen dunkel, aber das Gefühl da sicher zu sein, allein zu sein, hielt nicht lange an, denn da war der Satz meiner Oma und also wusste ich, dass er mich auch im Schrank sehen konnte. Nicht mal da konnte ich in Ruhe die Plätzchen naschen. Das war ein schreckliches Gefühl von „es gibt kein Entkommen", und „es gibt keine Intimsphäre." An dem Tag war aus dem beschützenden Gott eine Bedrohung geworden. Dieser Gott war mir keine Hilfe mehr, sondern er war zu einem Kontrolleur geworden, der ein beständiges Auge auf mich hatte, ob ich mich richtig oder falsch verhielt. Ich wollte keinen Gott, der mich in dieser schon mit Regeln, Pflichten und Erfolgsdruck vollgestopften Welt mit noch weiteren Regeln traktierte und mich kontrollierte und nur liebte, wenn ich brav war und alles befolgte. Ich wollte einen Gott, der mich so liebt, wie ich bin. Dieses beobachtet Werden war unerträglich und ich war der Meinung, dass eine solche Autorität und Gängelung niemandem zustehen würde.

Ich sehnte mich nach Freiheit und das Resultat war, dass ich, sobald es mir möglich war, nämlich mit 18 Jahren, aus der Kirche ausgetreten bin. Da gab es dann auch noch andere Gründe. Zum Beispiel den, dass ich nicht verstand, warum dieser Jesus dadurch, dass er sich ans Kreuz schlagen ließ, die Welt vom Leid befreit haben soll. Mich hatte er nicht vom Leid befreit und wenn ich mir die Welt ansah mit ihren Kriegen, Ungerechtigkeiten und Grausamkeiten, dann schien mir diese Behauptung meiner Religionslehrer ziemlich anmaßend und einfach auch nicht richtig.

Dennoch sind wir auch gerne immer wieder einfach tagsüber in Kirchen gegangen, um den herrlichen Raum und die Stille zu genießen. Einmal hatte ich eine evangelische Kirche betreten und saß da auf der Bank. Der Raum hatte keineswegs diese festliche, sakrale Stimmung, die ich aus den katholischen Kirchen kannte. Irgendwie enttäuscht öffnete ich ein daliegendes Gesangsbuch und der erste Satz, den ich zu lesen bekam war: „Fürchte Gott deinen Herrn." Ich erschrak, da war sie wieder die Bedrohung. Ich schloss das Buch und verließ die Kirche und damals wohl begann meine Suche nach einem anderen Gott, einen den ich nicht zu fürchten bräuchte, einen, den ich lieben könnte.

Meine Oma war eine Bilderbuchoma. Und das nicht nur äußerlich, nein sie machte auch die besten Mehlspeisen und war die beste Geschichtenerzählerin. Abends schlüpfte ich oft zu ihr unter die Bettdecke, wo ich mich ganz sicher fühlte und lauschte ihren manchmal auch sehr grausamen Märchen. Das war dann ein genüssliches Schaudern und ich war froh, so eine Oma zu haben.

Oma war aber auch sehr streng, wenn es um den sonntäglichen Kirchgang ging. Wenn sie keine Zeit hatte und kochen musste, hat sie meinen Vater und mich in die Kirche geschickt. Es war schön mit Papa in die Kirche zu gehen, obwohl ich schon bemerkte, dass er das gar nicht so besonders gerne tat. Und dann sagte er auch einmal, dass wir heute an den Fluss, die Isar, spazieren würden und dass ich das auf keinen Fall verraten dürfe. Dafür habe ich ihn geliebt und jetzt hatten wir ein Geheimnis. Die Botschaft des Flusses verstand ich besser als die in der Kirche und Gottseidank sind wir dann immer öfter an den Fluss gegangen.

Wann das mit der Spiritualität begann, kann ich wirklich nicht sagen. Sie ist ja nie nicht da, wann also sollte sie gekommen sein. Aber es gab natürlich erste Begegnungen mit spirituellen Lehrern und es gab immer wieder Erlebnisse, die meine Neugierde auf eine andere Welt außerhalb unserer normierten bürgerlichen, immer größer werden ließ.

Dem Mystiker aller Zeiten war immer klar, dass es da keine wirkliche Trennung gibt zwischen dem Spirit, dem Geist und der Materie. Auch war ich schon in jungen Jahren immer ein Pendler zwischen den weltlichen Genüssen auf der einen Seite und dem Rückzug, der Kontemplation der Schönheit in der Natur und in den edlen Künsten auf der anderen Seite. Das Dionysische, die Freuden des Lebens, was man damals in der Szene „Sex and Drugs and Rockandroll" nannte oder in Deutsch „Wein, Weib und Gesang" hatte seinen Preis und die Höhenflüge wurden ausgependelt und ausgeglichen durch die Stimmungen ganz unten im Keller. Das Fasten, die Stille und die vielen Formen von Therapie dienten zeitweise fast nur dazu, um wieder zu regenerieren, wieder in die Mitte zu kommen und Kraft zu schöpfen für neue Exzesse. Dieses Modell hat auf die Dauer keine Zukunft und das wusste ich auch, nur man löst, einmal als nützlich erkannte Konzepte, nicht so leicht wieder auf. Dieses Modell ließ mich die Extreme erforschen und sorgte dafür, dass ich nicht völlig unter die Räder kam. Mit der Zeit jedoch begann die langsam wachsende Ekstase, die ich in der Meditation entdeckte, immer mehr an Bedeutung zu gewinnen und es wurde klar, dass das der Weg war zu einer wirklichen Erfüllung und hin zu einem bedingungslosen Glück. Dieser innere Weg ist hart und dornig und wer weiß, wenn man wüsste, was einen erwartet, ob man sich dann überhaupt auf den Weg machen würde. Aber das gilt ja für vieles, was wir nur lernen, wenn wir uns einlassen, auf Beziehungen, auf die Liebe und das Abenteuer Leben.

Der Blick durchs Schlüsselloch

Um diesen Weg zu finden und zu gehen, bekommen wir oft ganz am Anfang ein Zeichen oder ein Erlebnis geschenkt, das uns sozusagen infiziert. Es ist wie ein Samen, der einmal gesät, nun so lange Pflege und Nahrung braucht, bis das in ihm angelegte Potenzial zu diesem wundervollen Baum geworden ist. Ein Erlebnis, das so kraftvoll und deutlich ist, dass wir es nicht mehr so leicht vergessen. Es wird ein Anker in der Zukunft für unsere Sehnsucht. Das heißt wir haben unser Ziel gesehen. Dies kann in einer Meditation passieren, wo man plötzlich und ohne Anstrengung in verzückende Höhen von Freiheit, Leichtigkeit und Ekstase gehoben wird oder bei den verschiedensten anderen Gelegenheiten.

Bei mir war es das, was ich den Blick durchs Schlüsselloch genannt habe. Ich saß im Wald, war entspannt und absichtslos und lauschte mit geschlossenen Augen dem Gesang der Vögel. Auf meiner inneren Leinwand war nichts, nur Dunkelheit. Jedoch ohne ersichtlichen Grund oder mein Zutun öffnete sich ein kleiner Riss im Schwarz. Durch ihn drang Licht und er wurde größer und nahm irgendwie die Form eines Schlüsselloches an. Staunend blickte ich hindurch und hinein in ein Paradies. Es war bunt und lebendig, prall gefüllt mit Fülle, ein Formen- und Farbenspiel vom Feinsten. Ich verlor mich in dieser Landschaft wie aus einer Urzeit und fühlte die Erfüllung dort von allem je Erträumten und Ersehnten. Es gibt keine Worte dafür, die ich hier aufs Papier schreiben könnte, denn es war nicht von dieser Welt. Es war die Anderswelt, eine Welt, die in unserer tief innen enthalten ist oder umgekehrt: Die Welt, in der unsere enthalten ist. Ich weiß es nicht. Es gibt so viele Welten und doch kann es nur eine geben. Ich wusste, das ist es, dort will ich hin. Jedoch, als ich zu versuchen begann, durch das Schlüsselloch zu schlüpfen, wurde es immer kleiner und ich habe nicht mehr hindurchgepasst und schlussendlich war es verschwunden. Da war dann wieder nur die schwarze Leinwand. Und als ich endlich die Augen öffnete, sah ich wieder den wunderbaren Wald, durch dessen Gipfel die Sonne mit ihrem Licht- und Schattenspiel fiel. Dieser Anblick wirkte im Vergleich in wenig blass und banal. Ich sah in meine mir vertraute und doch auch seltsam fremde Welt. Ich war tief beeindruckt, denn mir war klar, das war ein Blick ins Paradies gewesen und ich war beglückt, weil ich hatte es gesehen und also musste es ein Paradies auch geben. So viel stand da schon geschrieben in den Schriften aus Jahrhunderten von Mystikern, Visionären und Propheten über den Himmel und dieses Paradies. Das war jetzt ein schöner Beweis für mich und somit war die Richtung klar und auch, dass ich mich auf den Weg machen würde und dass nichts mich würde aufhalten können, bis es gefunden oder vollbracht wäre. Ein Entschluss war geboren und wieder mal ein Gelübde gegeben.

So oder auf irgendeine andere Weise wird einem geholfen den Weg zu gehen. Man könnte es aber auch anders ausdrücken, und zwar, man wird gelockt, geködert. Man bekommt einen kurzen Blick ins Paradies, eine Praline, in Stück Schokolade, aber nicht die Ganze. Weil man die aber will, macht man sich auf einen unbekannten Weg, noch nicht ahnend, wie lang, beschwerlich und abenteuerlich er werden könnte. Viel Arbeit wartet da auf einen und es braucht Ausdauer, Geduld und Disziplin. Dieses beständige Voranschreiten, immer dem EINEN entgegen, wird natürlich von Rückschlägen begleitet, von den unzähligen Lektionen des Lebens, die Licht hineinbringen sollen in die dunklen Bereiche und Ecken unserer Persönlichkeit. Deshalb nennt man diesen Weg eben auch den Weg der Erleuchtung.

Die Anfänge waren vielfältig und einige Schlüsselerlebnisse möchte ich hier noch erwähnen. Man sagt ja, dass wenn wir uns auf den Weg machen, wir überall und von überall Hilfe bekommen werden. Wir werden begleitet und wenn wir die Hand ausstrecken, dann werden wir geführt. Manche nennen es „von der geistigen Welt" und für manche ist es sehr persönlich ihr Schutzengel. Wenn wir dieser Verbindung in etwas, das größer und weiser ist wie wir, vertrauen und sie spüren können und auch aufrechterhalten, dann haben wir die bestmögliche Unterstützung. Manche nennen es auch die Stimme des Herzens, die ja ständig in unserem Inneren erklingt. Nur ist diese schwer zu vernehmen, wenn es uns nicht gelingt, den Lärm unserer Gedanken zumindest zeitweise abzuschalten.

Und wenn du einen Lehrer suchst, einen Begleiter oder Wegweiser, dann kommt er dir schon entgegen, so wird gesagt.

Es gibt ein altes Sufi Wort, das lautet: „Vertraue auf Gott, aber binde dein Kamel fest." Dieses Vertrauen sollte uns nicht zur Dummheit oder Verantwortungslosigkeit verführen. Und spätere Beschwerden bei Gott werden abgewiesen mit dem Vermerk, dass du dein Kamel oder Auto vielleicht besser abgesperrt hättest. Der gesunde Menschenverstand wird in dieser Welt sehr wohl benötigt.

In einer Höhle in Lancarote

Ich war immer ziemlich neugierig und ließ, was das betrifft, kaum eine Gelegenheit aus etwas Neues kennenzulernen. So bin ich auch sogleich mitgegangen, als man mir von einem Schamanen in Icking, einem Ort im Süden von München, erzählte. Das war damals alles so spannend für mich und ich hörte von Chakren, geheimnisvollen Zentren, von einer Aura, von verschiedenen Körpern und Ebenen und vielem mehr. Das dann zu entdecken, was sich hinter diesen Worten verbarg, war die Aufgabe für mich und ist ja letztlich eine Lebensaufgabe. Mache aus deiner Vorstellung, aus deiner Idee eine Realität und du beginnst in dieser zu leben, du erschaffst deine Wirklichkeit – was für ein kreativer und kraftvoller Gedanke.

Dieser lustige Schamane mit Namen Peter war ein Deutscher und entsprach überhaupt nicht den üblichen Vorstellungen eines Schamanen, sondern verzichtete auf alle schamanischen Accessoires, wie Bärenfelle, Adlerfedern, Salbei und Kostümierung jeglicher Art. Er sah eher aus wie ein Versicherungskaufmann und das habe ich sehr an ihm geschätzt, dass die innere Haltung, keinen äußeren schon von weitem sichtbaren Ausdruck, nötig hatte. Durch ihn kam ich nach Lanzarote, auf eine wunderbare alte festungsartige Finka am Fuße eines Vulkans. Dort befand sich zwischen den schwarzen Felsen eine Höhle, in der ich jeden Tag eine Zeit verbrachte für die Meditation. Ich ging immer so tief hinein, bis kein Licht mehr vom Eingang zu sehen war, bis ich mich in völliger Dunkelhit befand. Das Entscheidende war da aber nicht diese unglaubliche Stille tief in der Erde, sondern die Dunkelheit. Mit offenen Augen sah ich nur eine samtene, milde, warme Schwärze und sonst einfach nichts. Wenn ich aber die Augen schloss, dann war es innen sozusagen heller, wie außen in der Höhle. Das war für mich ein schier unglaubliches Phänomen. Wie konnte das sein, dass ich mit geschlossenen Augen Licht sah, Farben, Formen, Gebilde, Lichtspiele? Es gab da nur eine Erklärung für mich, und zwar, dass in mir Licht war, dass es da eine Lichtquelle in mir geben musste. Das war ein Beweis, dass wir leuchtende Wesen sind und also auch eine Aura haben. Ich wollt nie einfach nur irgendwas glauben, was jemand erzählt oder was irgendwo geschrieben steht. Ich wollte immer selbst die Erfahrung machen und da in dieser Höhle ist es passiert und mir ist ein Licht aufgegangen. Gibt es nicht diese Überlieferung von jenem Buddha, der genau das gesagt haben soll, dass wir nichts zu glauben brauchen, außer dem, was wir selbst erkannt oder gesehen haben.

Der Waldgeist

Gibt es Geister? Wer weiß, viele würden heutzutage in unseren aufgeklärten Zeiten natürlich sagen, nein, so ein Blödsinn. Ich wurde jedoch eines Tages eines Besseren belehrt.

Ich kenne im Isarhochufer in einer einsamen wunderbaren Gegend südlich von München eine Höhle mit einer darunterliegenden Waldwiese. Diese hatte uns schon als Jugendlichen als Zufluchtsort für besondere Anlässe, geselliges Beisammensein und Lagerfeuer gedient. Zu der Zeit hatte ich die Freundin C. und der wollte ich einmal die Schönheit und Wildheit meines Isartales zeigen. C. war ein richtiges Stadtkind. Geplant war dieser Naturgenuss an einem Frühlingsabend mit einem Lagerfeuer auf dieser Wiese. Wir hatten alles Nötige dabei für einen gemütlichen Abend und Feuerholz gab es natürlich reichlich im Wald. Es dämmerte bereits und wir machten uns daran ein Feuer vorzubereiten, da kippte irgendwie die Stimmung und wir beide waren seltsam irritiert und verstört. Es gab gar keinen Grund dafür und wir schauten uns ungläubig und fragend an. Keiner konnte etwas Konkretes sagen. Wir hielten uns aneinander fest und da lag einfach Angst in der Luft und diese Angst drang in uns ein, wir hatten schreckliche Panik, ohne zu wissen vor was. Ein Feuer zu machen, um gemütlich in die Flammen zu schauen – daran war nicht mehr zu denken. Stattdessen war da nur noch der Fluchtgedanke, nur noch weg von diesem Ort des Grauens. Wir stiegen also wieder den schmalen Pfad hinauf zur Höhle. Immer wieder blieben wir stehen, irgendwie Ausschau halten nach etwas, was eine Erklärung hätte sein können und klammerten uns aneinander. Und dann so auf halben Weg war da plötzlich eine Bewegung vor uns im Halbdunkel zu erkennen. Erst noch undeutlich nahm es immer mehr Gestalt an und war dann ein wohl männliches, in eine Art Kutte mit Kapuze gehülltes Wesen, das vor uns langsam den Weg überquerte und zwischen den Bäumen wieder allmählich verschwand, sich auflöste. Weg war es jedoch nicht. Die Luft war geschwängert mit Angst und wie elektrisiert erstarrten wir und starrten wir uns an. Ich fragte C. mit zittriger, flüsternder Stimme, ob sie das auch gesehen hat und sie hauchte, ja, da ist einer vorbeigegangen, war das ein Geist oder ein Mensch. Wir wollten nur noch fliehen und kämpften uns den restlichen Weg hoch zur Höhle und setzten uns hinein, einem Impuls des Schutzsuchens folgend und tatsächlich fühlten wir uns ein wenig sicherer, jedoch die Angst war noch in uns und vor uns draußen war das Grauen noch spürbar, diese unbenennbare Drohung. Mittlerweile war es stockdunkel und wir wollten einfach nur noch heim und wir gaben uns dann einen Ruck und kletterten das letzte Stück den Isarhang hoch und gingen schnellen Schrittes in Richtung Licht und Menschen und Sicherheit und Normalität. Was für ein Erlebnis, wir konnten es selbst kaum glauben.

Natürlich haben wir uns die nächsten Tage darüber den Kopf zerbrochen, ob das eine seltsame Hysterie war und eben Einbildung oder ob es ein Gespenst, ein Geist war, etwas, war sich vor uns materialisiert hat. Meine Freundin C , eine intelligente und überhaupt nicht in esoterischen Firlefanz verstrickte Frau, und ich waren uns zu guter Letzt aber einig. Wir hatten beide dasselbe erlebt und gesehen. Es war eine Tatsache und es gab also wirklich Geister, die bisweilen, aus was für Gründen auch immer, Gestalt annehmen und so für unser normales Auge sichtbar werden.

Die Sache hat mich nicht mehr so schnell losgelassen und es zog mich an diesen Ort zurück. Ich wollte der Sache irgendwie auf den Grund gehen. Ich wollte verstehen. Nach ein paar Wochen kam der passende Tag und ich nahm meinen Rucksack und verstaute eine Axt darin. Ich weiß nicht mehr, was ich mir dabei gedacht habe, aber ich wollte nicht unbewaffnet dort erscheinen, denn ich war unsicher und die Axt war ein gewisser

Schutz für den Notfall, von dem ich keine Ahnung hatte, wie er ausschauen könnte. Ich ging also los. Es war am Nachmittag und die Sonne schien.

Als ich am Hochufer oberhalb der Höhle ankam, war ich guter Dinge und entschlossen und stieg sogleich den Hang hinab. Ungefähr an der Stelle, an der der Geist unseren Weg gekreuzt hatte, setzte ich mich hin, um hineinzuspüren in die Atmosphäre von diesem Ort. Es dauerte nur wenige Minuten und ich wurde müde. Ich wurde unsagbar müde und konnte kaum mehr meine Augen offenhalten. Es war mitten am Nachmittag und diese Müdigkeit war für mich völlig ungewöhnlich. Eine bleierne Schwere drückte mich zu Boden und ich kämpfte gegen das Einschlafen. Irgendein Instinkt in mir ließ mich aber dieses Einschlafen als die Gefahr erkennen. Ich witterte die Gefahr und holte die Axt aus meinem Rucksack. Ich klammerte mich an dem Ding fest. Aber ich spürte, dass ich nicht mehr lange würde standhalten können gegen das Einschlafen und dass ich dann den Kampf verloren hätte. Auch erkannte ich die Lächerlichkeit dieser Axt, die in dieser Situation nicht die geringste Hilfe sein konnte. Mit letzten Kräften sozusagen erkannte ich, dass ich einschlafen würde und dann, weil bewusstlos, ausgeliefert wäre und den Kampf verlieren würde. Ich wusste, ich darf also auf keinen Fall hier einschlafen, wenn ich überleben will und so raffte ich mich auf und kroch verbissen und entschlossen den Hang wieder hinauf, hinaus aus der Sphäre dieses unheimlichen und gefährlichen Ortes.

Oben angekommen war diese bleierne Schwere, die mir die Augen schließen wollte, wie weggeblasen und ich stand da, völlig verdattert und auch glücklich dieser unsäglichen und unverständlichen Gefahr entkommen zu sein. Ich ging wieder nach Hause.

Es war mir bewusst, dass ich versagt hatte und dass man, um in dieser Welt der Geister zu bestehen, wirklich keine Axt braucht, sondern etwas, was ich noch nicht kannte und auch nicht hatte. Ich war dem einfach noch nicht gewachsen. Es war besser für mich, erstmal die Finger von dieser Sache zu lassen. So vergingen, ich glaube, ein paar Jahre, bis ich mich wieder daran erinnerte.

Inzwischen hatte ich vieles dazugelernt, unter anderem auch das, was man ein Clearing nennt. Das ist der Umgang mit feinstofflichen Energien oder Geistern, die manchmal in unserer menschlichen Sphäre festhängen oder glauben hier noch irgendwelche Dinge regeln zu müssen. Es kann sich auch um Menschen handeln, die nach ihrem Tod nicht begreifen können oder wollen, dass sie tot sind und vieles mehr. Es ist ein vielschichtiges Thema.

Auf alle Fälle kam der Tag, an dem ich mich wieder an diesen Waldgeist erinnerte und ich setzte mich hin, um der Sache auf den Grund zu gehen. Diesmal jedoch war es gar nicht nötig dort hinzugehen. Ich saß zuhause und verband mich innerlich mit diesem Ort und schaute auf der geistigen Ebene in die Welt des Geistes und der Geister und sogleich erschien dieses Wesen auf meinem inneren Bildschirm. Oh mein Gott, ich kannte es. Es war ein Mann namens Jack, der sich viel an der Isar herumgetrieben hatte. Er hatte gut versteckte Baumhäuser gebaut, Einbäume geschnitzt und sein Feuer brannte oft fast den ganzen Sommer am Fluss. Er war ein wilder, kriegerischer, wunderschöner, starker Mann, für den die unberührte Natur der Isar sein kleines Alaska war. Es gab damals so einige von dieser Sorte und sie pflegten ihre rauen Sitten am Fluss und sie spielten wie überall auf der Welt das Spiel von Freundschaft und Feindschaft. Manche nannten sich auch Isarkongs. Manche waren Säufer, manche Wilderer, manche Künstler, manche Kämpfer, manche Prolos. Ich wusste, dass Jack im Isartal von einem anderen in den Tod gestoßen worden war. Und jetzt geisterte er nach seinem gewaltsamen Tod voller Zorn und Verzweiflung immer noch durchs Isartal.

Jetzt die Sache durchschauend, war ich der Situation nicht mehr ausgeliefert, sondern ich konnte handeln. Nach einiger Überzeugungsarbeit mit Einfühlungsvermögen und Liebe konnte ich diese Seele aus ihrer Sackgasse befreien und ins Licht schicken, dorthin, wo ihr Weg weitergeht. Sackgasse deshalb, weil, wenn man emotional in einer Situation oder an einem Ort hängenbleibt, dann ist es da meistens gar nicht möglich etwas zu lösen oder zurechtzurücken, denn man wird ja normalerweise gar nicht mehr von der physischen Welt wahrgenommen und hat nur sehr begrenzten, beziehungsweise gar keinen Einfluss auf diese. Solcherart kann man nach unserer Zeitrechnung auch Jahrtausende an diesem Ort verbringen, bis eben etwas kommt, was einem den Weg öffnet hinaus aus diesem astralen Gefängnis.

Man kann wohl sagen, Jack hatte Glück, dass ich vorbeikam. Sein Tod lag kaum 10 Jahre zurück. Und auch ich hatte Glück, denn das war eine wichtige Lektion und Erfahrung für mich gewesen. Solche Clearings, das heißt die Befreiung von Energien oder Elementalen aus aussichtslosen Situationen oder auch umgekehrt die Befreiung eines Menschen von Besetzungen oder Elementalen, waren am Anfang etwas Unglaubliches und ließen mich staunend und tief berührt zurück. Mit der Zeit jedoch, und so ist das halt nun mal, wird es zu etwas ganz Normalen und verliert so auch ein wenig von seiner Magie.

Babaji

Ein weiteres wichtiges Erlebnis hatte ich beim Lesen des ziemlich bekannt gewordenen Buches von Yogananda mit dem Namen AUTOBIOGRAPHIE EINES YOGI. Ein wundervolles Buch voller Wunder, die die meisten Menschen heute im Westen und in dieser mechanistischen und materialistischen Welt nur schwer glauben können.

Irgendwo in diesem dicken Buch ging es dann um Babaji, ein Yogi-Christus des neuzeitlichen Indiens. Man sagt, er hätte Jahrhunderte, wenn nicht gar Jahrtausende im selben Körper im Himalaya gelebt. Für die Hindus ist er ein Avatar. Dies ist ein göttlicher Sendbote, der nicht mehr den kosmischen Gesetzen unterworfen ist und dessen Körper als Lichtgestalt sichtbar wird. Er arbeitet im Verborgenen, um der Menschheit zu helfen, sich von der Geißel des Krieges, von religiösem Fanatismus, von Rassenvorurteilen und vom dominanten Materialismus zu befreien.

Dort las ich folgenden Satz: „Jeder, der den Namen Babaji ehrfürchtig ausspricht, zieht augenblicklich seinen Segen auf sich herab." Dieser Satz hat sich in mir festgesetzt und im Besonderen das Wort ehrfürchtig. Ich überlegte lange, was es bedeutet und ob ich diese Eigenschaft überhaupt kenne, beziehungsweise mein Eigen nennen könnte. Ich war mir gar nicht sicher und ebenso, was die Bedeutung eines Segens sein könnte. Natürlich kennen wir alle dieses Wort und wenn es ein Wort gibt, dann muss es ja auch die dazugehörige Sache, auf die sich das Wort bezieht, geben. Wäre dem nicht so, würde es ja auch dieses Wort gar nicht geben. Eines war mir selbstverständlich klar, und zwar, dass ein Segen etwas Positives ist, ein Geschenk, welches einen stärkt und bestätigt und hilft den Herausforderungen auf dem Weg gewachsen zu sein. Auf alle Fälle, und da war ich mir sicher, ist es etwas, was nicht wirklich von dieser relativen und vergänglichen Welt ist, sondern aus jener anderen ewigen Welt des Geistes stammt.

Nun, irgendwann war da der richtige Moment, wo ich, glaube ich, Ehrfurcht verspürte und ich sprach den Namen Babaji laut aus. Schlagartig war da etwas wie ein Blitz im Raum und große Helligkeit. Ein fast genüssliches Zittern und Beben erfasste mich und ich geriet in einen Zustand, wie ich ihn bestenfalls von halluzinogenen Drogen kannte. Es war unbeschreiblich herrlich einerseits und erschreckend mächtig anderseits. Ich hatte nicht mehr den geringsten Einfluss auf das Geschehen und verlor jegliche Kontrolle. Da war ein solches leuchtendes Brennen in mir, etwas Orgastisches, was vollkommen von mir Besitz ergriff, und ich spürte, wie ich sozusagen den Verstand verlor. Bei aller beglückenden und staunenden Freude über so ein starkes Erleben, erfasste mich doch auch eine Angst, letztlich eine Panik, denn ich verlor jeglichen Begriff von mir, von dem Ort, an dem ich war und von der Zeit. Ich hatte keine Ahnung, wohin mich das führen sollte und wie lange es schon dauerte, Minuten oder Stunden und meine Panik hinderte mich daran, mich dem Geschehen vollkommen hinzugeben. Ich hatte das Gefühl verrückt zu werden, einen epileptischen Anfall zu haben oder gleich sterben zu müssen. Mein kleines bisschen Restverstand trieb mich dazu, um Hilfe zu rufen und ich kämpfte mich zum Telefon, wo ich, ich weiß nicht mehr wen, anrufen wollte. Jedoch ich konnte gar nicht mehr eine Nummer wählen, geschweige denn sprechen und aus meinem offenen Mund rann der Speichel. Es war der blanke Irrsinn. Ich konnte keine Hilfe rufen und wozu auch, denn plötzlich war da der Gedanke, dass es doch genau das ist, was ich gesucht und erhofft hatte: Ein Blitz aus der anderen Welt, eine Gnade, ein Segen...

Genauso plötzlich wie es gekommen war, war es dann auch wieder verschwunden und ich stand da in meiner Wohnung völlig zerknittert, erschöpft und überwältigt.

Dergestalt hätte ich mir einen Segen von jenem Babaji niemals vorgestellt. Man denkt bei dem Wort Segen ja immer eher an etwas Mildes, Sanftes, Zärtliches. Damals jedoch wurde mir gezeigt, dass man seine Vorstellungen manchmal besser über Bord wirft. Es hat eine Weile gedauert, bis sich mein ganzes System wieder geordnet hatte und ich wieder normal funktionieren konnte. Ich wusste auch nicht, was dieser Einschuss von „Starkstrom" in meinem physischen und feinstofflichen

Körper letztendlich bewirkt hat. Jedoch eines war mir danach klar, und zwar, dass diese dreidimensionale Welt wahrlich nicht alles ist und dass der Glaube daran, dass alles möglich ist, die Voraussetzung ist dafür, dass alles möglich ist. Natürlich ging mein Leben nach diesem Erlebnis wieder weiter in den alten äußeren Bahnen und Gewohnheiten und doch war etwas anders. In der Tiefe meines Seins war ein neues, altes Tor geöffnet worden und durch dieses bewegte sich etwas in mir unaufhaltsam in die Richtung von Befreiung und Erlösung.

Diese AUTOBIOGRAPHIE EINES YOGI von Yogananda mag mich dazu bewogen haben, hier die Biographie eines Sufi zu schreiben. Dies soll bitte nicht heißen, dass ich mich mit irgendjemandem vergleichen möchte, sondern nur, dass ich feststelle, dass jedes Leben in seiner Einmaligkeit einem Wunder gleicht. Allein dies scheint mir schon Grund genug zu sein, darüber zu berichten. Möge dieses Leben wie jedes Leben Zeugnis abgeben darüber, dass es ein wunderbares Geschenk ist, auf dieser Lebensbühne zu erscheinen, um wie auch immer geartete Erfahrungen zu machen. Welch eine abenteuerliche Reise, welch eine lehrreiche Lektion oder welch ein herrlicher UR-LAUB auf diesem schönen Planeten.

Eine afrikanische Skulptur ruft

Von einer Shiatsu Behandlung bei einem Bekannten kommend, war ich auf dem Heimweg und in einer sehr entspannten Stimmung. Ich ging im Münchner Westend die Straße entlang in Richtung der U-Bahn-Station. Im Dahinschreiten spürte ich auf einmal irgendetwas, was mich bremste. Eine seltsame und mir völlig unerklärliche Kraft zog mich und meine Aufmerksamkeit nach rechtshinten. Ich schaute zurück und hinüber auf die andere Straßenseite, aber da war nichts Auffälliges oder Interessantes. Ich wollte weitergehen, doch ich kam nicht weit. Es bremste mich zu machtvoll, um es zu ignorieren. Also schaute ich genauer. Da waren Wohnhäuser mit Hauseingängen und auf der anderen Straßenseite ein Geschäft, sehr unscheinbar mit ziemlich verstaubten Fenstern. Das war es, aus diesem Geschäft kam der Ruf. Es war ganz klar und wie ein Magnet zog es mich hinüber. Es war ein alter Trödelladen und als ich durchs trübe

Schaufenster spähte, waren da die üblichen früheren Hausratsgegenstände, die heute kaum mehr jemand haben will. Und neugierig, wie ich war, ging ich natürlich noch zum zweiten Schaufenster und da stand sie, die Figur, die mich gerufen hatte. Ich wusste es sofort und da war kein Zweifel. Ich sah sie an und sie mich. Sie war aus den Tiefen des schwarzen Afrikas. Sie war aus dunkelbraunem Holz geschnitzt, circa 40 Zentimeter hoch mit diversen Applikationen und Symbolen versehen und mit kleinen Muscheln, die als Augen eingesetzt waren. Sie war symmetrisch, frontal und archaisch dominant, eine starke, sitzende Frau, eine Göttin aus einer geheimnisvollen Welt.

Sie hatte mich nicht nur gerufen, sondern mir war auch sofort klar, dass sie zu mir wollte. Wenn ich das hier so schreibe, dann hört sich das schon irgendwie absurd und ein bisschen lächerlich an. Jedoch so war es, und ich wollte sie haben, da gab es nichts zu überlegen. Also ging ich in den Laden, um sie zu kaufen. Für dieses bizarre Artefakt rechnete ich mit einem horrenden Preis, denn mir schien es unbezahlbar, unendlich wertvoll. Jedoch dem war nicht so. Offensichtlich war der Verkäufer froh, endlich wieder mal überhaupt etwas verkaufen zu können. Da wollte er mich wohl nicht verschrecken. Und nach ein bisschen handeln, war der Preis genau das, was sich an Geld zufällig in meiner Geldbörse befand und ich ihm anbieten konnte.

Ich verließ den Laden glücklich und stolz, mit meiner Beute im Arm. Welch ein Glücksfall, welch ein Wunder und welch ein Schnäppchen! Vor den afrikanischen Skulpturen hatte ich schon immer großen Respekt gehabt. Ich habe sie immer als sehr kraftvoll, manchmal als fast bedrohlich empfunden und da war etwas, was ich bei Skulpturen aus anderen Kontinenten fast nie so empfunden habe. Afrika ist anders, ist eben Afrika. Es sind ja nicht nur Kunstwerke, sondern auch magische Gegenstände, Fetische, Dinge mit außergewöhnlichen Kräften für spezielle Aufgaben und für besondere Zwecke. Der alte Voodoo Zauber hängt oft noch in ihnen und man weiß von Sammlern afrikanischer Masken und Fetische, dass ihnen das Leben mit diesen Dingen oft nicht besonders bekommen ist und dass manche langsam nahezu verrückt wurden. Meine Figur, über die ich hier berichte und die ich natürlich heute noch habe, ist eine Ahnenfigur und sie wird später in diesem Buch, wenn es um den Tod meiner Mutter geht, nochmals eine Rolle spielen.

Tanze das Leben

Eines Tages ging ich zu einem Sufilehrer zu einer Nachmittagssession. Es war nur ein paar Häuser weiter und ich war neugierig und in der Hoffnung vielleicht etwas Wichtiges lernen oder erfahren zu können. Und dem war auch so.

Wir machten verschiedene Atemübungen und Vasaif, das sind die Mantren der Sufis, und sollten dann unser Leben tanzen. Wir waren in einem circa 10 Meter langen Raum und das war der entsprechende Weg durch unser Leben, unser Lebensweg, von der Geburt bis zum Tod.

Ich begann im Liegen, noch ganz embryonal zusammengekrümmt arbeitete ich mich mit kleinsten Bewegungen und Windungen aus der Geborgenheit des Uterus hinaus in die Welt. Es ging dann weiter ganz wunderbar, selbstverständlich und deutlich durch die Phasen der Kindheit, der Jugend und des Erwachsenwerdens. Der Tanz und auch der manchmal nur pantomimische Ausdruck führte mich durch die entsprechenden Haltungen und Erfahrungsqualitäten und ganz ohne äußere Anleitung gelangte ich durch all die bisherigen Phasen meines Lebens bis zu dem Moment des Hier und Jetzt. Aber es ging ja weiter, hinein in meine Zukunft und das war das Erstaunliche: Es ging ganz mühelos und vor mir und durch meine Bewegungen entfaltete sich etwas, was ich noch nicht kannte. Ich erlebte wie mein Ringen um Befreiung und Glück allmählich Früchte trug und ich spürte die Kraft in mir, die Lebenskraft und mein damit verbundenes Schicksal. Ich sah, dass ich niemals aufgeben würde und dass ich das geheimnisvolle Ziel erreichen würde. Ein großes Glücksgefühl stellte sich ein, denn ich verspürte Erfüllung und wie es heller wurde und leicht. Der Tanz und meine Bewegungen wurden kleiner und kleiner. Gegen Ende, als ich mich dem Tor näherte, durch welches ich diese Bühne für meinen Weg wieder verlassen würde, war da kaum mehr Ausdruck nötig. Keine Angst gab es da, nur Freude und Staunen über das Abenteuer, das sich mir hinter dem scheinbaren Tod offenbarte. Doch hier am Tor endete das Experiment.

Dies war damals eine kostbare Erfahrung, weil sie mir das Vertrauen und eigentlich auch die Gewissheit gab, auf dem richtigen Weg zu sein. Ich hatte es gesehen und erlebt und also war es schon in mir angelegt und Schritt für Schritt würde ich mich in die Befreiung und das Licht hineinbewegen. Das war nun sicher für mich. Ja, und ich glaube, das hat es auch leichter gemacht, das noch zu ertragen, was ertragen werden musste. Natürlich ahnt man nicht wirklich, welche Prüfungen einen noch erwarten und das ist auch gut so.

Das Suficamp

Mehrere Jahre verbrachte ich meine Montagabende in einer Atem-Gruppe. Das war wunderbar und das bewusste Atmen ist eine gute Vorbereitung für die Meditation, beziehungsweise ist es ja sowieso schon Meditation im weitesten Sinn, denn, wenn wir etwas ganz bewusst machen, dann sind wir ja präsent und verbunden. Ich war interessiert an Meditation und wollte wissen, was das denn eigentlich ist.

Als ich dann von einem Pir aus Paris hörte, einem spirituellen Lehrer und Leiter eines Sufiordens, der ein Camp hoch oben in den Alpen veranstaltet, da war ich sogleich ganz begeistert und es war keine Frage, da wollte ich hin. Einerseits zog es mich in die Natur, ich liebe die Berge und andererseits fühlte ich eine starke Attraktion, als ich nur den Namen Pir hörte, was ja, was ich damals nicht wusste, nur eine Anrede beziehungsweise ein Titel ist. Da dieser Pir aus Paris kommen sollte, dachte ich an einen Franzosen und sah einen etwa 35-jährigen, modernen Mann vor mir, der sehr streng und ernst auf mich wirkte. Das war meine Vorstellung und mit der fuhr ich los in die französischen Alpen in ein Camp vor dem schneebedeckten Mont Blanc. Es war sehr hoch oberhalb der Baumgrenze auf circa 2400 Meter gelegen und jeder hatte sein eigenes Zelt zum Schlafen dabei und auch sonst fand alles in Zelten statt. Es gab ein großes rundes Zelt für die Meditationen und diverse größere Zelte für die Verpflegung und Versorgung der hundert bis zweihundert Menschen. Alles war sehr primitiv und einfach und harmonisch in diese bombastische Natur eingefügt. Das Wetter und auch die Wetterwechsel sind in dieser Höhe auch im Sommer sehr extrem und morgens war das Wasser in den Tassen oft eingefroren. Dieses Camp gibt es auch heute 33 Jahre danach noch, zwar an einem anderen nicht mehr so hohen Platz in der Schweiz und in vielerlei Hinsicht und auch technisch mittlerweile sehr perfektioniert.

Da traf ich also meinen späteren spirituellen Lehrer Pir Vilayat Inayat Kahn. Und der war dann ganz anders, als ich ihn mir vorgestellt hatte. Meine Vorstellung oder Erwartung hatte mich getäuscht. Da stand kein junger, ernster und schicker Franzose, sondern eine Art Nikolaus vor mir. Er hatte auch exotische, nämlich indische Wurzeln und graues langes Haar und einen ebensolchen Vollbart, war in wallende Gewänder gekleidet und ging mit einem großen geschnitzten Wanderstab. Auf mich wirkte es wie ein Kostüm und irgendwie inszeniert und doch hatte dieser Mann seine Wirkung auf mich. Jahre später hörte ich ihn einmal sagen, schauen sie doch nicht auf meine Kleider, das ist doch alles nur eine Verkleidung. Das hat ihn mir dann noch sympathischer gemacht. Und irgendwann sah ich auch Fotos von ihm, als er noch auf der Sorbonne in Paris studierte und da sah er noch so wie dieser Franzose meiner Vorstellung aus.

Ja, er hatte seine Wirkung auf mich und seine Lehren waren wunderbar und weit und atmeten den Duft der Freiheit. Er lehrte einen universellen Sufismus, sprach aber auch tagelang von Ludwig van Beethoven und von Johann Sebastian Bach, über Physik und Christentum und Yoga und ich bemerkte erst Jahre später, dass er aus einer moslemischen Tradition stammte. Er lehrte Mystik und eine dogmenfreie Spiritualität, etwas, das letztlich im Kern jeder Religion zu finden ist. Es war also ein Sufismus, der sich in gewisser Weise vom Islam gelöst hatte und wenn man Sufismus als Weisheit versteht, dann muss man sagen, dass diese natürlich viel älter ist als der Islam oder eine spezielle Religion. Denn wer könnte schon sagen, wo oder durch wen die Weisheit auf diese Welt gebracht wurde.

Ja, ich war beeindruckt von diesem Lehrer und seinen Lehren und fühlte mich irgendwie angekommen oder vielleicht besser ausgedrückt, wie heimgekommen nach langer Wanderung. Zwar überkam mich regelmäßig eine große Müdigkeit bei seinen Vorträgen und Meditationen, denn es ging ja auch um Dinge, die mit dem Verstand nicht wirklich zu fassen waren, sondern eine andere Offenheit und Ebene benötigten. Nahe an der Schwelle zum Einschlafen befinden wir uns in einem Zustand, in welchem die Botschaft empfangen werden kann und vom Verstand nicht gefiltert und nach alten Mustern geprüft, überträgt sich dann etwas von Herz zu Herz. Ich wusste danach meist gar nicht, worüber er gesprochen hatte. Jedoch ich wurde fast magisch angezogen und ging immer wieder hin, wissend, dass es da das gab, was ich benötigte und suchte. Die Biene sucht den Honig und die Motte das Licht und ich tat und tue dies auch.

Gegen Ende der 2 Wochen auf diesem Camp war mir klar, dass ich von diesem Pir in diese Sufi Linie eingeweiht werden wollte. Dies hatte aber auch noch einen anderen Grund, und zwar wollte ich ihn einfach einmal ganz in Ruhe vor mir stehen sehen, um ihm in die Augen zu schauen und um die Nähe dieses außergewöhnlichen Menschen zu erspüren.

Meine Einweihung 1987

Ich bat also um meine Einweihung und diese wurde mir ohne Zögern und ohne irgendwelche Bedingungen gewährt. Ich hatte schon bemerkt, dass es in diesem Sufiorden keine Vorschriften oder Regeln gab und das war genau das, was mich anzog. Ich hatte nicht die geringste Lust irgendetwas tun zu müssen oder Verpflichtungen einzugehen. Unser Leben in dieser Welt wird schon von genügend Zwängen und Regeln bestimmt und es war undenkbar für mich zu dieser Zeit, mich in ein System mit neuen Regeln oder Bestimmungen einzufügen. Dies entsprach nicht im Geringsten meinen Bedürfnissen. Die Einweihung bedeutete auch nicht Mitglied im Sufiorden zu werden, das ist eine andere Sache, sondern es bedeutet letztlich mir selbst ein Versprechen zu geben, und zwar das Versprechen den Weg zu gehen, den Weg zu mir selbst und zu meiner Wahrheit. Und es bedeutet auch, und das ist es, was man natürlich erhofft, Hilfe und Führung aus der geistigen Welt zu erhalten, um die Schwierigkeiten und Herausforderungen, die auf uns warten, zu meistern. Man erbittet also auch einen Segen und hofft auf die Gnade, dieses Geschenk, welches man sich nicht erarbeiten oder verdienen kann.

Und so stand ich dann auf einem kleinen Felsplateau vor einer unglaublichen Bergkulisse und vor Pir. Ich sah in seine dunklen, großen, klaren Augen und ich sah nichts. Ich sah nicht durch seine Augen in ihn hinein, was ich mir eigentlich gewünscht hatte, sondern ich sah in diesen Augen den Himmel hinter mir gespiegelt, die Sonne und die Wolken. Und ich sah die Umrisse meines Kopfes, das heißt, ich blickte in seine Augen und sah dann doch nur mich. Es war ein schöner und tiefer Moment. Er sagte dann, dass diese Einweihung mir helfen möge, denn Zweck meines Lebens zu erfüllen, mein Wesen zu entfalten und zur Erleuchtung zu gelangen. Genau das wollte ich und als er dann meine Hände nahm, fühlte ich, dass das geschehen würde und dass mich letztlich nichts mehr würde davon abhalten können. Die kleine Zeremonie endete mit einem Segen und da war seine bedingungslose und unpersönliche Liebe, eine Liebe, die durch ihn floss, wohl kommend aus der Unendlichkeit aller Wesen, die hinter ihm stehend, mich aufnahmen in eine Karawane der Freude und eines niemals endenden Hallelujas.

Mit dieser Einweihung erhielt ich auch eine Übung, bestehend aus 2 Vasaif, den Mantren oder Qualitäten der Sufis, mit deren Hilfe ich mich erinnern konnte an das Wesentliche und daran, dass ich mich auf dem Heimweg befand, auf dem Weg zu mir selbst, zur Quelle und meiner ewigen Heimat. Gestärkt und motiviert für das mich erwartende Leben, kehrte ich wieder zurück nach München. Doch natürlich kehrt man auch wieder zurück in die alte Hülle seines Alltags mit seinen Gewohnheiten und wird nur allzu leicht wieder davon verschlungen. Die große Herausforderung ist es ja, seine hohe Einstimmung aufrecht zu erhalten, um sich über die Erdenschwere und die Verstrickungen ins Leben zu erheben. Und das ist nun mal gar nicht so einfach.

Pir und mein Name Espabad

Ein Jahr später kam ich zum 2. Mal ins Sufi – Camp mit Pir Vilayat Khan, diesmal im Hochgebirge der Tessiner Alpen.

Ich wusste nicht genau, was ich dort sollte, aber eines war klar: Ich suchte einen Ausweg. Mein Leben war immer noch kompliziert, ich hatte keinen rechten Plan, keine Visionen und sah keinen Weg vor mir. Die Meditationen waren noch genauso anstrengend, ich war unkonzentriert und beständig dabei einzuschlafen. Das heißt, ich verbrachte die meiste Zeit damit, mich in einem Zwischenzustand zu befinden und damit zu kämpfen nicht vom Hocker zu kippen. Aber ich ging immer wieder hin und lauschte den Vorträgen und Belehrungen, ohne sie wirklich zu verstehen. Irgendwie wusste ich schon, dass dies mein Weg war, dass mich dies aus den Verstrickungen meines alltäglichen Lebens herausführen würde. Ich spürte instinktiv, dass ich an etwas Wichtiges erinnert wurde, etwas, was ich vergessen hatte, etwas, das eine einfache Lösung bereithielt.

Und dann verliebte ich mich auch noch in eine Seminarteilnehmerin, was meine Situation überhaupt nicht vereinfachte. Im Gegenteil, nachts konnte ich nicht mehr schlafen und schrieb Liebesgedichte – zum Beispiel dieses:

Liebesnacht

Ich spüre deinen Atem
tief in der klaren, kalten Nacht.

Ich kann nicht schlafen
unter all den vielen Sternen.

Es hält mich wach.

Ich spüre deine Nähe
tief in mir entfacht dein Duft die Glut.

Ich spüre deine Wärme noch
auf meinen Lippen
glänzt noch dein Lächeln,
und tief in mir
perlt noch dein Lachen
wie Musik
verdampft mein Atem
tief in der klaren, kalten Nacht.

Ich kann nicht schlafen vor so viel Glück.
Du hältst mich wach.

Es war wunderschön und zugleich unerträglich intensiv. Ich wusste nicht, ob ich diese Frau meinte oder den Geliebten selbst, so nennen die Sufis Gott. Ich war am Ausbrennen und in einer umfassenden Identitätskrise. Ich war nicht mehr ich und deshalb schien mir mein Name Heinz vollkommen leer und bedeutungslos. So kam ich auf die Idee, dass bei meiner Identitätssuche ein neuer Name sehr hilfreich sein könnte und mir den Weg zu einer neuen Identität zeigen könnte.

Am nächsten Tag, während der Mittagspause, irrte ich orientierungslos und ziellos durch den Bergwald auf der Suche nach - ich weiß auch nicht was. Und als ich, aus dem Unterholz kommend, eine kleine Lichtung betrat, sah ich am anderen Ende ebendieser unseren Pir stehen. Er war allein und winkte mir, zu ihm zu kommen. Ich tat dies auch staunend, denn ich hätte hier mitten im Wald nicht mit ihm gerechnet und verabredet waren wir ja auch nicht.

Als ich vor ihm stand, lächelte er und sagte: „Sie wünschen einen Namen?"

Es war in der Tat wie ein Wunder und ich dachte, woher weiß er das nur und antwortete ihm: „Oh ja, genau dies ist mein Wunsch."

Dann standen wir lange schweigend voreinander. Ich sah in seine Augen und sah wieder nichts, ein Nichts aus Liebe gewoben. Die Sonne schien, es war schön, die Zeit blieb stehen, ein Moment, der scheinbar kein Ende hat und ich hatte das Gefühl, dass er keinen Namen für mich findet.

Da sagte er, dass er mir ja nicht irgendeinen Namen geben könne und wieder war dann lange Stille...

Und dann hörte ich ihn das Wort Espabad sagen und das Wort Ritter und dass das jetzt mein Name sei. Überrascht und zufrieden dankte ich und ging dann mit diesem, mir noch fremden Namen, meines Weges und fühlte doch sofort etwas sehr vertrautes und eine klare Botschaft und Aufgabe, die dieser Name enthielt. Und dann schrieb ich dieses:

Liebesgedicht

Als ich in deine Augen sah,
was sah ich da, was sah ich da:
Nur mich, nur mich, nur mich.

Heute, circa 30 Jahre später, möchte ich diesen Namen immer noch nicht missen und ich möchte auch immer noch keinen anderen. Dieser Name gab mir die Möglichkeit einer neuen Identität und war immer ein Wegweiser für mich, ein Wegweiser in die richtige Richtung, eine Richtung, die über jedes Ziel hinausführt...

Später hörte ich noch, dass Espabad offensichtlich in der persischen Mythologie so etwas wie ein Ritter war, vergleichbar mit Parzival in unserer Kultur. Dieser doch auch kriegerische Aspekt des Ritters, der ja in der Welt steht und für etwas steht und auch dafür einsteht und wenn nötig auch dafür kämpft, kam mir anfangs auch aus karmischen Gründen noch sehr entgegen. Ich kannte den Krieger in mir, der den Kampf sucht und auch braucht und der so vertraut war mit dem Schwert als Symbol und als Waffe. Schon als Kind hatten wir immer wieder gerne Ritter gespielt und mit unseren Holzschwertern gefochten und uns geübt und gemessen.

Jedoch schon bald belehrte mich Pir, dass es jetzt um etwas anderes ging und dass ich nur ein Schwert aus Licht tragen dürfe. Erst war mein kindliches Gemüt noch ein wenig enttäuscht. Doch es war mir dann auch schon bald sehr klar, dass Espabad nicht mit anderen Egos kämpft, sondern mit dem eigenen. Vielleicht ist kämpfen auch nicht ganz das richtige Wort, denn der Kampf mit oder gegen das Ego ist wohl gar nicht zu gewinnen, sondern es geht mehr um ein Erkennen seiner Egostrukturen und deren Veredelung. Der Ritter steht ja für ein edles Benehmen und edle Tugenden.

Den Namen verwendete ich hauptsächlich in Sufikreisen, sowie ganz allgemein in der spirituellen und esoterischen Szene. Meine Familie oder meine Sportsfreunde zum Beispiel erfuhren nichts von diesem Namen. Ich wusste, ich würde auf wenig Verständnis stoßen und nur Verwirrung erzeugen. Dies schien mir keinen Sinn zu machen bei Menschen, die dann vielleicht sogar das, was mir so wertvoll war, auf eine argumentative und rationale Diskussionsebene ziehen oder es lächerlich machen würden. Dies hätte mir Anfangs wohl nicht gutgetan und auch nicht der Sache an und für sich gedient.

Die ersten drei Buchstaben von Espabad waren aber eine wunderbare Abkürzung, die ich als Künstlername und Pseudonym verwenden wollte. Ich begann also meine Bilder und Gedichte mit ESP zu signieren. Dabei fühlte ich mich wohl und wurde dadurch immer erinnert an diese „geheime" andere Identität. Ein Freund, der Silberschmied war, machte mir dann auch ein Brandzeichen mit diesen drei Buchstaben, die manche auch für die Abkürzung der englischen Worte – extra sensual perception – zu Deutsch außersinnliche Wahrnehmung, hielten. Und das kann es meinetwegen auch gerne bedeuten. Das Brandzeichen legte ich ins Feuer, bis es zu glühen anfing und dann brannte ich meinen Skulpturen das ESP ins Holz. Das war ein schöner Akt, fast ein kleines Ritual.

Ich fuhr von da an praktisch jedes Jahr ins Camp. Dies wurde mir eine liebe und sinnvolle Gewohnheit. Es war meine jährliche Zäsur, ein längeres Innehalten und ein Bilanzziehen, eine Bestandsaufnahme und ein neues wieder Eintauchen in den mystischen Weg, diesem DEM EINEN ENTGEGEN.

Ja, es wurde auch eine Gewohnheit und vielleicht so nach circa 15 Jahren beschloss ich einmal, nicht ins Camp zu fahren, um zu sehen, wie es mir damit gehen würde. Das war eine gute Erfahrung damals, als ich an der Isar saß und nicht im Tessin auf dem Camp. Ich blickte auf den Fluss, in dem sich die Sonne und die Wolken spiegelten, genauso wie in dem Bach dort im Camp und ich vermisste nichts. Es war für Augenblicke so deutlich, dass das, was ich im Camp und durch die Besuche von Seminaren und Workshops suchte, auch hier war, dass mir Garnichts fehlte, weil es immer hier ist und also auch niemals fehlen kann.

Dennoch bin ich die nächsten Jahre wieder hingefahren. Einfach, weil es dort schön ist und weil ich mich dort auch ein Stück weit zuhause fühlte, in der Natur, in der Gemeinschaft und in der Präsenz der Botschaft und der Lehren von so vielen wunderbaren Lehrern.

Die ersten Jahre machte ich viele Retreats und besuchte die verschiedensten Veranstaltungen. Ich war wie ein trockener Schwamm, der all die Lehren aufsaugte, manchmal so viel, dass ich mit dem Verdauen nicht mehr nachkam. Und auch das war dann eine sehr wichtige Lektion, nämlich zu sehen, wie sich unser Konsumverhalten genauso gegenüber den spirituellen Lehren zeigte, wie bei all den materiellen Dingen in der bürgerlichen Welt. Dies zeigte sich auch darin, dass man meinte bei den Teachings mitschreiben zu müssen, damit es ja nicht verloren geht, man wollte es festhalten. Dabei war einem nicht klar, dass das ja sowieso alles in irgendwelchen Büchern steht, dass man zuhause angekommen sowieso fast nie mehr in diese Aufzeichnungen hineinschaut und dass es auf die Worte gar nicht ankommt, denn das entscheidende kann nicht auf der Ebene des Verstandes aufgenommen werden, sondern wird, wie man sagt, mit dem Herzen empfangen.

Das sind die Schritte, auf die es ankommt, und zwar in der richtigen Reihenfolge, obwohl sich diese natürlich auch überschneiden werden:

1. Lernen, aufnehmen und verstehen
2. Verdauen, assimilieren und es werden
3. Es leben, es ausdrücken und dann es weitergeben

Den wichtigen zweiten Schritt wollen viele gerne auslassen. Sie erzählen dann nur, was sie da gehört haben und oft mit großer Begeisterung. Doch das funktioniert nicht wirklich und ist bisweilen unglaubwürdig, ist nicht authentisch. Viele wollen Lehrer sein und nur wenige Schüler.

Außerdem ist es mit dem immer mehr aufnehmen wollen ähnlich, wie wenn man zu viel isst. Es wird dir schlecht werden und nicht bekommen. Du brauchst Zeit zum Verdauen, manchmal sehr viel Zeit und Geduld. Es ist ein Prozess und es gibt keine allgemeingültigen Regeln dafür. Du entwickelst dich nach deinen eigenen, individuellen Voraussetzungen und Gesetzten. Lass es in dir reifen und wisse, weniger ist oft mehr.

Mit den Jahren begann sich meine Haltung zum Camp zu ändern. Ich wollte nicht mehr nur als Schüler und Teilnehmer kommen, sondern auch einen Beitrag liefern. Also habe ich in der Kinderbetreuung mitgeholfen, habe für die Retreatants Tee gekocht und Toiletten geputzt. Das war in der Tat ein gutes Teaching für mich. Speziell das Toilettenputzen war mir fast peinlich am Anfang. Diese Arbeit schien mir unter meiner Würde zu sein und es war schön und befreiend zu bemerken, wie sich mein Stolz allmählich in Luft auflöste. Theoretisch war ich schon immer der Meinung, dass nicht irgendeine Arbeit besser, wichtiger oder wertvoller als eine andere ist, jedoch emotional sind wir anders konditioniert und tief in uns steckt eine tradierte Werteskala, die schon viele Jahrhunderte überdauert hat. So wurde ich vom zahlenden Besucher zum Mitarbeiter und gehörte zum Team. Meine Rolle änderte sich später nochmals dergestalt, dass ich anfing Meditationen anzuleiten, Seminare zu geben und als Retreatguide Menschen auf ihrer Reise in die Stille und zum großen Mysterium zu begleiten und mit Übungen und meiner wachsenden therapeutischen Erfahrung zu unterstützen. Dies wurde meine Aufgabe und ist es auch geblieben und ich bin sehr dankbar für diese Arbeit und das Privileg Menschen helfen zu dürfen.

Zwei bemerkenswerte Erlebnisse möchte ich aus den vielen wunderbaren Erfahrungen, die ich im Camp machen konnte, noch erwähnen.

Das Erbe meines Vaters

Mein Vater ist relativ früh und überraschend gestorben. Meine Mutter und er wollten einen Spaziergang in Österreich bei meiner Schwester machen und er wollte sich noch schnell etwas anziehen und ging dazu in sein Zimmer und kam nicht wieder. Als wir nach ihm schauen wollten, lag er tot auf dem Bett.

Ich hatte keine Zeit gehabt mich von ihm zu verabschieden oder gewisse Dinge zu klären. Ich war 19 Jahre alt und unsere Beziehung war ziemlich schlecht, beziehungsweise kaum vorhanden. Verständnis oder väterliche Anerkennung hatte ich praktisch nie bekommen und auch ich hatte es meinem Vater überhaupt nicht leicht gemacht. Ich war damals in meiner pubertären Verweigerungsphase, geprägt von der Hippyzeit und der 68er Studentenrevolte und schulisch immer wieder fast am Versagen. Es war kurz vor dem Abitur und ich tat nur das allernötigste, um irgendwie zu bestehen. Mein Vater hielt nicht viel von einem Gymnasiasten, der nicht lernen wollte und war der Meinung, dass es besser wäre, wenn ich etwas arbeiten würde. Und so ganz unrecht hat er da ja auch nicht gehabt. Er selbst hatte keine höhere Schule besucht und kannte eigentlich immer nur Arbeit. Als er mit 14 Jahren die Schule verließ, musste er gleich am nächsten Tag bei seinem Vater in der Wagnerei mit der Lehre beginnen. Nicht mal ein freier Tag wurde ihm da zugestanden.

Es war etwa 15 Jahre nach seinem Tod und ich war im Retreat im Camp. In der Stille der Meditation tauchte das Thema mit meinem Vater auf. Ich spürte sehr stark, dass wir nicht im Guten auseinander gegangen waren und dass ich mich mit der Sache auseinandersetzten musste. Ausgestattet mit Übungen zur Ahnenreihe, mit Entschlossenheit und einem Bedürfnis nach Klärung und Lösung machte ich mich früh morgens auf den Weg zu einem nahegelegenen Berggipfel. Ich hatte einfach das Gefühl meinem Vater am besten dort oben, möglichst nahe dem Himmel und den Sternen zu begegnen. Nach vielleicht 2 Stunden war ich oben. Die Welt der Menschen mit ihren Verstrickungen und Reibereien lag unter mir in den Tälern mit seinen Dörfern und Städten, zurückgelassen wie Spielzeug und war fast nicht mehr real. Um mich herum die Gipfel, glitzernd in ihrer Schönheit und Einsamkeit und über mir nichts als die Unendlichkeit von Blau. Niemand außer mir war dort oben und ich suchte mir einen guten Platz, setzte mich bequem hin und war bereit.

Es war so einfach. Kaum dachte ich an ihn, da war er auch schon auf meiner inneren Leinwand zu sehen und so lebendig wie damals. Seine Präsenz war spürbar, fast körperlich, fast konnte ich ihn riechen. Da war er also und auch er war unsicher, aber offen und freundlich. Ich hatte etwas von ihm bekommen, was ich schwer definieren konnte und von dem ich fand, dass ich es nicht brauchen konnte und dass es eine Last war. Es war etwas Schweres in mir und es formte sich zu einem kleinen Packet, das ich jetzt in Händen hielt. Es war klar, dass es nicht wirklich zu mir gehörte und dass ich es loswerden wollte und es wurde klar, dass es eigentlich seins war und zu ihm gehörte. Ich wusste nicht genau, was in dem Päckchen war, aber ich fühlte diffus, dass es mit Schuld, Versäumnissen und Angst zu tun hatte und ich gab es ihm zurück. Er nahm es an und sagte: „Verzeih mir, darum sollte ich mich wohl selbst kümmern." Welch eine Erleichterung für mich und auch Freude und Dankbarkeit waren zu spüren. Wir sahen uns an und da war noch eine Frage, die mir auf der Zunge brannte und die jetzt über meine Lippen kam: „Papa, ich hatte immer das Gefühl, dass du mich nicht liebst, dass du nicht stolz auf mich warst und mich irgendwie verachtet hast, warum denn nur, das tut so weh." Er sah mich so erstaunt an und antwortete: „Oh nein, das stimmt doch gar nicht, aber genau das gleiche habe ich immer von dir gedacht, mein Sohn. Ich dachte immer du hältst gar nichts von mir und verachtest mich." Und auch ich war völlig überrascht und verwundert und sagte: „Welch ein Missverständnis, so ist es nicht, du bist so wichtig für mich und ich liebe dich doch." Wie gut es mir tat, zu erkennen, dass wir uns geirrt hatten und in einer ganz falschen Projektion gefangen gewesen waren. Über meine Wangen liefen Tränen und es waren viele und ich habe lange geweint dort oben auf dem Berg, bis der alte Schmerz aus mir herausgeflossen war.

Wie leicht sich doch Missverständnisse einschleichen und unser Leben vergiften können, wenn wir nicht miteinander sprechen. Wie leicht es doch geschieht, dass wir der nötigen Konfrontation ausweichen und uns trotzig und mit falschem Stolz zurückziehen in eine so selbstgeschaffene

Einsamkeit und Isolation. Wir alle sind so verletzlich und verwundet und so lange kann es dauern, bis wir bereit sind und den Mut haben, uns wieder zu öffnen und unseren Panzer und unsere Waffen abzulegen. Die Verletzten kämpfen um ihre Würde und die Geschlagenen schlagen zurück, wenn sie die Gelegenheit bekommen. Welch ein Geschenk und eine Gnade, wenn es denn geschieht, dass sich etwas löst und erlöst wird.

Ich weiß nicht, ob auch mein Vater in dieser geistigen Welt geweint haben mag, jedoch auch seine Erleichterung war zu spüren und auch sein Weg mag leichter geworden sein und ihn weiterführen in die lichten Sphären von Welten jenseits unserer Vorstellungen von Gut und Böse. Auf alle Fälle konnte ich mich mit frohem Herzen jetzt von ihm endlich verabschieden und ich verließ den Gipfel des Berges, diesen symbolträchtigen, wunderbaren Ort, wo die Erde den Himmel zu berühren scheint und stieg wieder hinab zum Camp und hinein in den schützenden schweigenden Wald.

Zwei Espabads

Ein andermal, als ich wieder im Camp war und auch wieder im Retreat, durfte ich folgendes erleben. Ich saß in meinem Zelt zur Meditation und war mit Übungen zum Thema Licht beschäftigt. Da gibt es in der Tat bei den Sufis sehr viele Übungen, die einerseits dazu dienen, unseren Körper und unser ganzes System mit Licht zu nähren und zu durchfluten und alle Zellen in einen ekstatischen Zustand zu versetzen und andererseits dazu, unsere Identifikation mit einem Wesen aus fester Materie hin zu einem Lichtwesen zu verschieben. Man weiß ja eigentlich schon lange, dass wir letztlich von Licht leben, es ganz direkt aufnehmen, sowie auch indirekt durch unsere Nahrung und eben auch Licht ausstrahlen, was man gemeinhin als Aura bezeichnet.

Da saß ich also und versank in der Imagination von Licht und allmählich verlor ich den Bezug zu meinem Körper und fühlte meinen Lichtkörper, die Schablone, die sozusagen die Voraussetzung ist für das Entstehen des stofflichen Körpers. So wird es zumindest auch von vielen Mystikern aller Zeiten und aller Traditionen beschrieben. Man sieht sich dann so ähnlich wie ein Licht-Ei und dieses Sein als Lichtwesen ist sehr leicht, durchlässig und beweglich. Identifiziert mit meiner Aura, erinnerte ich mich an die

Schriften von Carlos Castaneda und die Beschreibungen, wie man mit der Aura jederzeit und überall hinreisen kann. Dies ist etwas anderes als gedanklich zu reisen, das tun wir ja ohnehin beständig und sind somit nur selten auch wirklich da, wo wir gerade sind. Mit der Aura reisen heißt, sich tatsächlich mit seinem Lichtkörper, also eben auch mit dem sogenannten feinstofflichen Körper, zu bewegen. Wir können so überall hinreisen und dort sein und wahrnehmen, was dort ist und somit auch durch unsere Präsenz dort in gewisser Weise intervenieren, beziehungsweise handeln.

Da saß ich also und freudig erregt wollte ich genau das jetzt ausprobieren. Ich wollte auch einfach wissen, ob diese fantastischen Dinge, die in Büchern stehen, vielleicht auch tatsächlich stimmen. Papier ist geduldig, so sagt man und nur zu leicht kann man manche Menschen ja mit Wundergeschichten beeindrucken und natürlich auch manipulieren. Viele glauben an dubiose fantastische Dinge, haben sie aber noch nie zu Gesicht bekommen. Was ist da los? Es geht um die Freude und auch um das Vergnügen an der Komplexität, an wunderlichen Vorstellungen und an seltsamen und abstrusen Ideen, die den Suchenden und seine Seele leider keinen „ganzen" Schritt weiterbringen. Zu glauben, alles ist möglich, ist wunderbar und öffnet das Tor in eine wunderbare Welt, Aberglaube oder naive Leichtgläubigkeit jedoch vergiftet das Leben und lässt den Menschen in schädlichen Glaubenssätzen und Vorstellungen erstarren. Der mystische Weg ist ein Weg der Erfahrung und nicht des Nachplapperns von irgendetwas. Diese Erfahrung beruht auf unserem Erleben und unserer Wahrnehmung und zugleich wissen wir jedoch, dass auch auf unsere Wahrnehmung nicht immer wirklich Verlass ist.

Da saß ich also und machte mich als meine Aura auf den Weg. Ich wollte auf einen gegenüberliegenden Berg und mich dort einmal umschauen. Natürlich brauchte dieser Weg keine Zeit und die Absicht genügte schon und ich war da. Und es war so, dass ich wirklich da war. Ich konnte alles genau erkennen, jeden Stein und die Moose und Flechten, die da oben in dieser Höhe noch wuchsen. Ich weiß nicht, mit welchen Augen ich dies erkennen konnte, aber ich sah es und es war sehr deutlich und messerscharf. Und ich sah ins Tal hinunter und da unten zwischen den Tannen standen die Zelte vom Camp. Es war fantastisch von außen auf mein Zelt, das auch zu erkennen war, zu schauen und zu wissen, dass der Espabad darinsitzt und meditiert oder so etwas Ähnliches macht. Auf alle

Fälle war das Gefühl da oben zu sein von einer wunderbaren Leichtigkeit und Beweglichkeit begleitet und dieser Überblick und Durchblick verlieh eine bemerkenswerte Souveränität. Der Espabad im Zelt war ich nicht, das war nur ein fast unbedeutender Doppelgänger oder besser ausgedrückt, der Teil von mir, um den ich mich irgendwie auch zu kümmern hatte, den ich im Auge behalten sollte und der ohne mich nicht wirklich lebensfähig wäre. Ich war ein Zeuge von dem da oben oder der Zeuge von dem da unten.

Da saß ich also in meinem Zelt und hatte vergessen, dass ich dasaß und erlebte es, dass ich, da oben auf dem Berg sitzend, mich von da oben sehen konnte. Jedoch plötzlich erinnerte ich mich daran, hier im Zelt zu sitzen und spürte mich auch wieder ganz bewusst und staunte über den Espabad da oben, der auf den Espabad da unten schaute. Und ich staunte auch über den Espabad da unten, der an den Espabad da oben dachte. Also zwei Espabads war mir dann irgendwie einer zu viel, weil ich nicht mehr wusste, wer denn nun der „richtige" Espabad war. Ich erschrak und eine Art Panik ergriff mich ob der Frage, wo ich denn nun eigentlich bin, oben oder unten. Es schien mir, wie wenn ich in einem völligen Irrsinn angekommen wäre, und eine vielleicht gesunde Angst sagte mir, Vorsicht und Stopp, dieser Weg führt dich in die Irrenanstalt.

Es hieß also einen klaren Kopf zu bewahren und die beiden sofort wieder zusammen zu bringen. Den Körper hier im Zelt, das war mir klar, konnte ich nicht auf den Berg bringen, also musste dieser Licht- oder Aura-Espabad wieder runter zu mir. Allein dadurch, dass ich es wollte, geschah es auch und in einem Augenblick hatte ich das Gefühl, dass alles wieder zusammen war. Welch ein Segen!

Als ich mich nach einer Weile wieder etwas gesammelt hatte und mein Zelt verließ und draußen immer noch ziemlich verwirrt in der hellen Sommersonne stand, da war ich wahrlich heilfroh und mir wurde es sehr deutlich, dass ich für solche Experimente noch nicht bereit war. Da war wohl vorher noch mehr Basis-Arbeit von Nöten und überhaupt erschien es mir sehr fragwürdig und nicht hilfreich mich in solche Welten zu begeben, wo ich den Halt und meine Basis verlieren könnte. Ich hatte eigentlich gar kein Interesse daran, denn hier in meiner normalen Welt war es schon wunderlich und kompliziert genug und ich wusste, dass es in dieser erstmal noch reichlich für mich zu tun gab.

Diesem Erlebnis danke ich jedoch sehr, denn es zeigte mir, dass ich nicht wild darauf war, übersinnliche Fähigkeiten zu entwickeln. Diese blähen oft ein noch nicht durchleuchtetes und gelockertes Ego auf, machen einen eventuell stolz und hart und es besteht die Gefahr sich für etwas ganz Besonderes zu halten. Und ich danke diesem Erlebnis auch für diesen Blick in jene magische, geistige Welt, die dem normalen Auge in unseren materialistischen Zeiten ja verschlossen bleibt. Es gibt wohl doch noch viel mehr, als wir jemals erahnen können.

Mittlerweile sehe ich so etwas bei weitem aber nicht mehr so dramatisch und es ist gar nichts so Ungewöhnliches seinem himmlischen Zeugen oder dem Shahid, wie ihn die Sufis nennen, zu begegnen. Dennoch, und das ist ein nicht unwichtiger Punkt, sollten wir uns mit Respekt diesen Dingen nähern, wissend, dass es kein ungefährlicher Weg ist. So gefährlich wie das Leben eben, dem wir ja auch möglichst in jedem Moment mit größtmöglicher Achtsamkeit begegnen sollten.

All diese speziellen Erlebnisse, von denen ich hier einige beschrieben habe, waren natürlich wichtig für mich und kleine Mosaiksteine für ein großes Bild ohne Rahmen, ohne Grenzen. Es gab viele davon, manche irgendwie spektakulär und andere unscheinbar und gar nichts so besonderes. Jedoch genau diese unscheinbaren oft alltäglichen Erfahrungen zeigen uns, wenn wir denn wirklich sehen und nicht schlafen, wie Hilfe und Botschaften, wie Blitze aus der anderen Welt, uns beständig umgeben und durchdringen. Wir sind Empfänger von Schwingungen der verschiedensten Frequenzen und eine wache und geschärfte Wahrnehmung beweist uns dies jederzeit und immer und überall.

Die etwas fantastischeren Erlebnisse haben aber noch eine andere wichtige Wirkung: Durch diese wurde mein engmaschiges, kleinliches und ängstliches und sehr materialistisches Weltbild, welches mir in den Nachkriegsjahren von meinen Eltern und einer spießigen, autoritären, verdrängenden und verlogenen Gesellschaft vermittelt wurde, allmählich aufgelöst in ein offenes Weltbild, wo Platz war für das Wunderbare. In dieser Magie des Seins verschwimmen die Grenzen des Machbaren und langsam wird wieder alles möglich.

Krankheiten als Weg und Herausforderung

Krankheit als Botschaft

In der psycho-spirituellen Szene, aber auch in vielen traditionellen Heilweisen und teilweise auch bei Medizinern, hat sich immer mehr ein neues Verständnis von Krankheit und den damit einhergehenden Symptomen entwickelt. Das Symptom wird nicht mehr nur als etwas gesehen, was es zu beseitigen gilt, sozusagen als der Feind, der besiegt werden muss. Das heißt, wenn das Symptom verschwunden ist, dann ist alles gut. Manchmal ist dem auch so. Dabei wird nicht gesehen, dass, wenn die Ursache nicht beseitigt ist, ein neues Symptom, eine neue Irritation, ein neuer Schmerz an einer anderen Stelle auftauchen kann, das, was eine Symptomverschiebung genannt wird. Das Problem meldet sich dann auf andere, manchmal immer krassere Art, sucht sich einen anderen Ausdruck.

In dieser neuen ganzheitlichen Betrachtung des Menschen ist das Symptom sozusagen eine Botschaft, die sich der Mensch selbst gibt. Diese Botschaft wird nötig, wenn man nicht merkt oder nicht wahrhaben will, dass man gegen seine ureigensten Interessen lebt und dass wir gewisse Themen nicht in unser Bewusstsein lassen wollen oder können, weil wir einfach blind dafür sind oder den damit verbundenen Schmerz, das Schuldgefühl, die Angst oder was auch immer, glauben nicht aushalten zu können. So ergibt sich daraus ein ganz anderes Verhalten dem Symptom gegenüber. Im Grunde ist es ein willkommen heißen, denn wir brauchen ja die Information, die uns auf diese Art unser Körper, beziehungsweise unser Wesen über den Körper mitteilen möchte.

Natürlich haben wir erst einmal diese Sprache unseres Körpers in unserer Kultur nicht gelernt. Jedoch, wenn wir uns dafür öffnen, dann verstehen wir auf intuitive, fast magische, ganz einfache, natürliche Art. Schließlich sind wir es selbst, die wir uns diese Information zukommen lassen wollen. Diese Information hat nun immer etwas mit dem Leben, das wir führen oder eigentlich führen wollen, zu tun. Diese Information sagt uns etwas über das wirkliche Heilmittel, das wir in dieser Situation zu diesem Zeitpunkt brauchen. Dieses Heilmittel verlässt jetzt oft den konventionellen Rahmen, was bedeutet, dass es mit den üblichen, standardisierten Heilmitteln nicht übereinstimmen muss. Es kann sozusagen alles sein, ist eben sehr individuell abgestimmt, genau für diesen Menschen und hat oft auch damit zu tun, dass man den nächsten Schritt auf seiner Lebensreise einleitet. Das bedeutet oftmals Veränderung, wogegen sich die bewahrenden, konservativen Kräfte in uns erstmal fast immer wehren.

Ich möchte es an einem Beispiel anschaulich werden lassen:

Wenn 5 Personen zum Arzt gehen, weil sie einen schlimmen Schnupfen, Bronchitis oder eine Grippe haben, dann kann der Arzt mit gutem Gewissen jedem das gleiche verschreiben, wie zum Beispiel: Kamillenextrakt zum Inhalieren, Vitamin C und ein Antibiotikum.

Wenn diese 5 Personen aber zu einem Heiler, bzw. zu ihrem inneren Heiler kommen, dann wird es vermutlich 5-mal verschiedene Medizin oder Therapie geben:

Der Ersten wird vielleicht angeraten ihren Job, der sie nicht erfüllt und ausbrennen lässt, zu kündigen. Der Zweiten wir klargemacht, dass sie die Nase voll hat und aus einer ungesunden Beziehung aussteigen müsste. Der Dritten wird eventuell Chlorophyll und ein homöopathisches Komplexmittel angeraten. Der Vierten wird empfohlen gar nichts zu nehmen, sich ins Bett zu legen, viel zu schlafen und zu träumen und es anzunehmen, dass sie eben krank ist. Und der fünften Person wird Kamillentee, Vitamin C und ein Antibiotikum empfohlen.

Jeder bekommt eben genau das, was an diesem Punkt seines Lebens das Richtige ist und ihn auf seinem Weg zu seinem Heil, zu seiner Erfüllung einen Schritt weiterbringt. Im Symptom ist also meist die Bitte deines Körpers nach einer Kurskorrektur oder einem Innehalten, einem zu sich selbst Zurückkommen enthalten.

Das Leiden öffnet eine Tür

Natürlich will niemand krank sein. Natürlich ist es, das Leben als einen gesunden Entwicklungsprozess zu erleben, so wie auch eine Pflanze oder ein Baum, der sich zu seiner Größe entwickelt und die Früchte trägt, die in ihm von Anfang an angelegt sind und die somit auch seinen Sinn und seine Aufgabe erfüllen. Warum also sollte Krankheit ein Weg sein. Nein, sie ist nicht der Weg, sondern ein Weg oder besser gesagt ein

Regulationsmechanismus. Krankheit ist eine Chance und eine Herausforderung, um tiefer zu verstehen, um tiefer zu vertrauen und um näher zu sich selbst zu kommen. Die damit verbundenen Leiden werden uns, wenn wir es vermeiden können ins Selbstmitleid zu fallen, sozusagen weichklopfen, durchkneten, aufwecken, demütig machen und somit eine neue Türe öffnen. Leiden kann eine Katharsis sein, eine Reinigung von alten Konditionierungen, altem Karma, Schuld und vielen anderen energetischen Belastungen und Verunreinigungen.

So kann ich von meinem Weg berichten, dass ich immer wieder lange krank war und durch lange Reinigungsphasen gegangen bin. Manchmal hielt ich mich in diesen sensiblen Phasen schon für einen Hypochonder, doch mit der Zeit begriff ich, dass es in mir eine große Starrheit und Sturheit gab, die immer wieder gebrochen werden musste. So kam es, dass ich mir mindestens ein halbes Dutzend Mal irgendwelche Knochen brechen musste, bis sich allmählich eine neue, alte Flexibilität und Weichheit zu zeigen begann.

Ich werde hier nicht die vielen Krankheiten aufzählen, die ich im Laufe des Lebens kennenlernen durfte. Ob körperliche oder psychische Leiden, in jedem Fall geschieht ein Wunder, wenn wir in der Lage sind das Leid anzunehmen, sozusagen in die Mitte des Schmerzes zu gehen, dann kommen wir der Sache auf den Grund und das zugrungeliegende Thema kann erkannt werden und so von unserem Bewusstsein verarbeitet werden. Hinter dem Thema öffnet sich dann eine Tür in den Bereich unseres Seins, wo wir heil und ganz sind und wo wir letztendlich zuhause sind.

Auch muss hier eine weitere „Krankheit" erwähnt werden, und zwar die Flucht oder der Suizid. Natürlich haben wir alle immer diese Möglichkeit und es ist wohl auch ein Ausdruck einer letztendlichen Freiheit. Wer kann uns das Recht auf unser Leben absprechen und wer das Recht auf unseren Tod und eben auch auf einen selbstbestimmten Tod.

Jedoch gibt es einen neurotischen, krankhaften Fluchtgedanken und Fluchtmechanismus, der uns davon abhält, uns den Aufgaben und Problemen zu stellen, die das Leben für uns bereithält. So verhindern wir unser Wachstum und versuchen die Begegnung mit unserer Wunde zu vermeiden und vermeiden damit auch die Chance ihrer Heilung. Diese Haltung mag viele Kompensationsmechanismen bewirken und benötigen und dient vielleicht zeitweise auch einer gesteigerten Kreativität und Aktivität. Die Wunde als Quelle und Motor für den Künstler, den Eroberer, den Erfinder, den Wissenschaftler, den Politiker und viele mehr, mag so gesehen von Nutzen sein, jedoch wird sie schlussendlich immer nach ihrer Heilung verlangen.

Das heißt: Die Flucht und vielleicht sogar ganz ähnlich auch der Opfergedanke können uns weit bringen, werden uns aber nicht weit bringen, wenn es um Heilung und Heimkehren, wenn es um die wirkliche Religio geht.

Ich war auf der Flucht, und zwar schon Jahrtausende und schon so lange, dass ich vergessen hatte, dass ich auf der Flucht war. Es gab Zeiten, da erschien mir das Leben so gar nicht lebenswert zu sein, alles war mühsam, zwanghaft und sinnlos und einfach unerträglich. Mir war nicht klar, wie lange ich das alles noch ertragen sollte und kokettierte fast täglich mit dem Freitod. Welch eine befreiende Vorstellung ja gar nicht leben zu müssen! Jedoch der Selbsterhaltungstrieb ist stärker und immer wieder schob ich den Selbstmord vor mir her, denn, wie wir alle wissen, stirbt die Hoffnung zuallerletzt. Und da war Hoffnung und speziell auch dann, als ich begann mich an die Arbeit zu machen. Das hieß den Fluchtmodus beenden und sich konfrontieren, auch wenn mir noch nicht so ganz klar war, womit überhaupt. So kam der Tag, an dem ich beschloss, den Gedanken an den Suizid zurückzustellen und einmal zu schauen, wie es denn so läuft ohne diese Koketterie, die ich selbst, wie am Anfang des Buches schon erwähnt, nicht mehr so ganz ernst nehmen konnte. Irgendwie lief es eben immer weiter und irgendwie sogar besser ohne den Suizidgedanken. Es war fast vergessen. Es blieb mir aber zeitlebens als eine diffuse Todessehnsucht erhalten, eine Sehnsucht nach der ewigen Heimat, nach den ewigen Jagdgründen. Das verlorene Paradies kann doch nicht hier sein und der Himmel ist doch nicht auf Erden, sondern eben so weit weg und irgendwo da oben – so scheint es.

Über eine Todeserfahrung habe ich ja schon im ersten Kapitel berichtet und auch darüber, wozu so ein Unfall alles gut sein kann. Unter anderem auch dazu, dass ich, nachdem mich der Arzt aus dem Krankenhaus mit dem Satz: „...dass ich wohl den Rest meins Lebens Rückenschmerzen haben werde" entließ, fast schon aus Trotz mit Joga – Übungen begann und meine Lendenwirbelsäule mit der Zeit schmerzfrei wurde. Erst später konnte ich diesem Arzt irgendwie dankbar sein, denn anfangs plante ich noch diesen Arzt nochmals aufzusuchen, um ihm zu sagen, dass man niemanden mit so unsensiblen Bemerkungen entlassen sollte und es vielleicht besser wäre, wenn er sich einen anderen Beruf suchen würde.

Leidensdruck ist offensichtlich das gängigste Motiv, um einen Spurwechsel einzuleiten, um sich auf den Weg zu machen, um einen anderen oder spirituellen Weg einzuschlagen. Warum sollte man dies auch, wenn alles in Ordnung ist und man zufrieden mit den materiellen Dingen und den Lebensumständen ist.

Der Heiler und der Tod

Alle Heiler, die ich in meinem Leben kennenlernen durfte und das waren nicht wenige und aus den verschiedensten Traditionen, sind durch schwerste Krisen oder Krankheiten gegangen und haben Todesnähe kennengelernt. Wenn man es extrem ausdrücken will, dann muss man sagen, der Heiler muss sterben und wiedergeboren werden. Dann erst relativiert sich die Beziehung zwischen Leben und Tod. Wer stirbt wird leben, denn Leben ist ein beständiges Sterben und Heilung in seiner letztendlichen Form ist ein sich wieder Einfinden in einem Leben, das nie stirbt, ein ewiges Leben, das nur beständig die Form wechselt.

Ich spreche hier von wirklichen Heilern und nicht von den vielen Therapeuten, die irgendwelche der unzähligen Methoden anwenden, um etwas zu reparieren, das heißt, etwas in einen Zustand zurückzuführen, in dem es vorher einmal funktioniert hat. Es gibt also die Reparatur, die natürlich sehr wichtig und wünschenswert ist und es gibt die Heilung im Sinne von einem seinem Heil entgegengehen. Das bedeutet sich weiterzuentwickeln. Entwicklung ist ein sich allmähliches Lösen aus den Verwicklungen des Lebens. Das ist Befreiung. Und das ist ein sich wieder Verbinden mit dem Ursprung, ein Heimkehren und dieses sich Entwickeln ist ja etwas, was in einer mystischen oder spirituellen Betrachtung mit dem Tod nicht endet.

Wie wird man ein Heiler? Vermutlich gibt es so viele Wege, wie es eben auch Heiler gibt. Sicherlich wird man nicht einfach nur dadurch zum Heiler, dass man ein paar Wochenendkurse einer Heilerausbildung belegt. Dies wird oft versprochen und mag ein gutes Geschäft für die Ausbilder sein, ist dann aber doch wohl oft eine Enttäuschung. Es ist nicht nur ein Beruf wie jeder andere, wie Bäcker, Zahnarzt oder Schreiner, den man einfach lernen kann. Dennoch gibt es sehr viel zu lernen und eben auch viel zu verlernen, denn man muss sich von den Vorstellungen, die man davon hat, lösen und frei werden und immer wieder am Punkt Null beginnen. Begabungen und karmische und vielleicht auch erbliche Konditionierungen mögen eine Rolle spielen und doch ist das vielleicht wichtigste dieser Ruf, der von wo auch immer kommend, uns in unsere Be-Ruf-ung führt. Es geschieht wie ein Wunder, auf wundersame Art fügen sich Dinge und ohne wirkliche Absicht und fast ohne unser Zutun landen wir da, wo ein gnädiges Schicksal uns hinführt und offensichtlich haben möchte.

Dies führt mich hier nun zum nächsten Kapitel.

Heilen und Channeln

Auf einem meiner ersten Camps lernte ich eine bemerkenswerte Frau kennen. Es soll hier aber nicht um die Begegnung von Mann und Frau und die Liebesbeziehung gehen, sondern um die Tore, die durch sie in meinem Leben geöffnet wurden.

Nachdem sich schon bald herausgestellt hatte, dass die erotische Komponente nicht maßgeblich im Vordergrund unserer Beziehung stand, wurde der Weg frei für eine wunderbare Freundschaft und ein Stück gemeinsame Entwicklung.

Lernfreude und Sufismus

Wir waren damals in einer Phase des Lebens, in der wir begierig waren, voranzugehen und Neues kennenzulernen.

Die treibende Kraft ist einerseits die natürliche uns innewohnende Sehnsucht nach Wissen, dieser Wissensdurst, der gestillt werden muss, denn wir wollen verstehen und uns dieses Wissen zu eigen machen, das tief in uns schon vorhanden ist. Es ist das Wissen, das wir uns gar nicht von außen hinzufügen müssen, sondern welches es in uns zu entdecken gilt. Es ist etwas vollkommen Natürliches und Einfaches und doch bedarf es oft fast ein ganzes Leben oder vielleicht auch mehrere, um es zu entdecken. Wir suchen es, weil wir es schon kennen, weil wir schon einmal damit verbunden waren. Unsere Sehnsucht richtet sich ja niemals auf etwas, was sie gar nicht kennt. Das ist gar nicht möglich, sondern immer auf etwas, was wir verlassen haben oder verlassen mussten und so verloren haben auf unserer Reise aus der Einheit in die Trennung, in die Polarität oder Dualität. Wie könnte man sich nach etwas sehnen, was man nicht kennt, wozu es gar keine Beziehung gibt?

Und andererseits treibt uns der Leidensdruck. Ich glaube, sagen zu können, dass so gut wie alle Menschen, die ich kennengelernt habe und die sich auf einen inneren, spirituellen Weg begeben haben, dies getan haben, weil sie mit dem Leben nicht zurechtkamen, weil sie die Leere und Sinnlosigkeit ihres funktionalen Lebens nicht mehr ertragen konnten und weil sie sich von Schmerz und Angst befreien wollten. Oder andersherum ausgedrückt, bedeutet dies, dass Menschen, die mit sich und der Welt zufrieden sind, die im gesellschaftlichen und kulturellen Leben glatt funktionieren, meistens keine Veranlassung verspüren, sich in Neuland hineinzubewegen. Man bewahrt Bewährtes und Vertrautes und genießt eben das, was man erreicht hat und sieht somit mit Recht keinen Grund sich geistig zu bewegen. In der Regel sorgt jedoch ein gnädiges und manchmal auch grausames Schicksal irgendwann dann doch wieder für die nötigen Irritationen, um so, aufgerüttelt und unter Druck gesetzt, zu neuen Schritten gezwungen zu werden. Das Leben und die damit verbundene Evolution bleiben nicht stehen und führen uns irgendwann wieder nachhause in jene vollkommene Heimat, aus der wir einst aufgebrochen wurden oder sind.

Es sind also diese beiden Komponenten, die uns in Bewegung halten und voranschreiten lassen: Da sind die Konditionierungen der Vergangenheit, unsere Geschichte und die damit verbundenen Wunden und der Leidensdruck und da ist die Zugkraft der Zukunft und die damit verbundene Sehnsucht nach der Freiheit eines nicht rationalen Verstehens und Wissens und nach der Erlösung von den Leiden der Ignoranz. Die Zugkraft der Zukunft ist wohl die stärkere Kraft, die uns nicht erlaubt in den Leiden unserer alten Geschichten, Konditionierungen und Gewohnheiten hängen zu bleiben.

Wir, meine Freundin Safi und ich, waren damals viel unterwegs. Kein Weg war uns zu weit, um an Seminaren, Workshops oder Meditationen teilzunehmen. Meistens waren es Veranstaltungen der Sufis, beziehungsweise des Internationalen Sufi Ordens, der heute den Namen „Der Inayati-Orden" mit dem Untertitel „Ein Sufi-Weg spiritueller Freiheit" trägt. Wir folgten unserem Lehrer Pir Vilayat Inayat Khan überallhin, wie es wohl natürlich ist, wenn man denn seinen Lehrer gefunden hat und lauschten seinen Lehren über den „universalen Sufismus". Pir, wie wir ihn nannten und was eigentlich nur eine Anrede ist, sprach aber, wie schon erwähnt, tagelang oft überhaupt nicht über Sufismus, sondern über Wissenschaft, Psychologie, über Musik verschiedenster Art, der wir auch aufs intensivste lauschen durften oder beispielsweise über Buddhismus. Und genau das war es, was uns so faszinierte. Dieser alles umfassende, universale Geist, der alles miteinschloss und nichts und keine Religion oder Tradition ausschloss. Diese Vorträge und Meditationen halfen uns, uns zu erheben und die Erdenschwere des Mechanischen und Materiellen zu verlassen und uns zu erinnern, wer wir wirklich sind.

Wir waren wie trockene Schwämme, die alle geistige Nahrung aufsaugten und vergaßen bisweilen, dass es auch Zeit braucht, um diese Nahrung zu verdauen.

Mediale Arbeit

Der Input von außen, das Lernen und Studieren, ist ja nur die eine Seite, die dazu dienen soll, die andere Seite zu öffnen, um Wissen von innen aus der eigenen Quelle zu empfangen. Wir haben durch unsere Erziehung und Kultur nicht wirklich gelernt auf unsere innere Stimme zu hören und haben so verlernt, dem uns innewohnenden Wissen zu vertrauen, beziehungsweise es überhaupt bewusst wahrzunehmen. So ist eines der wichtigsten Elemente auf dem inneren Weg, uns wieder zu verbinden mit dem, was man Intuition oder Inspiration nennt. Wir beginnen wieder unsere Visionen, Ideen, Träume und inneren Bilder ernst zu nehmen und verwenden die Informationen, die aus dem Inneren kommen und keine Produkte irgendwelcher Denkvorgänge sind, für uns und unser Leben.

Wir hatten mittlerweile einen Meditationskreis ins Leben gerufen und auch einen engeren Arbeitskreis gebildet. Safi war bei diesen Unternehmungen die treibende Kraft und mir irgendwie immer, so schien es mir zumindest, einen oder mehrere Schritte voraus. So wunderte ich mich auch nicht, als sie mich eines Tages zu einem Channelabend einlud. Zwar hatte ich bereits Bücher von ihr erhalten, die auf mediale Art entstanden sein sollten, und diese als seltsam intensiv empfunden, jedoch hatte ich keine Vorstellung davon, wie so etwas ablaufen und entstehen könnte.

Als ich also an besagtem Abend in der Wohnung bei Safis Stiefmutter Antje erschien, war ich mehr als gespannt. Die Stimmung war wunderbar dicht und zugleich leicht, fast schwebte etwas Heiliges im Raum. Es war Safis erster offizieller Versuch als Kanal zu dienen. Sie lag am Boden und wir, Antje und ich, saßen rechts und links von ihr ebenfalls auf dem Boden. Wir begannen mit einer Einstimmung und dann folgte eine längere Stille. Es war zu spüren, dass Safi ihre persönliche Ebene allmählich verließ, sich in eine mehr oder weniger tiefe Trance versetzte und Verbindung aufnahm zu einer überpersönlichen Ebene in ihr oder wo auch immer. Es handelt sich um eine Wesenssphäre, die annähernd identisch ist mit dem, was man gemeinhin das „höhere Selbst" nennt. Es ist wohl aber sinnvoller von einem „inneren Selbst" zu sprechen, da wir bei der Vorstellung von einem „höheren Selbst" dazu neigen, es uns außerhalb von uns vorzustellen. Weder kann ich diese Ebene beschreiben, noch sagen, wie man sie erreicht, außer dass es geschieht, wenn man es tut, was nur gelingt, wenn man es überhaupt für möglich hält.

Und dann nach einer Weile kamen die ersten Worte aus ihrem Mund. Wir wurden begrüßt von Wesenheiten, die sich jetzt durch sie mit Hilfe ihrer Stimme und ihres Wortschatzes ausdrücken konnten. Ihre Stimme war vollkommen verändert und es bestand für mich erstaunlicherweise überhaupt kein Zweifel, dass jetzt nicht Safi sprach, sondern irgendeine geistige Instanz. Ja, ich habe es auch als unheimlich empfunden. Es war gespenstisch und vertraut zugleich. Diese Worte waren einfach, aber auf unerklärliche Weise eindringlich und berührten uns in der Tiefe unseres Wesens, dort, wo wir eben mit genau diesen Wesenheiten verbunden sind. Nach einer Weile wurden wir aufgefordert Fragen zu stellen, Fragen, die uns auf dem Herzen lagen, wie man so schön sagt. Und das taten wir dann auch und bekamen wunderbare, klare und sehr brauchbare Antworten. Dies dauerte mehrere Stunden und als sie sich verabschiedeten, wurden wir eingeladen, doch bald wieder zusammenzukommen, denn sie hätten noch weitere Informationen für uns und würden uns gerne weiterhin unterstützen und uns helfen zu begreifen.

Ich weiß nicht mehr, ob ich mir bei dieser ersten Sitzung Notizen gemacht habe, Antje glaube ich schon. Auf alle Fälle war ich mehr als tief beeindruckt. Ich war irgendwie aus meinem normalen Leben und Denken herausgehebelt und meine prosaische Welt hatte sich verändert, indem das Geistige oder eben die Geister Eingang gefunden hatten. Ich wusste, dass dies der Beginn von etwas ganz Neuem war und eine große Chance.

Für Safi war es in gewisser Weise sehr anstrengend gewesen und sie hat einige Zeit gebraucht, bis sie wieder zu sich gefunden hat. Die fremden Energien, die durch sie gewirkt und gesprochen hatten, kosteten sie Kraft, je mehr, desto weiter und höher oder tiefer sie eingetaucht war. Sie selbst profitierte nur begrenzt von den Informationen, die ja erstmal nicht bei ihr ankamen, denn sie war ja nur Kanal, sondern durch ihre Sprache bei uns. Sie verarbeitete das gechannelte Material erst danach durch unsere Aufzeichnungen und später dann durch die regelmäßigen Tonbandaufnahmen, die sie auf der Schreibmaschine abtippte.

Wir haben die Einladung der Jungs, so haben wir später die geistigen Wesen, die durch Safi gesprochen haben, immer genannt, angenommen und uns wieder zu einer nächsten Sitzung verabredet. Auch heute noch kann ich nicht sagen, ob es diese Wesenheiten oder Jungs tatsächlich gibt. Für mich schon, für mich war es real und oftmals bekam ich eine Gänsehaut ob der Tiefe dieser Dimension und der Treffsicherheit von Informationen, die niemand hier sonst wissen konnte.

Mit der Zeit entstanden eine Regelmäßigkeit und eine Art Kurs, den die Jungs uns gaben. Dieser Kurs beinhaltete auch Hausaufgaben und Übungen, die wir in unseren Alltag einfließen lassen sollten und auch taten. Es war ein Schnellkurs und dadurch natürlich höchst intensiv.

Ich erfuhr in den Jahren dieses Channelkurses sehr viel Reinigung in Bezug auf die verschiedensten Themen, oft auch auf sehr körperliche Art. Ich wurde immer wieder krank und viel psychoenergetischer Ballast wurde über Organe und Schleimhäute abgesondert. Es war eine anstrengende, aber auch sehr befreiende Zeit und nur allmählich wurde alles leichter. Diese Prozesse brauchen ihre Zeit und man selbst braucht Geduld. Aber wer hat die schon. Wir hatten sie nicht und eilten voran, schneller als unsere Körper und unsere psychischen Systeme mitkamen.

Antje, die ja wie Safi auch Journalistin gewesen war und Zeitschriften wie „Bio" und „Gala" herausgegeben hatte, hatte schon sehr bald die Idee dieses gechannelte Material weitergehend zu verwenden. Es sollte als Buch erscheinen, womit auch die „Jungs" aus dieser uns alle verbindenden geistigen Sphäre, einverstanden waren. Und so begannen wir, wie oben schon erwähnt, Tonbandaufnahmen der Sitzungen zu machen. Unser privater Schnellkurs und die Arbeit am Buch liefen parallel und voneinander getrennt und waren doch nicht wirklich voneinander zu trennen. Schließlich entstand das Buch durch unsere Fragen und das waren natürlich die Fragen, die uns persönlich beschäftigten. Überhaupt funktionierte diese Kanalarbeit hauptsächlich auch dadurch, dass wir, Antje und ich, Fragen stellten, denn, wie uns die „Jungs" mitteilten, ist es unser Interesse, das aus dem Ozean des Wissens die Informationen sozusagen herauszieht. Das heißt: Keine Frage - keine Antwort! Und so waren Antje und ich die Mitautoren des Buches, welches da entstand und natürlich auch in der Hinsicht, dass in dieser Sphäre des „inneren Selbst" wir alle miteinander verbunden sind, je tiefer, desto mehr. Das heißt in gewisser Weise auch, dass wir uns unsere Fragen selbst beantwortet haben. Das war wohl auch der Grund, warum uns alle Antworten und das ganze gechannelte Material so vertraut waren. So waren wir also alle Mitautoren und Safi war Autor in der Hinsicht, dass sie den Kanal freihalten musste, um die Informationen in ihre Sprache zu übersetzen. Das Medium muss in der Lage sein, immer wieder zu überprüfen, ob der Kanal wirklich frei ist und dann mit seinem Bewusstsein den Kanal hinaufsteigen. Indem es hinaufsteigt, holt es den Geist herunter. Wenn es unten bleibt und nichts tut, können die „Jungs" alleine die Verbindung nicht herstellen. So waren wir also mit den Jungs ein ganzes Autoren – Team.

Natürlich hat die Wahrheit viele Gesichter und sie spricht auf unzählige Arten zu uns. Dennoch gibt es nur eine Wahrheit und diese hat nur einen Ursprung. Diese Quelle ist in uns selbst und nicht irgendwo da draußen und steht uns immer zur Verfügung. Nur durch die Vorstellung, dass dem nicht so ist, schneiden wir uns selbst von der Quelle des Wissens ab.

Wenn wir Führung wünschen, dann müssen wir dieser Führung, ob es für uns nun Engel, Menschen, die Intuition oder was auch immer sind, die Hand reichen, denn wie soll sie uns führen, wenn wir uns gar nicht dafür öffnen, sondern meinen, schon Bescheid zu wissen und den Weg zu kennen. Wenn wir jedoch die Hand reichen, dann werden wir geführt.

Wir haben in diesen Jahren damals hunderte Stunden in unzähligen Sitzungen verbracht. Es sind 2 Bücher entstanden und wurden im Ariston Verlag herausgegeben. Falls sich jemand dafür interessiert: Autorin: Safi Nidiaye; Titel: „Liebe ist mehr als ein Gefühl" und „Neues Wissen – neues Denken für eine bessere Zukunft". Das sind die Bücher, an denen ich mitgewirkt habe. Safi war sehr fleißig und hat mittlerweile sicherlich schon so an die 20 Bücher veröffentlicht und viele davon sind dann auch auf nicht mediale Art entstanden.

Entdeckung meiner Medialität

Ich war bis in diese Zeit immer wieder mit der Frage beschäftigt gewesen, was ich denn nun eigentlich bin. Das waren Identifikationsprobleme, die sich weniger auf mein psychisches oder spirituelles Selbstverständnis bezogen, sondern mehr auf meine soziale und berufliche Rolle in dieser Gesellschaft. Ich hatte vieles ausprobiert, bin jedoch nie irgendwo hängengeblieben. Nichts war wirklich das Richtige. Nirgendwo fühlte ich mich angekommen. Was mich immer wieder noch am meisten anzog, waren alle künstlerischen, kreativen Berufe oder Tätigkeiten. Wenn ich heute darauf zurückblicke, dann sehe ich, dass es jedoch nicht so sehr das Berufsbild an sich war, was mich anzog, sondern der kreative Akt an sich. Es war mir damals gar nicht so bewusst, aber ich suchte den Anschluss an das, was man Intuition nennt. Ich wollte immer den Direktanschluss an eine höhere Wirklichkeit. Und mir wurde immer klarer, dass das bedeutet, alles wegzuschaffen, was dem im Wege steht: Vorstellungen, Programme, alte und neue Schutzmechanismen und Konditionierungen – kurzum alles, was trennt von dem, was man wirklich ist, von dem, was hinter dem Schein erscheint. Dazu gehören selbstverständlich auch alle die Rollen, die wir meinen in der Gesellschaft spielen zu müssen.

Safi war manchmal müde immer nur Kanal zu sein, als Kanal zu dienen und so fragte sie mich eines Tages, ob ich nicht einmal diese Rolle ausprobieren möchte. Ich war ziemlich erstaunt. Auch zweifelte ich daran, dass ich das überhaupt kann. Jedoch Safi versicherte mir, dass ich es kann. Da kam schon wieder eine neue Rolle, wo ich doch dabei war, alle diese hinzugefügten Rollen und Identitäten systematisch in unserm Schnellkurs aufzulösen, jedoch diese Rolle war verlockend und so dauerte es nicht lange und ich lag am Boden und Safi und Antje saßen neben mir.

Die vielen Jahre Meditation und Entspannung waren natürlich von Vorteil und es fiel mir nicht sonderlich schwer den notwendigen Trancezustand zu erreichen. Irgendwie fühlt man es dann, wenn der Kanal frei und die Verbindung in die geistigen Sphären offen ist. Und man spürt auch fast einen leichten Druck, kommend aus dieser Ebene. Es ist, als ob die geistige Welt eine Art Bedürfnis hat, sich auszudrücken, ein Bedürfnis sich in unsere Welt hinein zu ergießen in Form von Energie und für unseren

Intellekt in Form von konkreter Information. Es besteht da ein Interesse an uns und unserer Daseinsebene und dieses Interesse wird durch unser Interesse verstärkt und es beginnt zu fließen, spätestens durch die Frage, die die Antwort herbeiruft.

Ich lag da und fühlte mich wohl, frei und unpersönlich. Mein Denkapparat war ausgeschaltet und als die ersten Fragen kamen, begann ich zu sprechen und diese Sätze waren nicht das Resultat von den gewohnten Denkvorgängen in mir, sondern es floss einfach so, mühelos und eben quasi ohne mein Zutun. Dennoch hörte ich mich sprechen und verstand auch genau, was ich sagte. Es war erstaunlich und ganz selbstverständlich zugleich.

Ich weiß heute nicht mehr, um was es damals ging. Es ist lange her und war im Jahr 1990. Jedoch an eine Sache, die vielleicht heute noch interessant ist, kann ich mich erinnern. Es ging um die Frage, warum denn einfach kein Frieden auf dieser Welt zu erreichen ist. Die Antwort erklärte, dass das sogenannte Gute mit daran schuld ist. Als Beispiel wurden die USA genannt. Diese Nation überzieht den Planeten mit einer Art hellen, energetischen Schleim. Allgemein wird das Tun Amerikas und speziell von den USA selbst, als gut betrachtet. Sie sehen sich als eine Art Weltpolizei, die für Ordnung sorgt und an vielen Orten hilfreich zur Stelle ist. Diese Präsenz findet durch ihren gigantischen Waffenapparat, aber auch zum Beispiel durch die Filmindustrie oder den „Hamburger" und alle möglichen Produkte und Einflüsse statt. Dieser Schleim nun verklebt physisch und auch energetisch den Planeten und erstickt so viele Prozesse, die nötig wären, damit wirklicher Frieden entstehen kann. Ein wichtiger Schritt zum Weltfrieden wäre also, dass die Vereinigten Staaten selbst, sowie auch die Menschen im Allgemeinen erkennen, dass sie nicht die Guten sind und aufhören unter dem Deckmantel des Gutseins ihre Macht und Expansionsbestrebungen zu verfolgen.

Ob diese Aussagen heute noch gelten und ob heute die gleichen Informationen kämen, kann ich nicht sagen. Jedoch war diese Aussage, dass diese Hilfe der vermeintlich Guten, letztendlich nichts zum Frieden beitrug, sondern ganz im Gegenteil, dass sie durch ihr sich Einmischen für immer weiteren Unfrieden sorgten, für mich damals sehr erstaunlich. Auch ich war so erzogen und aufgewachsen, dass ja die Amis durch ihre scheinbare Hilfsbereitschaft zum guten Gelingen auf unserem Planeten wesentlich beitrugen.

Auf alle Fälle war mein erster Versuch als Medium zu dienen sehr erfolgreich und wir waren alle drei sehr glücklich und Safi besonders. Sie freute sich, denn jetzt hatten wir einen neuen Kanal.

Für mich war es damals in der Tat etwas ganz Besonderes und es hat seine Zeit gedauert, bis ich es glauben konnte, dass da durch mich eine geistige Instanz sprach. Wieso gerade durch mich?

Heute ist es schon längst etwas ganz Normales geworden und überhaupt nichts Besonderes mehr. Ich weiß, dass jeder diesen Kanal und diese Verbindung in sich trägt. Die Menschen sind sich dessen nur nicht bewusst und versperren so selbst den Zugang und können ihn deshalb auch nicht entdecken. Es ist nicht etwas, was man sich erarbeiten muss, es ist etwas, was man nur wieder entdecken muss. Das geschieht durch unser Interesse und dadurch, dass wir es überhaupt für möglich halten.

Die Entdeckung des Heilers in mir

Die Entdeckung von Heilkräften, über die natürlich auch jeder von uns von Natur aus verfügt, verdanke ich ebenfalls der Kanalarbeit und den „Jungs". Es war bei einer unserer Sitzungen. Ich hatte schon seit Tagen ziemlich starke Zahnschmerzen. Deshalb lag mir natürlich die Frage auf dem Herzen, warum diese Zahnschmerzen und was sie denn zu bedeuten hätten und ob ich etwas tun könnte. Und nachdem ich meine Fragen gestellt hatte, bekam ich folgende Antwort:

Ich hätte zwei Möglichkeiten, nämlich erstens könnte ich natürlich einfach zum Zahnarzt gehen - nun welch eine Überraschung - oder zweitens mich selbst darum kümmern. Und zwar sollte ich folgendermaßen vorgehen: Da sich an der Zahnwurzel durch eine Entzündung ein Granulom gebildet hatte, eine knötchenförmige Ansammlung von Makrophagen, das sind Fresszellen des Immunsystems, müsse ich dieses wieder auflösen. Dazu sollte ich mir in der Mitte meines Kopfes meine Zirbeldrüse als eine sehr helle Lichtquelle vorstellen. Diese, auch Epiphyse genannt, ist sehr klein, hat es aber in sich. Von dieser Lichtquelle aus sollte ich einen Lichtstrahl erzeugen und diesen hin zu meinem schmerzenden Zahn lenken. Dort an der Wurzel sollte er auf das

Granulom treffen und dieses quasi aufbrechen, beziehungsweise zerstören. Im Anschluss sollte ich noch meinen Kreislauf dergestalt aktivieren, dass er die Trümmer und Abfallprodukte des Einschusses abtransportiert. Danach wäre es angezeigt noch reichlich Wasser zu trinken. Und es kam noch die Empfehlung, vorher einen Termin mit dem Zahnarzt zu machen, für alle Fälle und weil ich mich dann sicherer fühlen würde.

Und genau so habe ich es dann auch gemacht. Nachdem ich am nächsten Tag einen Termin beim Zahnarzt bekommen hatte, setzte ich mich hin und begann mich zu konzentrieren. Irgendwie war da kaum ein Zweifel in mir, dass das auch funktionieren würde. Und es ging auch ziemlich leicht. Das gebündelte Licht wurde ein scharfer Laserstrahl. Auch das Granulom an der Zahnwurzel war auf meiner inneren Leinwand deutlich zu erkennen und als der Laser auf dieses traf, hörte ich tatsächlich ein ziemlich lautes Knacken. Es war eindeutig, dass da etwas aufgeplatzt war und ich war über dieses Geräusch wirklich sehr überrascht. Damit hatte ich so auch wieder nicht gerechnet. Es gab mir das Gefühl, dass es funktioniert hat und erfolgreich war. Auch meine Lymphe arbeitete bereitwillig am Abtransport der restlichen Trümmer.

Als ich am nächsten Tag aufwachte, war von Zahnschmerzen nichts mehr zu spüren. Es erschien mir wie ein Wunder. Alles dies, was durch meine Vorstellung erzeugt worden war, hatte eine Wirkung auf den Körper gehabt. Das geistige, feinstoffliche schien tatsächlich die primäre Realität zu sein. Ich hatte sozusagen einen Beweis. Das war großartig und damit begann mein Weg als Heiler.

Ich rief also wieder beim Zahnarzt an, um den Termin abzusagen. Er war nicht mehr nötig. Ich hatte es selbst in die Hand genommen und mir wurde allmählich klar, dass wir für unsere Gesundheit in erster Linie selbst verantwortlich sind. Durch unser Gesundheitssystem, dessen wunderbare Errungenschaften ich keineswegs leugnen möchte, werden wir leicht dazu verführt die Verantwortung und die Hilfe nach außen zu verlagern und trennen uns so von den in uns wohnenden, natürlichen Heilkräften und Fähigkeiten.

Man kann viel spekulieren über den Sinn von Krankheiten und wenn man in die Tiefe schaut, hinter die Kulissen, dann wird man auch fast immer fündig werden. Unser Organismus neigt dazu innerseelisches

Geschehen in seinen äußeren Formen auszudrücken und sichtbar zu machen. Wenn wir uns nicht nur auf die waagrechte Linie, welche die Ebene der Phänomene ausdrückt, beschränken, sondern auch die senkrechte Dimension betrachten, dann werden wir in dieser Radikalität zur Wurzel des Geschehens vordringen und Sinn erkennen. Das Wort radikal kommt von dem Wort Radix, welches Wurzel heißt. Sinnigerweise ging es damals auch noch um die Wurzel eines Zahnes. Dort an der Wurzel des Geschehens sehen wir dann, was zu tun ist und welche Richtungsänderung in unserem Leben ansteht und auch nötig ist, um das Symptom diesen Wegweiser nicht mehr bemühen zu müssen. Wir können dem Leben von uns aus das geben, was es verlangt, oder wir werden zulassen müssen, dass es uns dazu zwingt. Wir haben immer eine Wahl, wie es geschieht, aber nicht, ob es geschieht.

Der Sinn meiner Zahnschmerzen war damals wohl auch, dass der Schritt anstand, meine heilerischen Fähigkeiten zu entdecken. Dies war der Anfang eines neuen Weges. Dieser Weg des Heilens ist lang und endet nie. Man kann niemals sagen man hätte ausgelernt, denn mit der persönlichen Entwicklung wird sich auch die Art und Weise des Heilens ändern und weiterentwickeln.

Auf meinem Weg habe ich die verschiedensten Heiler, Schamanen, Therapeuten, Berater und Coaches kennengelernt und immer von ihnen gelernt. So entstand mit der Zeit mein Werkzeugkoffer, der die verschiedensten Methoden und Instrumente und „Arzneien" enthält. Je nach den Erfordernissen des Klienten kommen diese zum Einsatz. Natürlich gibt es von mir bevorzugte Methoden und natürlich ist aus diesen vielen Einflüssen auch meine mir eigene Heilweise entstanden. Ich betrachte das Heilen als eine ganz individuelle und persönliche Kunst. Jeder wirkliche Heiler entwickelt sich gemäß seinen Talenten und Vorlieben und kann und soll deshalb auch nicht mit anderen Heilern verglichen werden. Ein Heiler arbeitet nicht so, wie ein anderer Heiler oder benützt die Energie eines anderen, denn da ist nur eine Energie, da ist nur ein Heiler und da ist nur eine göttliche Kraft, die durch den Heiler wirkt. Es ist ja auch kaum vorstellbar, dass irgendwo mehr von Gott ist als anderswo. Es ist eine Kraft, die dieses Universum bewegt und eine Intelligenz, die es führt und ein Stoff, aus dem es gewoben wird.

Da ist also auf der einen Seite die Heilkunst, ein beständiges sich entwickeln hin zu Einfachheit, Klarheit, Ursächlichkeit und Effektivität und auf der anderen Seite ein Wissen um den Körper mit seinen Mechanismen und um die Psyche mit ihrer Spiritualität und das Zusammenspiel der beiden. Ich finde es in der Tat seltsam, wenn sich hier in unserem Kulturkreis jemand Heiler nennt und nichts über den Körper weiß, nicht weiß, wo sich zum Beispiel eine Milz oder Niere befinden und was sie machen oder welchen Einfluss der Gedanke oder ein Glaubenssatz auf die Befindlichkeit des Körpers hat. Aus diesem Grund und auch um meine heilerische Tätigkeit zu legitimieren, beschloss ich dann relativ bald Heilpraktiker zu werden. Das hieß nochmal die Schulbank drücken und das war in vielerlei Hinsicht sehr interessant. Alte Verhaltensweisen und alte schulische Wunden tauchten wieder auf und damit auch die Chance sie zu erkennen und zu heilen.

Nun, ist es nicht die erste und vornehmste Aufgabe des Heilers erstmal sich selbst zu heilen, sich selbst der erste Patient zu sein, bevor man andere mit seiner Heilkunst beglücken möchte. Dies ist wahrlich keine kleine Aufgabe und vielleicht ja eine lebenslängliche. Jedoch, der Handwerker liefert am Ende seiner Ausbildung sein Gesellenstück ab und der Heiler wird eben selbst zu diesem, seinem Kunstwerk in Progress und so verschmelzen im besten Fall zuguterletzt der Künstler, sein Material und sein Kunstwerk und werden eins.

Die Heilpraktikerschule hat mir gutgetan, ich musste mich nochmal richtig anstrengen und vor allen Dingen auch wieder lernen zu lernen. Erstmal ging gar nichts so recht in meinen Kopf hinein. Glücklicherweise gab es unter anderem auf meiner Schule einen Kurs im Angebot, der hieß: „Lernen lernen" Und den habe ich auch besucht. Mit der Zeit hat mir das Lernen dann auch Spaß gemacht und so habe ich die Prüfung auch bestanden. Einfach ist diese nicht und man sagte mir, dass so mancher fertige Arzt ganz locker bei dieser durchfallen könnte. Und ich habe sie auch bestanden, weil ich nie daran gezweifelt habe und weil es stimmig war und der richtige nächste Schritt.

Natürlich lernt man da so vieles, was ich nie gebraucht habe und was man natürlich wieder vergisst. Man lernt es nur für die Prüfung. Und doch war es gut und hat sozusagen ein Fundament geschaffen.

Dieses Fundament war für mich nicht unwichtig. Das geistige Heilen in seinen unzähligen Erscheinungsformen bewegt sich durchaus auch leicht hinein in Sphären phantastischer Art und deshalb ist ein medizinischer Unterbau sehr nützlich, ebenso wie ein medialer Überbau, der uns den Weg öffnet in die geistigen Hintergründe des Geschehens. Erst aus dem Erkennen der wirklichen Ursachen ergibt sich die entsprechende Therapie und Vorgehensweise. Ansonsten handeln wir nur zu leicht nach Schema F, wie es eben auch der übliche Arzt tut, entsprechend dem Mainstreamdenken und dem derzeitigen Stand der Wissenschaft. Zweifellos ist da so viel Gutes, was wir der Schulmedizin verdanken und zweifellos gibt es ganz sicher auch Ärzte, die über eine gut funktionierende Intuition verfügen. Aber es besteht immer die Gefahr in einem Schema oder einer Methode hängenzubleiben und dann, natürlich fast blind für alles andere, zu versuchen, alles in sein System zu pressen. Wir kennen das ja nicht nur in der Schulmedizin, sondern auch bei den alternativen oder Naturheilweisen: Für den Reinkarnations - Therapeuten war immer etwas schreckliches in einem anderen Leben schuld, für den Geomanten sind es natürlich immer Erdverwerfungen oder Energielinien und für andere sind es eben immer böse Geister und Besetzungen, die verantwortlich sind und vieles mehr.

Alle können rechthaben und haben natürlich ihre Daseinsberechtigung und alle bilden Aspekte des ganzen unglaublichen Wunders ab und alle sollten voneinander lernen und sich ergänzen.

So wie Ärzte und Heilpraktiker oft gar nicht einer Meinung sind, so sind es auch die Heilpraktiker und die Geist – Heiler nicht.

Dazu fällt mir ein kleines Erlebnis ein: Ich war mit meinem Schwager, Jürg , einem liebenswerten und offenen Unternehmer, der mit Spiritualität in dem Sinn gar nichts zu tun hat, zu Besuch bei meiner Nichte, Isabel, seiner Tochter. Am Tisch saßen die verschiedensten Leute, unter anderem auch ein Therapeut, eine Homöopathin, ein Heilpraktiker und eben auch ich und das Gespräch wurde sehr kontrovers, um nicht zu sagen ein Streitgespräch ob der richtigen und zielführenden Heilweise oder Therapie. Auf dem Heimweg im Auto sagte mein Schwager den Satz, der sich mir tief eingeprägt hat: „Ich wusste ja gar nicht, dass ihr Alternativen euch auch nicht einig seid."

Ich fühlte eine gewisse Peinlichkeit ob dieser Tatsache und der ganzen Besserwisserei. Fast jeder befindet sich eben in seinem selbst konstruierten Glaubenssystem und sein Ego reibt sich an den anderen, will sich abgrenzen und rechthaben und siegen. Dazu braucht es unter anderem Feindbilder. Über diese lässt sich das eigene Ego besonders gut definieren. Und zweifellos ist es auch so, dass das Glaubenssystem, in dem man sich befindet, eine Wirkung hat, eben weil man daran glaubt und der Glaube doch Berge versetzt, wie wir alle wissen. Heilungen außerhalb des Glaubenssystems, in dem man sich befindet, sind schwierig und sehr oft überhaupt nicht möglich. Wenn doch, führen sie anschließend manchmal auch zu einer Änderung von alten Glaubensätzen.

Auf Grund dieser Erfahrung blieb mein Schwager natürlich seinem Glaubenssystem und das ist die für ihn wissenschaftlich bewiesene Schulmedizin, treu und ist damit bis jetzt auch gut gefahren. Er ist schon über achtzig Jahre alt, fährt noch Ski, reist um die Welt und tanzt auf Partys bis in die Morgenstunden.

Bei aller Bedeutung, die ich der Medialität beimesse, möchte ich doch auf keinen Fall diese auf irgendeinen Sockel von Heiligkeit stellen. Es ist gar nichts so besonderes und jeder Mensch hat von Natur aus diese Verbindung in die Tiefe des Seins. Blicke doch nur in die Augen eines kleinen Kindes. Ohne diese Verbindung zur Matrix würde es uns gar nicht geben, könnten wir keinen Augenblick existieren. Um es aus der Sphäre des Fantastischen und fast Übermenschlichen und Übersinnlichen zu holen, ist es vielleicht hilfreich auch andere Worte dafür zu verwenden, die sich in der Bedeutung mit Medialität durchaus überschneiden: Zum Beispiel, Bauchgefühl, Instinkt, Inspiration, Intuition, außersinnliche Wahrnehmung, Vision oder Hellsehen beziehungsweise Hellhören.

Das Heilen und die Medialität sind für mich nicht voneinander zu trennen. Ein Heiler vertraut dem Spirit und seiner Kreativität und klebt nicht an angelernten Methoden und Mediales, aus der Quelle sprudelndes, geistig kreatives und informatives wird immer irgendwie zur Heilung unserer Welt mit beitragen.

Wenn ein Heiler gereift ist und das verkörpert, was er lehrt, dann heilt er nicht mehr nur durch das, was er tut, sondern auch durch das, was er ist.

Neue Tätigkeitsfelder

Der Umgang mit Hilfesuchenden

Wie aus dem Nichts tauchten die ersten Klienten auf. Das war schon erstmal eine Herausforderung. Wieso gerade ich? Es erschien mir anfangs fast ein wenig anmaßend, dass ich anderen Menschen helfen sollte. Aber warum nicht ich? Diese Menschen kamen mit genau dieser Erwartung zu mir. Es war so, also nahm ich die Herausforderung an und schlüpfte in meine neue Rolle. Ja, es ist eine Rolle, die man da spielt und viele in Heilungsberufen Tätige schlüpfen dafür auch in ein Kostüm. Der Arzt trägt seinen weißen Kittel mit dem Stethoskop um den Hals und der Schamane schlüpft in sein Ritualgewand oder trägt eine Maske. Auf ein Kostüm, all das übliche Beiwerk und die Accessoires konnte ich verzichten, aber nicht auf dieses tiefe Vertrauen in mich und in die geistige Welt, deren Werkzeug ich in einer Heilbehandlung sein durfte.

Wenn sich ein Klient anmeldet und der Heiler denkt, oh wie schön, da kommen 100 Euro, dann sollte man innehalten und sich fragen, wer da der eigentlich Bedürftige ist. Natürlich muss auch der Heiler von etwas leben und es zeugt von keinem gesunden Selbstwertgefühl, wenn sich der Heiler nicht traut, Geld für seinen Einsatz zu verlangen oder eben nur mit schlechtem Gewissen. Es gibt Heiler die prinzipiell kein Geld nehmen und andere, die sehr, sehr viel wollen und natürlich gibt es ein angemessenes Mittelmaß. Es hat auch bei mir eine Weile gedauert, bis ich das nötige Selbstbewusstsein hatte und meine Arbeit nicht mehr anzweifelte und der finanzielle Ausgleich eine Selbstverständlichkeit wurde.

Auf alle Fälle kommt da nicht Geld, sondern da kommt ein Mensch und es ist ein Privileg diese Arbeit tun zu können und zu dürfen. Und es ist ein Akt von Vertrauen und Liebe, so tief in einen Menschen hineinzuschauen, quasi hinter die Kulissen und Masken und manchmal hatte ich fast das Gefühl, ich müsste dem Klienten etwas dafür geben, weil ich durch mein Angeschlossen Sein an die kosmischen Heilkräfte selbst so reich beschenkt und beglückt werde.

Man lernt und so sollte es auch sein, von jedem Patienten und so lernt man nie aus. Dazu gehört auch, zu erkennen, welche Patienten die richtigen für einen sind und welche nicht, welche vielleicht nur aus

Neugierde kommen oder nur ihre Vorurteile bestätigen wollen oder sowieso gar nichts ändern wollen oder sowieso hilfesuchend von einem Heiler zum Nächsten rennen, weil sie in Wirklichkeit gar keinem trauen und so weiter und so weiter…

In dem Zusammenhang fällt mir ein Erlebnis ein: Eine junge Frau, die um einen Termin gebeten hatte, stand an meiner Gartentür. Als ich sie sah, wusste ich sofort, die geht gar nicht, die ist hier bei mir ganz falsch. Aber anstatt sie wieder wegzuschicken, habe ich sie hereingelassen, schließlich hatte sie ja diesen weiten Weg auf sich genommen.

Ich habe ein Clearing mit ihr gemacht. Sie trug da irgendwelche Elementale oder Geister mit sich herum. So genau weiß ich es nicht mehr. Ich sagte ihr noch, dass sie sich diese Geister an der nächsten Ecke wieder einfangen würde, wenn ihre Affinität zu diesen Geisterwelten ungebrochen und weiterhin so stark bliebe. Mit einer seltsamen Miene überreichte sie mir den Schamanenlohn, wie sie es nannte. Sie war eine Studentin der Ethnologie und hatte dadurch auch mit archaischen Heilmethoden und Geisterwelten zu tun. Ich hatte immer noch kein gutes Gefühl. Und tatsächlich erhielt ich ein paar Wochen später einen schrecklichen Brief von ihr. In diesem wurde ich als Scharlatan beschimpft und dass es ihr nach ein paar Tagen noch viel schlechter gegangen sei als vor meiner Behandlung und dass es ihr sehr leid täte um das Geld, das sie mir gegeben hätte.

Nun man sieht, das hätte ich ihr und mir ersparen können, wenn ich den Mut gehabt hätte, sie gleich am Gartenzaun wieder wegzuschicken.

Nun, man lernt von jedem Patienten und man lernt nie aus als Heiler. Da lauert eine gewisse Gefahr, wenn man denkt, man hätte es erreicht und wäre fertig und perfekt. Nur zu gerne bläht sich dieses Ego auf, wenn wir Erfolg wollen oder haben und hier könnte man es ein spirituelles Ego nennen, welches entsteht. Ich denke, das Leben wird einen dann eines Besseren belehren. Die Heiler, die wirklichen Heiler, die ich kennenlernen durfte, waren alle sehr bescheidene und demütige Menschen.

Erfolgsdruck und Ehrgeiz sind hier völlig fehl am Platz. Was letztlich heilt, ist die Natur und das, was der Heiler beisteuert, sind seine Präsenz, sein Mitgefühl, seine Energie und sein Wissen und so öffnet er den Kanal für die Heilung, die im Grunde immer eine Gnade ist. Und was ist Gnade? Es ist das, was wir uns nicht verdienen können, sondern das, was uns geschenkt wird, es ist die alles durchdringende Liebe, die das Leben durchströmt, damit es lebt.

Ich war und bin auf nichts spezialisiert. Zu mir kommen Menschen mit den verschiedensten Anliegen und allen Arten von Krankheiten. Es spielt keine Rolle um was es sich handelt, denn fast immer geht es erstmal darum, die Gründe und Hintergründe für das Geschehen aufzudecken, der Sache eben auf den Grund zu gehen. Ob Liebeskummer oder Krebs, ob Sinnkriese oder Epilepsie oder welche Irritation oder welches Problem auch immer, es braucht normalerweise ein Auffinden des Ursprungs, um die Weichen neu zu stellen, um die alte Spur zu verlassen und um sich in den Prozess der Heilung zu begeben. Es ist Heilung, die einerseits natürlich Reparatur bedeutet, also die Wiederherstellung eines vorherigen Zustandes, aber es bedeutet immer auch zugleich ein Voranschreiten in seine Erfüllung, in ein Ganzwerden, in ein Neues noch zu Entdeckendes.

Apropos Epilepsie, auf Grund eines Interviews mit mir erschien in einer Zeitung ein Artikel über einen Epileptiker, den ich geheilt hätte. Tatsächlich war es in diesem Fall „einfach" gewesen und das Verschließen, beziehungsweise das Zurückdrehen seines Kronen Chakras auf ein Normalmaß, hatte genügt, diesen Menschen von seinen Anfällen zu befreien. Zumindest hatte der Patient dies berichtet. Auf Grund dieses Artikels kamen für einige Zeit immer wieder Epileptiker zu mir, da ich ja den Ruf hatte diese Krankheit heilen zu können. Jedoch jeder Mensch ist anders und es gelang mir bei weitem nicht, dies mit jedem Epileptiker zu wiederholen. Es ist völlig vermessen, pauschal zu behaupten, man könne etwas heilen und so etwas würde niemals über meine Lippen kommen. Dieser Zeitungsartikel war mir wahrlich eine Lehre. Ich sah, wie vorsichtig man mit seinen Äußerungen sein muss und wie vorsichtig man mit den Hoffnungen von Leidenden umzugehen hat.

In den Jahren meiner heilerischen Tätigkeit habe ich immer wieder festgestellt, dass ich in bestimmten Zeiten auch spezielle Klienten bekommen habe. Irgendwie hingen die Themen, die da von außen auf mich zukamen, mit Themen und Entwicklungsschritten in mir zusammen. Alles sind Phasen und Übergänge zu neuen Phasen, Entwicklungen eben. Phasen kommen und Phasen gehen und nichts geschieht wohl einfach nur so, so ganz zufällig.

Einige Beispiele:

Tränen und Karma

Da ich immer auch bereit war für Menschen, die nicht zu mir kommen können, Hausbesuche zu machen, kam ich einmal zu einer sehr liebenswürdigen Frau in mittleren Jahren. Wir saßen in ihrem Wohnzimmer und kaum hatte ich ihr die Frage gestellt, was denn ihr Anliegen sei, da begann sie auch schon zu schluchzen und konnte keine Antwort mehr geben. Sie weinte und Tränen liefen über ihre Wangen. Ich war ein wenig verwirrt, weil ein Gespräch nicht mehr möglich war und ich fast völlig hilflos nicht wusste, was ich tun sollte. Nach einer Weile, ohne nachzudenken, wechselte ich zu ihr auf das Sofa und nahm sie einfach in die Arme. Ich habe sie einfach nur gehalten und sie hat geweint und gar nicht mehr aufgehört. Ich war sehr berührt und voller Mitgefühl. Es war zärtlich, ganz väterlich und doch ganz absichtslos und auch ohne irgendein mentales in sie Eindringen, um vielleicht etwas über die Hintergründe ihres Schmerzes zu erfahren. Vielleicht so nach einer guten Stunde löste sie sich von mir und begann mit strahlenden Augen zu lächeln. Nachdem sie mich bezahlt hatte, verabschiedeten wir uns freundlich und fröhlich. Auch ich fühlte mich ganz leicht und erleichtert.

Jedoch auch nachdenklich verließ ich ihr Haus. Mir wurde klar, was das alles bedeuten kann, als Heiler zu arbeiten. Es bedeutet, sich von irgendwelchen Vorstellungen zu befreien, was zu geschehen hat und was zu tun ist. Es kann uns eben keine Theorie sagen, wie es in der Praxis aussieht. Das heißt, man sollte ganz frei und offen an die Sache herangehen, ja sogar ohne die Absicht zu heilen, ohne unter dem Zwang zu stehen seine Methoden anwenden zu müssen, eben ohne eine Vorstellung wie Heilung aussieht. Das heißt, nicht der Heiler zeigt dem Klienten einen vorgefertigten, genormten, vielleicht pauschalen Weg zur Heilung, sondern der Klient geht seinen eigenen Weg und der Heiler folgt ihm und unterstützt und stärkt ihn auf diesem Weg. Es ist etwas höchst individuelles, obwohl es natürlich gewisse allgemeingültige Regeln gibt, wie das berühmte Loslassen, das Verzeihen, das Erkennen und Verstehen, das Fühlen von dem, was wir nicht fühlen wollen, denn emotionale Problematiken werden wir wohl kaum jemals auf einer mentalen Ebene lösen können und vieles mehr.

Dieser Besuch war mir eine große Lehre. Ich verstand, dass ich der Wahrheit des Augenblickes zu folgen habe und nicht meinen Methoden oder spirituellen Therapien.

Meine Nachbarin

Ein weiterer Interessanter Fall war meine Nachbarin, die Trudi. Eines Tages, als ich ihr wieder einmal begegnete, kam sie hinkend und jammernd auf mich zu. Sie hatte fürchterliche Schmerzen im Knie und konnte kaum mehr laufen und wusste gar nicht mehr, wie sie noch ihren Alltag bewältigen sollte.

Kurz nach der Begegnung überkam mich das Gefühl der Trudi helfen zu wollen. Ich setzte mich hin und begann mich auf ihr Knie zu konzentrieren, auf ihr Knie, nicht auf die Trudi. Ich durchleuchtete es mit Licht, betrachtete es mit meinem Röntgenblick, reinigte es, nahm gewisse Korrekturen vor, nährte und nähte, was mir nötig erschien, bis ich das Gefühl hatte, es ist vollbracht. Was ich genau gemacht habe, weiß ich heute nicht mehr, es ist ja auch schon viele Jahre her. Auf alle Fälle war ich sehr zufrieden und freute mich darüber, in der Hoffnung etwas Gutes vollbracht zu haben.

Als ich sie am nächsten Tag wieder traf, berichtete sie mir ganz glücklich, dass alles wieder gut sei und sie wieder ohne Schmerzen laufen könne. Sie sagte, es sei wie ein Wunder. Ich gestehe, dass mich ein gewisser Stolz ergriff und ich dachte, wunderbar, es funktioniert doch, gute Arbeit geleistet.

Jedoch es geschah folgendes: Ein paar Tage später am Gartenzaun stehend, sah ich sie mit Krücken gehen und sie erklärte mir, dass dann doch alles wieder noch schlimmer wurde, der Arzt da war und sie jetzt dann abgeholt würde und ins Krankenhaus käme, wohl um operiert zu werden.

Ich war betroffen. Warum jetzt dies. Hatte das alles, was ich gemacht hatte, doch gar keinen Wert. War das alles, was ich gemacht hatte, Unsinn, Einbildung und Eitelkeit. Aber warum dann dieser anfängliche Erfolg, diese Schmerzfreiheit am nächsten Tag.

Ganz allmählich begann ich zu verstehen. Im Grunde war es ein ungefragtes Eindringen in den persönlichen und intimen Bereich eines Menschen. Mit welchem Recht doktert man an Personen herum, ohne darum gebeten worden zu sein. Und ich verstand auch, dass es mir nicht zustand, den Weg und das Schicksal eines Menschen mitbestimmen zu wollen, noch dazu, wo ich doch den Weg dieses Menschen gar nicht kenne. Das heißt eben, dass Zurückhaltung angesagt ist, auch da, wo wir meinen helfen zu müssen oder zu können. Welch eine wunderbare Lektion für das Ego und seine Wichtigtuerei und Anmaßung.

Ein neutrales, absichtsloses Schicken von Licht oder Liebe zum Beispiel ist etwas anderes, denn diese positiven Energien wird eine Person ihr selbst entsprechend verwenden, integrieren oder eben nicht, von einer konkreten Intervention jedoch ist, wenn gar nicht gewünscht, Abstand zu nehmen.

Die gelähmte Frau

Ein weiterer interessanter Fall war folgender: Die Krankenschwester, die damals meine, schon über 90 jährige Großmutter betreute, berichtete mir von einer gelähmten Frau, die sie ebenfalls versorgte und deren Ehemann, denen sie von mir erzählt hatte. Der Ehemann nun wünschte sich, dass ich einmal zu seiner Frau käme, um sie zu behandeln. Auch die Frau sei damit einverstanden, sagte die Krankenschwester.

Ich zögerte irgendwie, erklärte mich dann aber bereit die Frau zu besuchen.

Das Haus von ihr war nicht weit von meinem entfernt und so ging ich dann zu Fuß dorthin. Während ich über die grünen Wiesen von Grünwald schritt, hatte ich ein seltsames Gefühl, ja ich hatte fast so etwas wie Angst. Ich dachte, wenn ich nun tatsächlich diese Frau heilen würde und sie wieder aus ihrem Rollstuhl herauskäme, dann würde sich das wohl herumsprechen, nicht zuletzt auch durch die Krankenschwester. Und es gibt ja viele Gelähmte und ihre Hoffnung auf Heilung würde sie dann zu mir treiben und ich sah schon die vielen Rollstühle vor meiner Gartentür und verspürte ein Gefühl von Bedrängt werden und Panik. Ich wusste, dieser Sache wäre ich nicht gewachsen. Ich spürte, dass ich dafür nicht bereit war, nicht bereit war, nur noch zu dienen. Ich wollte doch auch einfach nur leben und dieses Leben genießen.

Es war seltsam, zu einer Heilsitzung zu gehen und zugleich zu denken, dass ich besser nicht heilen sollte. Ich war nahe daran umzudrehen. Jedoch meine Neugierde und mein Wissensdurst waren größer. Ich wollte wissen, was es mit dieser Frau, mit diesem Fall auf sich hatte und so drückte ich auf die Klingel am Gartentor.

Als ich dann bei ihr am Bett saß, war alles gut. Es war eine sehr feine, zurückhaltende und zufrieden und nicht leidend wirkende Frau. Ihr Mann kam immer wieder herein, war neugierig und wollte wissen, ob da noch was zu machen sei und ich musste ihn bitten, uns für ein Stündchen allein zu lassen.

Schon bald erwähnte sie in ihrer Erzählung über ihr schon so weit fortgeschrittenes Leben, sie war schon seit über 50 Jahren mit ihrem Mann verheiratet, dass sie schon lange kein Interesse mehr habe, Frau zu sein und eben auch keine Lust mehr habe, im Gegensatz zu ihrem Mann, ehelichen Pflichten nachzukommen. Und jetzt sei sie eben von der Hüfte abwärts völlig gefühllos. Sie würde sich schon freuen, wenn sie wieder selbstständig laufen könnte, aber es sei andererseits auch gar nicht so wichtig für sie, sondern mehr für ihren Mann.

Ich verstand sofort, warum ihr Mann die treibende Kraft war, einen Heiler zu konsultieren, nachdem die Schulmedizin mit ihren Methoden längst ausgeschöpft war. Ich sah es sehr deutlich vor mir, dass diese Frau diesen Weg der Krankheit wählen musste, dass es der letzte Ausweg war, um sich ihrem noch so fordernden und agilen Mann sexuell zu entziehen. Sie war es müde, ihre Lust war eingeschlafen und so half ihr ihr Körper auf eine ungewöhnliche, aber sehr effektive Weise dazu, in Ruhe gelassen zu werden. Als ihr dies jetzt bewusst wurde, verstand sie und war mit allem und mit diesem, ihrem Schicksal im Reinen. Nur ein Bedauern war da für ihren Mann, der sehr darunter litt und den sie sehr liebte.

Da gab es nichts zu Heilen, sondern etwas zu verstehen. Zu verstehen, wie das Leben auf raffinierte Art wirkt und immer wieder Wege und Auswege findet und kreiert.

Der Ehemann verabschiedete mich ein wenig enttäuscht und doch auch erleichtert über die strahlende Zufriedenheit seiner Frau und bezahlte mich sehr großzügig.

Ich verließ das Haus im doppelten Sinn erleichtert, denn alles war gut so, wie es war und gut war auch, dass ich da gewesen war und gut war auch für mich, dass ich niemanden, wie ein Jesus wundermäßig aus dem Rollstuhl holen musste und geholt hatte. Meine Befürchtungen waren unbegründet gewesen und mein Vertrauen wuchs in das, was ich da tat.

Die Welt der Geister

Ein Klient, der mich in München in meiner Wohnung besuchte, war sehr depressiv und wie von einer dunklen Wolke umgeben. Er fühlte sich selbst gegenüber wie ein Fremder und es wurde schnell klar, dass es sich um eine Besetzung handeln muss. Wir begannen also mit einem Clearing. Dies hieß für mich, dass ich meinen Blick oder besser mein inneres Sehen darauf ausrichtete, Unsichtbares zu sehen. Es ging darum fremde Energien, Elementale oder eben Geister wahrzunehmen. Dies ist für mich bei einem Clearing nötig, weil ich dann mit ebendiesen Geistern in Kontakt treten kann, um die Besetzung zu verstehen und um den unerwünschten "Gast" dazu bewegen zu können, den Wirt beziehungsweise sein Opfer zu verlassen. Es gibt bei dieser Arbeit mit Besetzungen viele Nuancen und Möglichkeiten der Intervention. Darauf möchte ich jetzt hier aber nicht eingehen, sondern auf das Phänomen solche Wesenheiten oder Seelen sehen zu können. Es ist dies ein Blick in jene andere Welt, in eine uns normalerweise verborgene Welt und diese Hellsichtigkeit hat ihre Vorteile, und eben auch ihre Nachteile, weshalb uns dieser Blick aus verständlichen Gründen und zu unserem Schutz in unserem Alltag verwehrt wird.

Es ist so, wie wenn ich einen Schalter drücke und dann funktioniert es. So war es auch bei diesem Klienten und nachdem das Clearing beendet war und er gegangen war, blieb ich, wie so oft nach solchen Sitzungen, in einer sehr hohen Stimmung. Ich kehrte aber, aus was für Gründen auch immer, nicht so recht in meinen Normalzustand zurück und überall nahm ich auch schon in meiner Wohnung alles Mögliche wahr. Überall schwebte etwas im Raum, Schatten, kleine Gebilde, wabernde flüssige Wesen, mit Worten schwer zu Beschreibendes. Es war interessant, aber auch sehr seltsam und schon auch irritierend. Ich dachte mir noch nicht allzu viel dabei. Ich war auch ein bisschen in Eile und musste das Haus verlassen, um etwas zu erledigen. Auf der Straße dann begegneten mir Menschen, aber sie waren fast alle nicht allein. Da ging noch jemand, wie ein Schatten daneben oder dahinter, manchmal schwebte so ein Geist oder so eine Seele um seinen Kopf oder saß auf seiner Schulter. Es war gespenstisch und gar nicht schön. Ich empfand es zunehmend als schrecklich und begann an meinem Verstand zu zweifeln, beziehungsweise bekam ich tatsächlich Angst verrückt zu werden. Überall wimmelte es nur so von geistigen Wesenheiten. War das die Wahrheit, was ich da sah oder alles nur Einbildung? So konnte ich nicht weitergehen und auch nichts erledigen, so war die Welt unerträglich. Das konnte und wollte ich gar nicht alles sehen. Ich musste irgendwie handeln und den Schalter wieder umstellen, auf normal und ich fühlte, dass ich dazu wieder zurück musste in meine Wohnung, dorthin wo es begonnen hatte. Ich eilte fast schon ein wenig panisch zurück und setzte mich hin, um den imaginären Schalter wieder zu drücken. Ich weiß nicht mehr, wo oder was dieser Schalter damals war, aber es gelang und ich war heilfroh, weil so könnte ich nicht leben, so führte der Weg in den Irrsinn.

Wieder eine höchst interessante Lektion für mich. Es lehrte mich einen respektvollen und vorsichtigen Umgang mit diesen Dingen. Und es war auch ein klarer Beweis für mich, dass es diese geistige Welt gibt und dass es für uns in unserer Welt gut so ist, dass wir nicht alles sehen. Wahrlich unsere Welt ist schon vielschichtig und abenteuerlich genug und wir haben schon genug damit zu tun, um in dieser Welt klarzukommen.

Ich erinnere jetzt auch einen Ausspruch von Hazrat Inayat Khan, wo er beschreibt, dass alles Geist ist und dass jeder Kubikzentimeter Luft mit Geist, Geistern und Schwingungen angefüllt ist. Auch alle Gedanken und Impressionen sind wie lebende Wesen, nichts stirbt, alles lebt. Welch ein Segen, dass wir nur das sehen, was wir sehen oder sehen wollen.

Und hier noch ein tödlicher Fall mit Sofa

Es handelte sich um eine wunderschöne Frau etwa 45 Jahre alt, die den Weg zu mir fand und Lungenkrebs in einem fortgeschrittenen Stadium hatte. Alle meine Bemühungen und Methoden schienen nicht den geringsten Einfluss auf das Wachstum des Krebses zu haben.

Es war vielleicht ihr dritter oder vierter Besuch als sie mir erzählte, dass ihr ganzes soziales und familiäres Umfeld sie drängte doch zu kämpfen, nicht aufzugeben, da sie doch noch so jung sei. Dieser Druck von außen hätte sie dazu bewogen, zu mir zu kommen, da von der Schulmedizin nichts mehr zu erwarten sei, austherapiert, so nannte man das damals. Ich begann zu begreifen. Und als sie mir weitererzählte, dass sie im Grunde nicht die geringste Lust habe, noch weiterzukämpfen, sondern viel lieber sterben würde, da begriff ich wirklich.

Diese Frau hatte in der Tat nichts dagegen zu sterben. Sie hatte auf ihre eigene Art abgeschlossen und war bereit zu gehen. Da war kein Selbstmitleid zu entdecken. Vielleicht ein leises Bedauern, denn da war kein Groll gegenüber dem Leben, sondern so viel Liebe. Und diese Liebe zu ihrem Umfeld war der Grund, warum sie dachte, nicht gehen zu dürfen. Der Tod war ihr Tor und ihre Hoffnung auf Erlösung und Befreiung von diesen Leiden.

Mein Gedanke war, dass sie dringend diese Erlaubnis braucht, sterben zu dürfen und dass das ein Weg für sie sei, wieder gesund zu werden. So erklärte ich ihr, dass wir natürlicherweise ein Recht dazu haben, zu leben, aber dass wir genauso ein Recht darauf haben, zu sterben. Ich würde ihr die Erlaubnis geben für ihren Tod, jedoch müsse sie sich in erster Linie selbst die Erlaubnis geben, diesen Kampf aufzugeben – wie süß und hingebungsvoll es doch ist, einfach aufzugeben. Mit großen Augen und einem Lächeln blickte sie mich an und staunend fragte sie, ob ich das denn wirklich meine und ich sagte ja. Und sie sagte danke und ich spürte wirklich Dankbarkeit, als sie ging und so glücklich, wie sie zu sein schien, schwebte sie fast davon.

Es war gut eine oder zwei Woche später, als das Telefon klingelte und sich eine Frau meldete, die eine Freundin dieser Klientin war. Sie berichtete mir, dass sie viel von mir gesprochen hätte und dass sie mir deshalb erzählen wolle, was geschehen sei. Ihre Freundin wäre nach ihrem letzten Besuch bei mir sehr entspannt gewesen und hätte auf ein neues Ledersofa gewartet, das sie schon vor einiger Zeit bestellt hatte. Sie sprach viel von ihrem neuen Sofa. Es schien, wie wenn sie mit diesem Sofa auf einen Neuanfang wartete. Sie freute sich so auf dieses. Und als es dann endlich gekommen war, saß sie strahlend und zufrieden darauf. Und genauso zufrieden, mit einem Lächeln auf den Lippen, sei sie dann vor ein paar Tagen auf ihrem Sofa sitzend eingeschlafen und nicht mehr aufgewacht. Auch diese Frau dankte mir und sagte, dass sie mir das einfach habe erzählen müssen.

Ich war überrascht und auch ein wenig geschockt. Patient nach ein paar Besuchen bei mir gestorben - Patient tot, Behandlung ein voller Erfolg, oder was? Ich war schon ein wenig verwirrt, bis mir einfiel, dass ich ihr die Erlaubnis zu sterben gegeben hatte, als ob ich irgendjemandem eine Erlaubnis zu geben hätte.

Als ich mich dann später hinsetzte, um mit meiner verstorbenen Patientin noch einmal Kontakt aufzunehmen, da wurde alles klar und schön und stimmig. Sie erschien mir wie ein Engel, wie ein Segen. Das war ihr Weg gewesen und ich verstand immer tiefer, dass Heilung ein weiter Begriff ist und nicht mit unseren engen Vorstellungen von Funktion und Reparatur erfasst werden kann.

Und noch ein Fall aus der fantastischen Welt

Viele Jahre habe ich in einem spirituellen Zentrum am Starnberger See mitgearbeitet.

Auch diese Zeit war in gewisser Weise eine Lehrzeit. Ich sah, was geht und was nicht geht, erlebte immer wieder die Verkomplizierung der Lage und erlebte auch die Schattenseiten der spirituellen Szene mit ihren kommerziellen, modeartigen, blendenden und täuschenden Strömungen.

Der Besitzerin des Zentrums gehörte auch ein sehr großes Grundstück in einem Tal mit Bach in der Nähe des Sees, wo sie sich wünschte, ein großes und alle Lebensbereiche umfassendes Heilzentrum zu bauen. Mehrere Jahre erstellte ich immer wieder Grundsatzmanifeste, gründeten wir Projektgruppen, stellten Anträge für Baugenehmigungen und so weiter. Jedoch unser Plan stockte immer wieder, Vorhaben verliefen im Sande und wir begannen immer wieder von vorne. Es war teilweise wirklich zermürbend und deprimierend, trotz der großen Begeisterung der auch immer wieder wechselnden Teammitglieder.

Eines Tages kam die Besitzerin und sagte, dass mit dem Tal und dem Platz an sich etwas nicht stimmen würde. Natürlich hatte sie den Platz schon mehrmals von Geomanten, Feng Shui Beratern, Rutengängern und dergleichen untersuchen und klären lassen, jedoch änderte sich die

Situation nicht und unser Vorhaben wurde wie von geheimnisvoller Hand immer wieder abgeblockt. Die Besitzerin fragte mich, ob ich denn nicht einmal vor Ort nachschauen könne, was da los ist, denn ich würde doch sonst auch Clearings für Menschen, Häuser und Orte machen.

Also fuhr ich hin und zwar alleine, weil so etwas mache ich am liebsten, wenn sonst niemand da ist. Ich kannte den Platz ziemlich gut, denn wir hatten dort schon viele Sommerfeste gefeiert und auch das dort stehende Tipi mit Schwitzhütte immer wieder für verschiedene Veranstaltungen benützt.

Ich stand also in der Mitte des Großen Platzes. Auf der einen Seite befanden sich ein paar alte Gebäude und Scheunen, auf der anderen der Bach und Wiesen und Felder. Ich schloss meine Augen und sofort übergangslos tauchten die Bilder auf. Auf dieser inneren geistigen Leinwand bot sich mir ein Szenario der Verzweiflung und des Grauens. Überall waren in Lumpen gehüllte Gestalten voller Angst und Schmerz. Es stand da ein Galgen und es schien mir eine offizielle Hinrichtungsstätte zu sein. Viele der hier getöteten Menschen hatten den Ort, aus was für Gründen auch immer, aber nicht verlassen, sondern verharrten hier. Manchen war Unrecht geschehen, manche Seelen waren eingehüllt in Scham und Resignation mit einer minimalen Hoffnung auf Gerechtigkeit, manche warteten auf Vergebung für ihre Vergehen oder Sünden. Sie blieben an den Ort gefesselt, denn da war kein Glaube mehr und auch kein Vertrauen noch irgendwohin gelangen zu können. Es war ein Hades. Das war tiefstes Mittelalter. Da gab es Aberglaube und Grausamkeit und Menschen, die sich daran ergötzt hatten.

Ich tat also meine Arbeit und öffnete den Weg für diese armen Seelen, einen Weg, der ihre Stagnation beendete und es ihnen ermöglichte weiterzugehen, um ihr Schicksal zu erfüllen und um irgendwann und irgendwo ins Licht zurückzufinden. Dies fordert mich ganz und erfordert meine ganze Konzentration. Es scheint meine Aufgabe zu sein und geschieht dann auch fast wie von selbst.

Mich zu fragen, warum dafür gerade ich kommen musste, scheint mir sinnlos. Es ist einfach so. Und ich denke normalerweise auch gar nicht weiter darüber nach. Natürlich, wenn ich anfange nachzudenken, dann frage ich mich schon, ob das nicht alles eine Ausgeburt meiner Fantasie ist und ob ich einfach nur spinne. Wenn ich jedoch andererseits meine

Wahrnehmungen nicht ernst nehme oder in Frage stelle, dann kann ich meine Tätigkeit als Heiler aufgeben. Und in der Tat lass ich da meinen Verstand sich nicht einmischen, der hat bei allem Respekt da nichts verloren und kann da einfach nicht mitreden, weil er davon nichts versteht.

Natürlich habe ich dann der Besitzerin des Tales die Geschichte erzählt. Sie war ziemlich überrascht und ein wenig misstrauisch, aber auch voller Hoffnung, dass jetzt nach der Klärung des Platzes unsere Unternehmungen leichter gehen würden und diese seltsame Blockade aufgelöst sei. Nun, diese Blockade hatte ja auch ihren Sinn gehabt, denn sie hat dahin geführt, dass endlich nach Jahrhunderten jemand gekommen ist und diesen armen Wesen geholfen werden konnte.

Als ich nach einer Weile im Zentrum die Besitzerin wiedertraf, kam sie leicht erregt auf mich zu, um mit mir zu sprechen. Sie erzählte mir, dass sie etwas misstrauisch und auch neugierig gewesen sei. Deshalb sei sie in Starnberg auf die Gemeinde gegangen und habe nachgeforscht. Und sie sei in einem Archiv auch fündig geworden und tatsächlich hätte da gestanden, dass sich vor langer Zeit genau dort an diesem Platz eine Hinrichtungsstätte befunden hätte. Sie freute sich sehr, denn dies sei doch endlich mal ein Beweis für unsere Arbeit und dass wir eben doch nicht spinnen und deshalb noch tiefer in die geistige Welt und ihre Botschaften vertrauen könnten.

Aber auch mir hat diese Nachricht gutgetan. Ich mache da Dinge, die ich den normalen Leuten oder meinen Nachbarn besser gar nicht erzähle und das tue ich auch nicht, denn einerseits will ich sie gar nicht irritieren und andererseits will ich auch nicht, dass sie so etwas lächerlich machen und damit auch der Sache schaden. Trotz dieser schönen Bestätigung habe ich auch weiterhin davon Abstand genommen, solche Dinge Menschen zu erzählen, die sowieso nichts damit anfangen können. Wozu sollte man das auch tun?

Hier nun in diesem Buch habe ich darüber geschrieben, weil ich glaube, dass du, geschätzter Leser, keine Probleme mit derartigen Dingen hast. Oder warum ist dir wohl dieses Buch in die Hände gefallen, wenn nicht aus guten Gründen, die ich nicht kenne, aber die du sicher bald ergründet haben wirst.

Auf alle Fälle ist trotz aller Bemühungen unser damaliges Projekt im Sande verlaufen und ein Heilzentrum ist in diesem kleinen Tal dort leider nie entstanden.

So jetzt Schluss mit den Fällen, denn es gibt unzählige und jeder ist anders und wir würden nie fertig werden. Es geht auch überhaupt nicht darum, über Heilerfolge zu berichten. Das empfinde ich als etwas völlig Unseriöses, weil man ja, wenn unüberprüfbar, alles schreiben kann und da kann ich gerne wieder mal einen meiner Lieblingssätze in diesem Zusammenhang anbringen und zwar: „Du wirst doch wohl nicht glauben, was in der Zeitung steht." Ja, Papier ist geduldig, wie man so schön sagt. Man sollte am besten nur glauben, was man erfahren hat, denn nur zu leicht glaubt man eben genau das, was man glauben möchte oder das, was andere einen glauben lassen möchten.

Mir ging es mit diesen Beispielen darum, zu zeigen, wie vielfältig diese Arbeit für mich ist und dass jeder Fall seine Besonderheit und Einmaligkeit hat. Jeder Klient kommt mit einer Aufgabe, einer Herausforderung oder auch einer Botschaft für den Heiler, der sich ja ebenso immer auf seinem Weg zur Heilung befindet. Diese Einmaligkeit in der Begegnung von Heiler und Klient verhindert, dass es zur Routine wird, dass man nicht einfach nur Heilmethoden abspult. Alles, was man lange macht und dann auch gut kann, wird ja leicht zur Routine und man vergisst dann nur zu leicht, was für ein Privileg es ist, eine solche Tätigkeit ausführen zu dürfen.

Weitere neue Tätigkeitsfelder entstehen

Mit der Zeit tauchte auch ein Bedürfnis nach größerer Öffentlichkeit auf. Das hatte viele Gründe. Zum einen geht es ja auch darum Klienten zu bekommen und wie soll das gehen, wenn die Menschen nicht wissen, dass man als Heiler arbeitet. Zum anderen wuchs das Gefühl, etwas zu vermitteln zu haben und dazu muss man eben nach außen gehen und schauen, ob sich die Dinge so entwickeln, dass es Sinn macht, Vorträge, Workshops und Seminare anzubieten. So habe ich mich also auf den Weg gemacht, um öffentliche Orte zu finden, wo ich diese Chance bekomme.

Ein einschneidendes und richtungsweisendes Erlebnis war mein erster Besuch auf einem spirituellen Heiler Kongress in Konstanz am Bodensee.

Ich war dort als Heiler eingeladen und wusste wirklich noch nicht so genau, was mich da erwarten würde. Als ich ankam, wurde mir ein großer Tisch zugewiesen in einem Raum, in dem viele andere Teilnehmer ebenfalls einen solchen Tisch hatten. Diese breiteten auf diesem diverses Werbematerial, Broschüren und Bücher, die sie oft selbst geschrieben hatten, aus. Auch Plakate wurden aufgehängt, Naschereien angeboten, sowie Kurzbehandlungen und alles Mögliche an Heilmitteln, Kräutern, Essenzen und so weiter. Ich hatte nun überhaupt nichts dergleichen mit mir, außer meiner kleinen Visitenkarte, die ich in die Mitte meines Tisches legte. Da saß ich also an meinem leeren Tisch und fühlte mich nicht so recht dazugehörig, ein wenig deplatziert und wusste nicht, was ich da überhaupt sollte. Auf Grund meines sehr bescheidenen Angebotes blieben die Kongressbesucher an meinem Tisch auch gar nicht stehen, sondern dort, wo es mehr zu sehen und zu entdecken gab.

Bei meinem zwischenzeitlichen Herumstreifen, ich hatte ja auch sonst nicht viel zu tun, sprach mich dann in einem großen Vortragsraum mit Presse und Kamerateams ein freundlicher Herr an. Er stellte sich als Clemens Kuby vor und fragte mich, da ich doch auch Heiler und Therapeut sei, ob er mich dann zu einem bestimmten Zeitpunkt auf der Bühne interviewen könnte. Ich war schon überrascht und auch ein wenig geschmeichelt und sagte natürlich erstmal, ja. Als ich dann wieder an meinem Tisch saß, konnte ich meine Aufregung und so ein mulmiges Gefühl nicht mehr leugnen. Ich dachte, was soll ich da nur erzählen, ich habe doch gar keine Ahnung, was ich da mache und wie das überhaupt geht. Was ist, wenn mir nichts einfällt, wenn ich versage und mich furchtbar blamiere. Es war dann nicht mehr viel Zeit bis zu meinem Auftritt und der beste Ausweg erschien mir, einfach wieder abzureisen.

Ich war schon auf dem Parkplatz und stand mit dem Schlüssel vor meinem Auto, als ich noch einmal innehielt. Ich hatte Lampenfieber, das kannte ich schon vom Theater und eine innere Stimme sagte mir: Schau dich nur an du kleiner Feigling. Davonlaufen ist das die Lösung? Nein, das ist überhaupt nicht die Lösung. Und plötzlich wusste ich, da muss ich durch und das ist doch eigentlich genau das, was ich möchte, Öffentlichkeit, deshalb bin ich doch gekommen. Und außerdem, was soll schon passieren? Was auch immer es ist, das werde ich mir jetzt anschauen. Ich lasse mich einfach überraschen. Also drehte ich um und ging in den Vortragsraum und wartete auf meinen Auftritt.

Es hat nicht mehr lange gedauert und ich wurde auf die Bühne gerufen. Da war ein kleiner Tisch mit zwei Stühlen, Mikrofone und die Kamera lief. Da saß ich also und der freundliche Herr begrüßte mich und wir verständigten uns auf das Du und sprachen uns also mit dem Vornamen an. Dann stellte mir der Clemens diverse Fragen. Ich weiß nicht mehr welche, aber natürlich waren es Fragen zu meiner persönlichen und beruflichen Entwicklung, meiner Art zu heilen, meinem Verständnis von Krankheit und meiner Vorstellung von Heilung an und für sich. Und ich habe geantwortet und ich weiß heute wirklich nicht mehr was. Ich habe einfach geantwortet, ohne nachzudenken, einfach das, was kam. Es war fast so, wie wenn gar nicht ich sprechen würde, sondern es geschah von selbst und von Aufregung oder dergleichen war überhaupt nichts mehr zu spüren. Es war so wie ein Rausch und auch damals nach dem Interview wusste ich nicht mehr, was ich da gesagt hatte. Auf alle Fälle gab es für mich erstaunlicherweise am Ende einen großen und langen Applaus.

Ich war sehr froh, dass ich nicht gekniffen hatte und auch ein bisschen stolz, dass es so gut geklappt hatte. Clemens Kuby meinte noch, ob ich nicht vielleicht Interesse hätte in seiner SHP - Akademie für Selbstheilungsprozesse mitzuarbeiten und gab mir seine Karte. Dort habe ich dann später auch viele Jahre als Heiler und Dozent mitgewirkt. Ziemlich zufrieden kehrte ich an meinen Patz zurück und setzte mich wieder an meinen Tisch zu meiner Visitenkarte.

Es ging dann ziemlich schnell und es kamen die ersten Menschen, die im Vortragssaal bei meinem Interview gewesen waren an meinen Tisch und baten um Rat und Hilfe. Es bildete sich richtiggehend eine Schlange und ich begann Kurzbehandlungen von circa 5 bis 10 Minuten zu geben. Das war wunderbar, denn in dieser Kürze gab es kein langes Herumgerede, sondern ein sofortiges auf den Punkt kommen. Der Besucher nannte sein Problem oder Anliegen und ich antwortete spontan und intuitiv, was zu tun sei und tat es auch sofort. Intuition benötigt ja keine Zeit, sondern ist sofort da und so konnte ich jedem Besucher die Information geben, die er benötigte, um sein Problem behandeln oder die nächsten Schritte in Richtung seiner Heilung gehen zu können. Ich selbst war wohl am meisten erstaunt, wie gut und mühelos das funktionierte.

Als ich dann am späteren Abend wieder abreiste, fuhr ich reich beschenkt und mit tieferem Vertrauen in meine neue Arbeit wieder nach Hause.

Lernen und immer weiterlernen

In den folgenden Jahren habe ich immer wieder nach Möglichkeiten und Gelegenheiten gesucht, um Workshops, Seminare und Retreats zu geben und um Vorträge zu halten. Ich war in der SHP-Akademie und im DGH e. V. dem Dachverband Geistiges Heilen tätig, in den verschiedensten Seminarzentren und natürlich im Inayati Sufi Orden. In diesem gebe ich als Repräsentant und Guide seit Jahrzehnten Meditationen und Menschen Führung und Unterstützung.

Dies war eine intensive Zeit des Lernens, denn ich nahm auch immer selbst an unzähligen Seminaren und Fortbildungen bei den verschiedensten Lehrern und Heilern aus allen Traditionen teil. Und natürlich habe ich auch unzählige Bücher mystischer, spiritueller und therapeutischer Art gelesen und studiert. Man befindet sich dann in dem Prozess von 1. Aufnehmen, 2. Verdauen oder Integration und 3. Weitergeben, beziehungsweise Lehren. Was dabei von besonderer Bedeutung ist und oftmals gerne übersprungen wird, ist das Verdauen. Verdauen braucht Zeit und in diesem Vorgang des Umsetzens und der Verinnerlichung macht es nicht allzu viel Sinn sich weiterhin neues Wissen hineinzustopfen. Dies überfordert unsere Aufnahmefähigkeit und kann zu Verdauungsproblemen führen. Unser gewohntes und gesellschaftlich gewünschtes Konsumverhalten in weltlichen Dingen führt leicht dazu, es ebenfalls auf die spirituelle Ebene zu projizieren. Dies ist oftmals kontraproduktiv und führt nicht zu den gewünschten Ergebnissen, sondern zieht den Prozess nur unnötig in die Länge. Es zeugt eben von einer gewissen Weisheit zu wissen oder zu fühlen, wann man genug hat und satt ist und sein Festmahl am besten beendet.

Dennoch endet Lernen wohl nie und das Leben sorgt automatisch von selbst für die nächsten Lektionen. Welch seltsame Anmaßung, die man ja bisweilen findet, zu denken, man hätte ausgelernt. Das Leben wird einen sicherlich irgendwann eines Besseren belehren und das kann schmerzlich und unverhofft geschehen. Es ist wie der Horizont, du schreitest auf ihn zu und erreichst ihn doch nie. Erst, wenn man bemerkt, dass man schon immer auf ihm stand, mag diese Bewegung zu einem Ende kommen. Vielleicht dämmert dann die Erkenntnis, die wir von dem alten Griechen Sokrates kennen und die lautet: Ich weiß, dass ich nichts weiß. Hier enden dann wohl die berühmte Besserwisserei, der Saboteur der Liebe, die sich ausdrückt in dieser endlosen Haltung von kritisieren, verdammen, vergleichen und sich beklagen.

Bei allen Ausflügen in die verschiedensten spirituellen Traditionen und „neuen" esoterischen Wege oder Therapieformen, die allesamt so neu nicht sind, sondern aus der uralten Weisheit hervorgegangen sind, bin ich doch immer meinem Sufiorden treugeblieben. Auch die Weisheit ist nicht irgendwo und irgendwann einfach so vom Himmel gefallen. Auch sie unterliegt einem kulturellen und evolutionären Prozess, durch welchen sie für die jeweilige Zeit aufbereitet wird. Jedoch gibt es immer diese Tendenz der Sklerotisierung. Das Ego der großen Kirchen und Schulen verhindert oft jegliche Weiterentwicklung. Natürlich brauchen wir heute immer mehr eine ideologie- und dogmenfreie Spiritualität. Was wohl für die Zukunft der Menschheit nötig ist, ist eine universale, globale Ethik des Herzens. Die Wurzeln der Weisheit kommen aus der Ewigkeit, sind vollkommen und liegen weit hinter allen modischen Erscheinungsformen und Strömungen.

So habe ich immer in meinem Sufiorden und vor allem in den zeitlosen Lehren von Hazrat Inayat Kahn und Pir Vilayat Khan eine Heimat gefunden. Und ich habe zuverlässig jahrzehntelang kostenlos regelmäßige Meditationsabende und Führung für Suchende angeboten. Dies war und ist mein Engagement für die Botschaft von Liebe, Harmonie und Schönheit. Dabei war ich niemals anfällig für das, was man Personenkult nennen könnte. Dagegen bin ich immun und meine Verherrlichung richte ich lieber auf das Leben und die Liebe an und für sich. Dennoch bin ich mir bewusst, dass jenes Wissen, das durch meine Lehrer strömt, unendlich ist und dass es eine wunderbare Verbindung herstellt zum Göttlichen und zur Befreiung an und für sich. So bin ich dankbar dafür, dass ich diesen Weg gefunden habe und diesen wunderbaren Menschen begegnen durfte.

In diesen Zeiten des Lernens, die ja niemals zu Ende gehen, habe ich auch diverse Vorträge gehalten. Davon möchte ich hier doch einige erwähnen, und zwar „INTUITION UND MEDIALITÄT" sowie „SEINE SEHNSUCHT LEBEN" und „WARUM WIR DEN TOD NICHT ZU FÜRCHTEN BRAUCHEN"

Diese erscheinen mir als gute Zusammenfassungen von wichtigen und grundlegenden Themen. Natürlich würde ich heute so manches nicht mehr genauso ausdrücken. Jedoch sind die Inhalte von zeitlosem Charakter und deshalb auch heute noch nach über 20 Jahren genauso aktuell.

Diese finden Sie am Ende des Buches im Anhang.

Praxisbezug

Bei diesem beständigen Lehren und Lernen und Studieren war immer wichtig nicht den Boden unter den Füßen zu verlieren. Nur zu leicht wird der Bewohner des Elfenbeinturmes sich in intellektuellen Blasen verzetteln und seine Konstrukte und Theorien für die Wirklichkeit halten oder zumindest für einen Spiegel derselben.

Nur weil irgendwo irgendetwas geschrieben steht, heißt das ja nicht, dass es auch stimmt. Irgendwo anders steht meistens auch etwas anderes oder das Gegenteil und dann darf man streiten und diskutieren. Ja, man versucht dann gerne krampfhaft die anderen von seiner Meinung zu überzeugen.

Hat man das, was man da erzählt und verbreitet, selbst geprüft, selbst erfahren oder lehrt man da nur etwas, was man irgendwo gelesen hat? Es waren nur Worte und die Frage ist, ob man es verifiziert hat. Erst dann wird es authentisch und glaubwürdig. Sich als Wegweiser zu präsentieren, macht ja erst Sinn, wenn man den Weg schon selbst gegangen ist und ihn also kennt und nicht, wenn man ihn selbst noch nicht gegangen ist. Wie will man denn etwas empfehlen, wenn man es selbst gar nicht kennt. Dies ist dann schon ziemlich unseriös.

Glaube nicht irgendetwas, nur weil ein anderer es glaubt, oder weil alle es glauben. Glaube es nicht deshalb, weil es als heilig gilt oder weil ein sogenannter Weiser es gesagt hat. Am besten glaubst du nur das, was du selbst als wahr erkannt hast. Dies scheint mir vernünftig und so oder so ähnlich findet man es auch in den Lehren des Buddhismus.

Aus ebendiesen Gründen war es mir immer wichtig in meinen Meditationen oder Vorträgen einen Praxisbezug herzustellen. Meditation ist die Methode, in der es darum geht, die Dinge und Phänomene selbst zu erforschen, um ihnen auf den Grund zu gehen. Es geht um die eigene Erfahrung und zwar ausschließlich um diese. Wie man sehen kann, habe ich auch bei Vorträgen meistens versucht praktische Übungen mit einzubauen, um den Menschen die Möglichkeit zu geben in ihrer eigenen Praxis das Beschriebene auf ihre Art zu erleben.

Um sich ganz frei und unvorbelastet auf die inneren Wege einzulassen, ist es notwendig sich von dem ganzen Gestrüpp unseres Wissens zu befreien. Da ist nicht nur diese Flut von Informationen, die von außen kommt, sondern da ist auch diese Flut von Gedanken, tausende täglich, die unser Verstand produziert. Gedanken können Stress erzeugen und können uns krank machen, wenn wir mit diesen oft negativen Gedanken identifiziert sind. Deshalb ist einer der ersten und wichtigsten Schritte auf dem Weg zur Befreiung oder Erleuchtung sich aus dieser Identifikation mit dem Verstand zu lösen und zum Beobachter unserer Gedanken zu werden. Dann werden wir auch die Lücken zwischen den Gedanken entdecken und dort die Chance nützen können, um uns in der Sphäre des reinen Seins zu erholen und um da dieses unser Dasein vollkommen zu genießen. Ein Lächeln mag dann auf unseren Lippen erscheinen ob dieser Stimme in unserem Kopf und wir werden den Inhalt unseres Denkens nicht mehr so ernst nehmen können wie vorher.

Der Wanderer auf dem inneren Pfad hat viel zu lernen und vor allem aber eben auch das Verlernen. Wir haben uns ein ganzes Gerüst von Theorien, Glaubenssätzen und Meinungen zugelegt. Durch diese Konditionierung werden wir in der Welt scheinbar gut funktionieren und das ist auch gut so, einerseits, aber andererseits ist es oftmals hinderlich für unseren Weg in die Freiheit und in die Welt des Geistes. In den mystischen und esoterischen Traditionen geht es immer auch um dieses Verlernen und Leerwerden. Denn wir müssen ein leeres Gefäß reichen, um den göttlichen Wein zu erhalten. In einem mit unseren Vorstellungen vollgestopften Gefäß ist kein Platz dafür.

So sind die Praxis, dieser Praxisbezug und diese Erdung eine gute Basis und ein unerlässlicher Faktor, um präsent und mit dem Leben selbst verbunden zu sein.

Reinkarnationserlebnis

Wenn wir auf unser Leben schauen, dann können wir oft feststellen, dass es da so einen Stillstand gibt, bevor etwas Neues passiert. Eine Art Ruhe vor dem Sturm, in der man das diffuse Gefühl hat, dass sich da etwas zusammenbrauen könnte. Diese Phasen scheinen in der natürlichen Entwicklung wichtig zu sein und dienen eben der Vorbereitung und Sammlung der Kräfte für das Neue. Wir selbst zögern ja gerne vor Veränderung und irgendwie macht sie uns oft auch Angst, obwohl wir sie uns wünschen und wissen, dass Leben Veränderung bedeutet. Nichts ist jemals so geblieben, wie es war. Wenn wir zurückblicken, dann sehen wir, dass alles nur Phasen waren und dass die Übergänge zu neuen Phasen Reifungsperioden sind, die uns dann an den Punkt führen, wo der nächste Schritt quasi in unser Leben purzelt. Man nennt es Schicksal. Eine neue Energie lässt dann Dinge geschehen, fast wie von selbst und wir befinden uns wieder in einer aufbauenden Phase.

Dies sind die Rhythmen des Lebens: Etwas entsteht und wächst und blüht dann auf, bis es seinen Reiz, seine Kraft wieder verliert, seinen Sinn erfüllt hat und wieder verfällt. Es zieht sich mit seiner Essenz zurück und wendet sich dann in einer Phase des Rückzuges nach innen, strukturiert und regeneriert sich neu, um dann wieder aufzubrechen zu einer neuen Runde in den Kreisläufen der Evolution hin zu etwas, was wir nicht kennen. Es entspricht auf schöne Art und Weise der Natur und ihren Jahreszeiten in unserer mitteleuropäischen deutschen Landschaft.

So wie wir in unserem gegenwärtigen Leben verschiedene Entwicklungsphasen erkennen können, so finden wir dies ebenfalls in dem Modell der vielen Leben, in der Theorie der Reinkarnation und ihrer therapeutischen Anwendung. Es ist dies ein Modell, das in einigen Religionen ganz selbstverständlich dazugehört und in andern wiederum kaum Beachtung erfährt oder überhaupt nicht vorkommt. Ebenso verhält es sich mit den einzelnen Menschen. Für manche ist Reinkarnation ein vollkommen unglaublicher Blödsinn, für andere eine Selbstverständlichkeit. Für mich persönlich ist dies ein gutes und hilfreiches Modell, welches viel Unverständliches zu erklären vermag. In meiner therapeutischen Arbeit hat die Reinkarnationstherapie schon viele sinnvolle Erklärungen, Ergebnisse und Lösungen hervorgebracht und vielen Patienten konnte so auf schnelle Art bei schwierigen und oft auch bei sogenannten therapieresistenten Problemen geholfen werden.

Eines Tages erfuhr ich aber in meinem eigenen Erleben, sozusagen am eigenen Leib, dass es sich wohl doch um mehr handelt als nur um ein Modell.

Ich setzte mich an einem freien Nachmittag hin zur Meditation, einfach so, ohne spezielle Absicht. Dies war eher ungewöhnlich für mich, denn normalerweise meditierte ich morgens oder abends und nicht tagsüber, denn da gab es in der Regel genug zu tun mit den üblichen Alltäglichkeiten. Dieses Mal folgte ich aber einem spontanen Impuls, einem inneren Ruf und setzte mich, um mich in der Stille zu ordnen und um ein wenig Klarheit in mein damaliges Chaos zu bringen.

Es war erstaunlich. Irgendwie rutsche ich schon nach wenigen Augenblicken in einen sehr tiefen Bewusstseinszustand hinter die übliche Dimension unserer Psyche, wo wir in den unermesslichen Weiten des Geistes die freien und lichtvollen Sphären eines bedingungslosen Seins genießen.

Doch schon bald von einer gewissen Neugierde nach konkreten Erfahrungen getrieben, landete ich in einer energetischen Verdichtung, einem Planeten, von dem ich glaube, dass er bei uns den Namen Saturn trägt. Das Leben dort war wahrlich fantastisch, denn alle Gedanken, Wünsche und Vorstellungen setzten sich sofort, praktisch übergangslos um und wurden sozusagen Realität. In diesem herrlichen Spiel wurde alles sogleich erlebbar, es materialisierte sich augenblicklich. Tauchte beispielsweise irgendwie von irgendwo der Gedanke auf, auf einem hohen Berg zu stehen und die wunderbare Aussicht zu genießen, dann stand man schon auf einem Berggipfel oder war da der Wunsch herrliche Musik zu hören, schon saß man in einer Kathedrale und wurde eingetaucht in eine Fülle von berauschenden Orgelklängen. Das war höchst beglückend und befriedigend, blieb doch so kein Wunsch unerfüllt.

Jedoch erzeugte diese sofortige Wunscherfüllung eine unglaubliche Geschwindigkeit. Der Geist erzeugt beständig neue Gedanken. Wir kennen dies ja aus unserem Alltagsleben und wir wissen, ob der vielen Tausend Gedanken, Wünsche und Ideen, die sich täglich in unseren Kopf bilden und wie sich, aus einem Nichts kommend, beständig neue bilden, manche sich ständig wiederholen oder sich variieren. Auf jenem Planeten verhielt es sich genauso und da sich ja alles sofort materialisierte, entstand eine große Hektik und Unruhe. Da war kein Punkt mehr zu finden, wo man hätte verweilen können. Dieses beständige, rastlose Erleben von Irgendetwas, von beständig etwas Anderem oder Neuem war einfach viel zu viel und wurde mit der Zeit unerträglich und bald war da nur noch ein Wunsch, und zwar, diese Sphäre so schnell wie möglich wieder zu verlassen, um irgendwo endlich zur Ruhe kommen zu können.

Auch dieser Wunsch ging in Erfüllung. Ich landete auf einem anderen Planeten. Ich habe es als die Ankunft auf unserer Erde empfunden. Da war nach dem Saturn, wo nichts blieb und Bestand hatte, dieses große Bedürfnis nach Entschleunigung und nach Zeit zu haben und so fand ich mich in einem Felsen wieder auf einem kleinen Berg oder Hügel. Ich war ein Felsblock, fünf sechs Meter lang und ein paar Meter dick. Welch ein wunderbares Gefühl einfach, bewegungslos daliegen zu können! In sich ruhend in dieser Landschaft umgeben von Leben, das ich an mir vorüberziehen sah. Pflanzen wuchsen und vergingen, die verschiedensten Lebewesen besuchten mich, die Elemente nagten an mir, Gezeiten kamen und gingen, Jahrtausende, Jahrmillionen vergingen und ich hatte meine Ruhe, war nicht beteiligt und war doch da. Es war eine wunderbare Zeit und ich genoss es einfach nur Zeuge und Beobachter zu sein. Ich war quasi der Wächter dieses Platzes und da war nicht das geringste Bedürfnis nach Bewegung oder einem anderen Ort. Es war genug und gut, genauso, wie es war.

Jedoch irgendwann ging auch dies vorbei und einem von irgendwo kommenden Impuls folgend, verließ ich diesen herrlichen Platz und wurde wiedergeboren unter Menschen. Da war jetzt ein Bedürfnis nach Gesellschaft und Austausch und ich landete in einer Menschengruppe, in einer kleinen Horde. Wir waren eng zusammen, hatten unsere Rangordnung und lebten hauptsächlich als Jäger. Archaische Instinkte und Gefühle bestimmten unser Leben. Es gab nur wenig Sprache und das Wissen kam nicht aus einer mentalen Ebene, sondern sozusagen aus dem Bauch. Auch wusste niemand, warum die einen, die Frauen, immer wieder neues Leben aus ihren Leibern hervorzauberten. Dafür wurden sie bestaunt und bewundert und dann auch verehrt, denn der Nachwuchs war natürlich für den Erhalt der Horde wichtig. Es war dies wohl der Beginn des

Matriarchates. Die Frau war die Erzeugerin des Lebens und deshalb hatte sie auch eine Macht, die nicht in Frage gestellt werden konnte. Die Frau brachte das Leben und der Mann diente ihr und dem Leben. Es war dies ein gutes und einfaches Leben.

Doch schon bald danach fand ich mich wieder in einer größeren Gemeinschaft. Ich würde dies als so etwas wie einen Stamm bezeichnen. Es bestand auch eine gewisse Sesshaftigkeit und es waren bereits so viele Wesen, dass man nicht mehr jeden kannte und zu vielen gar keinen Kontakt hatte. Durch die Verteidigung des Ortes und des Lebensraumes, hauptsächlich durch die Männer, entstanden neue Strukturen und das Patriarchat begann sich zu entwickeln. Das Leben war bereits sehr viel komplexer und durch die verschiedensten Erwartungen, Vorschriften und Tabus geregelt. Es funktionierte gut, weil alle sich daran hielten und diese Verhaltensregeln zu Gewohnheiten wurden und so über lange Zeiträume zu Selbstverständlichkeiten geworden waren.

In dieser Geborgenheit meines Stammes muss ich mich aber eines Tabubruches schuldig gemacht haben. Es blieb mir verhüllt, was es gewesen war. Es war wohl irgendeine Grenzüberschreitung im Bereich der Besitzverhältnisse oder der Sexualität und wohl auch ein wiederholtes Vergehen, was vielleicht schon damals seine Wurzeln in meiner aufsässigen, revoltierenden und neugierigen Natur hatte.

Dies hatte jedoch Konsequenzen und ich musste die Gemeinschaft verlassen. Ich wurde in die Verbannung geschickt, radikal und ohne Wenn und Aber und ohne irgendeine Rückkehroption.

Ich suchte Unterschlupf in einer Art Höhle und versuchte alleine zu überleben. Es war so gut wie unmöglich und ich litt unglaublich unter der Einsamkeit. Ich vermisste die Wärme und Nähe der Menschen so sehr. Es war dies eine völlig andere Einsamkeit als die im Felsen, es war ein Alleinsein, das gegen meine Menschlichkeit war und mich mit der völligen Sinnlosigkeit meines Daseins konfrontierte. Es war qualvoll und voller Todesangst und schlussendlich überlebte ich auch den langen Winter nicht. Ich bin wohl verhungert und erfroren.

Diese Erfahrung hat einen nachhaltigen Eindruck in mir, in meinem Energiekörper hinterlassen, sozusagen ein Trauma. Das Gefühl verlassen zu sein, kenne ich gut und es löste immer wieder existentielle Ängste in mir aus. Verlassen, verstoßen, ungeliebt zu sein, musste ich immer wieder erfahren und immer wieder staunte ich über meine unangemessene, unverhältnismäßig heftige Reaktion. Es war immer, wie keine Chance mehr zu haben, wie sterben zu müssen. Diese Heftigkeit meines Empfindens war mir ein Rätsel und unverständlich für meinen Verstand.

Doch schon sah ich mich in einem weiteren Leben. Ich war in einem kleinen Schloss gelandet und eine Art Fürst mit Ländereien und dadurch auch mit einer gewissen Macht ausgestattet. Ich lebte jetzt in großem Wohlstand und ein höchst dekadenter Lebensstil wurde gepflegt. Es war eine Art Rokoko, alles maßlos, übertrieben, manieriert, morbide und zickig und man feierte Orgien. Die Genußsucht wurde auf die Spitze getrieben, war selbstzerstörerisch und höhlte mich aus. Ich wurde leer, egoistisch, überheblich und ungerecht, ein schrecklicher Land Lord, der seine Untergebenen terrorisierte.

Und schon landete ich in einem nächsten Leben als sehr verarmter Ritter auf einer halb verfallenen Burg mit anderen ähnlichen Gestalten. Wir litten Mangel und dieser wurde durch Raubzüge und Überfälle behoben. Wir waren Raubritter und gnadenlos und hielten es für unser Recht, uns mit Waffengewalt das zu holen, von dem wir glaubten, dass es uns auch zustand. Wir waren stolz auf unser Handwerk, aber auch einsam, weil von den Menschen gefürchtet und deshalb außerhalb der Gesellschaft, stolze Ritter und zugleich Ehrlose und Gesetzlose, denn wir dienten keinen Idealen mehr, sondern nur unseren eigenen Bedürfnissen.

Und schon landete ich in einem noch kriegerischen Leben. Ich zog in den Krieg und zwar mit Freude und diesen verherrlichend und es war nicht so wichtig gegen wen, sondern es war wichtig Soldat, Krieger zu sein. Es war bedeutend und es war männlich zu erobern. Da war diese eindeutige Identifikation mit diesem Archetyp des Kriegers. Der Krieger braucht den Krieg, er weiß sonst nichts mit sich anzufangen. Er kämpft für den Sieg. Das ist seine Bestimmung und sein Tod ist heldenhaft, denn er stirbt für etwas, was er zwar nicht versteht, aber was größer ist, wie er selbst, die große Schlacht zwischen Gut und Böse. Eine Schlacht, von der niemand weiß, wer sie begonnen hat und ob es nicht die Götter selbst waren. Es lockt der Ruhm, der Sieg und die Beute und fast schon egal, wofür man kämpft, wird der Kampf zum Selbstzweck und man weiß, es ist ehrenhaft in der Schlacht zu sterben und nicht zuhause im Bett, dahingerafft von Krankheit oder

Not. Ich weiß nicht, wie oft ich schon gestorben bin, es waren viele Tode und viele Wunden, die der Krieg zurückgelassen hat.

Und wieder ein neuer Shift in eine ganz andere Existenz. Wohl der Gegenpol und eben die andere Seite der Medaille. Ich erlebte mich in einem einfachen, arbeitsreichen Leben als Bauer. Ein ruhiges Dasein ohne große Aufregungen, geregelt und mit der Natur verbunden und mit allen dazu gehörigen Verpflichtungen. Da war Enge, der Horizont reichte nicht viel weiter hinaus als bis über die eigenen Felder, die ich bestellte und doch war da auch eine wohltuende Zufriedenheit, ob der Ruhe dieses kleinen überschaubaren und so normalen Lebens ohne Abenteuer und Überraschungen. Es gab die kleinen Freuden des Lebens, die Sonne, den Regen, die Ernte und natürlich die Kinder und den Stolz des Vaters auf seine Kinder.

Es folgten noch einige Leben, aber es scheint mir hier wenig Sinn zu machen, sie alle aufzuzählen. Jedoch waren sie gekennzeichnet durch eine zunehmende Enge. Und dann zu guter Letzt sah ich mich in meiner jetzigen Familie auftauchen. Hier nun erlebte ich den Gipfel und Höhepunkt der Enge und damit auch den Druck ausbrechen zu müssen. Mir dessen zwar nicht bewusst, war dies Enge nötig, um mich an die Arbeit zu machen, um dieses Rad des Karmas zu beenden. Da gibt es nichts, was ich meinen Eltern vorzuwerfen hätte, nein, sie waren ja, wie schon zu Beginn beschrieben, von Krieg und Vertreibung traumatisiert und suchten eine neue, verständliche Sicherheit in ihrem spießigen, ganz auf die materielle Versorgung ausgerichteten, Leben. Ich hatte gute Eltern, aber ich musste revoltieren und ausbrechen und alle Regeln missachten. Ich bin ihnen dankbar und bitte um Verzeihung, dass ich ihnen das Leben so schwer gemacht habe und dass ich zumindest in der Jugend ein so schlechter und undankbarer Sohn war.

Hier endete meine Meditation, meine Reise. Es hat nicht viel Zeit beansprucht, durch diese meine Reihe von Leben zu gehen, vielleicht eine halbe Stunde. Als ich dann allmählich wieder zu mir kam, fiel es mir wirklich wie Schuppen von den Augen und ich verstand vollkommen, warum mein Leben so war, wie es war. Alles war so logisch und in sich stimmig und ich begriff meine Schwierigkeiten in diesem Leben und meinen undurchsichtigen und widersprüchlichen Charakter. Diese halbe Stunde war die Therapie schlechthin, denn oftmals müssen wir erst verstehen und erkennen, um überhaupt etwas ändern zu können. Wie soll man einen Mechanismus, der sich ständig wiederholt, auflösen, wenn man ihn gar nicht sieht oder nicht als einen solchen erkennt. Wie oft habe ich über meinen so vielschichtigen Charakter gestaunt, über meine rebellische und kriegerische Art, meine Überheblichkeit und meine Schüchternheit, meine Sehnsucht nach der Reinheit der Natur und meine selbstzerstörerische Dekadenz, mein räuberisches und auch ritterliches Wesen, über den Jäger und auch den Sammler in mir, über mein Dasein als Rudelmensch in so vielen Cliquen sowie auch über den ewigen Einzelgänger. Und da war auch diese ungeklärte Beziehung zu den Frauen, die ich liebte und brauchte und die ich zugleich so oft missachtete. Jetzt durch die Schau dieser Linie meiner Inkarnationen, die ja fast immer in sehr männlicher Form stattgefunden haben, wunderte mich nichts mehr und auch nicht die vielen anderen schier unvereinbaren Aspekte meiner geheimnisvollen Natur.

Welch ein Segen so etwas erleben zu dürfen! Und ich verdankte dieses Erlebnis der Meditation, dem Eintauchen in Welten hinter den Kulissen und der damit verbundenen Fähigkeit Informationen und Botschaften aus dem Inneren zu empfangen. Aus der Vergangenheit beziehen wir unsere Identität. Diese mag eine Illusion sein. Von der Zukunft versprechen wir uns Erfüllung und Erlösung in irgendeiner Form. Auch dies mag eine Illusion sein. Meditation führt uns an den Schnittpunkt dieser beiden, in ein Hier und Jetzt, welches das Tor ist zu einem Immer und Überall.

Meditation

Meditation scheint mir in unserer ratlosen und nach außen gerichteten Welt ein wichtiger Schlüssel zu sein. Auch scheint es da wieder ein wachsendes Bedürfnis danach zu geben, zum Teil weniger nach ihrem mystischen Aspekt, als vielmehr nach Entspannung und einem zur Ruhe kommen. Es ist für mich ein weiter Begriff und kann schlussendlich fast alles sein. Das genussvolle Betrachten der Natur, eines Sonnenuntergangs oder der Landschaft zum Beispiel, das aufmerksame Hören von Musik, das bewusste Atmen, die Kontemplation einer Idee oder das Lauschen auf die Stille hinter allen Geräuschen. In jedem Fall ist es immer ein Heimkommen zu sich selbst und ein Verschmelzen mit dem gegenwärtigen Augenblick. Meditation, die uns letztlich eintauchen lässt in ein grundloses und zeitloses Sein, ist aber immer erstmal auch ein probates Mittel zur Erneuerung und Verjüngung, ist ein Weg zu Freude und Leichtigkeit und ein Öffner zu mehr Energie, Kraft und Ruhe.

Ich war so um die 40 Jahre alt und der meditative Aspekt begann in meinem Leben immer mehr an Bedeutung zu gewinnen. Es war der ideale Gegenpol zu meinem exzessiven Leben. Das Ausloten der Extreme mag interessante Erfahrungen mit sich bringen, bringt aber auch mit der Zeit ein immer tiefer werdendes Bedürfnis nach einer Mitte, nach etwas Stabilem und Gesundem. „Die Mitte ist nicht verrückt", so heißt eines meiner Gedichte, die damals entstanden. Ich begann also regelmäßige Meditation in mein Leben einzubauen, natürlich mit dem Wunsch, dass es mich zu einem meditativen Leben führt. Ich wünschte mir im Wunder des Augenblickes aufzugehen, mit dem Duft seiner Magie und dem Geschmack seiner Ewigkeit.

Meditation wurde allmählich zum Wichtigsten in meinem Leben, es wurde zur Mitte und zum Tempel und zu meiner Zuflucht. Ich meditierte und ich leitete Meditationen an und ich hielt Vorträge zu diesem Thema, was sich alles wunderbar ergänzte und mich wachsen ließ in dieser ultimativen Lebenskunst. In dieser Zeit, also vor über 30 Jahren entstand auch dieser kleine Vortrag, den ich hier einfügen möchte.

Vortrag zum Thema: Meditation

Es sieht so aus, wie wenn das Interesse an Meditation in unserer zivilisierten Welt zunehmen würde. Das ist erfreulich, da diese den Menschen nicht nur weltfremd machen kann, wie oft behauptet wird, sondern ihn auch tiefer in dieses Leben eintauchen lässt und zu Lebensbejahung und Freude führt. Auf der anderen Seite kann man aber vielleicht auch froh sein, dass die Meditation noch nicht „in" ist, da Dinge oft sehr schnell verflachen, wenn sie zur Mode werden und zum Lifestyle degenerieren und dann vom Mainstream kommerzialisiert und vermarktet werden.

Meditation könnte ein Weg sein für Menschen, die sich nach etwas sehnen, was sie im normalen, alltäglichen Leben nicht wirklich finden. Zwar gibt es Kunst und Kultur, Sport und Festivitäten. Es gibt Drogen, Medien, Sex, Geld, Karriere, Ruhm und Reichtum, Reisen und Konsum in jeder Hinsicht und vieles, vieles mehr. Doch wenn sich etwas in uns meldet, das von all dem nicht befriedigt werden kann, dann könnte Meditation das Richtige sein. Meditation ist ein dehnbarer Begriff, denn im Prinzip kann alles zur Meditation werden. Ein entspannter Spaziergang, der Blick in die Augen eines Menschen oder eines Tieres, oder der Genuss von Köstlichkeiten oder Poesie zum Beispiel können dem einen das geben, was ein anderer glaubt in der Ferne suchen zu müssen.

Wo rennst du nur hin, das Paradies ist doch in dir!

Ein von Natur aus kontemplativer Mensch wird Meditation wahrscheinlich gar nicht so nötig haben, denn in sich ruhend, eins mit der Welt und dem, was er gerade tut, gibt es keinen Grund weiterzugehen, weiterzusuchen.

Dazu bedarf es der Sehnsucht!

Wohl schon immer fanden die sich Sehnenden und Leidenden, die nach Erlösung Suchenden, Geborgenheit und Führung in Glaubensgemeinschaften, Kirchen und den Religionen. Heute jedoch haben viele Menschen Schwierigkeiten mit dem Begriff Gott. Dies ist verständlich, wenn wir uns drei Dinge vor Augen halten:

1. In den orthodoxen Kirchen wird Gott beschrieben als etwas weit weg von uns, unerreichbar und nicht zu verstehen, irgendwo im Universum ruhend in seinem Glanz und seiner Herrlichkeit. Ganz im Gegensatz zu uns auf dieser Erde, die wir klein und hilflos einem erbarmungslosen Schicksal ausgesetzt sind. In dieser Situation nützt auch das versprochene Mitgefühl Gottes nicht weiter, denn er scheint überhaupt nicht einzugreifen. Diese Vorstellung gefällt uns heute nicht mehr.

2. Die Wissenschaft hat mit ihren Mikroskopen so tief in die Materie hineingeschaut und nichts gefunden und sie hat mit Teleskopen Millionen Lichtjahre weit in das Universum hinausgeschaut und keinen Ort gefunden, wo Gott der Vater auf seinem Thron sitzend regiert.

Das gefällt den Menschen, die immer mehr von einer materialistischen und mechanistischen Denkweise beeinflusst werden.

3. Durch die zunehmende Globalisierung haben wir immer mehr über die verschiedenen Beschreibungen von Gott erfahren. Und da sich die verschiedenen Religionen schon immer mit ihren unterschiedlichen Gottesbildern bekämpft haben, scheint es, wie wenn man sein traditionelles Ideal hervorheben und verteidigen müsste.

Dies jedoch wirkt auf uns immer lächerlicher, denn wie kann man nur, auf einer sich drehenden Kugel lebend, glauben, zu einem anderen Gott zu beten, wie die auf einer anderen Seite des Globus. Und überhaupt, wie absurd, warum sollte da ein Gott besser sein als ein anderer, wo man doch überhaupt gar keinen entdecken kann.

Jedoch kann ich Meditation nicht wirklich trennen von Religion. Ich meine hier nicht das Dogmatische und das Befolgen von Regeln, die in irgendeinem Buch stehen, sondern ich möchte Religion ganz wörtlich verstanden wissen: Als ein „religere", was aus dem Lateinischen kommend, „sich wieder verbinden" heißt. Sich wiederverbinden mit was, ist jetzt natürlich die Frage.

Man könnte es die Quelle nennen, aus der alles Leben sprudelt oder die Mitte, um die sich der Reigen allen Geschehens dreht oder den Augenblick, der das Tor öffnet in die Ewigkeit.

Man könnte es unser wahres Wesen nennen, das hinter allen Masken verborgen liegt oder unser höheres Selbst, welches wie ein Regisseur unsere Schritte auf der irdischen Bühne lenkt oder die Natur oder die Wahrheit, das Licht, das Herz, die Kraft, den Geist – oder eben Gott. Es hat so viele Namen und ist doch das Namenlose.

Leid, Mangel und Einsamkeit haben sicherlich ihre Wurzeln in diesem Gefühl von Getrenntseins, von aus dem Paradies verstoßen zu sein.

Doch die Tore des Paradieses können wir nicht wieder öffnen, da sie nie verschlossen wurden und wenn unser Bedürfnis nach dem Heiligen verschüttet wurde, dann nur, weil wir selbst uns abgewendet haben. Wir sind hinausgelaufen in die Existenz, immer weiter, bis wir vergessen haben, von woher wir gekommen sind, bis wir den Weg nicht mehr sehen, weil wir uns verlaufen haben. Doch da ist Gnade und immer die Möglichkeit sich auf den Heimweg zu machen. Wir alle kennen das Gleichnis aus der Bibel vom verlorenen Sohn und dem Fest bei seiner Heimkehr.

Es gibt den schönen Ausspruch eines Sufimeisters, der lautet: „Meditation ist das Handeln Gottes im Menschen."

Aber selbstverständlich kann man dieses sehr belastete Wort „Gott" auch einfach nicht verwenden und Übungen praktizieren, die uns helfen heller, leichter, wacher und vollständiger zu werden. Dies wird ein Prozess sein, welcher erstmal nicht immer nur angenehm ist:

1. Denn was bedeutet es, wenn wir nach Erleuchtung streben und mehr und mehr Licht in uns zulassen. Es bedeutet, dass wir leichter und heiterer werden, aber eben auch, dass Dinge, die in der Dunkelheit verborgen waren, jetzt gesehen werden können und das sind häufig eben auch Dinge, die uns Angst machen und die wir erstmal auch gar nicht sehen wollen. Doch diese Dinge wie zum Beispiel emotionale Altlasten oder nicht mehr nützliche, überholte Konditionierungen, müssen dem Lichte weichen und behutsam lassen wir sie dahinschmelzen, wie den Schnee von gestern in der aufgehenden Sonne.

2. Denn was bedeutet es, wenn wir erwachen wollen und uns wünschen, unser Bewusstsein ganz klar werden zu lassen wie einen Spiegel, der uns zeigt die Wahrheit eines jeden Augenblickes. Es bedeutet, dass wir immer weniger werden ertragen können, was nicht Wahrheit ist oder was auf Lügen aufgebaut ist. Mag sein, dass mancher erkennt, dass so vieles, an was er glaubte, jetzt nicht mehr standhält und dass er vielleicht sein „ganzes" Leben ändern muss. Es sind immer die Krisen im

Leben, die uns die Chance geben Neues zu probieren, zu wagen und uns weiterzuentwickeln.

Unter den vielen Themen, die ich in meinen Meditationen behandele, gibt es zwei, die ich noch kurz erwähnen möchte:

1. Das eine Thema ist Präsenz, das Eintauchen und Aufgehen im gegenwärtigen Augenblick. Denn alles, was wir erforschen oder erfahren geschieht nicht irgendwo oder irgendwann einmal, sondern es passiert hier und jetzt. Wenn es uns gelingt, das Wirken des Universums mit seiner reinen Intelligenz in uns zu erfahren, dann ist das eben immer nur in der Gegenwart möglich, in eben diesem Augenblick. So benützen wir das Hier und Jetzt, welches uns ja auch begrenzt, als einen Schlüssel, um das Immer und Überall zu erfahren – in eben diesem Augenblick.

2. Das andere Thema ist, dass wir uns zwar mit den Schatten der Vergangenheit konfrontieren, auf dass sie nicht zu unserem Schicksal werden, aber dennoch die Kraft und Aufmerksamkeit auf die Zukunft richten, das heißt, dass wir uns eine Vision erschaffen, beziehungsweise kreativ an der Entfaltung der Persönlichkeit arbeiten.

„Die Zugkraft der Zukunft ist größer als die Konditionierungen der Vergangenheit." (Zitat von Pir Vilayat Inayat Kahn)

Sonst hätte es wohl keine Evolution gegeben.

Wenn ich heute, also so nach circa 30 Jahren, diesen Vortrag wieder lese, dann ist das deshalb interessant, weil ich damals schon geschrieben habe, was ich heute immer noch denke. Natürlich würde ich auch hier heute so manches vielleicht anders ausdrücken, aber im Wesentlichen gibt es keinen Unterschied.

Erschreckt mich das? Hat in 30 Jahren keine Entwicklung stattgefunden? Habe ich mich nicht bemüht und bin voran gegangen, immer: DEM EINEN ENTGEGEN...?

Nein, es erschreckt mich nicht. Meditation ist ein Tor zum Raum der Wahrheit und zugleich ist Meditation Wahrheit in sich. Und genauso wie Wahrheit ist sie immer neu in jedem Augenblick und alt, uralt, schon immer zeitlos und ewig zugleich. Zeitlos ist sie, wie das ewige Spiel von Leben und Tod.

Der Tod

Der Gedanke an den Tod hat mich mein ganzes Leben immer wieder beschäftigt. Er war mir guter Begleiter und Helfer in schwierigen wie in guten Zeiten. Er begegnet einem in seiner Umgebung, sowie auch im Inneren als spirituelle Transformation und war für mich auch immer eine Option für einen wunderbaren Ausweg aus einem nicht sinnvollen und mühsamen Leben. Ja, es gab schon in sehr jungen Jahren einige, von pubertären Stürmen getriebene, wenig überzeugende Suizidversuche, die ich natürlich überlebt habe. Ich hatte in vielerlei Hinsicht viel mit dem Tod zu tun und es gab viele mich prägende und bereichernde Erlebnisse.

Der Tod meines Opas

Mein Opa war ein sehr sensibler, hagerer und freundlicher Mann, den ich sehr gemocht habe. Für meine Oma war er aber irgendwie auch so ein Taugenichts, was vermutlich auf seine Liebe zum Alkohol zurückzuführen war.

Ich war damals 4 Jahre alt, als er krank wurde und im Bett liegen musste. Es war in einem Zimmer, in dem meine Schwester ihre Hausaufgaben machte und ich mir am Boden die Zeit mit meinen Spielsachen vertrieb.

Noch heute höre ich seine Stimme, als er mich „Peterle" rief und „komm doch zu mir und halte ein bisschen meine Hand". Da bin ich zu ihm gegangen und habe seine Hand gehalten. Fast fühle noch diese Hand, so warm und weich und voller Liebe. Ich stand da vor ihm an seinem Bett und es war ein wichtiger Moment, das fühlte ich. Meine kleine Hand lag in seiner großen und sein Blick suchte mich und eine tiefe, fast feierliche Verbindung entstand. So stand ich eine Weile und wir schauten uns an, der alte Mann und der kleine Junge. Es war schön und intensiv und nur deshalb kann ich mich wohl heute noch daran erinnern. Er sagte wohl noch einmal „Peterle" und dann schloss er die Augen und schlief ein.

Ich wendete mich meiner Schwester zu und sagte ihr, dass der Opa eingeschlafen sei. Meine Schwester, die ja schon 16 Jahre alt war, sah das offensichtlich anders und stieß einen fürchterlichen Schrei aus und rief nach unserer Oma. Diese kam angelaufen und ich wurde aus dem Zimmer gebracht. Ich fand das alles sehr seltsam und wunderte mich über diese Aufregung. Opa war doch nur eingeschlafen.

Damals war es noch üblich, dass die Verstorbenen im Haus aufgebahrt wurden. So sah ich meinen Opa also doch noch einmal wieder. Ich weiß noch, dass es schon Abend war und draußen dunkel, als ich in das Zimmer geführt wurde, um vom Opa Abschied zu nehmen. Kerzen brannten und es war alles so feierlich. Da lag mein Opa und ich sah ihn an und merkte doch, dass da mein Opa nicht mehr ist. Ich konnte das nicht verstehen. Wo war er nur?

Der Tod meines Vaters und meiner Mutter

Mein Vater starb bei einem Besuch mit meiner Mutter bei meiner Schwester in Österreich. Ich war so 20 Jahre alt und damals nicht dabei. Sie wollten spazieren gehen und mein Vater wollte sich noch eine Jacke aus seinem Zimmer holen. Da er nach einer Weile immer noch nicht wieder erschienen war, ging meine Mutter in dieses Zimmer nachschauen und da saß er tot auf dem Bett.

So ein schnelles und unkompliziertes Ende würde sich so mancher wünschen. Wer möchte sich nicht diesen langen und oft so qualvollen Sterbeprozess ersparen. In der Tat, wir würden alle gerne gesund sterben und vielleicht hilft es ja, wenn man dieses schon mal beschließt.

Es war seltsam so plötzlich und unvorbereitet keinen Vater mehr zu haben. Irgendwie war es aber auch befreiend, denn mein Vater war eher streng gewesen und nicht so leicht um den Finger zu wickeln wie meine Mutter und er hatte nicht viel von meinen Ideen zur Kunst, Philosophie oder Anarchie gehalten. Er war ein praktischer Mensch und für ihn waren es die Hände, mit denen man sich sein ehrliches Brot verdient.

Da wurde jetzt in der Familie eine Rolle frei. Es war die männliche Lücke, die ich jetzt füllen musste und sollte. Es gab auch genügend Aufgaben in Haus und Garten, die aus Sicht meiner Mutter von einem Mann zu erledigen waren. Ich bin in diese Rolle in vielerlei Hinsicht hineingewachsen, denn das hatte Vorteile für mich, aber auch Nachteile, denn ich sollte die Erwartungen meiner Mutter, die sich auch auf meinen beruflichen Werdegang bezogen, erfüllen. Das ergab Reibungen, denn der Rebell in mir war nie wirklich bereit, Erwartungen zu erfüllen.

So pendelte ich zwischen einem Leben in der Stadt als Student und Künstler und einem in Grünwald als Sohn und Hausherr. Meine Mutter war eine zarte und liebenswerte Frau. Sie war allerdings immer in Sorge um mich und dies sicherlich auch nicht ganz zu Unrecht. Ich war dann auch oft monatelang überall in der Welt auf Reisen, was meiner Mutter Angst machte und ihr gar nicht so gefiel, auch weil sie sich vernachlässigt fühlte und auch weil die Arbeit im Haus und im Garten liegenblieb.

Einmal fragte sie mich, ob ich sie denn in ein Altersheim geben würde, wenn sie einmal nicht mehr könne.

Ich fragte sie darauf, ob sie denn lieber zuhause bleiben würde und auch einmal zuhause sterben möchte.

Und sie antwortete, dass sie sich das schon wünschen würde.

Und ich habe ihr dann versprochen, dass sie zuhause sterben kann und ich mich darum kümmern werde.

Und ich kann mich auch noch gut an einen etwas vorwurfsvollen und fast drohenden Satz von ihr erinnern, und zwar: „Dass ich es schon noch sehen werde, dass sie nicht mehr kann und irgendwann mal einfach umfallen wird und ich mich dann schon noch um sie werde kümmern müssen".

Und genau das ist dann auch passiert.

Ich war den ersten Tag von einer langen Reise aus Asien zurück und wir saßen abends im Wohnzimmer mit Oma zusammen. Plötzlich fiel Mama vom Stuhl, zuckte mit verdrehten Augen, war kreidebleich und nicht mehr ansprechbar. Es war schrecklich, ein Schlaganfall und als der Notarzt kam, haben sie sie gleich mitgenommen und mit Sirene und Blaulicht ging es in die Notaufnahme.

Als sie nach Wochen wieder nach Hause kam, kam nicht mehr der gleiche Mensch zurück. Mama war jetzt ein absoluter Pflegefall. Sie konnte Anfangs zwar noch gehen, aber nur noch eine Hand gebrauchen und sprechen konnte sie auch nicht mehr.

Selbst jetzt, während ich das hier schreibe, kommen mir nach so vielen Jahren noch die Tränen.

Am Anfang machen einem die Ärzte noch Hoffnung und man will es auch selbst glauben, dass sich der Zustand noch einmal verbessert. Mir jedoch wurde sehr bald klar, dass dies der langsame Abschied war. Ich habe dann auch die von Ärzten verschriebene Physiotherapeutin und die Logopädin, die vergeblich versuchte, ihr wieder das Sprechen beizubringen, nach Hause geschickt. Es schien mir für meine Mutter eine Qual zu sein, wieder Sprechen zu lernen, wieder zu einem alten Zustand zurückzukehren, anstatt voranzugehen und das hieß in diesem Fall, einem Ende entgegen.

Es hat noch lange gedauert, ich glaube ein bis zwei Jahre. Es wurde kontinuierlich schlimmer, es ging eben mit Mama nur noch bergab. Das waren wirklich schwierige Zeiten für mich. Ich musste mein Leben als Schauspieler und Rumtreiber irgendwie an diese Situation anpassen. Meine Oma, die Mutter meiner Mutter, war auch schon über 90 Jahre alt und selbst verzweifelt, hauptsächlich deshalb, weil sie fand, dass das die falsche Reihenfolge sei und dass sie selbst dran wäre zu sterben und doch nicht ihre Tochter. Oma war nur sehr begrenzt eine Hilfe. Natürlich hatte ich auch Unterstützung von einer Krankenschwester, die zwei Mal täglich vorbeischaute und Essen auf Rädern, das gebracht wurde und eine Zugehfrau kümmerte sich um das nötigste im Haus. Später half auch noch eine sehr bekannte Schauspielerin, deren Namen ich aber nicht verraten sollte. Sie gehörte zu einer spirituellen Gruppe um Sai Baba, die es als Ehre und Bereicherung empfanden, Sterbende auf ihrem letzten Weg liebevoll zu begleiten.

Trotzdem war ich in dieser Situation oft am Ende meiner Kräfte. Ich erinnere mich an einen für mich wichtigen Satz von einer Frau aus der Nachbarschaft, die mich im Kaufmannsladen gegenüber fragte, ob ich denn nichts Besseres zu tun hätte als meine Mutter zu pflegen. Ja, ich war ein Mann in den besten Jahren und saß jetzt viel zuhause, um meine Mutter zu betreuen, wahrlich keine angemessene Tätigkeit aus der Perspektive dieser Frau. Doch da ist bei mir der Groschen gefallen und ich konnte mit voller Überzeugung antworten, dass ich wahrlich nichts Besseres zu tun hätte. Diese Frage war eine Provokation und nachdem mein Trotz verflogen war, sah ich ganz klar, wie wichtig es für mich und alle Beteiligten und überhaupt war, dies zu tun.

In dieser Zeit ist eine große Zärtlichkeit in mir für meine Mutter und diesen verfallenden Körper erwacht. Ich konnte sie gut berühren, halten und streicheln und diesem Menschen, der mir mein Leben geschenkt hatte, etwas zurückgeben. Das alles war so heilsam und in mir erwachte eine neue, mir fast unbekannte, Form von Liebe.

Einmal, als ich ihr frische Windeln anlegte, was ihr Anfangs natürlich sehr peinlich war, sagte ich zu ihr, Mama, das hättest du wohl auch nie gedacht, als du mich noch gewickelt hast, dass ich dich mal wickeln werde. Da schaute sie mich an mit ihren weit aufgerissenen Augen und ihr schiefer Mund begann zu lächeln und wir hatten Spaß. Ja, auch als ihr sagte, dass wir, seit sie nicht mehr sprechen könne, wirklich gut miteinander auskämen und es keine Meinungs-verschiedenheiten mehr gäbe. Ja, wir haben auch immer wieder gelacht. Ich glaube, ich hatte schon immer die Fähigkeit auch die dramatischen Seiten des Lebens mit Humor zu betrachten. Humor ist gute Medizin. Gegen Ende wuchsen meiner Mutter auch noch seltsame Haare um den Mund und als ich ihr sagte, dass ihr jetzt zum Schluss auch noch ein Bart wachsen würde, da erschien ihr schiefes Lächeln und sie sagte plötzlich: „Wie ein Igel". Sie hatte seit Monaten kein Wort mehr gesagt und das war der letzte Satz, den ich aus ihrem Munde gehört habe.

Als das Ende sich näherte und ich Mama oft die habe Nacht stöhnen und schreien hörte und ich sie im Bett anbinden musste, damit sie nicht herausfallen konnte, denn die Schmerzmittel, die sie vom Arzt bekam, zeigten keine richtige Wirkung. Da fragte ich sie einmal, ob ich ihr denn etwas besorgen solle, damit sie nicht mehr leiden müsse und auch sterben könne. Da schüttelte sie sehr entschlossen und stolz den Kopf mit einem klaren „Nein" und aus dieser körperlichen Ruine blickten mich zwei strahlende, aquamarinblaue Augen an, so klar und schön. Ich sah, wie ihre Seele am sich befreien war und wie wichtig es für sie war, ihre Schmerzen zu ertragen. Es war ihre Katharsis, ihre Reinigung und vielleicht auch ihre Buße. Ich verstand auch, dass wir oft den Leidenden diese Schmerzmittel geben, weil wir sie nicht leiden sehen können, weil wir selbst es nicht ertragen und uns selbst damit schützen. Natürlich sind diese Schmerzmittel auch ein Segen und wir können froh sein, dass es sie gibt, jedoch meine Mutter wollte sie nicht und ich habe es akzeptiert, was gar nicht so einfach war.

Es war ihr letzter Tag und als ich ihr Bett machte, war es voller Blut. Es floss aus ihrem Geschlecht und so trug ich sie, diesen vielleicht noch 40 Kilo schweren Körper ins Bad. Ich legte ein blutendes Gerippe in die weiße harte Wanne, ich wusste mir nicht anders zu helfen. Es kam viel Blut, sehr viel fast schwarzes Blut und als es aufhörte, wusch ich sie und trug sie zurück in ihr Zimmer und bettete sie in die weichen Kissen. Und dann ist sie für immer von dieser Welt gegangen.

Dieses kleine Gedicht ist damals entstanden:

Der Tod meiner Mutter

Das Blut war alt und schwarz und stank.
Es floss nicht mehr,
es quoll aus allen Poren
und verließ dich im Geschlecht.

Doch deine Augen schauten
aus der Ruine so klar,
wie Aquamarin, so himmelblau.

Ein Juwel kam da ans Licht
und hinter all dem Tod,
da war ein Duft
und der wird bleiben.

Für immer von dieser Welt gegangen? Ja und doch auch wieder nicht. Es war ein paar Wochen später, schon nach ihrer Beerdigung:

Ich schief in meinem Bett und wachte etwas verstört mitten in der Nacht auf. Irgendetwas war seltsam und als ich die Augen öffnete, da fiel mein Blick sofort auf diese afrikanische Ahnenfigur, über die ich schon in einem vorherigen Kapitel berichtet habe. Diese fast schwarze Figur, die neben meinem Bett auf dem Fensterbrett stand, wurde immer heller und begann vor dem dunklen Fenster richtiggehend zu strahlen. Es war magisch, verwirrend und beeindruckend. Ich weiß nicht warum, jedoch ich wusste sofort, das ist meine Mutter, die mich durch diese Ahnenfigur noch einmal aufsucht. Sie war wunderbar. Meine Mutter war ein kraftvolles, strahlendes, souveränes Wesen, so ganz anders als ich sie im Leben gekannt hatte, so ganz anders als dieses leidende, kranke Geschöpf in ihrer letzten Lebensphase. Und dann hörte ich folgende Worte. Sie sagte sehr klar und deutlich, dass ich auf dem richtigen Weg sei und dieser wichtig und sinnvoll sei und dass ich mich nicht aufhalten lassen soll und dass ich so das Ziel erreichen würde.

Ich war aufs angenehmste überrascht und es war so wohltuend für mich und gab mir meine Kraft zurück. Was für ein Geschenk! Als meine lebende Mutter hatte sie immer Angst um mich gehabt, mich gewarnt und mich mit den schlimmsten Befürchtungen, wie „du wirst noch unter der Brücke enden" oder „wie soll das nur mit dir weitergehen" verunsichert.

Das Leuchten verlor sich allmählich und dann war es wieder nur diese schwarze Skulptur. Meine Mutter zog sich langsam zurück und verließ wohl endgültig diese Dimension unserer Welt. Dankbar und glücklich bin ich wieder eingeschlafen. Seither bin ich ihr nicht mehr begegnet und das ist jetzt wohl auch nicht mehr nötig.

Der Tod meiner Oma

Meine Oma hat eine wichtige Rolle in meinem Leben gespielt. Schon als kleines Kind bin ich nur zu gerne in ihr Bett geschlüpft, um ihren Märchen und Geschichten zu lauschen. Sie hat es geliebt, Geschichten zu erzählen und ich habe es geliebt, zuzuhören. Diese waren immer spannend, manchmal böse und grausam und manchmal fantastisch und märchenhaft. Und sie hat die besten Mehlspeisen gemacht, immer mit ganz viel Zucker und zerlaufener Butter drauf. Überhaupt war ihre Ernährung sehr einfach, Mehlspeisen eben und viel Schweineschmalz. Dennoch oder vielleicht gerade deswegen ist meine Oma ziemlich alt geworden, obwohl sie 2 Weltkriege erlebt hat und auch viel Hunger und Mangel erleiden musste. Und sie war in meiner Erinnerung auch nie krank gewesen, sondern immer gesund und sie war eigentlich auch immer zuhause. Das war ihr Reich, die Küche und der Garten. Besonders auch dann, als meine Mutter bei der Bavaria Film in Geiselgasteig, genau wie mein Vater, zu arbeiten begann. Dieses zweite Einkommen brachte dann ein wenig Wohlstand ins Haus. Mama machte dann auch den Führerschein und kaufte sich ein Auto. Papa fuhr immer noch mit dem Fahrrad und war nicht so ganz im Reinen mit Mamas Fahrkünsten. Im Garten gab es bei uns alles, Salate, Gemüse, Kräuter, Spargel und Kartoffelbeete und Obstbäume und alle Sorten von Beeren. Es war ein einziges Paradies für uns Kinder. Immer gab es irgendetwas zum Naschen.

Oma begann sehr zu leiden unter dem frühen Tod ihrer Tochter, meiner Mutter. Und dann ging es langsam, sehr langsam bergab mit ihr. Mit so 95 Jahren war sie aber immer noch mit dem Schubkarren im Garten unterwegs, was mir durchaus auch Kritik von Leuten aus der Nachbarschaft, die das eigentlich sowieso nichts anging, einbrachte. Wie könne ich nur diese arme, alte Frau noch im Garten arbeiten lassen, so wurde ich gefragt. Und ich musste antworten, dass diese alte Frau weder arm sei, noch arbeiten müsse, sondern ihr das Spaß machen würde und ihr auch sonst in jeder Hinsicht guttäte.

Oma, die sehr religiös katholisch war, verlor dann auch allmählich die Freude am Leben und begann mit lauter, schriller Stimme oft stundenlang Gott anzurufen und ihn zu bitten sie doch endlich nach Hause zu holen. Dieses Flehen vermischte sich immer mehr mit den verschiedensten Visionen und es kam schon vor, dass sie schreiend mitten auf die Straße lief und vor sich den brennenden Dornenbusch aus der Bibel sah. Ich musste schon gut auf sie aufpassen. Sie war zwar in meine damals junge Familie mit meinem neugeborenen Sohn gut eingebettet, jedoch man konnte sie eigentlich kaum mehr aus den Augen lassen.

Und dann passierte das, was viele alte Menschen in die Horizontale und damit aus dem normalen Leben befördert. Sie stürzte und brach sich den Oberschenkelhals. Oma lag dann im Bett und war ein Pflegefall und es war auch klar, dass sie nie mehr wieder würde laufen lernen. Ich hatte also nur ein paar Jahre später die gleiche Situation im Haus, wie mit meiner Mutter.

In ihrem Zimmer standen zirka ein Dutzend verschiedene Medikamente, die sie vom Arzt verschrieben bekommen hatte und die sie natürlich auch regelmäßig einnahm. Genau dies erschien mir völlig absurd für einen Menschen, der sich gerade seinem Ende näherte. Also erklärte ich unserem Hausarzt, als er wieder einmal vorbeischaute, dass ich jetzt mit seiner Erlaubnis alle diese Medikamente wegschmeißen würde, es aber auch ohne eine Erlaubnis machen würde. Er wurde sehr still und sah mich mit großen Augen an und sagte weder ja noch nein. Ich weiß, es war schwer für ihn, als Arzt und er ging bald und drückte mir sehr kameradschaftlich und mitfühlend die Hand.

Als meine Oma keine Medikamente mehr bekam, begann sie noch einmal aufzublühen. Sie wurde wacher und ihr Blick wurde klarer und überhaupt war da auch manchmal eine gewisse Fröhlichkeit zu bemerken. Am Essen und am Trinken zeigte sie kein besonderes Interesse, außer an Bananen. Die haben ihr geschmeckt und eigentlich habe ich sie die letzten Monate fast nur noch mit Bananen gefüttert. Die hat sie geliebt und einmal zog sie mich auf die Bettkante, hielt ihre Banane hoch und erklärte mir, wie gut doch diese Dinger seien und dass wir diese unbedingt im Frühjahr bei uns im Garten ansetzen müssen. Ich habe natürlich mitgespielt und ihr versichert, dass das eine sehr gute Idee sei und wir das auf alle Fälle machen müssten.

Wir hatten bisweilen auch viel Spaß, weil es wurde wie absurdes Theater, als ich begriffen hatte, dass es vollkommen sinnlos war, meine Oma von irgendeiner sogenannten Realität zu überzeugen. Oft hat sie mich überhaupt nicht mehr erkannt. Für sie war ich manchmal auch eine Schwester Monika, die zum Wickeln kam. Sie versicherte mir jedes Mal wieder, dass sie ja ganz trocken sei, was dann allerdings überhaupt nie gestimmt hat, denn ihre Windel war wieder patschnass. Auch fragte sie mich bisweilen, ob ich denn draußen im Stall mit den Kühen, die es natürlich gar nicht gab, schon fertig sei und dass ich mir jetzt aus ihrer Handtasche, die auf der Kommode stand, eine Zigarette holen solle. Noch nie waren Zigaretten in ihrer Handtasche gewesen, doch ich ging hin und holte mir eine heraus und sagte: danke Oma! Und sie sagte, nun lass sie dir gut schmecken, die hast du jetzt verdient.

Ja, wir haben auch gelacht. Ich hätte mir schon gewünscht, als sie dann 99 Jahre alt war, noch ihren hundertsten, so eine schöne runde Zahl, zu feiern. Daran zeigte sie aber überhaupt kein Interesse. Ganz im Gegenteil, sie jammerte und bettelte auch immer wieder, doch endlich sterben zu dürfen. Sie verstand gar nicht, warum der liebe Gott sie nicht abholen würde und beklagte sich, dass er sie doch wohl hoffentlich nicht vergessen hätte. Einmal als mir ihr Gejammer einfach zu viel wurde und ich wirklich Mitleid mit ihr hatte, machte ich ihr folgenden Vorschlag:

„Oma, ich setzt dich jetzt in deinen Rollstuhl und fahre dich hinaus in den Garten. Heute ist eine eiskalte Winternacht mit minus 15 – 20 Grad und da kannst du sterben, das ist ein schmerzloser Tod. Endlich hast du es dann geschafft". Da erhob Oma ihren Zeigefinger und erklärte mir sehr ernst: „Aber wir wollen uns doch nicht versündigen". Nun gut, dachte ich, dann eben nicht und sagte: „Oma, das war ja nur ein Vorschlag, so eine Idee, dann lassen wir es eben. Ich wünsche dir eine gute Nacht". Ich weiß nicht, ob ich es gemacht hätte, wenn sie ja gesagt hätte, aber ich glaube eigentlich schon.

Ihr Ende hat sich hingezogen. Eines Tages kam wieder einmal Antje zu Besuch. Ich habe sie schon im Kapitel über das Channeling erwähnt. Antje war eine weise, alte Frau und sie erkannte, dass Oma sich in einem christlichen Glaubenssystem befand und dass es deshalb nötig sei, dass ein Pfarrer käme, um ihr die letzte Ölung zu geben. Erst dann, wenn alles so seine Richtigkeit hat, würde sie gehen können. Also rief ich den Pfarrer an und er kam auch sehr schnell, um dieses Sakrament zu spenden.

Danach saß ich bei ihr am Bett. Ich war voller Liebe. Die Stimmung im Raum war festlich und heilig. Sie starrte an die Decke. Ich schloss die Augen und es war wie ein Gebet. Auf meiner inneren Leinwand tauchte ein Bild von Oma auf und ich konnte deutlich wahrnehmen, wie die Energie sie von unten, also von den Füßen, nach oben zum Kopf hin verließ. Irgendwie, so schien mir, stirbt der Mensch von unten nach oben.

Abends hat Oma dann nochmal ihre Banane mit Genuss verzehrt. Ich habe danach nachts im Dunkeln einen langen Waldspaziergang gemacht und als ich wieder heimkam und Schlafen gehen wollte, da rief mich etwas in ihr Zimmer. Da lag sie mit etwas Schaum vor dem Mund, jedoch da war nur noch der Körper und nicht mehr meine Oma.

Ich setzte mich noch einmal jetzt zu diesem Leichnam und atmete die Intensität dieser Situation und meiner Stimmung. Da waren ein Hosianna und ein Halleluja in der Luft. Da ist nichts Trauriges, wenn jemand stirbt, nein, sondern da findet ein Fest statt und wenn der Geruch von Alter und Krankheit verflogen ist, dann ist da dieser Duft, diese Essenz, die wir Seele nennen. Die Trauer gehört den Hinterbliebenen oder die Erleichterung, der Neubeginn, der neue Raum, der jetzt frei wird für neues Leben. Auch schon bald danach ist mein zweites Kind geboren worden.

Und dann bin ich schlafen gegangen mit einem Gefühl von reich beschenkt worden zu sein. Ja, es ist ein großes Privileg einen Menschen auf diesem seinen letzten Weg begleiten zu dürfen und zu können. Viele Menschen wissen heute gar nicht mehr, was sie versäumen, welche Chance ihnen entgeht, wenn sie ihre sterbenden Angehörigen weggeben. Man stirbt in Krankenhäusern oder Altersheimen, aber immer weniger zuhause. Diese moderne Welt hat nicht nur keine Zeit mehr für den Tod, sondern auch immer weniger die Bereitschaft sich mit dem unvermeidlichen Verfall und seinen Qualitäten und Geschenken zu konfrontieren. Dies führt das Leben in eine immer weiterreichende Verflachung. Unsere Gesellschaft verstrickt sich in eine Illusion von Jugendlichkeit, ewigem Wachstum und materiellem Gewinn und verpasst den Blick in das Auge des Todes, wo wir das „wahre" Leben entdecken können. Jedoch diese Illusion wird beständig zerstört und ein gnädiges und unberechenbares Schicksal sorgt genau dafür.

Der Tod meiner Schwester

Auch meine Schwester wurde ein Pflegefall. Sie ist in ihrem Haus in Marbella in Spanien auf der steinernen Treppe gestürzt und auf den Kopf gefallen. Ähnlich wie bei ihrer Mutter und bei ihrer Oma wurde es ein langer und langsamer Abschied von circa 5 Jahren. Fast schien es, wie wenn sich in dieser Ahnenreihe etwas wiederholen würde. Pflanzte sich da vielleicht ein seltsames Karma immer weiter fort und wäre es vielleicht nicht angesagt gewesen, dies in dieser Familie zu berücksichtigen. Nun, jetzt ist es zu spät.

Niemals hat sie in dieser Zeit, in der sie dann bald das Bett nicht mehr verlassen konnte, geklagt, gejammert oder sich beschwert. Dazu muss man sagen, dass Edda in ihrem Leben viele Gesichter hatte. Neben einem großen Herzen war da auch ein frustriertes Wesen, ein Mensch, der mit seinem Leben nicht im Reinen war und man könnte sagen, der scheinbar wenig aus seinem Leben gemacht hat. Ich habe einmal gesagt, dass meine Schwester die giftigste Klapperschlange war, die ich jemals gekannt habe. Als ihr kleiner Bruder darf ich das mit Achtung und Respekt sagen...!

Ihr Sturz hat so etwas wie ein Wunder bewirkt. Sie fiel auf den Kopf und zugleich hinaus aus ihren alten erstarrten Strukturen und hinein in einen

Zustand von Samadi. Wann auch immer ich sie fragte, wie es ihr denn gehen würde, hörte ich immer nur ein verzücktes „GUT" und ihre Augen lächelten und ihr Gesicht wurde schön und glatt wie das eines jungen Mädchens.

Ich habe mich oft gefragt, warum denn auch meine Schwester so viele Jahre noch in einem Bett als Pflegefall liegend, gebraucht hat, um ihren Absprung von diesem Leben zu finden. Man kann von außen nicht beurteilen, welche Prozesse sich im inneren eines Menschen abspielen. Diese Prozesse brauchen ihre Zeit und auf einer Seelenebene mögen da Dinge vor sich gehen, von denen wir keine Ahnung haben und die wir uns gar nicht vorzustellen vermögen. Außerdem erkannte ich auch in der äußeren Welt eine wichtige Funktion, die meine Schwester jetzt einnahm. Sie war mehr denn je der Mittelpunkt ihrer Familie. Ihr Mann, ihre Töchter und ihre Enkelkinder, die ganz verstreut in der Welt lebten, scharten sich immer wieder um sie und ich glaube, sie war eine Quelle von Liebe und Mitgefühl für alle, die zu ihr kamen. Irgendwie hat sie in meinen Augen diese Jetset Familie zusammengeführt, zusammengehalten und versöhnt. Es hat auch viel Berührung stattgefunden, Berührung, die meine Schwester vorher nie so richtig zulassen konnte. Sie wurde gestreichelt und geküsst und ihre Hand wurde gehalten und es entstand so eine schöne und zärtliche Atmosphäre.

Natürlich will ich damit nicht darüber hinweggehen, dass diese Situation zugleich auch für alle sehr belastend war. Es flossen viele Tränen, was für ein Segen und speziell auch meinen Schwager, ihren Mann, hat das alles sehr mitgenommen.

Meine Schwester genoss selbstverständlich die allerbeste Pflege und Betreuung. Sie konnte die letzten Monate nicht mal mehr einen Finger bewegen, ihr ganzer Körper war eine einzige Verkrampfung. Und natürlich konnte sie auch nicht mehr selbst essen oder etwas trinken. Also wurde ihr von ihren Pflegern beständig Flüssigkeit zugeführt. Wenn man keine Flüssigkeit mehr zu sich nimmt oder nicht mehr zu sich nehmen kann, dann würde man in wenigen Tagen sterben. Das lassen wir aber in unserer Kultur nicht zu und verlängern künstlich ein Leben und damit auch oft die Leiden und die Qual, die jemand dann zu ertragen hat. Tun wir das aus Mitleid oder aus einem ganz pervertierten Verständnis vom Tod, den es zu verhindern gilt, obwohl jeder weiß, dass das nicht möglich ist. Ich weiß es nicht. Mir ist nur aufgefallen, dass wir einen leidenden und sterbenden Hund zum Tierarzt bringen, um ihn von seinen Leiden mit einer Spritze zu erlösen. Bei den Menschen und unseren Angehörigen verhalten wir uns jedoch vollkommen anders und verlängern diese Leiden. Ist das nicht seltsam?

Als sie dann endlich gestorben war, ja, endlich, denn wir alle haben ja in gewisser Weise darauf gewartet, da war ich doch überrascht. Ich war gerade im Auto unterwegs nach München, als ich es erfuhr, und musste stehenbleiben, so betroffen war ich von dieser Nachricht. Wie eigenartig, obwohl man es ja erwartet hat. Ich war traurig, weil ich jetzt keine Schwester mehr hatte und froh, weil sie es nun geschafft hatte und weitergehen konnte auf ihrem Weg.

Am 10. April 2019 bin ich mit meinem Sohn nach Dornbirn in Vorarlberg am Bodensee zu ihrer Beerdigung gefahren. Nach der Beerdigung fand ein Gottesdienst in der Kirche statt. Die wunderschöne Kirche war bis zum letzten Patz gefüllt. Diese Familie ist eine sehr große und angesehene Familie und über Dornbirn und Österreich hinaus als ein wichtiger Arbeitgeber bekannt. So eine Beerdigung lässt man sich also nicht so leicht entgehen.

Meine Nichte Isabel hatte mich als den Bruder ihrer Mutter gebeten, doch eine kleine Ansprache beim Gottesdienst zu halten. So hatte ich also die Ehre nach der Predigt des Bischofs ein paar Worte sagen zu dürfen.

Weil ich meine Rede vorher zuhause bereits geschrieben hatte, kann ich sie heute hier an dieser Stelle einfügen:

Liebe Familie, Verwandte, Freunde und Bekannte von Edda!

Die Edda war meine Schwester. Sie war meine große Schwester, denn sie wurde geboren, bevor unser Vater auf jenen schrecklichen Russlandfeldzug geschickt wurde, und ich, 12 Jahre später, nachdem er aus langer Kriegsgefangenschaft wieder zurückgekehrt war. Durch den großen Altersunterschied war sie auch immer ein bisschen wie eine Mutter für mich gewesen. Sie hatte ein Auge auf mich und hat mir so manches Mal aus einer misslichen Lage herausgeholfen. Und natürlich ist der kleine

Bruder auch groß geworden und unsere Bruder – Schwester Beziehung wurde eine Art Freundschaft und wir waren unser ganzes Leben lang in Kontakt.

Edda war ein besonderer Mensch und in ihrer Einmaligkeit ist sie, wie jeder Mensch, der von uns geht, ein großer Verlust und durch nichts und durch niemanden zu ersetzten. Ich habe sie als lebensfroh, wild und willensstark, resolut und sehr klar in Erinnerung. Und doch gelang ihr wahrlich nicht immer, hinter ihrer manchmal rauen Schale ihr großes und liebevolles Herz zu verstecken. Ja, sie war auch ein Mittelpunkt ihrer Familie und sie war immer da.

Liebe Schwester, du wirst mir, sowie auch deinem Mann, deinen Kindern und Enkelkindern fehlen…

Meine Schwester hatte kein leichtes und schnelles Ende. Und doch kann ich auch darin einen tiefen Sinn erkennen. Nach ihrem Unfall vor ca. vier ein halb Jahren mit einer Kopfverletzung war sie nicht mehr dieselbe. Sie war in der Tat nicht immer mit ihrem Leben im Reinen gewesen – nun, wer von uns könnte das schon von sich behaupten – jedoch nach ihrem Unfall hatte sich eine bemerkenswerte Veränderung in ihr vollzogen. Nicht nur, dass sie niemals über ihr schweres Schicksal oder über Schmerzen geklagt hätte, sondern da war auf einmal ein wunderbares, sanftes und liebevolles Leuchten in ihren Augen. Ich habe sie in dieser Zeit oft gesehen und konnte diesen tiefgreifenden Prozess erkennen, der sie offensichtlich dahin führte, zu vergessen und Frieden zu finden mit ihrem nicht immer einfachen Leben. Schon als 5-järiges Kind zum Beispiel, lernte sie nach dem Krieg auf der Vertreibung aus ihrer Heimat aus der damaligen östlichen Tschechoslowakei den Hunger und die Not kennen. Als junges Mädchen stürzte sie den Isarhang in Grünwald, ihrer neuen Heimat, hinunter und verbrachte Monate mit gebrochener Wirbelsäule im Krankenhaus. Ich kann mich noch gut an ihre wilden Jahre in der Pubertät erinnern, wo es unserem strengen Vater bisweilen nur schwer gelang sie zu bändigen.

Schließlich fand sie ihre endgültige Heimat hier in Österreich mit ihrem lieben Mann Jürg und ihren beiden wundervollen Kindern, Isabel und Karin.

Diese letzten Jahre ihres Lebensweges waren auch deshalb für mich so bemerkenswert, weil sie in dieser Zeit ihrer Pflegebedürftigkeit vielleicht mehr denn je im Mittelpunkt der Familie stand und diese so auf wunderbare Weise zusammenführte und zusammengehalten hat.

Wenn wir heute hier trauern um einen Verlust, dann sollten wir uns aber auch bewusst machen, dass in jener anderen Welt ein Fest stattfindet. Wenn eine Seele von ihrer Reise auf unserem schönen Planeten heimkehrt und sich wieder befreit hat von den Begrenzungen des Körpers und der Materie, von all den Einschränkungen und Absurditäten unserer Zivilisation und von der Erdenschwere, dann entfaltet sich wieder das, was unsere wahre Natur ist und wir finden uns wieder ein in den leichten lichten Sphären des Daseins. Wenn wir, unser Wesen, unsere Seele durch das gleiche Tor, durch welches wir einst hier eingetreten sind, wieder hindurchtreten, so betrifft die Trauer nur die zurückgebliebenen.

Ja, obwohl wir doch alle wissen, dass wir sterben werden und dass es auch gut und richtig so ist und es gar nicht anders sein könnte, obwohl wir es alle wissen, macht es uns doch immer wieder so betroffen. Natürlich wollen wir alle alt werden, jedoch niemand will alt sein, geschweige denn sterben. Und unsere Betroffenheit rührt immer auch daher, dass wir eben an unseren eigenen Tod und unsere Vergänglichkeit erinnert werden. Meist leben wir ja so dahin, wie wenn wir nie sterben würden und wieviel kostbare Lebenszeit vergeuden wir dann mit Nutzlosem und völlig unwichtigen Sorgen.

So ist ein solcher Anlass, ein solches Zusammenkommen hier immer auch eine gute Gelegenheit sich auf das wesentliche zu besinnen. Das Leben gewinnt an Intensität, wenn wir an den Tod denken und an unsere Hinfälligkeit. Dann haben wir keine Zeit mehr zu vergeuden, sondern beginnen jeden Augenblick, jeden kostbaren Augenblick zu genießen. Lasst uns diesen jetzigen Augenblick in seiner Fülle und Größe wahrnehmen und innehalten für einen Moment der Stille --------------------------
--------------- jeder Augenblick enthält alles, was wir in genau diesen Augenblick brauchen.

Die einzige Konstante ist die Veränderung und dies zeigt uns jeder so vergängliche Augenblick und doch leben wir immer nur in diesem Augenblick, in diesem ewigen Augenblick. So lasst ihn uns feiern, wie wenn es der letzte wäre und lasst uns im Angesicht des Todes die Schönheit und Intensität des Lebens spüren, wissend es sind zwei Seiten einer Medaille und so sage ich: mache dir den Tod zum Freund und das Leben wird dich lieben….

Liebe Edda, ich grüße dich und wünsche dir gute Reise in jene uns unbekannten Welten.

Mögest du in den Armen der Ewigkeit ruhen –

Mögest du in den Armen der Liebe ruhen –

Mögest du in den Armen Gottes ruhen –

AMEN

Nach dem Gottesdienst und auch später dann beim Leichenschmaus im Restaurant habe ich so viel Lob bekommen wie, so glaube ich, nur selten vorher in meinem Leben. Viele, auch mir gänzlich unbekannte Menschen, selbst der Bischof haben sich nicht nur aus Höflichkeit bei mir für die schöne Rede bedankt.

Da ich an dieser Rede gar nichts so besonderes finden kann, habe ich nach-gedacht, warum sie wohl die Menschen so berührt haben könnte. Und mir wurde klar, dass, wenn ich dasselbe den Menschen im Restaurant erzählt hätte, sie mir kaum zugehört hätten. In einer Kirche jedoch, im Angesicht des Todes sind Menschen, die im Allgemeinen sehr materialistisch ausgerichtet sind, offen und empfänglich und da mag so etwas wie die Erinnerung daran, seine Zeit nicht mit Unnötigem und völlig unwichtigen Sorgen zu vergeuden, eine tiefe Wirkung haben.

Auf der Heimfahrt sagte mein Sohn zu mir: „Papa, mit dieser Rede hast du dich hier unsterblich gemacht." Da haben wir gelacht und dies mag wahrlich übertrieben sein, jedoch ich muss gestehen, dass es mir doch ein wenig geschmeichelt hat. Da fällt mir dieser wunderbarer Satz ein: Kritik soll dich nicht kränken und Lob soll dir nicht schmeicheln. Was heißt das? Es heißt, du bist nicht wie ein Blatt im Wind, so leicht beeinflussbar von außen, sondern gut verankert in dir selbst, in etwas, was unberührbar ist.

Beerdigungen haben einen tiefen Sinn, natürlich nicht nur für die Toten, sondern für die Lebenden und auch für mich war dieser Tag ein ganz besonderer, einer, der etwas gelöst und bewirkt hat.

Und noch ein ganz anderer Abgang

Ein alter Freund, der der hartnäckigste Kettenraucher war, den ich kannte, hatte selbst noch beim Fußballspielen oder in der Badewanne geraucht. Eines Tages erzähle er mir tatsächlich, dass er das Rauchen aufgehört hat und dass er dies schon viel früher gemacht hätte, wenn er gewusst hätte, wie einfach das ist.

Der Wulf bekam circa 2 Jahre danach mit etwa 50 Jahren Lungenkrebs. Ich habe ihn dann regelmäßig besucht. Wir haben keine Heilbehandlungen gemacht, sondern nur in Stille zusammengesessen. Wir haben kaum gesprochen und ich habe ihm auch keine Rat – Schläge oder sowas ähnliches gegeben. Das hätte auch gar keinen Sinn gehabt, denn der Wulf war einer, der sowieso immer alles besser wusste. Er war ein herrliches Ego, etwas rechthaberisch und streitlustig und hat sich mit jedem angelegt. Er war sehr klug und sehr gutaussehend und hatte viele Freunde, die ihn nicht wirklich mochten und war auf der anderen Seite ein aufrechter, ehrlicher und herzlicher Freidenker. Er war Schauspieler, NLP – Trainer, Lebenskünstler und ein sich Sehnender. Der Wulf war einfach der Wulf.

Eines Tages als wir wieder einmal die gemeinsame Stille genossen hatten und er immer wieder hustend Blut gespuckt hatte, fragte ich ihn, ob er denn vielleicht schon mal eine Chemo oder sowas in Erwägung gezogen hätte. Er lächelte und sagte mir, dass er nicht vorhabe, sich die letzten paar Wochen seines Lebens mit einer Chemo zu versauen. Ich war so beeindruckt, dass mir die Tränen kamen. Wulf war ein Mann, ein wahrer Krieger des Herzens. Da war einer in den besten Jahren seines Lebens und er war in der Lage, einfach ja zu sagen zu seinem Ende. Wulf war immer ein Mensch mit viel Humor gewesen und mit Humor und nicht mit Angst schaute er auch jetzt dem Tod entgegen.

Er ist dann auch bald gestorben und ich bin natürlich zu seiner Beerdigung gegangen. Es war seltsamerweise in der Trauergemeinde nicht so die übliche Betroffenheit und diese gedrückte Stimmung. Als der Sarg in der Erde versenkt war und ich mit anderen alten Freunden und Bekannten am Grab stand, da war so eine Heiterkeit in der Luft und es war, als ob der Wulf aus seinem Grab herauslachen würde. Es war ganz wunderbar und es war die erste Beerdigung, bei der ich das Gefühl hatte, dass ein Fest stattfindet. Ein Fest in der anderen Welt, in die einer heimgekehrt war und auch in dieser, denn da war einer, der das Jammertal hinter sich gelassen hatte.

Mit einem Gefühl von Freude und Respekt sind wir dann ins Wirtshaus gegangen und haben angestoßen auf das Leben und den Wulf.

Hiermit endet nun das Kapitel zum Tod und ein neues beginnt. Ich gründete eine Familie und neues Leben wurde geboren. Zwei wunderbare Kinder wurden mir in dieser Ehe geschenkt.

Die Familie und meine Kinder

Über Beziehungen und die Liebe

Niemals hatte ich den Wunsch gehabt zu heiraten oder Kinder zu bekommen. Dies wäre auch auf Grund meiner Lebensweise überhaupt keine Option gewesen. Die Unabhängigkeit und Freiheit waren mir so wichtig und mein unangepasstes Künstlerleben war in keiner Weise geeignet, eine Familie zu versorgen. Ich lebte für die Kunst, das Abenteuer und die Liebe. Ich wollte die Welt erobern und die Welt, das waren in erster Linie die Frauen. Der Mann will etwas haben, etwas Perfektes und dabei vergisst man nur zu leicht auf das zu schauen, was man selbst zu geben hat. Gibt man sich, zumindest sich selbst, oder eben nicht. Außer seinen elementaren Bedürftigkeiten zu folgen, ist es sicherlich sehr erhellend zu prüfen, welche Qualitäten, Bereicherungen und Geschenke man anzubieten hat.

Ja, im Laufe der Jahre hatte ich viele wechselnde Beziehungen. Ich liebte die Frauen und wie kann man sich mit einer zufriedengeben, wo es doch so viele herrliche Geschöpfe gibt, Erscheinungen, Wesen von überirdischer Schönheit, Göttinnen und Huren, Engel und Biester. Der Schürzenjäger, ein bisschen war ich schon so etwas ähnliches, hat schon auch so seine Mühe, denn das Objekt seiner Begierde ist nicht immer so leicht zu erobern. Bisweilen sind alle Bemühungen erfolglos und man beginnt allmählich zu denken, dass eine weitere Eroberung überhaupt keine Lösung ist, sondern eben die Begegnung mit der Richtigen und ein wirkliches sich einlassen auf sich selbst und auf einen anderen Menschen. Das würde vielleicht einmal zu einer dauerhafteren und erfüllenden Beziehung führen.

Also sucht man die Richtige. Man begegnet aber immer genau dem Menschen, mit dem der nächste Lernschritt zumindest möglich wäre, also immer dem richtigen. Amors Pfeile treffen zielsicher und erbarmungslos. Manchmal genügt ja schon ein Blick und es ist passiert. Ich erinnere mich, einmal als ich die Türe zu einer Bar in Schwabing öffnete, wie mein Blick in die Augen einer Frau fiel und wie im Bruchteil dieser Sekunde die ganze leidenschaftliche Geschichte in mir ablief, die sich dann auch mit genau dieser Frau entwickeln sollte. Es war einfach wunderbar und dann haben wir uns zerfleischt und es hat lange, fast ein Jahr gedauert und wir haben einfach nichts dazugelernt, weil wir nicht konnten. Wir haben nur unsere Hilflosigkeit und Unfähigkeit gesehen, immerhin, auch das ist schon viel wert.

Ja, im Laufe der Jahre hatte ich viele wechselnde Beziehungen. Sie sind selten gut ausgegangen. Entweder haben mich die Frauen verlassen, weil ich sie nicht glücklich machen konnte oder ich sie, weil sie mich nicht glücklich gemacht haben. Fast immer hat eine Seite gelitten und wer weiß es nicht, wie sehr ein blutendes Herz schmerzt. Liebeskummer lohnt sich doch, denn so zerbröselt allmählich jenes Ego – Herz und in der Asche von diesem wird das wahre Herz geboren, ein Herz geschaffen aus grundloser Liebe. Nach dieser sehnen wir uns wohl alle und auch ich habe sie immer gesucht. Und ich Treuloser weiß, dass ich im Grunde eine ganz treue Seele bin.

Wir sind auf der Suche und ich war auf der Suche. Jedoch das sollte sich ändern...mal sehen.

Die Ehe

Ich war zwar ein paar Häuser weiter bei Freunden auf eine Party eingeladen, aber irgendwie hatte ich keine rechte Lust wegzugehen. So oft war ich Aus gewesen und auf unzähligen Partys und irgendwie hatte ich an diesem Abend einfach genug von allem. Es war schon 22:00 Uhr vorbei und ich dachte, heute gehst du einfach mal früh ins Bett. Ich war schon halb ausgezogen, da beschlich mich der Gedanke, dass ich ja vielleicht genau heute meine Traumfrau treffen könnte und der Gedanke wurde so stark, dass ich mich wieder anzog, in meine Stiefeletten schlüpfte und losspazierte auf das Fest.

Beim Tanzen ist eine Frau aufgetaucht, die ich nur einmal in einem Lokal hinter der Bar gesehen hatte. Daran konnte ich mich noch erinnern, denn irgendein Funke war damals schon übergesprungen. Meine Begleitung hat diese Frau hinter dem Tresen zu einer Party eingeladen und sie hat wohl auf mich deutend geantwortet, aber nur wenn der auch kommt.

Und mit genau dieser Frau war ich dann nach der Party auf dem Weg nach Hause zu mir. Auf diesem Weg sagte sie folgenden unglaublichen Satz: „Eines möchte ich dir gleich sagen, und zwar, ich will Kinder und keine Spielchen". Das kam sehr bestimmt und ich antwortete wohl ziemlich verblüfft: „Schätzchen, wir kennen uns erst seit circa zwei Stunden!" Bei mir zuhause hat sie dann so um 2 Uhr nachts erstmal ein Bad genommen. Sie kam mir wahrlich ziemlich abgefahren vor. Und mit genau dieser Frau habe ich heute 2 Kinder.

Der Gedanke, dass ich meine Traumfrau treffen könnte, war also ein guter Gedanke gewesen – Dank an die Intuition und an die Götter, die uns auf diesem Weg mit brauchbaren Botschaften versorgen. Später hörte ich von Claudia, dass sie eigentlich auch gar keine Lust gehabt hatte zu dieser Party zu gehen, aber dass irgendetwas sie gerufen hat.

Und dann ist alles sehr schnell gegangen. Ich war zu der Zeit eigentlich noch in einer anderen Beziehung und als sie mich einmal in einer anderen Bar mit dieser anderen Claudia vor der Claudia, so hieß sie, traf, da klingelte noch in der Nacht das Telefon und sie setzte mir sozusagen das Messer auf die Brust und sagte: entweder - oder. Von da an waren wir zusammen und sie gab auch bald ihre Wohnung auf und wir sind in mein Elternhaus nach Grünwald gezogen. Da hat auch noch meine 96-jährige Oma gewohnt, aber das hat sie nicht gestört und das fand ich großartig.

Ich kenne viele Paare, die oft jahrelang daran arbeiten, ein Kind zu bekommen. Claudia war andauernd schwanger, ich hatte fast das Gefühl, dass es schon genügte, sie nur anzuschauen. Eigentlich hatte sie auch nie Kinder haben wollen, so sagte sie, aber jetzt war sie bereit. Ich jedoch ganz und gar nicht. Ich konnte mir die Vaterrolle nur sehr schwer vorstellen, mich da kaum hineindenken. Von dem Gedanken an die Vaterrolle war ich erstmal völlig überfordert. Auf ihrem Geburtstagsfest in einem Restaurant hat sie dann auch unser erstes Kind verloren. Es hing nur an einem dünnen Silberfädchen und der ist abgerissen, so sagte sie. Aber dieses gleiche Wesen ist bald darauf wiedergekommen, als die Zeit stimmiger war und wohl auch ich schon mehr bereit dafür. Das wurde dann unser Sohn, der hat nicht lockergelassen und das tut er auch heute als Erwachsener immer noch nicht. Der weiß scheinbar irgendwie immer, was er will.

Ich hatte prinzipiell so meine Probleme mit der Beziehungskiste. Ich weiß noch, einmal als ich beim Mittagessen am Tisch in unserem kleinen

Häuschen saß. Alles war im Grunde ganz wunderbar, Claudia hatte gekocht mit unserem Kind im Bauch, die Sonne schien und die Welt war in Ordnung. Nur ich fühlte mich unverständlicherweise gar nicht gut, unfrei und in eine Rolle eingezwängt, wie in eine Kiste gesperrt und dachte, jetzt noch „den Deckel drauf" und zugenagelt und das war's dann für den Rest meines Lebens. Da tauchten seltsame Ängste auf und diese fast schon bürgerliche Situation passte einfach nicht in meine alten 68er Hippie Vorstellungen von Freiheit und den ganzen Flower - Power Idealen von einer anderen und offenen, friedlichen und menschlicheren Welt.

Einmal, wir saßen händchenhaltend auf einer Bank in der Natur draußen am Deininger Weiher, rutschte mir folgender Satz heraus: „Mache doch dein Glück nicht von mir abhängig." Mir war so gar nicht bewusst, welche fatale Wirkung dieser Satz auf Claudia und ihr junges Familienglück hatte. Dies hat ihre Liebe und ihr Vertrauen in mich zutiefst erschüttert und es tut mir heute noch so leid, denn heute sehe ich, wie ich da verschiedene Ebenen völlig durcheinander gebracht habe. Von einer hohen spirituellen Ebene aus gesehen, mag dieser Satz eine wichtige Wahrheit beinhalten und uns daran erinnern, dass wir unser Glück nicht auf vergängliche Dinge oder Menschen projizieren sollten, um nicht abhängig und unfrei zu werden und um den Weg nicht zu versperren für ein bedingungsloses und fragloses umfassendes Glück. Auf der anderen Seite ist da aber die ganz menschliche Ebene des Glückes, die in ihrem poetischen und romantischen Ausdruck gelebt werden will und soll. Diese Seite umfasst dieses völlig normale füreinander da sein, dieses Verschmelzen als Mann und Frau zu einer Einheit, zu einem Wir. Das war auch das, wonach ich mich sehnte, was ich jedoch immer wieder durch einen abgehobenen spirituellen Anspruch in Frage stellte und einfach auch nur durcheinanderbrachte. Es war auch ein Ausweichen vor der Liebe und der Verantwortung, ein sich Erheben Wollen und eine Überheblichkeit. Es hat gedauert, bis ich das klar erkennen konnte.

Claudia wollte ihrem Kind einen seriösen Rahmen geben und fand, dass das die bürgerliche Ehe sein müsse, was auch sonst. Ich und Heiraten, es erschien mir so absurd und zugleich verspürte ich auch Lust dazu. Das war mal was Neues und der Gedanke an eine bürgerliche Geborgenheit hatte nicht nur ihren Reiz, sondern entsprach auch einem lange verdrängten

Bedürfnis in mir. Wie schön ist es doch heimzukommen, anzukommen, in den Hafen der Familie zurückzukehren.

Also haben wir geheiratet. Zuerst standesamtlich und dann, das war auch Claudias Wunsch, wollten wir uns noch spirituell trauen lassen. Das weltliche JA war natürlicherweise auch die Voraussetzung für eine Trauung im Sufi Orden durch Pir Vilayat.

Also sind wir im Sommer in die Schweizer Berge ins Camp gefahren und da hatte ich plötzlich das Gefühl, dass es jetzt ernst werden würde. Ich wusste einfach, dass wenn Pir uns seinen Segen gegeben hat, dass es dann kein Entkommen mehr gibt, dass ich dann zu dieser Frau stehen würde, egal wie dornig und steinig der Weg werden würde, eben bis der Tod uns scheidet. Ich hatte Angst und meine Zweifel, ob es denn wirklich die Richtige für mich ist und überhaupt, ob ich der Richtige für sie bin. Woher sollte ich diese Gewissheit nehmen, wie oft hatte ich mich in dieser Hinsicht schon getäuscht.

Es war vielleicht eine Stunde vor dem Gottesdienst und wir verließen unser Hotel, um hochzugehen ins große Zelt zu unserer Trauung. Ich ließ mir möglichst nichts anmerken, aber ich war innerlich völlig zerrissen von meinen Zweifeln und meiner Angst etwas Falsches zu tun. Auf einmal wurde mir klar, dass ich so nicht da hingehen kann und mir kam die Idee ein Schicksals-Urteil zu erzwingen. Ich hatte die Idee, dass ich den Nächsten, der auf dem Parkplatz vor dem Hotel erscheinen würde, fragen würde, ob ich jetzt heiraten soll. Da kam ein Auto angefahren mit einer Frankfurter Nummer und es hatte kaum eingeparkt, da öffnete ich die Tür des Autos und heraus kam Hadi, ein Typ, den ich schon kannte und der damals der Generalsekretär unseres Sufi Ordens war. Ich sagte ihm, dass ich ihn etwas fragen muss und er einfach nur ohne nachzudenken JA oder NEIN sagen soll. Er blickte mich staunend an und ich fragte ihn, ob ich jetzt gleich in einer halben Stunde heiraten soll. Mit strahlenden Augen und einem Lächeln antwortete er: „JA, geh voran." Jetzt war alles klar für mich, danke Hadi!

Erleichtert und mit neuem Mut ging ich zurück zu Claudia, die das alles gottseidank gar nicht so mitbekommen hat. Ich weiß, ich bin unmöglich, aber ich kann auch nichts dafür. Ich weiß, das war wirklich unromantisch, obwohl ich doch andererseits so romantisch bin und immer verliebt, aber auch dafür kann ich doch nichts.

Oben im runden Meditationszelt waren ein paar hundert Menschen und als endlich der Moment für gewisse Zeremonien gekommen war, sind wir vorgetreten in die Mitte dieses großen Kreises zu unserer Trauung.

Pir kam zu uns und begrüßte uns. Dann schaute er mich lange an und fragte mich: „Sie wollen heiraten?" Ich war wie erstarrt und da war wieder mein Zweifel und kurz dachte ich, das ist der größte Fehler meines Lebens und gleich wird er sagen, warum gerade die. Wir schauten uns lange an und irgendwie brachte ich mein JA über die Lippen. Da strahlte und lachte Pir und sagte zu mir: „Endlich, Espabad!" Es fiel mir wie Schuppen von den Augen und mit dem „endlich" verstand ich, dass es richtig und gut war und höchste Zeit mich „endlich" einmal festzulegen. Das war ein Ausdruck meiner Freiheit. Ich hatte mir die Freiheit genommen, mich festzulegen und fühlte mich plötzlich ganz frei und geborgen. Dieses sich nicht festlegen wollen, um nicht unfrei und festgelegt zu sein, kann etwas sehr Zwanghaftes sein und einem die Freiheit nehmen, Entscheidungen zu fällen. Oft ist es gar nicht so wichtig, wie wir uns entscheiden, sondern dass wir uns entscheiden. Denn nur wenn eine Entscheidung gefallen ist, kann es weitergehen, ist der Weg frei und nicht mehr blockiert. Es kann sich weiterentwickeln.

Ich schrecklicher alter Zweifler! Dennoch will ich die wichtige Bedeutung des Zweifels auf keinen Fall hier leugnen. Der Zweifel ist genau das Instrument, das uns anzeigt, dass wir noch nicht wirklich vertrauen, dass wir uns selbst und dem Leben und seinem Fluss nicht trauen. Der Zweifel verscheucht ja nicht nur das Vertrauen, sondern er lockt das Vertrauen auch aus seinem Versteck und wenn es hervorkommt und wächst, dann schmilzt der Zweifel wie der Schnee in der Sonne. Natürlich schützt uns auch der Zweifel und manchmal ist ein gesundes Misstrauen ja auch von großem Nutzen. Der Zweifel gehört dazu und unsere Welt der Dualität wäre eine ganz andere ohne ihn oder wenn wir ihn nicht mehr brauchen würden.

An den Rest dieser Trauung kann ich mich kaum mehr erinnern, ich war wie in Trance. Claudia und ich, wir haben uns gegenseitig etwas versprochen, es uns ins Ohr geflüstert und es musste etwas sein, von dem wir auch überzeugt waren, dass wir es auch werden halten können. Ich weiß leider nicht mehr genau was es war, ich war im Rausch. Es war eine schöne Hochzeit. Die Menschen haben uns gratuliert und es wurden Lieder gesungen und alles war gut und es lagen so viele glückliche und auch durchwachsene und herausfordernde Jahre vor uns.

So sind wir danach fröhlich und guter Dinge auf die Reise, unsere Hochzeitsreise gegangen. Ein neues Leben begann. Eine neue Familie war am Entstehen.

Die Zeit vor der Geburt der Kinder

Das Familienleben nahm seinen Verlauf. Einen kleinen Hund hatten wir auch schon. Claudia hatte ihn aus dem Tierheim geholt. Meine Schwester hatte damals richtigerweise bemerkt, erst kommt ein Hund und demnächst dann das erste Kind. Und so war es auch. Oma war bestens bei uns versorgt und die schwangere Claudia wurde in ihrer Schwangerschaft immer noch schöner, weicher und weiblicher. Sie blühte auf und wuchs in ihre Mutterrolle hinein. Das ist für die Frau vermutlich auch viel einfacher als für den Mann. Das neue Leben wächst in ihr, sie kann es spüren und es ist immer da. Es wächst in ihr und die Mutter wächst mit. Oft habe ich die Frau fast beneidet, das erleben zu dürfen. Was muss das für eine unglaubliche Erfahrung sein, zu erleben, wie ein neuer Mensch in einem entsteht. Es ist ein ganz normales Wunder und welch größeres Geschenk könnte man der Welt und dem neuen Wesen machen, als es auf die Welt zu bringen.

Der Mann ist nicht so nah am Geschehen und so wird er letztendlich hauptsächlich erst dann, wenn das Kind „plötzlich" da ist, in diese Vaterrolle hineinwachsen. Mir war das alles irgendwie auch unheimlich. Die letzten Monate vor der Geburt bin ich dann auch krank geworden. Ich bekam einen grippalen Infekt. Dieser war aber nicht, wie üblich, nach ein oder zwei Wochen überstanden, sondern zog sich 3 Monate hin. Ich kam einfach nicht so richtig wieder auf die Beine. Ich war im Konflikt. Eigentlich wollte ich doch Geld verdienen, Ausstellungen machen und Verantwortung übernehmen, um meine Familie zu versorgen. Auf der anderen Seite lag ich im Bett und war völlig fertig und nichts ging voran. Da hatte sich offensichtlich ein innerer Konflikt somatisiert. Ich verstand es damals aber nicht wirklich und es war mir unglaublich peinlich. Meine Frau bekam ja das Kind und nicht ich. Sie war gesund und ich, der sie unterstützen hätte sollen, war krank. Ich habe mich geschämt und konnte mir dieses Kranksein nicht zugestehen.

Die Wende kam durch einen Satz von Claudia, den sie mir so nach circa 3 Monaten sagte: „Du darfst so lange krank sein, solange es eben dauert." Sie gab mir die Erlaubnis krank zu sein, die ich mir nicht hatte geben können. Da löste sich eine Spannung in mir und wie durch ein Wunder wachte ich am nächsten Tag auf und fühlte mich gesund. Und wir kennen das ja alle, wenn wir wieder gesund sind, dann ist die Zeit der Krankheit auch schon vergessen. Mein Tatendrang kehrte zurück und ich war bereit für was auch immer kommen könnte. Und zur Bestätigung klingelte dann schon ein paar Stunden später auch noch das Telefon und ein Kulturbeauftragter der Stadt München rief an mit der Nachricht, dass mir jetzt das Übelackerhäusel in Haidhausen für eine Kunst-Ausstellung zur Verfügung stehen würde. Wunderbar das kam im richtigen Moment.

Unser kleiner neuer Mitbewohner hieß Struppi und war ein West Highland Terrier. Ein Haustier, in unserem Fall ein Hund, ist sowas wie ein Mitglied der Familie mit allen Rechten und Pflichten. Struppi war ganz lieb, aber mit einem starken Charakter. So ein Tier hat genau wie wir Vorstellungen, Gefühle, Wünsche und kann auch ziemlich stur sein.

Ich war der Meinung, welche wohl auch die meines Vaters gewesen war, dass ein Hund in den Garten gehört und nicht ins Haus. Claudia war nicht dieser Meinung. Trotzdem habe ich ein Hundehaus gebaut, was viel Arbeit war und habe Struppi abends daneben an eine Birke angebunden, damit er dann in seiner Hundehütte übernachten kann. Das hat er aber nicht, sondern er blieb vor seiner Hütte sitzen und hat gebellt, und zwar fast die ganze Nacht. Das war anstrengend und freudig ist er dann am nächsten Tag wieder durchs Haus spaziert.

So schnell wollte ich aber nicht aufgeben und habe ihn am nächsten Abend wieder vor seiner Hütte angebunden. Er hat meine wunderbare, gemütliche Hütte verschmäht und wieder ununterbrochen gebellt. Als dann Claudia irgendwann sagte, dass ich wirklich ein Rabenvater sei, da habe ich es eingesehen, dass Struppi gewonnen hat und dass er einfach zu uns ins Haus gehört. Also bin ich in den Garten gegangen und habe ihn hereingeholt. Das war der Beginn einer langen Freundschaft, die manchmal gar nicht so einfach war. Struppi war bisweilen sehr anstrengend und sehr hartnäckig. Es gab nur ein Verbot für ihn im Haus und das war, dass er nicht auf dem Sofa sitzen sollte. Wenn ich aber im Garten war und durch das Wohnzimmerfenster blickte, dann blickte ich meistens in seine frechen Augen, die sagten, ich laß mir nichts verbieten und da saß er natürlich auf dem Sofa. Ich glaube sein größter Wunsch war, möglichst bald, aber spätestens in seinem nächsten Leben, auch ein Mensch zu sein.

Struppi war fast überall mit dabei, wir alle haben ihn sehr geliebt. Einmal war er sehr krank und lag tagelang in seinem Körbchen, ohne etwas zu fressen und es wirkte so, als ob es mit ihm zu Ende ginge. Irgendwann kam ein Moment, da war ich so berührt, dass ich mich zu ihm auf den Boden setzte und ihm ins Ohr flüsterte, dass wir ihn doch so gerne haben und dass er doch noch bei uns bleiben soll. Diese Botschaft hat ein kleines Wunder bewirkt und es hat nicht lange gedauert und er wurde merklich lebendiger und ist alsbald wieder schwanzwedelnd erschienen. Er hat einfach zur Familie gehört und er war ein hochsensibles Wesen. Er hat dann noch einige Jahre bei uns verbracht.

Sein Ende, er war vielleicht so 16 Jahre alt, war sehr traurig. Es ging ihm so schlecht, dass wir es nicht mehr mit ansehen konnten, wie er litt. Ich bin selbstverständlich für ein natürliches Sterben, aber da kam so ein Mitleid in mir auf, dass ich plötzlich wusste, ich muss ihn zum Tierarzt bringen. Es war eine befreundete Tierärztin, die ihn dann liebevoll im Arm hielt, als sie ihm die Todesspritze gab. Ich sehe heute noch seinen dankbaren Blick für diese Gnade. Eine Gnade, die wir kulturell bedingt einem Menschen nicht gewähren wollen. Ich habe den kleinen Hund dann im Garten zuhause begraben. Das war eine richtige kleine Beerdigung mit der ganzen Familie.

Bevor das Kind geboren wird, wird selbstverständlich das Nest gebaut und alles vorbereitet. Man kauft schon mal Kindersachen und holt die alte Wiege vom Speicher. Dort begegnet man alten Erinnerungen und nimmt gleich noch die Kiste mit den Steiftieren aus der eigenen Kindheit mit vom Dachboden in das frisch gestrichene Kinderzimmer. Alles ist bereit und dann ist es endlich auch so weit.

Die Geburt meines Sohnes

Für Claudia kam nur eine Hausgeburt und nicht das Krankenhaus in Frage. Das war damals ein großes Thema und wir waren der Meinung, dass man nicht krank ist, wenn man ein Kind bekommt, sondern ganz im Gegenteil. Es sollte auf natürliche Art und Weise auf die Welt kommen. Und auch ich, der Vater, wollte auf jeden Fall mit dabei sein. So ein Ereignis konnte ich mir nicht entgehen lassen und ich wollte mithelfen, das heißt Claudia dabei unterstützen, soweit mir das eben möglich war und auch gewünscht. Wir hatten eine wunderbare Hebamme, die auch sehr für das Dabeisein des Vaters war und so war ich auch schon vorher bei einigen Kursen zur Geburtsvorbereitung mit dabei gewesen. Die letzten Tage vor der Geburt waren spannend und man ist voller Erwartung und dann ist es doch überraschend, wenn die Fruchtblase platzt und man weiß, jetzt geht es los. Es war früh morgens im Winter. Ich rief sofort die Hebamme an und die kam auch sehr schnell.

Claudia hatte lange überlegt, was die für sie beste Stellung für die Geburt sei. Ich saß also hinter ihr auf dem Bett an die Wand gelehnt und hielt sie vor mir zwischen meinen Beinen sitzend in den Armen. Ich gab ihr sozusagen Rückendeckung und einen gewissen Halt und Sicherheit. Diese Stellung war auch gut für mich, obwohl ich so das Geschehen zwischen ihren Beinen natürlich nicht verfolgen konnte. Und das war vermutlich auch gut so. Dort saß nämlich die Hebamme und machte ihre Arbeit.

Der Geburtsvorgang selbst hat dann wohl nicht mal eine Stunde gedauert. Als der kleine Kopf erschien und ihre Schmerzen sehr stark wurden und sie laut atmete und sich mit Schreien Erleichterung zu verschaffen versuchte, begann sie auch auf meine Schenkel neben ihr einzuschlagen. Ich habe den Schmerz nicht gespürt und erst am nächsten Tag die vielen Blutergüsse entdeckt. Claudia erzählte später, dass dann, wenn der Moment kommt, wo man sterben möchte vor Schmerzen, auch das Kind kommt.

Dann war es da, das Wunder, der kleine Knabe. Ich hatte so etwas vorher auch noch nie gesehen. Ich fand, er sah so fremdartig, fast exotisch aus, mit schwarzen Haaren und Koteletten, ganz zerknittert und einer breiten, gequetschten Nase. Ich war so überrascht und mir rutschte der Satz heraus: „Mein Gott, wie sieht denn der aus." Was ich gar nicht so gemeint hatte, was aber Claudia verletzte in diesem Moment, in diesem verletzlichsten Moment, als da vor ihr lag die Frucht ihres Leibes. Und natürlich schauen die Neugeborenen nach ihrem Kampf durch den Geburtskanal erst mal auch ziemlich ramponiert aus. Und natürlich ist es ein schöner Knabe geworden, ganz ohne Frage!

Das Kind fand fast wie von selbst den Weg zur Brust und trank. Das war so schön, so selbstverständlich und normal. Fast gierig begann er zu saugen, voller Hunger und Lust auf dieses Leben.

Er ist sehr schnell in diese Welt gekommen. Das Kind und die Mutter hatten ihren eigenen Deal und der war kurz und heftig. Es war eine ungewöhnlich schnelle Geburt gewesen, jedoch war dabei eine Schamlippe von Claudia gerissen. Unsere Hebamme machte sich jetzt gleich daran, diese wieder zusammenzunähen. Sie bat mich eine Lampe hochzuhalten auf das blutende Geschlecht, aus welchem wir alle gekommen sind und in welches wir Männer manchmal nur zu gerne wieder zurückkehren möchten. Ich blickte auf dieses Geschlecht und auf das hellrote Blut und hielt die Lampe und musste wirklich kämpfen, um nicht ohnmächtig zu werden. Das war fast zu viel für mich. Es war wie ein Blick in eine Wahrheit, die, weil immer gut verborgen und völlig ungewohnt, nur schwer zu ertragen war.

Alles ist gutgegangen und ein paar Stunden später lag ich zur Entspannung mit meinem kleinen Sohn auf meiner Brust liegend in der Badewanne. Dieses kleine Wesen, so hilflos und schutzbedürftig und so unschuldig und rein mit einem Glanz in den Augen, der nicht von dieser Welt zu sein schien, war ein Schatz und eine neue lebenslängliche Beziehung begann.

Am Nachmittag, als ich in das Lebensmittelgeschäft gegenüber zum Einkaufen ging, musste ich natürlich mit einem gewissen Stolz auf unsere Hausgeburt, die ja so gefährlich sein soll, erzählen, dass heute mein Sohn zuhause geboren worden ist. Die Ladenbesitzerin, eine mir gut bekannte schon ältere Frau, nickte nur lächelnd und sagte: "Jaja, wie schön." Da war kein bisschen Bewunderung oder Staunen und mir wurde sofort klar, dass das für sie ganz selbstverständlich war. Wo sonst werden denn Kinder geboren. Und wieder einmal spürte ich, wie weit wir uns schon von einer natürlichen, naturverbundenen Lebensweise entfernt hatten. Niemand käme auf die Idee ein Reh im Wald, wenn es ein Junges bekommt, in

217

Lebensgefahr zu sehen und am besten vorsichtshalber zum Tierarzt oder ins Krankenhaus zu schicken.

Familienleben 1

Ein Kind zu haben ändert alles, zumindest fast alles. Das Kind, selbst wenn es noch ein Säugling ist, gibt den Rhythmus vor. Sogar in der Nacht hat unser Sohn Durst gehabt und Claudia hat ihn gestillt. Claudia hat beide Kinder lange, ich glaube über ein Jahr gestillt. Das fand ich wunderbar. Es ist nun mal auch die von der Natur vorgesehene Ernährung für das Kind und deshalb kann es einfach nichts Besseres geben.

Er hat noch einen Zweitnamen bekommen, den er mir, als er noch im Bauch war, zugeflüstert hat. Ich habe mein Ohr auf Claudias Bauch gelegt mit der Frage, welchen Namen er sich wünsche und ich habe ihn gehört oder es mir zumindest eingebildet. Mein Sohn hat sich prächtig entwickelt und ich habe seine Nachgeburt, die Plazenta im Garten vergraben und einen Apfelbaum darauf gepflanzt. Meine Tochter bekam ein paar Jahre später zu diesem Zweck einen Kirschbaum. Das fanden wir einen schönen alten Brauch. Es gibt ja auch diese alte Regel, dass ein Mann 3 Dinge im Leben tun müsse: Ein Kind zeugen, einen Baum pflanzen und ein Haus bauen. Das dritte tat ich dann in Form eines Ateliers, das ich im Garten gebaut habe und in welchem ich meiner Kunst ein neues Zuhause geben wollte.

Auch habe ich dann bald angefangen, eine Schaukel zu besorgen und einen Sandkasten zu bauen. Das hat Spaß gemacht und ich bin allmählich und immer mehr in meine Rolle als Vater hineingewachsen. Es ist schön Vater zu sein und meine Kinder sind wohl das Wertvollste und Beste, was ich auf dieser Welt habe.

So ist das Leben. Es ist immer etwas zu tun, es endet nie. Man kümmert sich eben um die Kinder, den Hund, die Oma, die Ehe und um Haus und Garten und das ist einfach auch anstrengend. Und obwohl wir den ganzen Tag oft nur das gemacht haben, was das alltägliche Leben so erfordert, waren wir doch oft schon am frühen Abend fix und fertig. Da saßen wir einmal abends auf dem Sofa und ich meinte zur Claudia, dass wir doch mal wieder was unternehmen könnten, zum Beispiel ins Kino oder Ausgehen oder Liebe machen oder einen Spaziergang oder zumindest ein Fläschchen

Wein genießen. Claudia blickte mich an und ich sah, dass alle Vorschläge nicht auf die geringste Resonanz stießen und sie sagte, dass sie froh sei, wenn sie endlich im Bett wäre. Das ist auch eine Seite des Familienlebens. So ist es und das ist auch gut so, nur bleibt da manchmal etwas auf der Strecke. Wenn man nicht aufpasst, dann verschluckt der Alltag die Zweisamkeit und die Liebe. Aber man ist ja noch jung und will etwas vom Leben.

Die finanzielle Situation war auch angespannt, denn mit der Kunst seine Familie zu ernähren, war gar nicht so einfach. Mit dem Verkauf von ein paar Bildern im Jahr war das nicht möglich. Als ein nicht berühmter Künstler war es eben viel schwieriger, als ich dachte, seine Werke und Bilder loszuwerden. Also begannen wir auch von den Reserven zu leben, die mit großer Geschwindigkeit am Dahinschmelzen waren. Das löste bei mir immer wieder gewisse Existenzängste aus.

Meine Frau hatte das Talent einen lockeren Umgang mit Geld zu haben. Wenn wir zum Beispiel im Gartenzentrum beim Einkaufen waren und ich äußerte, dass ein Gartenhaus doch für uns und die Kinder ganz wunderbar wäre, dann hat sie es auch schon gekauft. Oder als unser Auto allmählich seinen Geist aufgab und ich meinte, dass wir ja eigentlich jetzt ein größeres Auto bräuchten auch für den Transport der Bilder zu Ausstellungen, da kam sie auch schon am nächsten Tag mit einem wunderbaren Mercedes – Kombi angefahren. Auf meine Frage, wer dieses teure Auto denn bezahlen soll, sagte sie, aber du hast doch Geld. Und das hat gestimmt, aber es wurde eben immer weniger. Trotzdem hat mir ihre furchtlose Art gefallen und ich war ihr dankbar, denn so ging einfach etwas voran. Claudia war das Gaspedal und ich oft die Bremse. Und ich sagte, dass die Bremse auch sehr wichtig ist, denn sonst wird man sich noch „darennen" oder überschlagen. Das ist eben Teamarbeit. Ich sah die finanziellen Reserven der Familie schwinden und manchmal sehnte ich mich schon nach dem Tag x, an dem da keine mehr sind. Dann, wenn der Tag da ist, ist auch die Angst davor zu Ende, weil er ja jetzt da ist. Angst bezieht sich doch fast immer auf etwas Zukünftiges, etwas, was wir befürchten. Dann nämlich würde man sehen, was passiert, denn dann muss etwas passieren, denn irgendwie geht es ja immer weiter. Angst macht, dass man nicht weiß, wie es weitergehen soll, man keine so rechte Idee davon hat und auch kein so rechtes Vertrauen und auch kein gutes, gesundes Selbstwertgefühl.

Ehekrise

Wenn ich mich ein wenig selbstkritisch betrachte, dann muss ich sagen, dass ich nicht so ganz der ideale Mann war, den eine Frau mit Kind sich vielleicht wünscht. Es gab da auch so eine derbe, ich möchte sagen sehr direkte bayerische Art mit den entsprechenden Kraftausdrücken an mir, die ich zwar gar nicht so böse meinte, aber die doch für einen sensiblen Menschen sehr verletzend sein konnten. Ich war manchmal zu ehrlich und in meiner Wortwahl etwas zu grob. Dies hat, wie mir meine Frau viel später einmal erzählte, in einem Urlaub in Marbella dazu geführt, dass sie beschloss, mich demnächst zu verlassen. Auch mag die Versorgungslage für ein „Muttertier" nicht die vertrauenswürdigste gewesen sein, denn ich war nun mal damals auch noch so etwas wie ein Hallodri, ein Trunkenbold und Künstler ohne festes Einkommen, ein spiritueller Spinner und Träumer, ein romantischer Macho und ein verwöhntes Muttersöhnchen und ein an der Welt und dem Leben leidender Poet.

Ich wusste nichts von ihrem Beschluss, die Beziehung zu verlassen und bemerkte es im Sufi-Camp in der Schweiz nach einem Retreat. Ich hatte 2 Wochen in der Natur geschwiegen und meditiert und in dieser Zeit auch gar nicht an meine Familie gedacht. Als ich mein Retreat beendet hatte und meine Gedanken wieder mit Freude zu meiner Frau zurückkehrten, da bekam ich ein seltsames Gefühl. Ich wollte mich mit ihr verbinden und sah sehr deutlich, dass Claudias Herz für mich verschlossen war. Es war fast ein Schock und ich begann sofort meine Sachen zu packen und fuhr Richtung Heimat. Ich musste dringend wissen, was los war.

Nach einem Retreat ist man meistens in einem sehr sensiblen Zustand. Die Kunst des Zurückkehrens in den normalen Alltag ist eine besondere Herausforderung und kann, wenn man unvorsichtig ist, schnell zu einer Bruchlandung führen. Ja, man kann hoch fliegen, wenn man gelernt hat zu landen. Es ist ähnlich wie beim Fasten. Man sagt, fasten kann jeder, aber Fastenbrechen nur ein Weiser.

So kam ich nach Hause. Wir saßen in Grünwald in unserem Wohnzimmer und ich fragte, was los sei und sie antwortete, dass sie sich in der Zwischenzeit verliebt hätte und in eine neue Beziehung oder Affäre gerutscht sei. Das war eine Bruchlandung und hat richtig wehgetan.

Die Tage danach waren sehr seltsam für mich. Claudia war oft weg, manchmal auch über Nacht und ich mit meinem noch sehr kleinen Sohn zuhause. Ich merkte bald, dass ich das so nicht durchstehen konnte und dass es mich innerlich zerriss. Deshalb schlug ich nach einiger Zeit vor, dass Claudia doch zu diesem Mann, es war ein Russe und ich nannte es die Russenaffäre, ziehen solle, um zu sehen, ob es denn jetzt das Richtige für sie ist. Unseren Sohn soll sie mitnehmen, denn so kleine Kinder gehören natürlich zur Mutter und erstmal nicht zum Vater. Das hat sie dann letztendlich auch gemacht.

Es war alles ein ziemliches hin und her. Kaum hatte ich eine Familie gegründet, da schien sie auch schon wieder zu zerbrechen. Mein Herz hat geblutet. Alles war unklar, auch für den Russen, mit dem ich mich auch einmal getroffen habe. Wir hatten ein gutes und konstruktives Gespräch und er war mir ganz sympathisch und ich hatte keine feindlichen Gefühle gegen ihn. Er war selbst verwirrt und auch sein Herz blutete. Auch für die Frau des Russen war alles unklar und auch mit ihr habe ich mich getroffen und wir haben uns gut amüsiert. Aber es schien mir unter diesen Umständen überhaupt nicht zielführend mit ihr eine Affäre zu beginnen, denn ich wollte meine Frau und mein Kind wiederhaben.

Die Krise endete, als Claudia schon nach ein paar Wochen wieder heimkam und mir schweigend den Ehering für einen neuen Versuch wieder an den Finger steckte. Ich war überglücklich und konnte ihr auch erstaunlicherweise gleich verzeihen. Auf einer emotionalen Ebene konnte ich sie sogar verstehen und verstand auch, dass dies ein Schuss vor den Bug war und ich mir mehr Mühe geben musste und meine Frau und meine Familie nicht als eine Selbstverständlichkeit betrachten sollte. Es war mir eine Lehre. Alles, was geschieht, ist wichtig und hat Bedeutung, sonst würde es gar nicht geschehen.

So wiedervereint und mit neuem Mut teilte ich Claudia schon bald mit, dass ich finde, dass zwei Erwachsene und ein Kind kein gutes Gleichgewicht darstellen und dass ich mir noch ein Kind wünschen würde und zwar eine Tochter. Dann wären wir zwei Männer und zwei Frauen. Und Claudia schien diese Idee auch ganz wunderbar zu finden.

Die Geburt meiner Tochter

Die Familie war wieder im Takt. Das tat gut.

Die Liebe zwischen zwei Menschen ist oft wie ein zartes Pflänzchen. Dieses braucht Pflege und muss gegossen werden. Ich habe mich immer nach der Liebe gesehnt, die wächst und nicht nach der, die vergeht, denn die Liebe, die vergeht ist nicht die Liebe. Es ist etwas anderes, etwas, was wir nur so nennen. Die Liebe, die ich meine, habe ich immer die grundlose oder bedingungslose Liebe genannt. Unsere Partner helfen uns, diese zu finden. Sie spiegeln uns unsere Wunden und sie lassen immer wieder unsere Projektionen platzen. Es bedeutet, zu heilen und lieben zu lernen und zu merken, dass man immer noch ein kleines bisschen mehr lieben könnte. Es ist ein Prozess und die Entwicklung, um die es schlussendlich geht. Dies ist nicht einfach, denn immer wieder verwechseln wir die Liebe mit unseren Bedürfnissen oder mit unserer romantischen Sehnsucht.

Es war an einem Nachmittag. Ich kann mich noch gut erinnern. Wir haben uns geliebt, aber irgendetwas war anders, war intensiver, war magisch. Und als wir die Ruhe danach noch genossen haben und noch einfach so auf dem Bett lagen, da war es, wie wenn etwas im Raum wäre, etwas wie ein Wesen oder eine Symphonie. Da war Engelsmusik in der Luft. Claudia empfand es genauso. Es war wunderschön, sanft, ekstatisch und unbenennbar. Und plötzlich wussten wir, eine neue Seele war zu uns gekommen und ich glaube, Claudia zeigte auf ihren Bauch und sagte, das wird jetzt unsere Tochter sein.

So begann Claudias zweite Schwangerschaft. Die Familie wuchs und das war gut so. Ich hatte eine Tochter bestellt und nie daran gezweifelt, dass es auch eine Tochter sein wird.

Der Tag der Geburt rückte näher und so ein paar Wochen vorher ist meine Oma gestorben. Einer kommt und einer geht. Wir hatten fast so ein Gefühl, wie wenn Oma jetzt den Platz räumt und für die neue Mitbewohnerin freimacht.

An einem schönen Herbsttag hat sich unsere Tochter eine humanere Zeit für ihr Erscheinen ausgesucht. Es war an einem Nachmittag. Die Hebamme war wieder da und auch eine Freundin von uns, Mona, die selbst Kinder hatte und gerne die Geburt miterleben wollte und natürlich ich und unser kleiner Sohn, der mittlerweile 2 Jahre und 9 Monate alt war.

Claudia wollte diesmal in der Hocke kniend gebären. Ich saß also vor dem Kopfende des Bettes, hielt ihre Hände und wir konnten uns in die Augen sehen. Am anderen Ende befand sich Mona und die Hebamme, die dort wieder einmal ihre Arbeit machte.

Als es dann richtig losging, konnte ich mit Claudia gemeinsam atmen und das war glaube ich eine gute Unterstützung für sie. Bei dieser Geburt ist das Kind nicht so herausgeschossen. Es hat etwas länger gedauert und war viel sanfter. Ich habe es als ziemlich natürlich empfunden. Eigentlich fast schon so, wie ich mir das Gebären eines Rehs im Wald vorstelle. Einfach und selbstverständlich, ein Wunder und doch irgendwie unspektakulär, ganz natürlich eben, so wie von der Natur vorgesehen.

Und dann war es da, das kleine Wesen, noch ganz zerknittert und verschmiert und von so einer cremigen Schicht überzogen. Diese soll man nicht abwischen, denn sie wird von der Haut des Babys absorbiert und enthält viele wichtige Substanzen und ist somit die beste Hautcreme überhaupt.

Da lag sie in den Armen der Mutter und dann haben ihr Bruder und ich gemeinsam die Nabelschnur durchgeschnitten. Dabei haben wir ihr ein schönes Leben auf dieser Welt gewünscht. Ihr Bruder ist dann losgelaufen in sein Zimmer und ist mit einer kleinen Lokomotive wiedergekommen und hat sie seiner Schwester als Begrüßung geschenkt. Nun war das nicht so ganz etwas, womit so ein Frischling etwas anfangen kann, aber es war so rührend und wir waren alle tiefbewegt. Es war wie ein Geburtstagsfest und das war es ja auch und zwar das allererste Geburtstagsfest von unserer Tochter.

Familienleben 2

In den Jahren bis die Kinder groß sind, passiert so viel, dass man ein eigenes Buch nur darüber schreiben könnte. Vieles vergisst man und manches eben auch nicht. Und so will ich mir gerne einiges wieder in Erinnerung rufen.

Wenn man kleine Kinder hat, dann ändert sich erstmal auch allmählich der Bekanntenkreis und viele Menschen, mit denen man verkehrt hat, verliert man zeitweise aus den Augen. Die Freunde, die keine Kinder haben, treten in den Hintergrund und Familien, die auch Kinder haben, tauchen auf. Das passt besser. Man hat die gleichen Themen und das ist auch gut so.

Bei uns im Haus und vor allem im Garten war immer viel los. Und wenn sich da manchmal so fast ein Dutzend Kinder im Garten tummelten, Fangen spielten und Verstecken, dann bin ich schon manchmal vor dem ganzen Geschrei geflohen und in den Wald oder an die Isar gefahren. Abends haben wir dann Fußball oder Federball gespielt und Feuer gemacht, um uns leckere Sachen zu grillen. Im Garten gab es Obstbäume, Gemüsebeete und viele Beeren zum Naschen. Ich glaube, es war ein kleines Paradies für die Kinder und sie hatten eine ähnlich unbeschwerte Kindheit in ihrem Elternhaus, wie auch ich selbst in eben demselben gehabt hatte. Es gab so viele Kindergeburtstage und Feste und es war eine lebendige und gesellige Zeit.

In der Erziehung bemerkte ich bei mir mit der Zeit ähnliche autoritäre Verhaltensweisen, wie sie auch mein Vater gehabt hatte. Man gibt unbewusst weiter, was man selbst erfahren hat. Nicht, dass ich sie prinzipiell für schlecht erachte, denn Kinder suchen beständig ihre Grenzen und wenn man diese nicht klar setzt, dann zerfleddern sie ganz orientierungslos. Es war auch eine Zeit, in der die antiautoritäre Erziehung hoch im Kurs stand, was zu vielen Diskussionen im Bekanntenkreis führte. So war es eine beständige Gradwanderung zwischen einfach machen lassen oder Regeln und Rituale etablieren, um damit Sicherheit und Geborgenheit zu geben.

Mein Sohn hat auf eine ganz hartnäckige Art und Weise oft nach Grenzen verlangt. Bei gewissen Verboten, wie zum Beispiel die Blumenerde aus dem großen Blumentopf nicht auf den Boden zu verstreuen, akzeptierte er ein NEIN nicht und verteile die Erde, nachdem ich sie aufgekehrt hatte, aufs Neue im Wohnzimmer. Nachdem sich dieser Vorgang mehrere Male wiederholt hatte und meine Toleranzgrenze erreicht war, erklärte ich ihm, dass es das nächste Mal eine Ohrfeige geben würde. Er wollte aber offensichtlich wissen, ob ich zu meinem Wort stehen würde und schmiss frech und neugierig kuckend die Erde wieder durch die Gegend. Jetzt war ich gefordert. Im Grunde hatte ich nicht die geringste Lust einem kleinen Jungen eine Ohrfeige zu geben und finde so etwas wirklich ganz unangebracht, aber in diesem Fall war mir klar, dass dies kein hohles Versprechen sein durfte. Schließlich sollte man sich doch auf seinen Vater verlassen können. Also hat er seine Ohrfeige bekommen, zwar keine so richtig feste, aber von da an hat er die Blumenerde im Topf gelassen. Später, als er schon fast erwachsen war, erklärte er mir einmal, dass er fände, ich hätte ruhig ein bisschen strenger sein können.

Die Tricks meiner Tochter zu durchschauen, war auch nicht ganz einfach und ich habe eine Weile dafür gebraucht. Wenn sie mit ihrem Bruder im Garten war und ich sie plötzlich schreien hörte, dann kam ich auch schon angelaufen, um die kleine Schwester vor dem großen, stärkeren Bruder zu beschützen. Mein Sohn wurde dann immer von mir ausgeschimpft, bis er mir einmal sagte, dass er doch auch ein kleines Kind sei. Da wurde ich wachsamer und irgendwann erklärte mir meine Tochter, dass das so praktisch sei mit mir. Sie bräuchte nur zu schreien und schon bekäme er den Ärger. Sehr raffiniert und sehr ehrlich und na ja, man lernt viel von und durch seine Kinder.

Jungs sind Jungs und Mädchen sind Mädchen. Es gibt die verschiedensten Theorien zu den Geschlechtern und auch die, dass es mehr als zwei gäbe oder dass es die Erziehung und die Umstände sind, die das Mädchen weiblich und den Jungen männlich werden lassen. Nun ich habe es anders erlebt.

Meine Kinder waren noch sehr klein, als ich einmal eine lange Kette aus kleinen Holzperlen hatte und sie dem Sohn in die Hand gab. Er begann sie sogleich wie ein Lasso über dem Kopf zu schwingen und schleuderte sie dann wie ein Wurfgeschoß durch das Zimmer. Anschließend legte ich sie meiner Tochter in die Hand. Sie wiederrum versuchte sich die Kette irgendwie um den Kopf zu wickeln, beziehungsweise sie sich um den Hals zu legen. Es war interessant, mein Sohn benutzte sie wie eine Waffe oder ein Wurfgeschoß und meine Tochter, ganz anders und sehr feminin, sah darin ein Accessoire, etwas womit sie sich schmücken könnte. Ein Mädchen und ein Junge und niemand hatte ihnen jemals vorher gezeigt, was man mit so einer Kette machen kann. Wir leben in einer Welt der Dualität und der Polarität und das erzeugt eine kreative Spannung und wenn sich die Pole ergänzen, anstatt sich zu bekämpfen, dann ist das wirklich eine Bereicherung, ein gutes konstruktives Modell.

Und natürlich fährt eine Familie mit den Kindern in den Urlaub. Dies ist mit zwei kleinen Kindern nicht immer sehr erholsam, sondern manchmal auch sehr anstrengend, das heißt noch anstrengender als zuhause. Man ist dann froh, wenn man wieder heimkommt und seinen gewohnten und erprobten Rhythmus leben kann. Trotzdem sind diese Reisen eine Bereicherung und es ist auf der anderen Seite auch sehr wohltuend und befreiend einen Szenenwechsel zu haben und etwas anderes erleben zu dürfen. Wir waren in Südfrankreich, wo Claudias Eltern eine Wohnung am Meer hatten, in den spanischen Pyrenäen bei meinem Jugendfreund Thomas, in Marbella, Südspanien im Hause meiner Schwester und dann auch immer wieder in Süditalien bei meinen italienischen Theaterfreunden. Dort bahnte sich dann allmählich der Kauf eines Olivenberges mit einem Trullo an.

Italien und der Olivenberg

Mikele, ein begnadeter Regisseur aus Norditalien, mit dem ich mehrere Theaterstücke gemacht hatte, hatte sich in Apulien in Süditalien ein Stück Land gekauft. Er schwärmte mir von der Schönheit der Gegend bei Ostuni an der Adria vor und sofort hatte ich Lust mir dort auch ein Stück Land zu kaufen. Ich hatte gerade eine größere Summe Geld, mit der dies in Süditalien möglich wäre, womit ich allerdings in Deutschland so gut wie gar nichts bekommen würde. Ein Olivenberg für meine Familie, das war ein herrlicher Gedanke. Also fuhr ich mit meiner Frau nach Apulien und zeigte ihr das Stück Land, das Mikele und Mimo für mich ausgesucht hatten und fragte sie, ob ich diesen Olivenberg kaufen solle und sie antwortete, ohne zu zögern, mit einem JA, auf alle Fälle. Es war im Grunde mehr ein Tal wie ein Berg. Auf der einen Seite stand dieser wunderbare Trullo, das sind uralte runde Steinhäuser mit meterdicken Mauern, von wo aus es terrassenartig in ein kleines Tal mit Wein und Obstbäumen hinunterging und auf der anderen Seite wieder terrassenförmig mit diesen kunstvollen Natursteinmauern nach oben auf einen Hügel. Auf diesem Stück Land standen circa 80 alte Olivenbäume und fast genauso viele Mandelbäume. Es war ein Garten Eden und man konnte fast nicht anders, als sich in ihn zu verlieben.

Meine italienischen Freunde hatten beschlossen, dass dies das richtige Land für mich sei. Warum, war mir auch nicht ganz klar. Ich zweifelte trotz seiner Schönheit daran und hatte andere Grundstücke im Auge, Grundstücke mit Meerblick zum Beispiel. In dieser Gegend wurde überall Land verkauft, aber meine Connection verbandelte mich mit diesem Stück Land.

Wir genossen fast täglich die italienische Gastfreundschaft und ich musste immer viele, viele köstliche Gänge essen und viel Wein trinken. Wir haben gefeiert und viel gelacht. Es war schön, aber irgendwie auch übertrieben und ich wurde allmählich in süditalienische, archaische, theatralische Machenschaften hineingezogen. Das Gesetz schien „eine Hand wäscht die andere" zu sein. Die italienische Sprache verstand ich ja nicht und so ging das eigentliche Geschehen an mir vorüber.

Einmal beschloss ich alleine den Abend im Trullo an meinem knisternden Kamin zu verbringen. Die Trullos wirkten durch ihre dicken Mauern sehr mächtig, jedoch das Innere ist sehr klein, urzeitlich und gemütlich. Es war nur schwer für unsereinen vorstellbar, dass in so einem Trullo einmal eine ganze italienische Bauernfamilie, vermutlich mit Ziegen und Hühnern, gelebt hat.

Da fuhr plötzlich Mimos Jeep vor und er erklärte mir mit Händen und Füßen, dass ich mitkommen müsse zum Essen zu ihm, sonst könne ohne mich niemand essen und auch nicht seine Frau. Also fuhr ich praktisch gezwungenermaßen wieder mit zum Gelage und spürte, irgendwie haben sie mich gut im Griff. Nicht, dass ich die italienische Gastfreundschaft in Frage stellen möchte, jedoch wurde mir klar, dass es für sie sehr wichtig war, dass ich auch wirklich kaufen würde.

Die Bürokratie in Italien ist gigantisch und der Kauf von Land für einen Ausländer nicht einfach. Sie haben sich um alles gekümmert. Zum Beispiel musste ich bei einem Notar ein Schreiben unterschreiben, in dem ich bestätigte, dass ich der italienischen Sprache mächtig bin, denn das war eine Voraussetzung für den Erwerb von Land in Apulien. Es war eine Farce und eine Lüge, denn ich verstand kein Wort, aber mein Freund Mikele hatte ja gottseidank alles im Griff.

Ich selbst zweifelte immer wieder daran, dass das das richtige Stück Land für mich sei. Jedoch ließen meine italienischen Freunde diese Zweifel nicht zu und wischten sie beiseite und da ich ja schon am Anfang eine höhere Anzahlung geleistet hatte, wurde ich zum Schluss praktisch gezwungen zu kaufen, wenn ich die Anzahlung nicht verlieren wollte. Dies brachte meine Freundschaft zu Mikele schon zeitweise ins Wanken. Aber ich habe dann schlussendlich doch gekauft und war stolzer Landbesitzer. Es war ein glücklicher Tag, genau wie der Tag, an dem ich etwa 20 Jahre später meinen Trullo wieder verkauft habe.

In der Zwischenzeit haben wir so viele herrliche Urlaube dort verbracht. Die Strände, der Olivenhain mit seinen alten Geistern, die wunderbare antike Stadt Ostuni, thronend auf den Hügeln über dem Meer und der Duft der Maccia sind mir noch heute so präsent.

Viele Freunde, auch mit anderen kleinen Kindern haben ihre Zelte unter den Olivenbäumen aufgeschlagen und zeitweise herrschte reges Leben um den Trullo. Das Leben dort war sehr einfach und naturverbunden. Wir hatten da keinen Strom und das Wasser zogen wir mit Eimern aus der Zisterne. Und natürlich gab es auch jede Menge Arbeit auf dem Land. Manchmal kam ich für 2 Wochen und habe 2 Wochen gearbeitet, Olivenbäume geschnitten und gegen das wuchernde Unkraut und die Brombeeren gekämpft, um beim nächsten Mal wieder von vorne anfangen zu können. Dieses Kulturland, die Erde, die Bäume haben etwas von mir gefordert und schon bald spürte ich bei aller Liebe zu den Pflanzen und zur Natur, dass ich doch einfach kein Olivenbauer bin, dass ich dieser Verantwortung nicht gerecht werden kann. Ich spürte ganz klar, dass man, wenn man so ein Stück Land beleben will, dort auch für längere Zeit leben muss und nicht nur urlaubsmäßig vorbeikommen kann.

Also muss ein größeres, winterfestes Haus für die Familie gebaut werden. So ein Projekt ist für einen Ausländer, der nicht italienisch spricht, in Süditalien nicht einfach zu realisieren. Ich hatte zwar einen Italienischkurs auf der Volkshochschule in Grünwald belegt, jedoch meine Fortschritte waren bescheiden, unter anderem auch, weil meine Freunde in Italien alle deutsch sprachen.

Das Projekt Hausbau starb dann an dem Tag, an dem mir Mikele einen Polizisten vorbeischickte, der mir bei dem Projekt behilflich sein sollte. Da stand der Polizist in voller Uniform vor mir und fragte mich allen Ernstes tatsächlich als erstes, wie ich denn bauen möchte, und zwar, ob legal oder illegal oder mezzo mezzo, das heißt, so halb legal. Da wusste ich, dass ich mich auf dieses mafiöse Spiel von Freundschaft und Berechnung, von

Gefälligkeiten, Bestechungen und Verpflichtungen der Ehre nicht einlassen kann.

Der Hausbau ist gestorben. Gottseidank habe ich für die Betreuung des Olivengartens einen benachbarten Bauern gefunden, der mein Land mitbestellt und dafür natürlich den Großteil der Olivenernte bekommen hat. Der Traum vom Leben in Italien ist immer mehr in den Hintergrund getreten. Wir sind dann fast gar nicht mehr hingefahren und das Projekt Olivenberg geriet in Vergessenheit.

Familienleben 3

Mein alter Freund Thomas brachte mich auf die Idee, mir selbst Zuhause in Grünwald im Garten ein Atelier zu bauen. Der Garten war in der Tat groß genug und ich glaube, das war ein guter und sinnvoller Ersatz für den Hausbau in Italien. Ein Kind zeugen, einen Baum pflanzen und ein Haus bauen, das war jetzt Teil drei und das war gut so. Meine Frau war mehr im Haus, die Hausfrau eben und ich konnte mich weit hinten im Garten austoben und einen Anbau an die Garage entwerfen: Ein Atelier, ein Raum für alle und alles, für Meditationen und Feste und natürlich für mich und die Kunst.

Kaum war der Entschluss gefallen, da kam auch schon von diversen Seiten Unterstützung und Material. Ein Bekannter zum Beispiel, der seinen alten Bauernhof abreißen ließ, vermachte mir aus ebendiesem Unmengen wunderbarer alter Balken und Bretter. Türen kamen aus der Nachbarschaft und aus der Glasplatte unseres Wohnzimmertisches wurde ein Fenster. Es wurde ein bizarres Bauwerk, irgendwie windschief, mit wenigen rechten Winkeln, aber doch originell und für meine Augen ein klares Kunstwerk und wunderschön. Diese Bauzeit hat mich schon ziemlich in Anspruch genommen, sowohl körperlich wie emotional. Aber auch intellektuell war ich gefordert, denn so vieles, was ich da tat, hatte ich ja noch nie vorher gemacht und musste oft lange überlegen. Selbst nachts noch im Halbschlaf sah ich Balken vor mir und suchte nach Lösungen, wie man sie am besten miteinander verbinden könnte.

Ich hatte keinen Druck, außer dem, den ich mir selbst gemacht habe. Deshalb habe ich immer nur gebaut, wenn ich Zeit und Lust hatte. So hat mich diese Baustelle lange begleitet und das Atelier war nicht in ein paar Monaten fertig, sondern hat mehrere Jahre gedauert.

Erstaunlich war, dass, als mein Atelier fertig war, auch meine Ambitionen, künstlerisch tätig zu sein, fast verschwunden waren. Eigentlich hatte ich es gebaut, um nicht mehr in der Garage schnitzen zu müssen und um dann richtig loslegen zu können, aber dem war nicht so. Die Luft war raus und ich habe nur noch wenige Bilder und Skulpturen gemacht für eine letzte Ausstellung und dann ging eine Phase zu Ende und etwas Neues begann. Irgendwie fand ich dieses Atelier auch einfach zu schön, um es als Werkstatt zu benützen oder es mit Farben zu verschmieren.

Es wurde meine Praxis und der Ort für Sufiabende und Meditationen. Und wir haben Weihnachten mit den Kindern dort gefeiert und Feste und Geburtstage und mein Sohn seinen 18 Geburtstag. Da ist es ziemlich zugegangen, so wie es eben ist, wenn Teenager feiern. Selbst mein Sohn war entsetzt, wieviel es die Tage danach aufzuräumen gab. Im Grunde hatten so an die 50 – 100 Jugendlichen Haus, Garten und Atelier verwüstet. Ich habe mitgefeiert. Es war herrlich, wenn man seine Vorstellungen von gutem Benehmen losläßt, und es hat mich sehr an meine Jugend erinnert.

Ja, so sind die Kinder allmählich herangewachsen. Und natürlich waren sie auch immer wieder krank. Glücklicherweise hatten wir einen Kinderarzt, der das Impfen sehr kritisch sah und als Geschäftsmodell von Big Pharma, welches Kindern oft mehr schadet wie nützt. Er hatte ein großes Talent die Dinge zu entdramatisieren und damit immer alle zu beruhigen, was jegliche Heilung immer enorm beschleunigte.

Einmal war ich mit meinem Sohn allein zuhause. Er war krank und sein Fieber stieg und stieg auf über 41 Grad und er war rot wie ein Krebs und schien jeden Moment zu explodieren. Ich hatte richtig Angst um ihn und lag neben ihm im Bett und wusste nicht mehr, was ich tun sollte und war nahe daran den Notarzt zu rufen. Da bemerkte ich plötzlich, wie sehr ich ihm durch meine Angst schadete, wie sehr diese, meine Angst um sein Leben ihn schwächte. Durch die Erkenntnis dieser Tatsache richtete ich mich auf und verband mich mit dem Wesen dieses kleinen Menschen und sah, dass in ihm das pure Leben war. Es war das Leben, das leben will und leben wird und dann war klar, dass er leben will und leben wird. Ich spürte wieder jenes fraglose Vertrauen und die Kraft, die sich damit auch auf ihn übertrug. Es war schon erstaunlich, denn es hat wohl kaum eine Stunde gedauert und er lächelte wieder und ist friedlich eingeschlafen. Wie gut, dass ich ihm so den Notarzt ersparen konnte.

Auch unsere Tochter war die ersten Jahre oft krank. Vor allen Dingen hatte sie einen furchtbaren Ausschlag, hauptsächlich im Gesicht. Sie sah schrecklich aus, wie ein Streuselkuchen und hat gelitten und wir, die Eltern, mit ihr. Was wurde nicht alles ausprobiert, um ihr Linderung zu verschaffen. Die verschiedensten Therapien, Salben und Ernährungsmethoden wurden eingesetzt, sowie auch die Homöopathie, mit der sich meine Frau gut auskannte. Aber nichts hat geholfen. Bis wir auf die Idee kamen, dass die stärkste Medizin immer noch keine Medizin ist. Wir ließen sie und ihren Ausschlag also einfach in Ruhe. Wir waren im Vertrauen darauf, dass unsere Tochter innerliche Schwerstarbeit verrichtete und dass ihre Seele eben genau so etwas zum Ausdruck, zum Ausschlagen brachte, womit sie ihr unbewusstes, vielleicht uraltes mitgebrachtes Thema ausschwitzte, sich davon befreite und eben selbst heilte. Und so war es dann auch. Irgendwann, es hat schon ziemlich lange gedauert und Geduld ist ja immer eine besonders wichtige Übung, war dann der Ausschlag verschwunden und sie hatte wieder ihr hübsches, strahlendes Gesicht.

In der Erziehung ist es vielleicht mit das Wichtigste, dass wir unseren Kindern vertrauen, dass wir ihnen etwas zutrauen und an sie und ihre einmaligen Fähigkeiten und Talente glauben. Das heißt, wir geben ihnen Rückendeckung und geben den Weg, der vor ihnen liegt, frei, denn den müssen sie selbst finden. Es ist ihr Weg und weil wir diesen, ihren Weg nicht kennen, sollten wir uns am besten so wenig wie möglich einmischen.

Und wohl mindestens genauso wichtig ist es in der Erziehung, dass wir begreifen, dass nicht nur wir unsere Kinder erziehen, sondern sie auch uns. Sie sind die Zukunft, sie sind die Pfeile und Botschafter für etwas, was wir nur vorbereiten dürfen. Das bedeutet auch, dass wir zulassen müssen, dass sie uns die Welt vermitteln, wie sie sie durch ihre Augen sehen. Sie lehren uns nicht nur Geduld, Einfühlungsvermögen, Vertrauen, Klarheit, Strenge und Konsequenz, sondern auch, dass wir das, was wir von ihnen erwarten oder erhoffen, ihnen vorleben müssen. Es gibt keine besseren Lehrer, doch dazu müssen wir begreifen, dass wir selbst Schüler sein dürfen, indem wir sehen, dass wir selbst noch Kinder sind und wie kindisch und unreif wir uns selbst doch so oft in dieser Welt verhalten.

Der Kindergarten dann ändert schon so manches für die Kinder und schafft natürlich Raum für die Eltern. Es ist aber auch in vielen Familien der Beginn des permanenten Fahrdienstes. Man chauffiert die Kleinen in den Kindergarten, in die Schule, in den Turnverein, zur Klavierstunde, zum Kindergeburtstag und zu Freunden und holt sie dann auch wieder ab. In Grünwald gingen die Kinder kaum einen Weg allein und es hat einige Zeit gedauert, bis ich mich erinnert habe, dass das in meiner Kindheit noch ganz anders war. Ich bin allein bei Wind und Wetter über die Felder in die Schule gegangen und zum Spielen sind wir damals einfach auf die Straße, da hat man andere Kinder getroffen und da draußen in der Welt war unser großer Abenteuerspielplatz. So ändern sich die Zeiten. Meine Eltern hatten ja auch anfangs noch gar kein Auto gehabt. Und überhaupt haben wir damals noch mit großen Augen geguckt, wenn überhaupt mal ab und zu ein Auto zu sehen war.

Einmal, als die Frage im Kindergarten aufkam, ob mein Sohn am Vormittag oder am Nachmittag kommen soll, sagte ich, dass ich ihn da am besten selbst fragen möchte. Das fanden die Erzieherinnen und auch andere Eltern ganz unangemessen und meinten, wie ich denn nur eine so wichtige Entscheidung einem Kind überlassen könne. Ich habe ihn trotzdem gefragt und er hat gesagt am Nachmittag. Da haben sie geschaut und ich habe gesagt, da seht ihr es, er kommt am Nachmittag.

Und dann kommt irgendwann die Schule und der Ernst des Lebens beginnt, wie man immer so gesagt hat. Es liegt in der Natur des Menschen, etwas lernen zu wollen. Man braucht im Grunde niemanden dazu zu zwingen, denn das tun speziell die Kinder ganz von selbst. Und doch beginnt jetzt eine gewisse Disziplin und dann ja auch schon die Vorbereitung und der Übergang auf das Gymnasium.

Hausaufgaben gehören nun mal dazu und sind Pflicht und ich habe auch gerne Lehrer gespielt. Das war in meiner Kindheit schon ein beliebtes Spiel mit den anderen Kindern. Und dieser Lehrer war immer auch autoritär, so habe ich es in meiner Kindheit erfahren. Da waren Lehrer noch sehr streng und da gab es auch noch Ohrfeigen oder mit dem Lineal einen Klaps auf die Finger, wenn wir nicht brav waren.

So habe ich dieses Spiel bei den Hausaufgaben auch mit meinen Kindern gespielt und natürlich war ich da der Lehrer. Und ich habe gerne den lustigen oder auch den strengen Lehrer gespielt und hatte einen Riesenspaß dabei, jedoch meine Kinder gar nicht, sondern ganz im Gegenteil. Eigentlich wollte ich ja nicht nur mir, sondern auch ihnen eine Freude machen und ihnen bei den Hausaufgaben helfen, aber das kam leider gar nicht gut an und ich habe gottseidank eingesehen, dass ich ihnen die Freude am Lernen nahm und habe es aufgegeben. Sie konnten dann ihre Hausaufgaben wieder selbst und in Eigenverantwortung machen, das war besser für sie und auch für mich.

Das waren schöne und interessante Jahre und man kann sagen, dass unsere Kinder, wie es sich eigentlich auch gehört, so ziemlich der Mittelpunkt des Geschehens waren. Es kam dann auch die Zeit, als meine Frau wieder arbeiten wollte und erst nur ein paar Tage die Woche halbtags außer Haus war. So wuchs ich allmählich immer mehr in die Rolle des Hausmannes hinein. Das war gut für mich und eine Chance meine weiblichen Qualitäten weiterzuentwickeln. So ganz geheuer war mir die Sache allerdings auch wieder nicht, aber die Umstände brachten es mit sich und ich bin ja prinzipiell immer für Neues zu haben.

Ich besuchte auch die Elternabende im Kindergarten und in der Schule, wo selten mehr als ein zwei Männer anwesend waren und auch das war für mich als Quotenmann eine interessante Erfahrung. Die Grünwalder Mütter aus der gehobenen Bourgeoisie waren eine Welt für sich und sie waren auf ihre Art auch sehr bemüht und engagiert. Da wurden schon ein paar Jogurt Becher mit dem Jeep und 300 PS zum Wertstoffhof gefahren oder man versammelte sich, um beim Bürgermeister eine Beschwerde wegen der Errichtung eines Handymasten einzureichen. Lustig war jedoch, dass die Damen damals schon alle ein Handy vor sich auf dem Tisch liegen hatten und ich mir schon die Freiheit nahm, sie darauf hinzuweisen und dass da doch irgendetwas nicht stimmen könne.

Es gab viel zu lernen. Meine Tochter zum Beispiel entwickelte folgenden raffinierten Trick. Sie versteckte ihre Hefte einfach unter dem Bett und behauptete überhaupt keine Hausaufgaben zu haben. Kein Heft, keine Hausaufgaben, das war der Beweis und darauf musste ich erst einmal kommen.

Oder irgendwann bemerkte ich, dass meine Tochter es nicht mehr wollte, dass ich sie von der Schule abhole. Es war mir ein Rätsel, warum und es hat lange gedauert, bis sie mir verraten hat, dass das Auto, das ich fuhr, peinlich war. Ich fand es toll. Es war ein älterer Mercedes, den uns der Schwiegervater vermacht hatte. Allerdings sah ich dann doch ein, dass es eine ziemliche „Türkenkutsche" war und diese es mit den anderen Limousinen vor der Schule nicht aufnehmen konnte. Nun da war so vieles, was auftauchte und in der Entwicklung der Kinder wieder verschwand, so wie die Autos, an denen ich durchaus auch sehr hängen kann und die doch alt werden und einem Neuen Platz machen.

Mein Sohn hatte von Anfang an eine sportliche Ader. Ich glaube, er konnte kaum laufen, da war er schon im Fußballverein. Auch ich habe von klein an Fußball gespielt und jetzt hat es Spaß gemacht mit meinem Sohn zu spielen und ihn zu trainieren. Er wurde größer und immer besser und langsam ein Gegner, aber wenn wir auf zwei Tore gespielt haben, dann habe natürlich immer noch ich gewonnen. Ich wollte ihn auch nicht täuschen oder betrügen und einfach gewinnen lassen. Das hat ihn aber oftmals derartig wütend gemacht, dass wir fast das gemeinsame Spiel beenden mussten. Erst als ich ihm einmal erklärte, dass jetzt ich gewinne mit meinen längeren Beinen und meiner Erfahrung, aber dass sich das ziemlich bald ändern wird und dann wird er gewinnen und zwar immer. Und dann werden wir leider aufhören miteinander zu spielen, weil mir es dann zu anstrengend sein wird und für ihn nicht mehr interessant. Das hat er verstanden und wir haben weitergespielt, bis der Tag kam als er schneller war als ich. Mich hat das gefreut und ihn auch.

Jeder hat seine Talente. Bei meinem Sohn hat es genügt ihm einen Tennisschläger in die Hand zu drücken und ihm kurz zu sagen, wie das geht und dann hat es zirka eine Stunde gedauert und er konnte Tennisspielen. Meine Tochter hat gesungen, ohne dass es ihr jemals jemand gezeigt hätte, mit einer Stimme, die mir durch Mark und Bein ging, wie eine alte Bluessängerin. Als sie älter wurde, ist diese Stimme verschwunden, genau wie so ein ganz spezielles schauspielerisches Talent, das sie in den ersten Volksschulklassen noch hatte. Wo ist es hin? Wer weiß, vielleicht taucht es irgendwann wieder auf.

So ist mit den Kindern anfangs alles ganz gut gelaufen. Meine Ehe allerdings war aus den verschiedensten Gründen nicht unproblematisch.

Die Trennung

Claudia und ich standen einmal am Marienplatz in München vor dem „Kaufhaus der Sinne" mit Namen Beck und ich sagte zu ihr, dass sie den Laden einmal leiten wird. Ich weiß wirklich nicht, wie so etwas Absurdes aus meinem Mund kommen konnte, aber die Aussage hat bei Claudia den Punkt getroffen und ich glaube einen Weg, ein „es ist möglich" geöffnet.

Sie hat zuerst nur halbtags gearbeitet und dann ein gutes Angebot bekommen und mich gefragt, ob ich einverstanden wäre, dass sie jetzt ganztags arbeitet. Ich habe gezögert, weil ich wusste, dass dies tiefer gehen wird, als es scheint. Ich wusste instinktiv, dass das unsere Ehe auf eine harte Probe stellen würde. Es bedeutet, dass Claudia viel Geld verdienen wird und ich zuhause bin, sozusagen die Hausfrau, die dann kein Geld verdient. Ich war zögernd einverstanden und sagte Ja. Es war so naheliegend und für unsere finanzielle Situation nicht nur sehr günstig, sondern ein Segen.

Ich weiß noch, wir haben Mama dann immer morgens, wenn die Kinder zur Schule mussten, bei der Straßenbahn abgesetzt und ich habe mit den Kindern gesungen: Mama ciao, Mama ciao, Mama ciao ciao ciao, i bambini... dieses alte italienische Lied und das war wunderbar. Abends haben wir sie wieder abgeholt und alle waren glücklich. Claudia kam aus ihrer Geschäftswelt zurück zu ihren Kindern, die so wichtig für sie waren. Beruflich ging es bei ihr bestens voran. Obwohl sie von ihrer Ausbildung her Friseurin war, stieg sie doch auf ins Management und in die Führungsetage. Sie war gefragt und machte Karriere mit Zwischenstation Beck, wer hätte das gedacht, zuletzt dann bei der Firma Aveda, eine Firma, die international hochwertige und sehr teure kosmetische Produkte nach biologischen und ökologischen Kriterien herstellte. Sie begann zu reisen, war auf Fortbildungen in Amerika und es geschah das, was ich auch schon befürchtet hatte. Wir entfremdeten uns und der Rollentausch war auch für mich gar nicht so leicht zu verkraften. Wie behält der Hausmann seine Würde. Ganz tief sitzt da so ein archaisches Prinzip und das bedeutet, dass der Mann auf die Jagd geht und die Familie versorgt und nicht die Frau. Es war schon seltsam für mich, wenn wir im Restaurant waren und der Kellner mir die Rechnung reichte und ich sie dann zu meiner Frau schob, denn sie hatte jetzt das Geld. Sie war im Aufwind, ihr Selbstwertgefühl stieg und meines, obwohl ich gar kein schlechtes Selbstwertgefühl habe, sank.

Es war eine Zeit, in der es bei uns längst üblich war, dass Frauen arbeiten und Geld verdienen gingen. Dennoch war es in unserem Bekanntenkreis sowie in der Gesellschaft allgemein ein Thema. Und wie eigentlich immer alles, wurde es konträr diskutiert. Dass die Frauen ihr abhängiges Hausfrauendasein verließen, um ein selbstbestimmteres und freieres Leben zu führen, war gut. Auf der anderen Seite war da die Frage, warum kriegt man Kinder, wenn man gar keine Zeit für sie hat. Vielleicht sollte man es dann lieber lassen. Für die Männer war es eine gesunde Erfahrung, einmal alles das zu machen, was sonst die Frauen gemacht haben. Man sieht dann, wie anspruchsvoll es ist, einen Haushalt zu führen und Kinder zu erziehen und dass da kaum mehr Zeit bleibt für einen selbst. Außerdem ist es so gut für den Mann seine verschütteten, fürsorglichen, weiblichen Seiten zu entdecken - speziell für den klassischen Macho eine gute Übung.

Jedoch es entsteht Verwirrung. Die Rollen sind nicht mehr klar definiert, so wie es seit Menschengedenken war. Jeder macht jetzt alles und keiner hat mehr so recht seinen eigenen Bereich. Mann mischt sich überall ein und alles vermischt sich. Eine gewisse Klarheit und Identifikation gehen verloren.

Aber die Frau will einen Mann und kein Weichei und natürlich auch keinen Macho mehr. Dies sind schwierige Umstände und Bedingungen für das männliche Geschlecht, denn wie ist man denn nun richtig. Der Mann wiederum möchte eine Frau und nicht einen gut funktionierenden, rationalen und ehrgeizigen Ernährer. Die Frau wiederum bekommt Probleme mit ihrer Weiblichkeit und sieht sich immer mehr als Mann in dieser männlichen Geschäftswelt. Claudia sagte einmal wortwörtlich zu mir, dass sie gar nicht mehr so genau wisse, ob sie ein Männchen oder ein Weibchen sei.

Diese alten archaischen Strukturen lassen sich nicht so einfach und ungestraft über den Haufen werfen. Und keiner braucht zu glauben, dass Geld keine Rolle spielt und der Rollentausch und seine Wirkung wird leicht unterschätzt, auch wenn er gerade in Mode ist und die Männer auch mal gerne die Küchenschürze umbinden. Und doch ist es mehr wie eine Mode, es bedeutet nämlich, Mann und Frau in eine neue Balance zu bringen. Es geht darum, eine Beziehung auf Augenhöhe möglich zu machen, eine Jahrtausende lange Abwertung der Frau, ein Patriarchat zu beenden und dafür lohnt es sich zu kämpfen. Es ist ein langwieriger und schwieriger Prozess. Dieser treibt äußerlich seltsame, manchmal fast lächerliche Blüten, wie: man schreibt jetzt die/der Mensch mit Querstrich, aber in der Tiefe bedeutet es, dass die Frau ihre männlichen Yang-Aspekte und Qualitäten würdigt und lebt und der Mann seine weiblichen Ying-Anteile.

Der Mann verliert unter Umständen als Hausfrau seine Männlichkeit und Attraktivität und die Frau als harter Macher und Kämpfer draußen in der Welt ihre Weiblichkeit, ihr Weiches und Zartes. Das mag nicht nur seine Auswirkungen auf das gemeinsame Schlafzimmer und die Sexualität haben, sondern auch auf die Scheidungsraten in unseren modernen Zivilisationen.

Ich weiß jetzt wieder, was wir uns bei unserer Hochzeit im Camp versprochen haben, und zwar 100% Bindung und zugleich 100% Freiheit. Das gefällt mir heute noch gut, aber es ist Theorie und keine Theorie kann uns sagen, wie es in der Praxis aussieht. Das ist ein Ideal, das wir anstreben können, aber wir sind Menschen und deshalb menschelt es an allen Ecken und Enden.

Claudia hatte auch einmal gesagt, dass, wer das alles, solche Ehekrisen, Kinder, sterbende Omas und Hunde und so weiter übersteht, der schafft alles, aber so war es leider nicht.

Claudia war oder besser ist ja ein großartiges Medium und ein guter Kanal. Wir haben dann in den immer komplizierter werdenden Krisenzeiten wiederholt die geistige Welt zu Rate gezogen. Diese Sitzungen, bei denen ich Claudia, die in leichter Trance war, Fragen zu unserer Situation stellte, waren immer hilfreich. Jedoch, das darf man dabei nicht übersehen, geht es da in die Tiefe und der Teppich wird gelüftet und was dann zum Vorschein kommt, das wollte man ja lange gar nicht sehen, weil es zu schmerzlich ist. Diese Sitzungen führten uns in unser aller Karma.

Ich glaube, es war die letzte Sitzung, die wir gemacht haben, als durch Claudia unsere karmische Familiengeschichte enthüllt wurde. Es war erstaunlich und erschreckend und betraf Claudia, mich und unsere beiden Kinder. Wir kannten uns alle schon lange und waren auf fatale Weise miteinander verstrickt. Ich kann das hier nicht im Detail berichten, denn ich finde es ist zu privat, zu persönlich und zu intim.

Wir waren wie vor den Kopf gestoßen. Es war unglaublich, aber zugleich auch so stimmig und konnte gar nicht in Frage gestellt werden. Diese Informationen trafen auf eine tiefe Wahrheit in uns. Wir waren erschüttert und wir fragten uns, wie wir denn jetzt nur zusammen weiterleben sollten. Es war klar, dass wir das unseren Kindern erstmal auf gar keinen Fall erzählen würden und vielleicht auch nie. Vielleicht würde es gar nicht mehr nötig sein und wozu sich dann noch mit den alten Geschichten abgeben, dies verwirrt mehr, als es nützt.

Vielleicht war es ja auch die Chance, jetzt dies alles, die Schuld, die Aggressionen und die alten Konditionierungen aufzulösen. Dies ist in so einer Reisegruppe auch erst dann möglich, wenn es ans Licht kommt. Das Modell der Wiedergeburten in immer wieder der gleichen Gruppe mit wechselnden Rollen, Opfer wird Täter und umgekehrt, ist sehr plausibel und erklärt vieles, wenn nicht alles. Dieses Model ist nicht jedermanns Sache, aber für uns gab es keinen Zweifel.

Die Frage war jetzt, wie mit diesem Wissen umgehen oder damit weiterarbeiten. Dies musste jeder für sich tun, eine gemeinsame Zusammenarbeit war nicht mehr möglich. Wir entfernten uns immer mehr voneinander und zwischen uns entstand etwas wie eine unsichtbare Wand, die uns in jeder Hinsicht trennte. So lebten wir eine Zeitlang nebeneinander her, bis ich es nicht mehr aushielt. Ich hatte und habe ein starkes Harmoniebedürfnis und dieses ließ so ein Zusammenleben nicht länger zu. Ich hatte das Gefühl handeln zu müssen und entschloss mich dazu, Claudia für einige Zeit in meine Stadtwohnung zu bringen.

Es war hart als ich sagte, pack deine Koffer, du musst für einige Zeit ausziehen. Da kannst du mal über alles nachdenken und schauen, was du eigentlich willst. Für Claudia war es der Rauswurf und in der Tat war es ja schon sehr machoartig, eine Machtdemonstration und natürlich irgendwie auch überheblich. Aber das war ich mir damals als Mann schuldig. Ich konnte mir nicht anders helfen und es war ein Versuch und vielleicht dachte ich auch, dass es sie zur Vernunft bringen würde. Beim ersten Mal, bei der Russenaffäre, hatte es ja auch geklappt. Damals war es richtig und es hat etwas in Bewegung gebracht. Heute bin ich da nicht besonders stolz darauf und es tut mir fast leid, aber es war der Weg.

Als ich sie in München in der Wohnung absetzte, sagte ich noch, dass das ja nur für eine Zeit sei und dass wir uns vielleicht in zwei Wochen wieder treffen sollten, um über alles zu sprechen. Das ist bei ihr gar nicht angekommen, sie war unter Schock und natürlich war es für sie auch die schmerzliche Trennung von den Kindern.

Es war gut, dass ich diese Wohnung in der Stadt niemals aufgegeben habe. Sie war perfekt, schön, ruhig und optimal gelegen. Auch war jetzt ihr Weg in die Arbeit nicht mehr so lang und Claudia hatte endlich mehr Zeit für sich, so dachte ich, denn über Zeitmangel hatte sie sich mit Recht oft beschwert, seit sie wieder arbeiten ging.

Dann bin ich nach Hause gefahren, ich glaube, meine Tochter mit ihren 11 Jahren war mit dabei. Es war ein komisches, aber auch befreiendes Gefühl. Ich tat dies ja in der Hoffnung darauf, dass alles wieder gut werden würde. Trotzdem war alles schrecklich. Jetzt war ich mit den Kindern alleine in Grünwald.

Die Zeit bis zur Scheidung

Erstmal machte es für mich keinen so großen Unterschied. Ich war der Hausmann, kümmerte mich um die Kinder und alles Drumherum. Claudia war auch vorher schon die meiste Zeit weg gewesen. Dennoch war ich in der Erwartung auf Claudias baldige Rückkehr in ihre Familie, denn sie wurde von uns allen dreien sehr vermisst.

Nach zwei oder drei Wochen ist Claudia dann aufgetaucht. Ich habe mich gefreut und auf einen entschlossenen Neuanfang gehofft und dass es wieder eine glückliche Familie geben wird und wir gemeinsam unsere Kinder großziehen. Jedoch teilte mir Claudia mit, dass sie beschlossen habe, nicht mehr nach Hause zu kommen. Dann ist sie wieder gefahren und ich saß da und war echt am Ende. Wie sollte das gehen, ich mit den beiden Kindern ohne die Mutter. Ich fühlte mich total verlassen und es begann wohl die schwierigste und depressivste Zeit in meinem Leben.

Ich war in vielerlei Hinsicht völlig überfordert. Jedoch das schlimmste war das Gefühl ungeliebt zu sein, das Gefühl der völligen Verlassenheit. Ich kannte das Gefühl schon von früher, aber in dieser Stärke war es eine unheimliche Herausforderung und ich wusste, dass es die Chance war, eine tief in mir sitzende Wunde zu heilen. Dieses Gefühl der Einsamkeit war durch meine Ehe gut kaschiert worden und jetzt war die Wunde offen und blutete wieder. Im Grunde war es ein Geschenk der Götter und meine große Chance.

Ich habe in den nächsten Jahren unzählige Sitzungen betreffend dieses Thema mit mir selbst gemacht und bin tiefer und tiefer gegangen in mein Karma, in meinen Emotionalkörper und in mein Herz und bin fündig geworden. Ich habe die verschiedenen Aspekte kontempliert und wieder schmerzlich durchlebt, bis sich allmählich Heilung einstellte. Viele ungeweinte Tränen sind in dieser Zeit geflossen. Es war ein zäher Prozess, aber ich war auch zäh und ich habe immer weitergemacht. Es gab kein Aufgeben und Leidensdruck kann dafür ein guter Motor sein, bis wieder auftaucht das Licht am Ende des Tunnels. Und wie gesagt, es hat Jahre gedauert, bis dann ganz unspektakulär sich alle Dramatik und aller Schmerz in mir aufgelöst hatten.

Neben diesem Prozess galt es natürlich den Alltag zu bewältigen. Die Kinder haben fast 3 Jahre bei mir gewohnt. In dieser Zeit ging es mit den beiden schulisch kontinuierlich bergab. Ich habe alles versucht, jedoch erfolglos. Ihre Leistungen wurden immer schlechter. Beide sind durchgefallen und mussten schlussendlich die Schule verlassen. Eine Katastrophe jagte die nächste.

Sie waren beide anfangs auf demselben Gymnasium. Meine Tochter geriet dort, aus was für Gründen auch immer, in Schwierigkeiten und wurde unnahbar und unberechenbar. Mit mir hat sie wochenlang nicht mehr gesprochen, bis ich sie einmal gefragt habe, was das soll und dass mir das wehtäte. Darauf antwortete sie, dass sie das wisse und dass es mir wehtun soll. Ich muss sagen, Respekt, das ist ihr gelungen. Ihr großer Bruder war in dieser Zeit auch keine große Hilfe. Vieles habe ich damals auch gar nicht mitbekommen oder erst viel später entdeckt.

Kinder beginnen sich in der Pubertät oft zu verschließen, hören auf sich mitzuteilen. Sie wollen ihr eigenes finden und machen und das ist ja auch gut so. Man weiß es zwar und doch ist man auf diese Phase nicht wirklich vorbereitet. Anfangs bemerkt man das gar nicht, wenn die Kinder immer mehr in ihre eigene Welt eintauchen und um sich diesen Prozess zu erleichtern, wenden sie sich erstmal von der Welt der Eltern ab. Man kann dann sagen, was man will, es wird nicht gehört, es geht zum einen Ohr rein und zum anderen wieder hinaus.

Mein Sohn wiederum war auf seiner eigenen Entdeckungsreise. Er war mit den verschiedensten Cliquen von Jugendlichen unterwegs, um Erfahrungen zu machen, von denen man findet, dass diese die Eltern nichts angehen und sie es auch gar nicht zu wissen brauchen. Verbote haben zu dieser Zeit nicht viel genützt. Vermutlich nützen sie sowieso nie wirklich und nachhaltig in positiver Weise. Hinzu kam die Spielsucht am Computer mit World of Warcraft. Es war die Zeit als der Computer seinen Siegeszug antrat und in jedem Haus und in jedem Kinderzimmer einzog. Ich habe den Computer aus dem Fenster geworfen oder zum Nachbarn in den Keller gestellt, es hat nicht geholfen. Es hat ziemlich lange gedauert, bis er eines Tages mit einer neuen Erkenntnis die Treppe heruntergelaufen kam und Papa, Papa rief und mir sagte, dass er computersüchtig sei. Er sagte, dass er einen Test im Internet gemacht habe, und das Ergebnis war: computersüchtig. Ich sagte, dass ich ihm das doch schon seit Monaten erzählen würde, aber dass ich froh sei, dass er, wenn schon nicht mir, dann doch wenigstens dem Computer glaubt. Irgendwann später hat er dann ganz von selbst mit den Computerspielen wieder aufgehört.

Die Kinder leiden vielleicht am meisten unter dem Zerbrechen der Familie und unter der Disharmonie zwischen Vater und Mutter. In der hochsensiblen Phase der Pubertät plus Ehekrise leiden alle Beteiligten. Es war zeitweise die Hölle und ein Kampf an allen Fronten. Ich war ausgezehrt und fertig und hatte auch Aggressionen gegen meine Frau und ihren Verrat, wie ich fand. Hatten wir nicht geheiratet und uns ein Versprechen, ein Ehegelübde gegeben. Da waren meine Aggressionen und zugleich immer noch meine Hoffnung, dass Claudia zurückkommt. Ich konnte nicht wirklich loslassen. Ich fühlte mich so sehr mit der Mutter meiner Kinder verbunden.

Meine Tochter hat sich immer mehr zurückgezogen und hatte wohl auch irgendwie Angst vor mir, denn ich glaubte einfach auch streng sein zu müssen, damit mir nicht alles entglitt. Aber sie hat einfach nur Mama gebraucht. Einmal sagte ich ihr in meinem unerschütterlichen Glauben, dass alles wieder gut wird, dass ich die Mama schon wieder heimholen werde. Da antwortete sie, dass ich doch nicht so ein Getue machen soll und dass in ihrer Klasse alle Eltern geschieden sind. Das hat mich fast noch trauriger gemacht, denn das, was einmal normal war, nämlich eine intakte

Familie, war jetzt schon die Ausnahme. Ich fand das erschreckend. Sie wollte nicht mehr bei mir wohnen, sie wollte zur Mama.

Mein Sohn war ebenfalls nicht gerade einfach und er sagte einmal, dass er, wenn ich ihm etwas verbieten würde, er es erst recht machen müsse. Wie hilfreich, welch eine Ironie und am besten mit Humor zu beantworten. Und ich sagte mal zu ihm, dass ich hoffe, dass er in der Pubertät nicht genauso schlimm werden wird wie ich, denn ich war in dieser Zeit wahrlich auch ein unmöglicher Sohn gewesen. Er war allerdings, fand ich, eine würdige Herausforderung für mich. Ödipus lässt grüßen! Das war dieser Kampf zwischen Vater und Sohn, dieser Kampf, der in irgendeiner Form stattfinden muss und soll, aber nicht so wie bei Ödipus, wo der Vater ja getötet wird. Ich spürte, dass das mit meinem Sohn nicht gutgehen würde und dass etwas geschehen musste.

Und das bahnte sich auch an, als Claudia eine große Wohnung in München gefunden hatte und klar war, dass unsere Tochter zu ihr ziehen wird. Unser Sohn wollte eigentlich nicht mitziehen, sondern in Grünwald bei mir bleiben und damit auch in seinen Freundeskreisen. Ich wusste, dass diese Freundeskreise gar nicht gut für ihn waren und dass er da unbedingt wegmusste. Es war hart, aber ich beschloss, dass er auch mit zur Mutter ziehen muss. Claudia war das sowieso lieber, hatte sie dann doch endlich wieder beide Kinder bei sich.

Also kam der Tag des Auszugs der Kinder. Das war der nächste Schlag. Es war hart. Claudia kam mit einem Umzugswagen und Freunden, unseren Trauzeugen, und sie haben das Haus ausgeräumt, in erster Linie natürlich die Kinderzimmer und dann sind sie alle gefahren. Es war ein schrecklicher Moment, diese Leere im Haus. Da saß ich und hätte jaulen können wie die Wölfe in den einsamen Nächten in der Einöde eines erbarmungslosen Lebens.

Was sollte ich da nur, alleine in einem viel zu großen Haus mit einem riesigen Garten? Alles in Schuss halten, nur für wen? Den Rasen mähen für niemanden, der darauf herumtollen würde, es war absurd. Jetzt hatte ich viel Zeit, war viel an der Isar und mit Freunden unterwegs. Auch musste ich mich beruflich neu orientieren und mir etwas einfallen lassen.

Es waren einsame Zeiten. Einmal, es war Weihnachten, Heiliger Abend, stand ich auf der Straße in München und habe hochgeguckt auf die erleuchteten Fenster der Wohnung, wo jetzt Claudia mit den Kindern feierte. Ich konnte nicht mit dabei sein und fühlte wieder dieses Gefühl, das ich so gut schon aus meiner Kindheit kannte, das Gefühl nicht dazugehören zu dürfen. Es war auf seine Art so intensiv und extrem, dass es auch schon wieder schön war und phantastisch.

Die Kinder haben sich bei ihrer Mutter erstaunlich schnell wieder stabilisiert. Sie gingen wieder in neue Schulen in München und haben gelernt. Mama hat weniger mit Verboten gearbeitet, sondern grünes Licht gegeben und ihnen erlaubt, was für sie wichtig war. Das war offensichtlich die bessere Strategie. Erstaunlich, was Verbote so bewirken können, beziehungsweise eben nicht bewirken. Ich war auf der einen Seite so froh, dass die Kinder bei der Mutter waren und auf der anderen Seite wollte ich sie natürlich alle bei mir haben.

Ich kann so stur sein und hatte immer noch nicht losgelassen und habe immer noch um meine Frau gekämpft. Und tatsächlich kam sie nach über einem Jahr plötzlich völlig verwandelt zu mir und wollte doch wieder heim nach Grünwald. Ich bekam sogar den Schlüssel ihrer Wohnung. So war sie, manchmal ziemlich unberechenbar. Ich habe mich natürlich gefreut und doch hat es irgendwie nicht mehr so ganz gestimmt. Wir wollten dann noch das Haus in Grünwald umbauen, hatten schon Pläne vom Architekten machen lassen und alles schien wieder gut zu werden. Es schien wie ein Sieg meiner Hartnäckigkeit und meines Glaubens an unsere Ehe. Doch dann, genauso plötzlich, machte sie wieder einen Rückzieher. Es war so dieses altbekannte hin und her. Dieses Mal hat es aber nicht mehr so wehgetan. Irgendwie war ich sogar erleichtert und froh. Es hätte auf mich mehr wie ein Schritt zurück gewirkt, als wie ein Schritt voran. Ich spürte, dass ich meinen Weg alleine finden muss, dass ich voran muss, dass es kein Zurück gibt, dass ich frei werden muss und mich befreien muss aus dieser Abhängigkeit von meiner Familie.

Ich zog mich also wieder nach Grünwald zurück und es begann eine Zeit des Rückzuges. Ich wurde da draußen fast ein wenig weltfremd und selbst nur einen Besuch in der Stadt oder am Flughafen fand ich schon stressig. In diesem Rückzug reiften die verschiedensten Aspekte in mir und ich bereitete mich darauf vor, doch dies ist dann ein nächstes Kapitel.

Die endgültige und offizielle Scheidung der Ehe war erst in einigen Jahren. Claudia war dann schon in einer neuen Beziehung. Die Scheidung war einfach, weil wir uns einig waren. Keiner hatte Forderungen an den anderen. Dennoch musste ich einen Pflichtverteidiger nehmen. Es war eine Farce, denn ich teile dem Gericht mit, dass ich mit allem einverstanden bin, was Claudia sagt. Das sind die bizarren Regeln dieser Prozedur und unserer Kultur.

Man sollte aber die offizielle Seite, die ja auch eine Art Ritual oder Zeremonie ist, nicht unterschätzen. Auf jeden Fall war es etwas sehr Definitives als der Richter mit dem Hammer auf den Tisch schlug und sagte, hiermit, im Namen des Gesetzes, ist diese Ehe geschieden. Seltsamerweise begann ich erst jetzt, mich langsam frei zu fühlen. Ich hatte mich immer auch an mein Wort, mein Eheversprechen gebunden gefühlt. In guten, wie in schlechten Zeiten, das habe ich ernst genommen und ich habe dafür gekämpft bis zum Schluss. Jetzt war es vorbei.

Claudia hatte mich gerettet, und zwar zwei Mal, einmal, als sie mich geheiratet hat und einmal, als sie sich scheiden ließ. Ich danke ihr sehr für alles und natürlich am meisten für unsere Kinder.

Neue Wege – neue Wunder

Vertrauen

Die Zeiten waren nicht einfach und niemand wird mir vermutlich widersprechen, wenn ich sage, dass das Leben ein beständiger Kampf ist. Um von diesem äußeren Kampf nicht aufgerieben zu werden, ist es nötig, zu erkennen, dass dies die Natur des äußern Lebens ist. Es gibt ja auch den inneren, spirituellen Kampf, welcher ein Durchschauen und Veredeln des Egos ist.

Den äußeren Kampf werden wir gewinnen, wenn wir ihn nicht zu ernst nehmen, aber auch nicht zu leicht. Die richtige Einstellung ist entscheidend. Wir müssen wissen, wo wir kämpfen, durchhalten und zielgerichtet sein müssen und wo wir nachgeben, loslassen und aufgeben müssen. Erfolglosigkeit in der Welt kann nicht mit spirituellen Erfolgen kompensiert werden. Das heißt, Ziele, die wir uns gesteckt haben, müssen wir auch erreichen. Man kann nicht voranschreiten mit unerfüllten Wünschen und unbezahlten Rechnungen. Wenn es uns gelingt, die anstehenden Aufgaben anzunehmen und mit dem Fluss der Ereignisse mitzugehen, anstatt dagegen anzukämpfen, dann werden sich die Dinge erfüllen, die nötig sind, um den Weg freizumachen in die geistigen Sphären eines bedingungslosen Daseins.

Einer meiner Lieblingssprüche aus der Welt der Sufis war immer folgender: „Vertraue auf Gott, aber binde dein Kamel fest." Vertrauen öffnet uns und wir sehen positiv in die Zukunft. Vertrauen und mit wachen Sinnen die Chancen erkennen, die das Leben anbietet, das ist die eine Seite und sie auch beim Schopfe packen, was uns keiner abnehmen kann, das ist die andere Seite. Das heißt, wir müssen tun, was wir können und natürlich immer unser Bestes geben. Was wird Gott wohl sagen, wenn wir uns beschweren, weil wir ja vertraut haben, aber unser Kamel weggelaufen ist? Ich denke, er wird sagen, warum hast du es denn nicht angebunden!

Vertrauen heißt sicher nicht, die Verantwortung abzugeben. Es ist ein seltsames Wort. Ein steckt ein trau dich darin und das heißt, sei mutig und nicht feige. Jedoch Mut funktioniert nicht ohne Vertrauen. Und es steckt in diesem Wort ein jemandem trauen darin, das heißt, bereit zu sein sich auf jemanden zu verlassen.

Nur wem können wir schon trauen? Auf die Menschen und das kann man an jeder Ecke beobachten, ist oft nur selten Verlass. Auf Gott, nun wer soll das denn sein, den hat noch keiner gesehen und wenn man sich die Welt anschaut, dann sieht es nicht so aus, wie wenn er die Sache im Griff hätte, eine Katastrophe jagd die nächste. Oder auf die Natur, nur die ist auch völlig unberechenbar und beweist es beständig durch Stürme, Überschwemmungen, Dürren, Erdbeben usw. Da bleibt man fast nur noch selbst übrig, aber wer traut sich schon selbst. Wir wissen doch wie unperfekt, hinfällig, beeinflussbar und konditioniert wir sind.

Das Vertrauen, das ich meine, führt uns letztendlich weg vom Rationalen in eine Dimension des Wunderbaren, hin zu einem kosmischen Urvertrauen, kommend aus den ewigen Tiefen aller Universen. Dieses Urvertrauen verschmilzt mit unserem Selbstvertrauen. Vertrauen auf unser Selbst, das ist es und dieses Selbst sind wir gar nicht selbst und wenn wir wollen, können wir es ruhig auch Gott nennen, denn es ist das Mysterium, das uns trägt und leben lässt. Wenn wir da wieder ankommen, dann können wir auch wieder auf ganz natürliche Art den Menschen, dem Leben und unserer Natur, uns selbst vertrauen.

Vertrauen hat sehr viel mit Geduld zu tun. Aber wer hat schon wirklich Geduld? Der Mensch möchte möglichst alles immer sofort haben. Wenn du allerdings Geduld hast und das Vertrauen drauf, dass du bekommen wirst, was du dir wünschst, dann heißt Geduld, dass es keine Rolle spielt, ob du es morgen bekommst oder in einem Jahr oder in tausend Jahren, weil du weißt, dass du es bekommen wirst. Dann kannst du warten, egal wie lange, weil du gar nicht mehr wartest, sondern einfach nur lebst.

Es ist schon eine interessante Frage, auf was der Mensch vertraut, auf was er meint, sich verlassen zu können, was ihm scheinbare Sicherheit gibt. Der eine vertraut auf sein Bankkonto oder seinen Job, der andere auf den Staat und die Rente, ein anderer wiederum auf das Schicksal, die Natur oder das Leben. Das Leben, das ist auch nur ein anderes Wort für Gott und auf diesen vertrauen der Mystiker, der Sufi oder der Wanderer auf den inneren Pfaden.

Gut gerüstet sollte man den Pfad beschreiten. „Mut sei dein Schwert und Geduld dein Schild." So drückte es Hazrat Inayat Khan, der Gründer unseres Sufiordens aus.

Das liebe Geld

Auch wenn man sich nichts oder nicht viel aus Geld macht, so wird man doch ohne dieses in dieser Welt nicht zurechtkommen. Sehr viele Menschen haben eine sehr seltsame Beziehung zum Geld und viele Menschen eine höchst problematische. Eine gesunde, normale, natürliche Beziehung hat nichts damit zu tun, wieviel man von dem Zeug hat, sondern mehr damit, wie sehr man im ewigen Fluss des Lebens eingebettet ist und diesem Fluss vertraut.

Ich kam nach meiner Ehe in eine Situation, in der der Fluss des Geldes allmählich vollkommen versiegte. Ich war allein, meine Reserven aufgebraucht und es gab keine nennenswerten Einnahmen. Für Italien fand sich kein Käufer und die Bank verweigerte erstaunlicherweise einen Kredit aufs Haus. Ich war kurz vor dem Punkt, wo ich das Auto nicht mehr betanken konnte und mein Kühlschrank immer leerer wurde. Auch den laufenden Verpflichtungen nachzukommen war nicht mehr möglich, sodass ich schon damit rechnete, dass demnächst mein Telefon abgestellt wird. Das hieß, dass mich nicht mal mehr ein Patient anrufen kann und dass damit auch noch diese letzte Einnahmequelle versiegen würde. Es entsteht ein sehr existentielles Gefühl und dieses ist auch mit Angst verbunden. Also musste ich handeln.

Erstmal viel mir aber nichts anderes ein als der alte Schmuck meiner Mutter, den ich noch in einem kleinen Kästchen aufbewahrt hatte. Ich nahm diese Goldkettchen und Broschen und fuhr damit ins Dorf zu einem Antiquitätenhändler, der auch Gold und Münzen aufkauft. Es war eine Dame, die das alles dann anschaute, auf eine Waage legte und mir dann mitteilte, dass ich dafür von ihr 150€ haben kann. Sie habe aber gerade nicht so viel dabei und müsse erst zur Bank. Das heißt ich könne am Nachmittag wieder kommen und mir das Geld abholen.

Ich bin also wieder heimgeradelt und da saß ich an meinem Tisch und war verzweifelt, denn 150€ würden mich nun wirklich nicht weiterbringen. Ich begann wütend zu werden, wütend auch auf Gott und ich teilte ihm mit, dass ich meine Arbeit machen würde und auch seine, aber dass er sich nicht um mich kümmern würde. Was für eine Frechheit, schrie ich fast, für alles hast du Zeit, dirigierst Galaxien und Evolutionen und was ist mit mir. Hier sitze ich wie ein kleiner Wurm im Armutsbewusstsein und jetzt reicht es mir und ich mag nicht mehr und ich verkauf auch nicht den Schmuck meiner Mutter für nichts und wieder nichts. Ich schlug mit der Faust auf den Tisch, um meinen Entschluss zu bekräftigen und fuhr wieder nach Grünwald, um mein Gold wieder zu holen.

Die Dame fand das in ihrer Vornehmheit gar nicht so toll, dass ich den Handel rückgängig machen wollte und eher widerwillig gab sie mir den Schmuck zurück. Warum das wurde mir erst später klar.

Noch am gleichen Tag tauchte unverhofft und unerwartet mein alter Freund Thomas auf. Er wohnte schon lange in den Pyrenäen und besuchte mal wieder seine alte Heimat. Er ist Goldschmied und gleich nach unserer freudigen Begrüßung fragte ich ihn, ob er denn als Goldschmied ein bisschen Gold brauchen könne. Und er sagte ja, Gold könne er immer brauchen. Wir legten es auf eine Waage und er sagte, dass er es sowieso einschmelzen würde und dass er mir für den reinen Goldwert 1000€ geben kann. Die hat er dann schnell bei der Bank geholt und am liebsten wäre ich nochmal mit ins Dorf gefahren, um der Dame mitzuteilen, dass 150€ wirklich zu wenig gewesen wäre. Ich habe es mir aber dann doch verkniffen, es ist nicht schön jemanden bloßzustellen.

Am nächsten Vormittag klingelte es schon wieder und eine damalige Patientin, die später wirklich eine Freundin wurde, stand vor der Tür und sagte, sie würde gerne ein Bild von mir kaufen. Sie wusste auch schon welches. Es hing im Treppenhaus, wo sie es schon öfters gesehen hatte. Auf die Frage, was der Preis sei, sagte ich 2000€. Das waren meine üblichen Preise damals. Sie sah mich an und sagte, ob ich auch 5000€ nehmen würde. Ich war in der Tat erstmal verwirrt, denn ich war kein bekannter Künstler und 2000€ war eigentlich schon ein guter Preis. Gottseidank sagte ich, einverstanden, ich nehme es gerne und bekam es auch gleich, weil sie es schon dabeihatte.

Am nächsten Tag und es war wirklich wie ein Wunder, tauchten nochmal 5000€ von völlig unverhoffter Seite auf. Da saß ich also wieder an meinem Tisch und hatte plötzlich 11.000€, ohne etwas dafür getan zu haben und vor 3 Tagen war ich noch vollkommen pleite gewesen.

Da saß ich also wieder an meinem Tisch und sagte, oh Herr oder wer oder was du auch immer bist, ich glaube ich habe verstanden. Du hast mich gehört, du sorgst doch für mich, ich danke dir.

Was sicher auch von meiner Seite geholfen hat, war, dass ich auf den Tisch gehauen hab und dieses Armutsbewusstsein nicht mehr akzeptiert habe. Mein Vertrauen ist damals gewachsen und ich muss sagen, dass ich seitdem nie mehr wirkliche Geldprobleme hatte.

Möge dir, lieber Leser, diese kleine Geschichte aus meinem Leben Mut machen und dein Vertrauen entfachen oder vertiefen, falls du mit Geldproblemen oder dergleichen kämpfst oder sie dich vielleicht schon dein Leben lang begleitet haben. Oft beruhen diese auf alten Glaubenssätzen, Meinungen und Gedanken. Mangelgefühle und Verlustängste können sich leicht in unserem Bewusstsein festsetzen, aber, und das ist das entscheidende, wir können, wenn wir denn wirklich hinschauen und es wollen, sie auch wieder daraus entfernen.

Neue Arbeitsgemeinschaften

Wie schon im Kapitel über neue Tätigkeitsfelder beschrieben, fand ich auch eine vorübergehende Heimat in der SHP-Akademie von Clemens Kuby. Ich sammelte Erfahrungen, lernte andere Lehrer und Therapeuten kennen, konnte Geld verdienen und entwickelte mich weiter. Und manchmal wächst man dann auch über das hinaus und muss eigene neue Wege finden.

Ebenso verhielt es sich mit dem DGH, dem Dachverband für geistige Heilweisen. Ich habe dort wie auch auf anderen Kongressen Vorträge gehalten und Seminare gegeben, mich aber dann dort doch nicht längerfristig heimisch gefühlt. Die sogenannte esoterische Szene unterliegt doch sehr gewissen Hypes und Modeströmungen und auch fühlbaren kommerziellen Interessen. Es ist durchaus auch ein großer Jahrmarkt mit allen seinen Waren und Angeboten aus aller Welt und allen Kulturen.

Erwähnenswert ist noch die Suluk – Akademie, eine Sufischule, gegründet von Pir Zia, wo ich viele Jahre als Mentor tätig sein konnte und dabei viel lernen durfte. Speziell was die Leitung von Gruppen betraf, entwickelte ich Sicherheit und das Gespür für die anstehenden und einsetzenden Prozesse. Mein Vertrauen in die Gruppendynamik wuchs und mein Geschick, diese zuzulassen und vorsichtig zu lenken, nahm zu.

Eine weitere wichtige Arbeitsgemeinschaft war das Forum Aufkirchen, ein Seminarzentrum am Starnberger See, wo ich lange Zeit regelmäßig Meditationen und Workshops geleitet habe. Was aber im Besonderen lehrreich für mich war, war meine Beteiligung an verschiedenen gemeinsamen Projekten. Eines davon war zum Beispiel der Versuch ein größeres Zentrum mit einer Lebensgemeinschaft von spirituell und ökologisch ausgerichteten Menschen aufzubauen. Renate, die Betreiberin vom Forum, besaß am Starnberger See noch ein sehr großes Grundstück in einem wunderschönen Tal, welches sehr geeignet war, ein solches Zentrum entstehen zu lassen.

Wir hatten unzählige Teamtreffen und Besprechungen über viele Jahre. Es gab unterschiedliche Arbeitsgruppen und immer wieder Treffen mit Architekten, Sponsoren, Kreditgebern, Anwälten und den verschiedensten Experten, jedoch, egal wie konkret die Pläne auch wurden, es setzte sich nichts in die Tat um. Ich war immer mit dabei, verfasste Manifeste und investierte viel Energie, um mit der Zeit festzustellen, dass wir in ein Nichts hineinarbeiteten. Es war wie ein Traum, der nicht auf die Erde herunterkam. Zu oft hörte ich den Ausdruck, die „geistige Welt" würde schon helfen und für die Realisation sorgen. Nun, es war von uns eine Idee in die Welt, beziehungsweise in den Äther, gesetzt worden. Die Verwirklichung in der Materie obliegt aber uns, denn die Götter bauen nun mal keine Häuser und die konkrete Hilfe aus der geistigen Welt ließ auf sich warten. Es gab auch Teammitglieder, die mittels ihrer anderen Projekte schon große Summen Geldes auf uns zukommen sahen, nur kamen sie nicht. Ich sah da doch auch einen Mangel an Realitätssinn und mir erschien dieses Vertrauen in die „geistige Welt" ein Ausweichen vor der eigenen Verantwortung und damit vor der eigenen Initiative zur Tat.

Ich begann zu überlegen, warum jahrelanges Bemühen zu nichts führte. Ich fand drei wesentliche Gründe, warum man so niemals zu einem Ende kommen kann.

1. Wir haben viel diskutiert und es gab immer viele Meinungen und Vorstellungen in unserem Team, das ja oft aus circa 20 Menschen bestand. Dies wurde erstmal immer als Bereicherung verstanden. Man bringt aber 20 Vorstellungen nicht auf einen Nenner, denn dahinter standen immer

auch heimliche Bedürftigkeiten, die letztlich doch das ICH wichtiger nahmen als das WIR. Wo viel geredet wird, wird wenig gehandelt, das heißt die Diskussion und das ganze Gerede führte zu nichts und drehte sich im Kreise.

2. Mir fiel der ständige Wechsel in der Gruppe auf. Unser Team, abgesehen von mir und natürlich unserer Leiterin und Landbesitzerin Renate, änderte sich beständig. Nach einem halben oder einem Jahr waren da oftmals lauter neue Gesichter in der Runde. Immer sehr interessierte und interessante Menschen mit vielen Ideen und guten Absichten. Ein spiritueller Unternehmer, der aufgetaucht war, brachte einmal das Wort Trittbrettfahrer ins Gespräch. Da begann ich plötzlich zu verstehen. Der Trittbrettfahrer will sehr und leidenschaftlich irgendwohin und er springt auf den Zug auf, aber er hält den Zug überhaupt nicht am Laufen, sondern er tut nur so und schaut, wie weit er kommt. Er springt jederzeit wieder ab, wenn ihm der Zug zu langsam oder in die falsche, das heißt nicht in seine Richtung fährt. Diese Menschen kosten letztlich nur Kraft und bremsen den Zug.

3. Dies ist wohl der wichtigste Punkt: Unser Projekt sollte ein Demokratisches sein, eine Art Kreiskultur, ohne einen Chef oder Anführer, was ich im Grunde auch sehr schön finde. Nur funktioniert das leider nicht. Renate, die ja die eigentliche Initiatorin war, wollte diese Rolle nicht übernehmen, auch nicht, als ich sagte, dass es ohne klare Leitung und Führung nicht klappen kann. Mir wurde vollkommen klar, dass auf unserer Welt alles hierarchisch strukturiert ist. Und das aus gutem Grund! Ein Schiff hat einen Kapitän, ein Wolfsrudel hat einen Anführer, der Indianerstamm hat einen Häuptling und so weiter... und auch unser Sufiorden hat einen Führer und das ist der Scheich. Deshalb ist aus unserem Projekt nichts geworden, weil wir keine klare Führung hatten. Wie ein flatterndes kopfloses Huhn, so ist auch unser Projekt nirgendwo angekommen und hat sich im Sande verlaufen.

Irgendwann nach vielen Jahren bin dann auch ich abgesprungen, denn vielleicht war ja auch ich nur ein Trittbrettfahrer. Die Führung zu übernehmen, das habe ich auch nie wirklich gewollt und auch die anderen hätten mir diese Rolle wohl nicht so leicht zugestanden. Das Forum Aufkirchen hat sich danach dann bald aufgelöst, aber da war ich schon in ein anderes Zentrum involviert. Dieses Projekt, das Ya Wali, war mein

Projekt und alles, was ich in Aufkirchen gelernt hatte, war mir jetzt von Nutzen.

Eine weitere Einweihung

Als ich wieder einmal, so wie fast jedes Jahr, im Sommer im Camp im Tessin in der Schweiz war, hatte ich das Bedürfnis nach einer persönlichen Begegnung mit Pir Zia. Mein Lehrer und Guide Pir Vilayat war ja schon vor mehreren Jahren verstorben. Er hatte seinen körperlichen Verfall nicht versteckt und wurde am Schluss noch mittels eines tragbaren Stuhles von zwei kräftigen Männern auf die Bühne zu seinen Vorträgen getragen. Da sagte dieses vom Tod gezeichnete Gerippe von einem Menschen einmal lachend, dass er ja noch gar keine Zeit zum Sterben hätte, weil er doch noch so viel vorhabe. Ich liebte seinen Humor.

Ich bat also Pir Zia, welcher der Sohn von meinem Lehrer war und der jetzt die Leitung des Sufi Ordens übernommen hatte, um ein Interview. Ich erzählte ihm, dass sein Vater mein Guide war und dass das jetzt wohl sein Job wäre. Da haben wir beide gelacht. Einerseits war Pir Zia ja viel jünger wie ich und hätte leicht mein Sohn sein können und andererseits war ich auch gar nicht auf der Suche nach einem neuen Guide. Im Grunde hatte ich diesen schon längst in meinem Inneren oder in meinem Herzen gefunden. Nach unserem Gespräch bat mich Zia am Nachmittag nach der Meditation noch einmal zu ihm zu kommen.

Das tat ich dann auch und war neugierig, was er denn da von mir wollte. Erstaunlicherweise bekam ich eine weitere Einweihung. Es war eine sehr hohe Einweihung, nach welcher nicht mehr viel kommt. Der Scheich ist so etwas Ähnliches wie in unserer christlichen Tradition ein Pfarrer. Diesen Vergleich habe ich später immer gerne verwendet, weil ich ihn lustig finde und weil ich niemals vorhatte mich so zu nennen. Ich war in der Tat erstaunt, damit hatte ich wirklich nicht gerechnet. Ich fühlte mich schon auch sehr geehrt, obwohl ich mich selbst da noch gar nicht sah und mich auch nicht danach fühlte. Ganz im Hintergrund spürte ich da eine Verantwortung auf mich zukommen und damit neue Entwicklungsschritte, die zwangsläufig damit verbunden sind.

Als ich wieder nach Hause fuhr, war ich eher ein wenig verwirrt und hatte keine Idee, was ich damit anfangen soll und diese Einweihung trat wieder sehr in den Hintergrund. Die Tage danach war ich orientierungslos und kam so gar nicht, in überhaupt keine Richtung, voran. Einen positiven Effekt dieser Einweihung konnte ich nicht bemerken und doch war da etwas, aber ich wusste nicht was.

Als ich in diesen Tagen einmal mit meinem alten Fahrrad ohne gute Bremsen zur Isar fuhr, um mir die Zeit in der Natur und badend im Fluss zu vertreiben, passierte folgendes: Auf dem sehr steilen und steinigen Weg vom Isarhochufer hinunter ins Tal fühlte ich mich plötzlich unsicher und meine innere Stimme sagte mir, besser absteigen und schieben. Ich fuhr aber trotzdem, anstatt abzusteigen, weiter. Schon bald geriet ich mit meinem Vorderrad in ein vom Wasser ausgewaschenes Loch und flog über meinen Lenker und krachte Hals über Kopf auf die Steine. Das Genick habe ich mir nur fast gebrochen und deshalb sogar Glück gehabt, aber meine Halswirbel waren gestaucht, Prellungen und Blutergüsse kamen dazu und ich war völlig ramponiert. Ich war froh, dass ich es wieder nach Hause geschafft habe. Da habe ich dann wochenlang an mir herumgedoktert, bis ich wieder einigermaßen fit war. Natürlich habe ich mich gefragt, warum denn nur so etwas jetzt? So etwas passiert mir, wenn ich nicht auf meine innere Stimme höre und stur meinen Kurs halte, und jegliche Warnung ignoriere. Etwas, was ich gut an mir kenne, aber oft genug nicht beachtet habe.

Nachdem ich also so einigermaßen genesen war und auch wieder Fahrradfahren konnte, war ich im Dorf, um einige Besorgungen zu machen. Am Marktplatz auf der großen Kreuzung in Grünwald fuhr ich ziemlich forsch und übersah, dass die stehende Linksabbieger Schlange rechts von einem Auto überholt wurde und fuhr direkt in dieses Auto. Ich wurde in die Höhe geschleudert und während ich durch die Luft flog, in diesen winzigen Augenblicken, wusste ich, dass mir nichts passieren wird. Es war, wie wenn ein Schutzengel meinen Flug vorsichtig begleitete, mich hielt und mich fast sanft auf der Straße landen ließ.

Der sehr junge Fahrer des Autos, an dem kein rechter Schaden zu erkennen war, fuhr dann mich und mein völlig kaputtes Rad, welches unter das Auto geraten war, nach Hause. Welch ein seltsames Wunder, dass nicht auch ich unters Auto geraten war, sondern dass ich davongeschleudert wurde. Also schon wieder Glück gehabt!

Der freundliche Fahrer entschuldigte sich tausendmal und war sehr besorgt, obwohl die Schuld ganz und gar auf meiner Seite lag. Eigentlich wollte er mich unbedingt ins Krankenhaus fahren, aber das fand ich nicht nötig. Meine Verletzungen, Blutergüsse und Prellungen waren schlimm und schmerzhaft genug, aber wieder war ich glimpflich davongekommen und es war nichts Wichtiges kaputtgegangen und meine Knochen waren heil geblieben. Dennoch würde es schon wieder viele Wochen dauern, bis alles verheilt ist.

Zwei schlimme Unfälle so kurz hintereinander, offensichtlich hatte einmal nicht genügt. Warum nur, wozu, ich wusste auch nicht, wofür das gut sein sollte. Erst als mir bewusst wurde, dass dies ja direkt im Anschluss an meine neue Einweihung passiert war, dämmerte es mir. Es war kein so intellektuelles Verstehen, sondern so ein gefühlsmäßiges. Ich spürte, da war ein Tor aufgegangen und jetzt musste ich da auch hindurchgehen. Ich sah zwar kein Tor und auch keinen Weg, aber jetzt brach eine Aufbruchsstimmung in mir durch und ich war bereit. Ich glaube das war das, was von mir verlangt wurde, mich zu öffnen und bereit zu sein. Bereit zu sein, für das, was auch immer kommen möge.

Man sollte so eine Einweihung nicht unterschätzen und wissen, dass die Geister, die man rief, auch handeln werden. Das sogenannte Schicksal arbeitet und schiebt uns mit allen Tricks in die richtige Richtung und das ist die, in wir schon immer wollten, wonach sich unsere Seele schon immer gesehnt hat.

Das Meditationszentrum YA WALI

Ganz am Anfang, als ich auf diesen Sufiorden gestoßen war, und einmal mit einem Meditationsleiter zu einem Medidationsabend ging, fragte ich diesen, warum wir uns denn immer in irgendwelchen engen Wohnzimmern träfen und warum es denn in München kein richtiges Sufizentum gäbe. Er sagte, dafür fehltten die Initiative und das Geld. Ich weiß noch, dass ich damals antwortete, dass dann wohl ich das eines Tages werde machen müssen.

Jetzt nach meiner Einweihung und den beiden Unfällen erinnerte ich mich fast 30 Jahre danach wieder daran. Und plötzlich wusste ich, dass ich das machen will, natürlich ohne die geringste Ahnung wie das gehen soll.

Zu der Zeit war eine Patientin durch die SHP – Akademie aufgetaucht, die allmählich zu einer Freundin wurde. Ich erzählte ihr von meiner Idee ein Sufizentrum aufbauen zu wollen. Sie war eine wunderbare und wohlhabende Frau und sehr lebendig und begeisterungsfähig und sie fand die Idee gut und wollte dabei helfen und das Projekt auch finanziell unterstützen. Zuerst wünschte ich mir ein Zentrum auf dem Land in der Natur, stellte dann aber fest, dass es für mich stimmiger war, ein Zentrum im Zentrum zu haben. Also machten wir uns auf die Suche nach geeigneten Räumen in München.

Da geschah schon das nächste kleine Wunder. Ich kenne Leute, die haben jahrelang nach geeigneten Meditationsräumen gesucht und keine gefunden und wir wurden schon nach wenigen Tagen, bei unserer zweiten oder dritten Besichtigung fündig. Wir betraten dieses Loft in der Kirchenstrasse 15, älteren Münchnern als frühere Eventlokation und Jazzclub bekannt. Sofort, da gab es für mich nichts zu überlegen, konnte ich sagen, das ist es, das nehmen wir. Ich fand, es war perfekt, und zwar in jeder Hinsicht: Nicht zu groß und nicht zu klein, das heißt auch Veranstaltungen mit 100 Menschen sind kein Problem. Die Räume sind wunderschön in einem alten, edlen Gebäude, welches sogar unter Denkmalsschutz steht mit einem kleinen Garten mit Bänken und großen Bäumen. Und das Ganze liegt mitten in der Stadt, trotzdem ganz ruhig, in dem angenehmen Stadtteil Haidhausen mit vielen Lokalen und kleinen Geschäften, ein paar Minuten von der Isar mit herrlichen Parks entfernt.

Die Renovierung und das Einrichten haben mindestens ein halbes Jahr gedauert und dann rückte der Tag der Eröffnung immer näher. Jetzt erschien es mir nötig dem Ganzen einen Namen zu geben. Das war gar nicht so einfach und Überlegungen brachten mich nicht weiter.

Bei einem Spaziergang im Wald, es war Frühling und die Vögel zwitscherten, blieb ich stehen, um diesem herrlichen, vielstimmigen Konzert zu lauschen. Zwischen all den vielen Stimmen hörte ich immer wieder ein Jawaliiii, Jawaliiii, Jawaliiii.... Dieses Rufen erinnerte mich an einen der schönen Namen Gottes, eines der Vasaif der Sufis, und zwar Ya Wali, was der Meister und auch der Freund heißt. Die Vögel riefen mir

Freundschaft, Freundschaft zu und jetzt hatte ich den Namen für unser Zentrum bekommen: Ya Wali. Das ist es, möge Gott unser Freund sein und nicht nur ein unendlich weit entferntes unbekanntes Etwas oder ein absolutes Nichts oder ein strenger Mahner und Richter oder was es auch sonst noch an Vorstellungen so gibt. Für den Sufi ist alles Gott und göttlich und doch ist jegliche Vorstellung von Gott natürlich nicht Gott, sondern eben eine menschliche Vorstellung.

Das gefiel mir. Auch der weltliche Aspekt dieser Qualität ist ja für unser Leben von so großer Bedeutung. Wirkliche Freundschaft und keine Zweckverbindung ist in unserer Welt etwas sehr Seltenes und Kostbares, etwas, was uns allen guttut und was es zu kultivieren gilt. Dieses Gefühl der Freundschaft beginnt, wenn es sich ausdehnt, das Gefühl von Konkurrenz und Feindschaft allmählich aufzulösen. Dann werden die Welt und das Leben mit seinen unendlich vielen Geschenken und jeder Tag dein Freund. So nähern wir uns Gott als unserer Freundin. Ich möchte hier einmal ganz bewusst die weibliche Form wählen, denn Gott ist ja kein Mann, aber wohl auch keine Frau, aber vielleicht beides. Wir erfahren dann die Wärme der Freundschaft und die Nähe des großen Mysteriums in allen Aspekten unseres Lebens und als diese Stimme, die beständig in unserem Herzen erklingt, eine Stimme, die uns immer den Weg zeigt, heim in die elterlichen schützenden Arme eines uns gewogenen und uns liebenden Daseins.

Die Eröffnung des Heil- und Meditationszentrums Ya Wali war wunderbar und ein schönes Fest mit vielen Menschen.

Der Kern dieses Zentrums ist die Mystik, die Meditation und der Sufismus mit unseren regelmäßigen Meditationsangeboten von verschiedenen Leitern unseres Inayati-Ordens. Dieser Orden repräsentiert spirituelle Freiheit und führt auf einen Sufi-Weg in spirituelle Freiheit – obwohl, wie mein Lehrer Pir einmal mit einem Augenzwinkern sagte, Freiheit in diesem Universum nicht vorgesehen sei.

Es ist ein ganz offenes Zentrum für alle Religionen und spirituellen Strömungen, was sich in der Eventlocation wiederspiegelt. Mit den Jahren durfte ich Lehrer, Seminarleiter, Künstler und Musiker aus der ganzen Welt und aus den verschiedensten Traditionen empfangen. Es hat unglaublich viel stattgefunden und es ist viel im Ya Wali passiert.

Meine Tätigkeit als Heiler, Medium und Heilpraktiker fand in den Räumen des Ya Wali eine neue Heimat und es wurde meine Praxis. Aber auch andere Therapeuten und Heiler waren und sind in diesem Heilzentrum tätig und bieten hier die verschiedensten alternativen Methoden und Heilweisen an.

Meine Arbeit für das Ya Wali hat mich in vielerlei Hinsicht in Anspruch genommen. Nun ich war und bin Schauspieler wie wir alle und spiele auch im Ya Wali viele Rollen. Ich bin Hausmeister und Putzfrau, ich bin Sekretärin und Organisator und natürlich auch der Pfarrer. Es gibt aber immer wieder auch wunderbare Helfer und Markus, meinen Web-master, der sehr professionell Flyer entwirft und den Newsletter in die Welt schickt.

Ich nenne das Ya Wali auch gerne eine Karawanserei. Menschen kommen auf ihrer Lebensreise vorbei und halten hier inne und ruhen und stärken sich für ihre weitere Reise. Manche kommen immer wieder, ganz regelmäßig, oft jahrelang und dann sehe ich sie plötzlich nie wieder. Sie haben im Ya Wali bekommen, was sie hier bekommen konnten, und dann sind sie weitergezogen. Das ist gut so, eine Karawanserei ist eine Durchgangsstation und so gibt es einen beständigen Wechsel der Besucher, denn die Karawane zieht immer weiter, immer dem EINEN entgegen. Ich versuche sicherlich niemanden zu halten, wozu auch, ganz im Gegenteil, ich ermutige die Menschen voranzugehen und ihren eigenen Weg zu finden und ihm zu folgen.

Über die Jahre sind so viele, vielleicht Tausende aufgetaucht und wurden mit verschiedenen spirituellen Lehren, Weisheit und Meditation, mit Kunst und Poesie genährt und erfreut und ich hoffe, ihr Leben wurde dadurch zumindest ein wenig bereichert und vertieft.

Dies alles machte und macht mir große Freude. Jedoch, wo viele Menschen zusammenkommen, da menschelt es auch immer. Es hat bisweilen auch seine weniger angenehmen Seiten und ich erlebe die seltsamsten Projektionen. Es gibt Menschen, die stellen mich, aus was für Gründen auch immer, auf einen Sockel, wo ich gar nicht hinwill und nicht hingehöre, um mich dann irgendwann wieder, aus was für Gründen auch immer, von diesem hinabzustoßen, möglichst tief hinunter, wo ich auch nicht hingehöre. Das muss ich aushalten und ich halte es aus. Feindschaften, Neid und Aggression erfordern manchmal meine Strenge, denn ich muss den Frieden dieses Ortes hüten. Manchmal habe ich, um mich und das Ya Wali zu schützen, Menschen weggeschickt, was mich mindestens genauso geschmerzt hat, wie diese Menschen.

Nur eine einzige ungute, negative Energie kann genügen und alles wird verdorben. Ein Mensch kann die Harmonie einer ganzen Gruppe zerstören.

Da erinnere ich mich an einen hilfreichen Ausspruch von Hazrat: Deine Freunde lullen dich bisweilen in den Schlaf, deine Feinde jedoch halten dich wach.

Und auch der Satz, ich glaube aus der Bibel „Undank ist der Weltenlohn" hat mich oft wieder lächeln lassen und mein Herz offen gehalten.

Im Konzentrationslager Dachau

Einmal hatten wir die Freude den Leiter unseres Inayati-Ordens, Pir Zia, in München zu haben. Es schien mir auch wichtig für das Zentrum den Segen seines Besuches zu bekommen. Ich habe es geschafft ihn von Amerika nach München zu holen und er gab ein wunderbares Seminar im Ya Wali. Dies war auch eine gute Gelegenheit für alle Mureeds und Interessenten aus ganz Deutschland und Europa Pir Zia wiederzusehen oder kennenzulernen. Natürlich war das Zentrum sehr voll und es war schön, so viele alte Freunde wiederzuteffen.

Bei dieser Gelegenheit war es Pir Zia wichtig, das Konzentrationslager Dachau in der Nähe von München zu besuchen. Seine Tante, die Schwester seines Vaters, Noor-un-Nissa Inayat Khan war dort von den Nazis zu Tode gefoltert worden.

Sie war von London aus als britische Spionin in das besetzte Paris geschickt worden, um dem französischen Widerstand als Funkerin zu helfen. Ein lebensgefährlicher Auftrag für eine mutige junge Frau. Sie wurde nach einem Verrat gefangen genommen und im KZ Dachau hingerichtet. Selbst unter der Folter hat sie ihre Hintermänner nicht preisgegeben und das letzte Wort, das vor ihrem Tod über ihre Lippen kam, war Liberte – Freiheit. Das war es, wofür sie ihr Leben geopfert hatte.

Noor wird von vielen Menschen sehr verehrt, denn sie verkörpert in hohem Maße das ritterliche, selbstlose und unbestechliche Ideal. Diese kleine und zierliche Frau, eine werdende Schriftstellerin, war ein Beispiel für Zivilcourage und für die Kraft sich nicht vor der Macht des Bösen zu beugen und sich den Widerständen zu stellen. Auch in unserem Sufiorden spielt Noor eine wichtige Rolle und ist eine Art „Schutzpatronin" für eine unserer Aktivitäten, dem „Weg der Ritterlichkeit" oder the „Knighthood of Purity"

Wir haben also ein Treffen in der Gedenkstätte Dachau mit Rundgang und mit einer Zeremonie für Noor organisiert. Menschen sind aufgetaucht, um sich zu erinnern, zu besinnen und zu gedenken. Wir waren eine kleine Karawane, die sich in Bewegung setzte und wie eine Prozession schritten wir über das weite Gelände hin zu dem Krematorium, wo sich eine Gedenktafel für Noor befindet.

Für mich war es der erste Besuch an einer solchen Gedenkstätte. Ich war tief beeindruckt und berührt von der Stimmung und Atmosphäre an diesem Ort des Grauens und der Leiden.

Selbstverständlich hatten auch mich jener Herr Hitler und sein 3. Reich mein Leben lang begleitet. Ich glaube, es vergeht so gut wie kaum ein Tag, an dem man nicht in irgendeiner Form im Fernsehen oder im Radio, in der Zeitung oder in anderen Medien, durch Denkmäler oder Gedenkstätten daran erinnert wird. Es entstand fast so etwas wie ein Schuldkult und ich muss sagen, dass Schuld wohl niemals wirklich zielführend sein kann. Wenn Schuldige jedoch ihre Schuld zugeben, es einsehen und wirklich bereuen, so ist dies ein Weg, sich von dieser seiner Schuld zu befreien und es hilft natürlich die Opfer zu versöhnen. Es mag helfen endlich Unverzeihliches verzeihen zu können. Verzeihen befreit die Opfer und die Täter.

Einen weisen alten Lehrer hörte ich einst sagen, welch ein Segen es sei, dass es den Übeltäter gibt, dass manche Seelen diese undankbare Rolle übernehmen, denn er ist es, der uns die Gnade des Verzeihens ermöglicht, das Verzeihen, welches unser Herz aus der Verhärtung zurück in Lebendigkeit und emphatische Weite führt.

Sich schuldig zu fühlen, drückt den Menschen zu Boden, macht den Menschen manipulierbar und immer kann man sich fragen, wem es dient, wenn man sich schuldig fühlen soll. Wie das Wort Schuld schon sagt, schuldet man jemandem etwas und dies lässt sich wunderbar ausnützen, macht abhängig und verpflichtet. Es geht also um Verzeihen und nicht um beschuldigen. Dennoch wird man immer für seine Schulden bezahlen, bezahlen müssen, man kommt so oder so nicht darum herum.

Dies ist ein großes Thema und wenn wir das sich immer wiederholende Spiel zwischen Täter und Opfer mit wechselnden Rollenverteilungen beenden wollen, dann müssen wir verzeihen und aussteigen aus diesem Drama, das die Welt, die Kunst und alles durchzieht. Wenn wir dies nicht tun, dann dreht sich das Rad des Karmas weiter und alles wiederholt sich immer wieder in tausenden Variationen. Auch die Wiederholung ist eine Gnade, eine neue Chance, eine neue Lektion, um zu begreifen und zu wachsen.

Ich persönlich habe mich niemals schuldig gefühlt, ich habe ja damals auch gar nicht gelebt und werde mich hüten ein Schuldgefühl an meine Kinder weiterzugeben, so wie scheinbar oftmals Schuld unserer Ahnen unbewusst und auch bewusst weitergegeben wird. Viele Menschen haben damals im Holocaust wie im Krieg, wie in allen Kriegen, große Schuld auf sich geladen. Und vermutlich bräuchten diese Schuldigen unsere Gebete ebenso dringend wie die Opfer. Jedoch von einer Schuld Deutschlands, überhaupt eines Landes oder eines Volkes zu sprechen, scheint mir absurd, denn ein Land ist niemals schuld, sondern die Menschen, die damals gelebt haben und die diese schrecklichen Verbrechen begangen haben.

Als ich über das Gelände von Dachau schritt, wurde mir klar wie blutgetränkt die Erde rund um den ganzen Globus ist. Was seit Jahrtausenden der Mensch fähig ist dem Menschen anzutun, das ist unglaublich und erschütternd. Und es ist nicht so sehr die Frage, wann und wo das Morden begonnen hat, denn wenn wir in die Geschichte der Menschheit schauen, dann war das Grauen schon immer da, sondern es ist die Frage, ob und wann es enden wird. Der Faschismus wird nicht irgendwo da draußen besiegt werden, sondern er ist innen und der Mensch muss ihn in sich selbst aufspüren, verwandeln und erlösen. Mit Hass wird man den Hass wohl niemals besiegen.

Dort in Dachau fühlte ich das Unglaubliche und ich spürte, dass dieser Ort für so viele steht und dass genau jetzt, während ich dort ging, genau dieses Unglaubliche, Grauenvolle an so vielen Orten auf der Welt geschieht. Das Erinnern und Hinzeigen auf Vergangenes erscheinen einfach und ungefährlich im Vergleich zum Hinschauen auf das gegenwärtige Übel, auf das, was heute geschieht. Vergangenes lässt sich nicht mehr ändern, aber gegenwärtiges Unrecht wahrzunehmen und mutig auszusprechen und zu handeln, das macht Sinn, vielleicht mehr Sinn als sein Gewissen zu beruhigen durch fromme Betroffenheit über längst Vergangenes. Und doch erzeugt dieses Erinnern eine tiefe innere Bewegung, eine transformierende Frömmigkeit.

Es waren erstaunlich viele Menschen, die sich unserem Trauerzug zu Ehren von Noor, der ritterlich Kämpfenden, angeschlossen hatten. Als wir die Gedenktafel erreicht hatten, sprachen wir Gebete und legten in einer Zeremonie Blumen nieder und ich glaube, danach haben wir geschwiegen und gesungen.

Am Ende der Zeremonie löste ich mich von der Gruppe. Ich hatte das Bedürfnis, diesen Ort noch auf meine ganz persönliche Art zu erfahren. Auf meinem Rundgang gelangte ich auch in die Gaskammer, wohin die Menschen gebracht wurden, um getötet zu werden.

Ich stand in der Mitte dieses Raumes. Ich war dort allein und schloss meine Augen. Ich wollte die Energie erspüren und wahrnehmen, die Wahrheit dieses Ortes nehmen, in mich aufnehmen. Niemand, und auch ich nicht, erwartet an so einem Ort, wo unzählige Menschen die letzten Minuten ihres Lebens erlebten, wo sie nackt und erbarmungslos zusammengepfercht ihrem Ende entgegengingen, etwas Positives, sondern die Energie der Angst, der Verzweiflung und der Qual. Ich jedoch erlebte eine ekstatische, himmlische Stimmung. Da war ein Halleluja in der Luft, ein Tanz der Befreiung nach allen Leiden und eine Öffnung, wie eine Jakobsleiter nach oben in die weiten lichten Sphären. Ich war vollkommen überrascht, den Tod als ein Fest zu erleben, als eine Verwandlung und ein Jauchzen und einen Segen. Lange stand ich da und atmete und ließ meine Seele teilhaben an diesem Tanz und dieser Freude, aus einem Traum zu erwachen in einen anderen hinein.

Damit hatte ich nicht gerechnet und es gibt eigentlich keine Worte das zu beschreiben, was ich da erlebt habe.

Wir waren dann noch in der Kapelle im Karmelitinnenkloster Heilig Blut gleich neben den Mauern von Dachau und haben da eine Andacht gehalten.

Ich werde diesen Besuch niemals vergessen. Auch kann ich jeden Leser hier nur ermutigen, einen solchen Ort einmal aufzusuchen. Dieses intensive Erinnern und Gedenken verbindet uns wieder mit einem geheimen Raum in uns, einem Raum in dem alles, die Geschichte unseres Menschengeschlechtes, gespeichert ist. Dieses Erinnern lässt uns demütig werden, lässt uns vorsichtiger werden mit Urteilen und Bewertungen, weil wir es mit unserem Verstand nicht fassen können, weil das Grauen unsere Vorstellungen übersteigt und weil wir nicht wissen, warum es so ist, wie es ist und weil vielleicht alles ganz anders ist, als es erscheint.

Und deshalb ist es auch immer eine Chance, das zu sehen, was durchscheint, durch das, was erscheint.

Drogen und dergleichen

Jeder kennt bei uns die Drogerie. Das ist ein Geschäft, wo man Drogen kaufen kann. Heute ist es mehr die Apotheke, in der es Drogen oder Medizin gibt. Es gibt Medikamente, für die man ein Rezept vom Arzt braucht und solche, für die man keines braucht. Es gibt Drogen, die sind illegal und solche, die legal sind. Noch dazu ist das von Land zu Land verschieden. In Amsterdam kann man zum Beispiel Haschisch ganz normal im Shop kaufen, bei uns wird man für den Besitz desselben eingesperrt. Eine sehr bekannte legale Droge ist Alkohol, die unzählige Menschenleben fordert oder ruiniert oder im Irrenhaus enden lässt. Dies scheint hierzulande niemanden, im Gegensatz zu den illegalen Drogen, so recht zu stören und er, der Alkohol, ist aus unserem gesellschaftlichen und allgemeinen Leben gar nicht mehr wegzudenken. Was ist überhaupt eine Droge?

Mein verehrter Lehrer Pir Vilayat Inayat Khan sagte einmal, dass es im Sufiorden nur eine Regel gäbe und die wäre, sich von Drogen fernzuhalten. Dies gab mir zu denken, denn ich schätzte Drogen schon immer, bis ich herausfand, dass die Nüchternheit eine der schönsten Drogen ist. Was charakterisiert unter anderem eine Droge? Ich würde sagen, dass sie unserer Heilung dienen kann, aber auch, dass sie abhängig machen kann und dass sie uns, im Übermaß verwendet, Schaden zufügt. Bei meinen erweiterten Überlegungen stieß ich auf eine Vielzahl von Drogen: Schokolade, Coca Cola, die Medien, der Handy, Arbeit, Ruhm und

Reichtum, Konsum, Sex, Sport, Glücksspiel, ja sogar Meditation und Religion, die Karl Marx, der Philosoph des dialektischen Materialismus im Gegensatz zum dialektischen Idealismus von Hegel, als Opium des Volkes beschrieben hat. Man könnte diese Liste in alle Richtungen erweitern. So gut wie fast alles kann also für den Menschen zur Droge werden. Es scheint demnach, dass das Entscheidende der Umgang ist oder die Art der Verwendung von einer Sache oder einer Substanz, damit es zu einer Droge wird, die uns schadet oder nützt.

Nach diesen meinen Überlegungen hatte ich Gesprächsbedarf mit Pir. Würde ich mich nämlich von allen diesen Dingen fernhalten, bliebe so gut wie nichts mehr übrig und das Leben erschiene mir dann doch ziemlich langweilig und sinnlos. Pir jedoch sagte, dass er nur die illegalen Drogen gemeint hätte. Da hat er sich elegant aus der Schlinge gezogen, aber aus verständlichen Gründen, denn dieser Sufiorden war in den Anfängen eng mit der Hippiebewegung verbandelt gewesen. Dort wurden Drogen zur Bewusstseinserweiterung und zum Vergnügen reichlich verwendet. Der Drogenkonsum führt aber in eine andere Richtung und verträgt sich mit Meditation, in welcher man Klarheit und Freiheit sucht, nicht wirklich. Pir hat sich und den Sufiorden dann auch sehr klar von der Hippiebewegung abgegrenzt und schließlich von dieser abgekoppelt. Und natürlich war es auch wichtig, die Veranstaltungen, wie zum Beispiel das Camp, vor dem Gesetz und der Illegalität zu schützen.

Drogen sind eine wunderbare Medizin, die uns die Natur schenkt und sie sind ein Fest für die Sinne und mir sehr vertraut aus meiner Jugend und Studentenzeit. Auch heute noch gäbe es Menschen, denen ich eine Droge empfehlen könnte, um aus ihren engen, eingefrorenen Blickwinkeln ausbrechen zu können und es gäbe wahrlich auch genügend Menschen, denen ich empfehlen könnte, die Finger von den Drogen zu lassen, um endlich wieder Boden unter den Füßen zu bekommen. Für mich sind sie längst schon ein abgeschlossenes Kapitel, so zumindest dachte ich.

Umso erstaunter war ich, als eine Freundin mir von spirituellen Treffen mit einem Ritual erzählte, bei denen nächtelang gesungen und meditiert und eine Medizin eingenommen wird. Die Medizin entsteht durch das Auskochen einer Liane aus Südamerika. Der entstandene Sud wird getrunken und seine Wirkung befreit das Bewusstsein und unsere sinnlichen Wahrnehmungen aus seinen alltäglichen Schranken. Ich hatte kein Interesse an solchen Ritualen und war der Meinung, dass ich in meinem Leben schon genügend Drogen genommen habe. Dennoch war ich neugierig und bin dann doch beim nächsten Mal mitgefahren.

Es waren viele Leute da. Alle waren weiß gekleidet. Männer und Frauen saßen getrennt und vorne der Zeremonienmeister, der uns mittels wunderbarer Lieder zum Mitsingen durch die Nacht führte. Nachdem wir den Saft getrunken hatten, meditierten wir auf unseren Plätzen und sangen Lieder. Dann begann die Droge zu wirken. Die Leute mochten überhaupt nicht, dass man das Wort Droge verwendete, sondern sie nannten es Medizin, welche durch den Geist der Pflanze, Ayahuasca, mit uns arbeitet. Und das ist es auch, ein Ritual, ein religiöses Fest, welches uns hineinführt in die grenzenlosen Gefilde des Geistes.

Die Wirkung kommt schnell und ist nicht mehr aufzuhalten. Alles, was dir sicher erschien, wird dir unter den Füßen weggezogen und man kann sich nicht dagegen wehren, sondern die einzige Möglichkeit, die bleibt, ist sich dem hinzugeben, was mit einem geschieht. Das Bewusstsein explodiert hinein in einen Raum der Freude und der Ekstase. Die Lieder, die gesungen werden, werden zu Wesen, die uns tragen und halten und öffnen und das, was man sieht, wird flüssig, wandelt sich und verliert sich in Kaskaden von Farben, in einem sinnlichen Rausch. Eine weiße Wand wird zu einem Regenbogen auf dem Büffelherden aus einem Nichts kommend sich in Steppen der Unendlichkeit verlieren. Es ist unbeschreiblich, weil alles in einer unglaublichen Geschwindigkeit passiert. Gespräche ohne Worte, Reisen ohne Bewegung, Erkenntnisse ohne Gedanken, Ergebnisse ohne Handlung, es ist ein Tanz im „Alles ist möglich". Themen aus der Kindheit, alte Wunden und alte Geschichten und neue, noch nicht gelebte, vermischen sich und bilden neue Strukturen und noch nie gesehene Muster. Alles löst sich und alles verbindet sich und du hast keine Chance die Assoziationsketten zu stoppen oder zu unterbrechen. Du weißt nicht, woher es kommt, und du weißt nicht, wohin es geht, aber du spürst, dass du es selbst bist und dass du zugleich gar nicht vorhanden bist. Da ist nur der Fluss, der ewige Fluss, Zindarud, in dem du treibst und der dich trägt und den niemand bremsen kann. Der Fluss ist das Schicksal und dein freier Wille eine Illusion. Er reißt dich mit in den Schlund aus tausenden Ebenen, die sich zusammenflechten zu einem Zopf des Lachens und der Freude. Die Halluzination wird zur Realität und Realität zu einem Witz.

Ganz sanft dann, wenn die Wirkung der Medizin nachlässt, nimmt die Intensität des Erlebens und der Wahrnehmungen ab und man kehrt allmählich zurück zu einer normaleren, gewohnten Perspektive und das große Staunen verebbt. Wir kommen zurück, hinein in diesen kleinen Ausschnitt von dem Ganzen, zu dem, was ist, in unsere Sphäre der vertrauten Wahrnehmung. Auch dieses Zurückkommen tut gut, denn man würde diese Fülle des Ganzen, dieses Paradies hinter den Schleiern nicht aushalten auf die Dauer, dafür sind wir mit unserer Physionomie nicht gemacht. Und doch bekommen wir so die Möglichkeit, ein Stückchen vom Himmel herüberzuholen und hineinzutragen in unser Dasein. Halleluja, das ist die heilige Messe des großen Geistes! Halleluja, das ist die Transzendenz der Meditation! Halleluja, das ist der metaphysische Traum der Kinder Gottes!

Ich war der Sache gegenüber wirklich sehr kritisch gewesen, aber ich habe für mich nichts gefunden, was ich an dieser Nacht auszusetzten gehabt hätte, es war perfekt. Auch am nächsten Tag, obwohl ich eine ganze Nacht nicht geschlafen hatte, war ich nicht müde und auch sonst gab es keine negativen Nachwirkungen. Welch ein Rausch, welch ein Trip, ganz ähnlich wie LSD, nur viel bekömmlicher, natürlicher, ohne Suchtgefahr und witzigerweise kein Kater oder irgendwelche Entgiftungserscheinungen, wie man sie zum Beispiel bei Alkohol gewöhnlich kennt. Trotz so viel Lob soll dies keine Empfehlung sein, denn selbstverständlich sind halluzinogene Pflanzen speziell für labile Menschen natürlich auch nicht ganz ungefährlich. Man sollte durchaus genau hinschauen, ob es für einen das Richtige ist und ob es für einen Sinn macht, ob man es überhaupt braucht und was man damit erreichen will.

Das, was wir von der Welt wahrnehmen, ist nur ein winzig kleiner Ausschnitt. Das ist unsere Realität, aber nicht die Realität. Das meiste befindet sich nicht in unserem Frequenzbereich und deshalb sehen, hören oder riechen wir es gar nicht und das ist auch gut so. Es ist aber auch gut, wenn wir uns dessen bewusst sind, denn damit relativiert sich unser Verständnis von der Wirklichkeit und eine gewisse, uns gutstehende, Bescheidenheit darf sich zeigen und wir erkennen endlich unsere

Meinungen als das, was sie sind, nämlich Meinungen und nicht die Wahrheit.

Ein paar Mal habe ich an solchen Ritualen teilgenommen, dann hat mein Interesse nachgelassen. Es war auch nicht mehr nötig. Das Phantastische hatte schon längst einen Weg in meinen Alltag gefunden. Es war da, es war ja schon immer da gewesen und das ist es, was zu unserer Heilung beiträgt, dass wir erkennen, dass wir in einer magischen Welt leben und dass jeglicher Alltag vollkommen von dieser Magie durchzogen ist. Dann verlassen wir diese zweidimensionale, mechanische, materielle, kalte Welt und kommen heim in das ewige Wunder der Schönheit und des Lebens.

Su und die Liebe 1

Nach der Scheidung von der Mutter meiner Kinder war ich erstmal vollkommen beziehungsunfähig gewesen. Zeit war nötig, alles zu verdauen und um die alte Wunde der Einsamkeit zu heilen. So oft saß ich in meinem Atelier und habe Heilsitzungen mit mir selbst gemacht, immer wieder und wieder. Es ging tief und hat lange gedauert, bis ich mich wieder öffnen wollte und konnte für eine neue Beziehung.

Ich war nie ein Kind von Traurigkeit gewesen und mein Leben vor meiner Heirat war eine Kette von vielen verschiedenen Beziehungen. Alle waren sie interessant und wunderbar und lehrreich, aber fast alle endeten mit dem bekannten Drama. Immer war jemand unglücklich. Nie gelang es mir meine Geliebte längerfristig glücklich zu machen. Entweder verließ ich die Frau und machte sie damit unglücklich oder ich wurde verlassen, weil meine Geliebte mit mir nicht glücklich war und dann war ich unglücklich. Irgendwie war mir klar, dass dieses Thema noch nach seiner Erfüllung suchte und so langsam nach Jahren des Alleinseins begann ich wieder die Begegnung mit dem weiblichen Geschlecht zu suchen.

Natürlich hatte ich viele alte Freunde und Freundinnen und so gesehen war ich sozial gesehen ganz gut eingebettet, aber es musste etwas ganz Neues sein, nichts Aufgewärmtes, sondern eine neue und, wie ich hoffte, letztendliche Geschichte. Das passiert nur, wenn Amors Pfeil trifft. Wenn einem diese Gnade widerfährt, ich ging ja schon so auf die 60 zu, dann gibt es kein Entkommen mehr und du wirst dich einlassen, weil du nicht anders kannst.

Mit der Zeit habe ich dann wieder die verschiedensten Bekanntschaften gemacht und bin mit vielen Frauen ausgegangen. Es war immer nett und lustig, aber es entstand nichts Ernsthaftes, keine wirkliche Verbindung. Da gab es die Frauen, die mich wollten, aber die ich nicht wollte und umgekehrt, da waren die Frauen, die ich wollte, die mich aber dann letztlich nicht wollten. Das alte Spiel und ich war wieder mittendrin! Dieses Spiel macht Spaß, ist aber auch anstrengend und kostet viel Zeit. Manchmal wusste ich bei den vielen Damen schon gar nicht mehr, was ich welcher wann schon erzählt oder gezeigt hatte.

Eine kleine Zwischenepisode entstand an einer Bar stehend, als der mir altbekannte Barkeeper sagte, dass die Frau neben mir seine Schwester sei. Als ich meinen Kopf zu ihr drehte und sie mich ansah, war es um mich geschehen. Sie kam mir so bekannt vor, so vertraut und sie war absolut mein Typ. Man spricht da von so einem Beuteschema. Wir haben uns ein paarmal getroffen und es war da viel Sympathie und Interesse, aber zugleich blieb es distanziert. Dann, einmal in einem Restaurant fragte sie mich, ob ich noch wüsste, woher wir uns denn kennen und ich musste leider „nein" sagen. Da sagte sie mir, dass ich ihr einmal das Leben gerettet und sie aus einer brennenden Halle herausgeholt hätte.

Klick, jetzt war die Erinnerung wieder da. Sie war das Mädchen vom Karussell auf dem Theaterfestival, damals vor circa 40 Jahren noch ein Kind von kaum 13 Jahren und damals habe ich sie schon geliebt, aber mehr platonisch, mehr wie ein großer Bruder oder ein Vater. Sie war etwas so Reines und Bezauberndes für mich gewesen, dass ich viel älterer Schwerenöter keinen Gedanken daran hatte, zu versuchen, sie auch nur zu irgendetwas zu verführen.

Ich habe dort für das Theaterfestival gearbeitet und bin immer wieder mal mit meinem Lastwagen zum Karussell gefahren und habe sie gegrüßt und mich an ihrer Schönheit, Natürlichkeit und Unschuld erfreut. Und da hat es dann dort in einer der Tanzhallen gebrannt und sie stand wie gebannt mitten drin vor den Flammen und konnte wie gelähmt nicht weg und ich habe sie, die kleine Tänzerin, hinausgetragen. Dann saßen wir draußen in einem Biergarten ganz in der Nähe und haben zugesehen, wie die Halle von den riesigen Flammen verschlungen wurde. Es war gespenstisch und apokalyptisch und wunderschön.

Wie das Leben so spielt und seine Kreise zieht und alles wiederkehrt, was noch nicht ganz ist und fertig und gut. Jetzt wusste ich auch, warum ich dieser Frau nicht wirklich nahekommen konnte und alles verlief sich dann auch allmählich wieder wie damals im Sande.

So vergingen die Jahre und nichts Nennenswertes passierte in dieser Hinsicht. Es kam allmählich der Punkt, wo ich dachte, vielleicht soll es ja nicht mehr sein. Auch gut, dachte ich, dann kannst du diese Suche einfach wieder aufgeben, was mir nicht so dramatisch erschien, denn das Ganze war ja auch gar nicht so sehr triebgesteuert. Ich suchte nur eine Gefährtin.

Doch dann ist sie doch noch aufgetaucht. Manchmal passiert es genau dann, wenn wir uns wieder entspannen und loslassen beim sich etwas wünschen und uns nicht in den Wunsch verbeißen, weil man sonst vielleicht verkrampft und blind wird und nichts mehr sieht und schon gar nicht das Glück vor seiner Nase.

Ich nenne sie Su. Alles ging sehr schnell und wir waren zusammen. Bei einem unserer ersten Spaziergänge sagte ich noch, dass ich glaube, dass wir uns begegnet seien, um uns zu heilen. Es sollte sich mit den Jahren noch zeigen, wie wahr dieser Satz in vielerlei Hinsicht war.

Natürlich spielt die Erotik immer eine wichtige Rolle. Sie ist der Magnetismus, Amors Pfeil hatte getroffen. Zwar hatte ich anfangs behauptet und auch gedacht, dass ich mir aus Sex eigentlich gar nichts mehr machen würde, jedoch hatte ich mich in dieser Hinsicht gründlich getäuscht. Wir waren zwar beide schon über 60 Jahre alt, aber die Sexualität ist noch einmal so richtig erblüht. Sehr genussvoll, frei und ohne Zwänge und Vorstellungen konnten wir etwas ausleben, was ich so wirklich nicht mehr erwartet hatte. Es hat einfach gepasst. Wir haben viel Zeit im Bett verbracht und bei einer Italienreise nach Apulien ins Trulloland, wo ich ihr und auch mir den alten Olivengarten noch einmal zeigen wollte, sind wir, so erinnere ich es, fast überhaupt nicht mehr aus dem Bett herausgekommen.

Dort in Italien, als wir, einmal irgendwo in einer Bar am Meer sitzend, den bombastischen Sonnenuntergang bei einem Campari, so rot wie die Wolken am Himmel, genossen, da verleitete mich die romantische Stimmung Su zu fragen, ob sie denn nicht dann mal demnächst zu mir nach

Grünwald in mein Haus ziehen möchte. Da kannten wir uns schon so ein gutes halbes Jahr und ich dachte, auf was wollen wir denn in unserem Alter noch warten. Ihre Antwort war ein ganz einfaches NEIN ohne Schnörkel und Begründungen. Dies löste schon eine gewisse Dramatik in meinem Inneren aus, welche durchaus der Dramatik am Himmel, wo sich die Wolken über dem Meer auftürmten und ein letztes Mal flammend aufleuchteten, entsprach. Da erfuhr ich wiedermal, dass sich hinter allem Liebesrausch verborgen ein ganzer Mensch mit einer eigenen Geschichte befand. Ich glaube, ich sagte dann: „Gut, dann ziehe ich eben zu dir."

Trotz aller Leidenschaft war immer viel Zärtlichkeit in unsere Beziehung. Es konnte durchaus geschehen, dass wir frisch verliebtes Liebespärchen, irgendwo stundenlang im Auto sitzend, miteinander schmusten und ich musste schon einmal anmerken, dass wir ja schlimmer seien wie die Teenager. Kichernd erwiderte Su, ja, ja noch schlimmer als die Teenager.

Wer weiß, vielleicht endet es nie, das mit der Liebe, diesem göttlichen Spiel, das es ja auch braucht, damit die Menschheit nicht ausstirbt. Kinder hatten wir allerdings beide schon und das war gut und für uns sowieso kein Thema. Es gibt dieses l`art pour l`art, diesen reinen Selbstzweck und das gibt es auch in der Liebe und der Lust. Die Liebe dient der Liebe und die Lust der Lust, da braucht es sonst nichts. Ganz im Gegenteil sogar, alles Verpflichtende, Absichtsvolle, Berechnende stört nur die Reinheit und Unschuld. Die Liebe ist ein Kind der Freiheit. Weiß der Teufel, warum sich die Religionen immer so schwer mit der Erotik und Sexualität getan haben. Noch dazu, wo jeder, der die Lust angeprangert hat, ein Produkt ebendieser ist und ohne diese gar nicht auf der Bühne dieser Welt hier erschienen wäre. Dies macht die häufige Forderung religiöser Eiferer nach Enthaltsamkeit noch absurder.

Und natürlich begegnet man immer dem Menschen, der in der aktuellen Lebensphase genau der richtige ist und der die anstehenden Lektionen bereithält. Man bekommt durch den anderen einen Spiegel und man beginnt all das zu sehen, was man bei sich nicht sehen kann oder will. Das ist eine große Hilfe, aber natürlich nur dann, wenn man auch bereit ist, die Fehler und Wunden nicht beim anderen, sondern bei sich selbst zu suchen. Die Knöpfe werden gedrückt oder wie man heute gerne sagt, man wird getriggert. Das ist nicht angenehm und es besteht die Gefahr, dass man seine Wunden und alten Konditionierungen verteidigt, vertuscht oder rechtfertigt. Das bringt einen natürlich überhaupt nicht weiter, sondern führt meist zu sinnlosen Diskussionen, zu Aggressionen und vielleicht auch zu Streit. Dieser Mechanismus setzt üblicherweise erst allmählich nach der ersten fiebrigen Phase von Verliebtheit ein. Die Verliebtheit ist ein herrlicher Rausch, ähnlich einer Krankheit, die in gewisser Weise blind macht, um überhaupt die Voraussetzung zu schaffen für Nähe, Verbindung, Beziehung und Auseinandersetzung. Der Verliebte sieht sozusagen erst einmal nur die Schokoladenseite des Geliebten und dieser zeigt auch nur diese.

In dieser ersten Phase wohnten wir weit auseinander und sahen uns hin und wieder, wenn wir Zeit hatten, eine Wochenendbeziehung. In dieser Zeit, so fand ich zumindest, waren wir in perfekter Harmonie von Körper, Gefühl und Geist. Es gab viel Gemeinsames. Wir hatten die gleichen oder ähnliche Interessen und Erfahrungen, waren an einem ähnlichen Punkt im Leben und fast genauso alt. Gott sei Dank, denn die Beziehungen von Männern mit 10, 20 oder 30 Jahre jüngeren Frauen waren mir immer sehr verdächtig gewesen und erschienen mir unnatürlich und irgendwie krank. Es war eine Frau in meinem Alter und das war angenehm und stressfrei, denn so gab es keinen Grund mich jünger zu zeigen oder zu machen, wie ich eben war. Ich kenne genügend Männer aus meiner Praxis, die auf Grund ihrer jungen Frauen beständig meinen, etwas beweisen zu müssen, was sie natürlich überfordert und zu keiner entspannten Beziehung führen kann.

Eine weitere Phase kündigte sich an, als sich meine Wohnsituation zu verändern begann.

Der Hausverkauf

Su hatte einen Traum. In diesem Traum floss ein reiner, klarer Fluss durch meinen Garten in Grünwald, alles Alte wurde hinweggespült und das Grundstück wurde leer und offen für etwas Neues. Ihr Traum gab mir zu denken und vielleicht war ja die Zeit gekommen mein Elternhaus und das Elternhaus meiner Kinder, den Ort so vieler alter Geschichten, loszulassen.

Tatsächlich hat es nicht lange gedauert und ein fremder Mann stand an meiner Tür und meinte, er möchte mein Haus kaufen. Das war schon seltsam und schon wieder wie ein kleines Wunder.

Dieses Haus war uralt und entsprach keineswegs mehr heutigen Ansprüchen und jeder, der so ein Grundstück in Grünwald, eine Art nobler Vorort von München, wo gerne diejenigen hinziehen, die es geschafft haben, die Reichen und Berühmten eben, kauft, lässt es selbstverständlich sofort abreißen, um etwas Modernes und Luxuriöses darauf zu bauen. Und das Grundstück gehörte nicht mir, sondern dem Staat und ich konnte es deshalb gar nicht verkaufen, sondern nur den noch für 40 Jahre geltenden Pachtvertrag. Kein Mensch kauft ein Grundstück, das ihm dann doch nicht gehört. Ich hatte also eigentlich gar nichts zu verkaufen, sondern nur ein Haus, was jeder sofort abreißen würde und ein großes, schönes Grundstück, was mir aber nicht gehört.

Ja, hätten meine Eltern damals dieses Grundstück nur gekauft. Damals hätte es nur 10.000 D-Mark gekostet und heute war schon weit mehr als eine Million Euro wert. Ist das nicht seltsam, irgendwie abartig und absurd, was der Kapitalismus aus einem Stückchen Erde, das eigentlich niemandem gehört und gehören sollte, machen kann.

Wenn man bedenkt und das ist der Witz an der Sache, dass ich schon drei Mal versucht hatte diese Immobilie zu verkaufen, dann war das jetzt wirklich eine Fügung. Nach dem Tod meiner Mutter wollten meine Schwester und ich das Haus verkaufen, nach meiner Hochzeit ebenfalls, wir dachten damals uns einen Bauernhof zu kaufen oder sogar nach Südafrika auszuwandern und nach meiner Scheidung wollte ich ebenfalls weg. Jedoch hat es, trotz intensiver Bemühungen verschiedener Makler, keiner der zahlreichen Interessenten gekauft. Die Zeit war nicht reif gewesen. Jetzt allerdings schon, eine Veränderung stand an, stand schon lange an.

Also jetzt war da dieser durchaus sympathische Mann und er war sehr interessiert und kam immer wieder. Wir haben viel geredet, gelacht und gescherzt. Speziell für ihn ging es um eine ernste Sache und er versuchte natürlich, mich nicht merken zu lassen, wie ernst es ihm war. Er wollte kaufen, ich aber wollte zu diesem Zeitpunkt nicht verkaufen, ich hatte

271

dieses Vorhaben bereits aufgegeben. Also hatte ich gute Karten. Ich sagte dem Herrn, dass ich ja irgendwo wohnen muss und dass ich also genügend Geld brauche, um etwas mindestens so Schönes wieder zu bekommen. Warum sonst sollte ich verkaufen. Er war ein Spekulant und hatte bereits das Nachbargrundstück mit der anderen Doppelhaushälfte gekauft und stand unter Zugzwang. Auch war er in dubiose Geschäfte mit Väterchen Staat, betreffend die Erbpacht, verwickelt, wie ich nach einer Weile herausfand. Also ging es darum, so viel Geld wie möglich aus ihm herauszukitzeln. In dem Fall hatte ich nicht die geringsten Skrupel. Es war ein interessantes Spiel. Der Kerl war mit allen Wassern gewaschen und ich befand mich da überhaupt nicht in meinem Metier. Jedoch er kam mir immer weiter entgegen in einem monatelangen Prozess, bis wir uns auf eine Summe einigten, die mindestens das Doppelte war von dem, was die Sache eventuell wert war. Wir haben eingeschlagen, aber mit dem Notar habe ich noch gewartet, denn da war noch etwas mit meiner Schwester zu klären.

Wie ein weiterer Witz, aber von der makabren Sorte, war, dass meine Schwester, die ja die Hälfte bekommen würde, in Marbella in ihrem Haus auf der Treppe stürzte und auf den Kopf fiel. Darüber habe ich ja schon in einem vorherigen Kapitel berichtet. Wenn sie die Hälfte des Verkaufspreises bekommen würde, bliebe mir noch so viel übrig, dass es hier bei uns in Bayern vielleicht gerade noch für eine nette 2 oder 3 Zimmer Wohnung gereicht hätte. Das war so gar nicht das, was ich mir vorstellte als Ersatz für ein Haus mit Atelier und einem schönen großen Garten.

Ich bin also in die Schweiz nach Zürich in die Klinik zu ihr gefahren. Ich wollte sie fragen, ob sie das Geld will oder nicht, beziehungsweise ob sie überhaupt Geld braucht. Es war meine erste Begegnung mit ihr nach ihrem Unfall und es war erschreckend. Sie war nicht mehr die Alte und mir war sofort klar, dass sie es auch nicht wieder werden würde. Meine Frage konnte sie nicht mehr beantworten und ich glaube, dass sie diese auch gar nicht mehr wirklich verstanden hat. Also hatte ich die Angelegenheit mit ihrem Mann, meinem Schwager, und ihren Kindern zu besprechen. Wir hatten immer ein gutes Verhältnis gehabt und meine Nichten habe ich immer sehr geschätzt und war hoffentlich immer ein guter Onkel gewesen. Der seltsame Onkel eben, der meditierte und Gedichte schrieb und Bilder malte und es zu nichts gebracht hatte und trotzdem gut drauf war. Ich versuchte ihnen klarzumachen, dass ich mit der Hälfte nichts Vernünftiges erwerben könnte und dass ich dann diese einmalige Gelegenheit sausen lassen muss und eigentlich nicht verkaufen kann. Nicht nur arme, sondern auch reiche Männer können natürlich immer Geld gebrauchen, da besteht kein Zweifel. Allerdings zeigte sich mein Schwager, der Unsummen Geldes in Schweizer Spezialkliniken für meine Schwester ausgab, wieder einmal sehr großzügig. Nur einen Bruchteil der ihr zustehenden Summe wollte er als sozusagen symbolische Gabe für meine Schwester. Ich war unendlich dankbar. Welch ein Geschenk, welch ein Glück, jetzt war es machbar, jetzt konnte ich wieder heimfahren und unterschreiben und mich allmählich auf meinen Auszug vorbereiten und beginnen mir ein neues Domizil zu suchen.

Su und die Liebe 2

Sogleich begannen Su und ich mit der Suche nach etwas Geeignetem für uns beide. Wir hatten tatsächlich vor zusammenzuziehen. Es sollte irgendwo zwischen München und den Bergen liegen, im schönen Alpenvorland oder am Alpenrand. Es gibt viele Menschen, die da etwas kaufen möchten und nur sehr wenige, die da etwas verkaufen. Wir waren bei Maklern und natürlich im Internet und Su hat ein Plakat entworfen, das wir auf unseren zahlreichen Fahrten an geeigneten Stellen aufgehängt haben. Wir haben dutzende Immobilien besichtigt, aber immer hatte es irgendeinen Haken, zu klein, zu groß, zu hässlich oder zu feucht, zu nahe an der lauten Straße oder was auch immer. Wir haben Wochen, nein Monate gesucht und dann sind wir fündig geworden. Als ich die Wohnung mit Garten und allem anderen, was ich so dachte zu brauchen, betrat, wusste ich sofort, das ist es und nach wenigen Minuten gab ich dem verdutzen Besitzer die Hand und sagte: „Ist gekauft." Es war mal wieder wie so ein kleines oder großes Wunder für mich.

Es war in Fischbachau hinterm Schliersee, wo in der Nähe Su sowieso schon wohnte und als Architektin in Miesbach arbeitete. Das war natürlich günstig, denn so konnte zumindest sie in ihrem gewohnten Umfeld bleiben. Noch dazu, wo sie schon fast 20-mal in ihrem Leben umgezogen und nicht wild darauf war, nochmal woanders ganz von neuem anzufangen.

Nach dem Kauf, der komplizierter wurde als gedacht – die meisten Menschen sind eben kompliziert und leben ja auch komplizierte Geschichten – kam die totale Renovierung. Auch die war nicht unkompliziert. Nur zu schnell gibt es Missverständnisse, Auseinandersetzungen und Ärger, wenn man nicht aufpasst und nicht sehr klar ist, nicht genau weiß, was man will. Man braucht die verschiedensten Handwerker, muss diese koordinieren und möglichst täglich dabei sein, denn man weiß nie so genau, ob sie auch das machen, was sie machen sollen oder eben das, was sie machen wollen. Dies war möglich, denn ich wohnte jetzt für die Zeit der Renovierung schon ganz in der Nähe bei Su in ihrer zwei Zimmer Wohnung. Dies war die zweite Phase der Beziehung. Und wenn ich oft tagelang in München im Ya Wali war, dann kümmerte sich Su um die Baustelle. Schließlich ist sie vom Fach.

Mein Auszug aus Grünwald ist problemlos verlaufen, denn im Kaufvertrag stand, dass ich alles, was ich nicht mitnehmen würde, einfach dalassen könnte, eine ziemliche Auszugserleichterung. Ich habe viel zurückgelassen von meinen Sachen und doch noch zu viel mitgenommen. Auch heute noch nach Jahren stehen Kisten mit wunderbaren Schätzen darin in meiner Werkstatt und ich brauche sie nicht und weiß kaum mehr, was sich in den Kisten befindet.

Der Abschied vom Haus und von Grünwald war erstaunlich unsentimental, sogar auch für meine Kinder, die ja sowieso schon in München wohnten. Ich bin weggezogen und habe Grünwald augenblicklich fast vergessen, bis auf den Fluss, die Isar, den heiligen Fluss, das war das einzige, den habe ich schon hin und wieder vermisst. Hier in den Bergen gibt es unzählige kleinere und größere Bäche, aber dieses wilde Isartal, in und mit dem ich großgeworden bin, hat mir doch immer sehr viel bedeutet.

Diese zweite Phase war höchst interessant. Es war ziemlich eng in der Wohnung, als ich noch mit meinen Sachen kam, aber es ging, ein bisschen eben wie in den Studentenzeiten. Su war wie ein Geschenk für mich, so ein ganzer Mensch, einfach ein Wunder und natürlich ein ziemlich fertiger Mensch mit Gewohnheiten, Verhaltensweisen und Prägungen, das Produkt und Resultat eines ganzen Lebens eben. Ich denke, es ist bestimmt einfacher, wenn junge Menschen sich zusammentun, denn da ist noch so vieles offen, noch nicht so festgelegt, man fängt eben erst gerade an. Wir hatten aber beide schon über 60 Jahre gelebt und unsere Vorlieben, unsere Abneigungen und unser Geschmack waren stark ausgeprägt. Jetzt waren Qualitäten wie Toleranz, Gleichmut und Geduld gefragt und ich fügte mich, so gut ich konnte in die Lebensgewohnheiten meiner Gefährtin ein. Es war ja ihre Wohnung. Zugleich tat sich aber auch die Chance auf, seine alten eingefahrenen Gewohnheiten nicht als das einzig mögliche Optimum zu sehen, sondern sie zu lockern oder vielleicht sogar in Frage zu stellen. Dies ist wie wir alle und auch sie, meine sehr geschätzten Leser, wissen, gar nicht so einfach. Beginnt jemand meine Gewohnheiten oder meinen scheinbar bewährten Umgang mit den Dingen zu relativieren oder gar zu kritisieren, wird man in der Regel sofort diese verteidigen, um den anderen von seiner eigenen Betrachtung zu überzeugen. Dieser Mechanismus drückt die Liebe zur Seite und das Ego will sich zeigen und seine Macht und Überlegenheit.

In der ersten Phase begegnet man sich praktisch ausschließlich mit seiner Schokoladenseite. Man idealisiert in seiner Verliebtheit und natürlich ist es nicht so schwer die Schokoladenseite zu lieben, die ist so süß und köstlich und genau das, was man zu brauchen glaubt. Jedoch vielleicht beginnt die wahre Liebe genau da, wo die Schokoladenseite endet und sich die bitteren, schmerzlichen und unangenehmen Seiten zeigen.

Ich habe dieses knappe Jahr in Su`s Wohnung in schöner Erinnerung. Wir haben uns gut verstanden und uns sehr und viel geliebt. Es war die Zeit der Renovierung unseres neuen Domizils und vor uns lag ein gemeinsames Leben. Das waren schöne Aussichten und für mich stand fest, wir machen uns einen wunderbaren und entspannten gemeinsamen Lebensabend. Irgendwie glaube ich, hat sich bei mir in meinem Kopf ganz unbewusst so ein Endzeitmodell eingeschlichen. Auch glaube ich, obwohl mir auch das nicht wirklich bewusst war, dass ich wieder sowas wie eine Familie wollte, jetzt eben zumindest eine Patchwork Familie, eine neue Erscheinung in unserer modernen Welt.

In dieser Zeit waren wir viel unterwegs, um die Einrichtung für unser neues Zuhause auszusuchen. Das ist anstrengender als man denkt. Erstens gibt es, wenn man beispielsweise nur an Fließen fürs Bad denkt, nicht nur ein paar zur Auswahl, sondern hunderte, wenn nicht tausende verschiedene. Manchmal weiß man nicht mehr, was einem gefällt und je mehr man dann anschaut, desto weniger weiß man es. Auch da viel dann die Entscheidung oft impulsiv und man betrat ein Geschäft und die erste Fließe, die mir ins Auge fiel, die war es dann auch. Und zweitens hatten wir zwar einen ähnlichen, aber natürlich nicht denselben Geschmack, was durchaus auch leichten Stress erzeugen konnte. Es gab so vieles auszusuchen, das Bad, die Küche, den Kühlschrank, den Boden und so weiter und so weiter und manchmal kamen wir fix und fertig wieder nach Hause.

So kam die dritte Phase und die begann mit dem Einzug in unser neues gemeinsames Domizil. Ich habe es sehr genossen, dieses Leben zu zweit. Es entspricht in gewisser Weise einem Ideal von mir. In diesem ewigen Spiel von Mann und Frau, zusammen, sich ergänzend und sich bereichernd, ist das Leben schon einfacher und in einer gewissen traditionellen Arbeitsteilung ist manches leichter und unkomplizierter. Während Frau einkaufen geht, mähe ich den Rasen und während Frau ein Essen vorbereitet, bin ich beim Holzhacken, richte ein Fahrrad oder hänge noch ein Bild im Treppenhaus auf. Man hat eben nur einen Haushalt, nur einen Kühlschrank, nur eine Stromrechnung und so weiter und man braucht sich eben nicht um alles allein zu kümmern. Dies bedeutet auch einen Zeitgewinn, den man gut gebrauchen kann für seine Arbeit und für gemeinsame Unternehmungen. Wir haben viele gleiche Interessen, unter anderen Wanderungen durch die Natur und wir haben immer wieder herrliche Bergtouren gemacht. Wir haben auch um uns herum eine schier endlose Auswahl an Bergen und Tälern in unseren bayerischen Alpen.

Ich hoffte und ich wollte einmal in meinem Leben eine Frau glücklich machen und natürlich auch mich. Die Voraussetzungen dafür schienen sehr günstig zu sein. Wie schon erwähnt, ist mir das ja bisher längerfristig noch nicht wirklich geglückt. Denn, wie schon gesagt, entweder haben die Frauen die Beziehung verlassen, weil sie wohl nicht glücklich in ihr waren, oder ich habe die Frauen verlasen, weil ich selbst nicht glücklich war, womit ich sie auch nicht gerade glücklicher gemacht habe. Das ganze Beziehungsthema ist so komplex und eine beständige Quelle für Irritationen und für so viel Unglück und Leiden.

Da war also noch eine Rechnung offen und etwas nicht erfüllt. Ich wusste immer, ich muss noch lieben lernen und dass ich, und überhaupt eigentlich jeder, immer noch ein bisschen mehr lieben könnte. Wo kann man es besser üben als in der Zweierbeziehung. Da finden wir die Lektionen, die es für uns zu lernen gilt. Ich habe immer geglaubt, dass man durch die Liebe zu einem Menschen zur grundlosen, bedingungslosen, zur göttlichen Liebe finden kann und finden wird, wenn man standhält, bereit ist, sein Ego und seine Bedürftigkeit und seine Tricks kennenzulernen und zu lösen und in dieses weiter werdende Herz hinein zu transformieren.

Es war ein neues altes Leben und alles lief ganz gut. Wir waren eine gute Patchwork Familie. Ein Höhepunkt in dieser Zeit war einmal Weihnachten. Es war so, wie ich es aus meiner Kindheit kannte und ich habe mich bemüht, dass es auch genauso wird, wie es meine Kinder aus ihrer Kindheit kannten. Ich habe einen Christbaum besorgt, und natürlich Geschenke und Speisen, wie sie eben zu Weihnachten gehören. Natürlich ist Weihnachten schon lange nicht mehr in erster Linie ein religiöses Fest, sondern ein Familienfest. Irgendwie ist es ein bisschen hohl geworden, aber dennoch so wichtig und in unserer Kultur tief verwurzelt.

Auch der Sohn meiner Freundin war gekommen und natürlich mein Sohn und meine Tochter mit ihrem Freund. Wir alle haben ihren Freund sehr gemocht und vollkommen akzeptiert, jedoch kam mit ihm die ganze Integrationsproblematik auch in meine Familie. Seine Familie, aus Afghanistan stammend mit acht Geschwistern, alle in Deutschland geboren, und speziell seine Mutter, akzeptierten nämlich seine Beziehung zu einem deutschen Mädchen überhaupt nicht. Er sollte ein afghanisches, möglichst muslimisches Mädchen heiraten. Selbstverständlich hat ihm das sehr zu schaffen gemacht und ihn schier zerrissen. Er war längst hier angekommen und auf der Universität. Ich schlug ihm dann vor, dass ich gerne mal mit seiner Mutter reden könnte, um ihr zu sagen, dass sie, nachdem sie circa eine halbe Million Euro Kindergeld von uns angenommen hat, vielleicht aufhören sollte, uns Deutsche nicht zu mögen und seine blonde Freundin zu diskriminieren. Warum nur ist sie überhaupt hier, wenn sie uns nicht mag? Er fand das gar keine gute Idee und da haben wir herzlich gelacht, weil mir das sowieso schon klar war, und ich habe mich natürlich nicht weiter eingemischt. Einmal sagte er mir, dass er sich in unserer Familie fast mehr zuhause fühlen würde wie in seiner. Das hat mich sehr berührt. Mein Schwiegersohn ist er dann doch nicht geworden, aber das ist eine Sache zwischen ihm und meiner Tochter. In die Angelegenheiten oder Beziehungen meiner Kinder mische ich mich sowieso prinzipiell nicht ein.

So lebten wir ein paar Jahre, alles schien gut, jedoch allmählich hat sich da etwas eingeschlichen, eine gewisse Spannung, etwas, wie einen latenten, permanenten Kampfmodus. Es begann sich klassischerweise erst einmal an Kleinigkeiten zu reiben, das Zahnpastatubensyndrom, wie ich das gerne nenne. Das kleine Ego weiß genau, wie man es richtig macht und genau so muss es auch gemacht werden. Man hat so seine Vorstellungen und die hält man für unglaublich wichtig. So entstehen Diskussionen und diese werden zu Streitgesprächen und diese führen, wenn man es nicht bremst zu einem ganz unerträglichen Zustand. Man möchte weglaufen, sich trennen und stellt alles in Frage. Es gab solche Gespräche, die durchaus auch 10 Stunden dauern konnten. Su ist eine kluge Frau und hat immer noch ein Argument auf Lager und sie ist eine zähe und hartnäckige Kämpferin. Ich habe aber auch diese intellektuelle Seite der Rechthaberei und habe auch immer noch ein Argument. Man will ja in diesem aussichtslosen Gefecht als Sieger hervorgehen. In diesem Bestätigungsgerangel wird die Liebe zerrieben und zeitweise bleibt nichts von dieser übrig. Die Versöhnungen nach einem Streit sind wunderbar und auch die Erkenntnisse, die man meint, gewonnen zu haben. Jedoch war die tiefsitzende Glut noch nicht gelöscht und so züngelten nur zu leicht immer wieder neue Flammen empor.

Als ich Su einmal nach Stunden der Diskussion fragte, worüber wir denn eigentlich streiten würden, sagte sie, dass sie das nicht wisse, und ich konnte dies nur bestätigen, denn ich wusste es auch nicht. So wurde allmählich klar, dass es im Grunde um etwas ganz anderes ging, dass da im Hintergrund alte, uralte Themen lauerten, die endlich gesehen und erlöst werden wollten. Ein Jahrhunderte alter Krieg der Geschlechter wollte da endlich nicht mehr verdrängt, sondern beendet werden.

Aus meiner Sicht kämpfte Su um ihr Selbstwertgefühl, ihre Selbstständigkeit und um ihre Freiheit von irgendwelchen Rollen. Auch äußerlich hatte sich ihre Situation derart verändert, dass sie sich in einer Art Abhängigkeit von mir befand.

Die Architektur Firma, für welche sie gearbeitet hatte, war aus dubiosen Gründen Pleite gegangen und sie hatte nur noch sehr wenig Geld und sie wohnte jetzt bei mir und hatte keine eigene Wohnung mehr. Irgendwann bei einer unserer Auseinandersetzungen rutschte mir in meiner Hilflosigkeit auch noch der Satz heraus, dass ich, wenn es so weitergeht, sie demnächst wohl werde rausschmeißen müssen. Dieser Satz war meiner Ohnmacht geschuldet und eigentlich überhaupt nicht wirklich ernst gemeint, jedoch fühlte sich Su tief verletzt und verunsichert und eben auch existenziell bedroht. Da zeigte sich doch plötzlich und überraschenderweise noch einmal, vielleicht zum letzten Mal der alte sterbende Macho in mir. Nun ja, irgendwann muss ein Mann auch mal auf den Tisch hauen, schließlich kann man sich nicht alles gefallen lassen. Man hat schließlich seine Würde und die sollte man auch bewahren.

In dieser Zeit geschah wieder einmal genau das richtige. Es war wie ein Wunder. Su´s Stiefmutter starb und Su bekam eine Erbschaft. Dieses stattliche, alte Haus mit einem großen Garten mit Anfahrtsallee am Rande eines Naturschutzgebietes fand auch schnell einen Käufer. Es brachte aber dort im Norden unserer Republik nur so viel Geld, dass es hier im Süden gerade für eine schöne 2-Zimmer Wohnung am Schliersee reichte. Welch ein bizarrer Ausdruck unseres kapitalistischen Systems, jedoch die Nachfrage bestimmt den Preis, wie sollte es auch anders sein. Von diesem Kauf hörte ich so ganz nebenbei beim Frühstück und dass Su also demnächst ausziehen würde. So leitete sich die vierte Phase unserer Beziehung ein.

Su und die Liebe 3

Diese vierte Phase begann für mich ein wenig holprig. Su`s Selbstbewusstsein wurde durch eine eigene Wohnung und durch die damit verbundene Unabhängigkeit gestärkt, während ich erst einmal verunsichert war. Nicht nur, dass damit mein gängiges Lebensmodell von Mann und Frau wieder einmal scheinbar nicht funktioniert hatte, sondern auch, dass ich mich auch irgendwie im Stich gelassen fühlte. Jetzt hatte ich schon wieder eine viel zu große Wohnung, die eigentlich als ein Nest für zwei gedacht war, für mich allein. Außerdem war die weibliche Anwesenheit in der Wohnung, auch da ich ja immer die halbe Woche in

München gewesen war, sehr angenehm. Dadurch war die Wohnung belebt. Jetzt war dieser Ort ein wenig verwaist und das bezog sich nicht nur auf hausfrauliche Arbeiten. Ich bin durchaus in der Lage die Wäsche zum Beispiel selbst zu waschen. Und dass niemand mehr für mich kocht, ist zwar schade, aber auch kein Problem, denn ich koche selbst gerne und es schmeckt mir. Es geht dabei mehr um die weibliche Qualität im Raum an und für sich.

Der Auszug bedeutete von ihrer Seite keineswegs das Ende der Beziehung, für mich jedoch war es eine Pille, die nicht ganz leicht zu schlucken war. Da war ein Teil in mir, der war irgendwie beleidigt und der hätte am liebsten so reagiert, dass er diese Frau verlassen hätte. Eine ziemlich kindische Reaktion von Rache, könnte man sagen.

In gewisser Weise war es eine Rückkehr zur ersten Phase, man hat zwei getrennte Haushalte und trifft sich, wenn man Lust hat, beim einen oder beim anderen. Aber das war es nicht nur, sondern auch ein neues, gemeinsames Leben an zwei Orten. Man könnte auch sagen, Su, die ja kein richtiges eigenes Zimmer in meiner Wohnung gehabt hatte, hatte jetzt ein solches, nur ein paar Kilometer weit entfernt. Natürlich behielt sie einen Schlüssel und ich bekam einen von ihrer Wohnung. So gesehen war es einfach auch nur eine Bereicherung, denn die Lebensqualität mit einem Steg und einer Liegewiese direkt am See und dieses mitten im Dorf sein waren auch nicht zu verachten. So ein See ist von so vielseitiger Schönheit und jeden Tag aufs Neue voller Überraschungen, mal sanft wie ein Spiegel oder beruhigend und betörend, mal geheimnisvoll und bedrohlich wie ein unberechenbares, wildes Wesen.

Es hat schon eine Weile gedauert, bis sich die Wogen geglättet haben und wir uns in diese neue alte Form eingefunden und eingelebt hatten. Ich habe wohl etwas länger gebraucht. Allerdings spürte ich sofort, wie gut es mir tat, alleine zu sein und wie gerne ich überhaupt alleine bin. Ich war ja beständig von so vielen Menschen umgeben bei Veranstaltungen im Zentrum Ya Wali und auch mit Schülern, Patienten und Interessenten, sodass meine Toleranzgrenze oft genug überschritten wurde und ich immer gut aufpassen musste, dass ich mir nicht zu viel zumutete. Dieses Zuviel führt leicht zu Gereiztheit und das letzte, was ich möchte, ist, dass ich zu den Menschen unfreundlich werde.

Ja, ich bin ein sehr geselliger Mensch und ich gehöre nicht zu den schweigsamen Typen und ja, es ist wahr, ich sehne mich nach Einsamkeit. Nur zu leicht wird diese Sehnsucht im Trubel der Geschäftigkeiten zur Seite gedrückt. Der Segen und der Nutzen des Stillhaltens sind unbeschreiblich und die Stille ist die Quelle für alles Tiefe, Bedeutungsvolle und Befreiende. In dieser Stille geschieht so vieles von selbst, Stärken stärken sich und Schwächen schwächen sich ab. Erst in der Stille entsteht dieser meditative Zustand, in dem wir aus unserer Endlichkeit heraus in die Unendlichkeit hineinschauen. Und erst wenn wir uns dort beheimatet haben, werden wir fähiger zu einem ganz besonderen Schritt der Realisation, und zwar, wenn es geschieht, dass das Unendliche ins Endliche blickt. Das Sein ergießt sich in den Augenblick, realisiert sich in der Existenz, in unserer Verkörperung.

Dieses Alleinsein tut so gut und hilft so sehr sich zu verbinden mit dem – wie es dieses Wort schon ausdrückt – All-Eins-Sein. Ich fühle mich kein bisschen einsam, wenn ich alleine bin, sondern ganz im Gegenteil, mir fehlt überhaupt gar nichts und es ist so schön, das zu bemerken und zu genießen. Es ist rund und ganz geworden. So gesehen begann ich, Su für ihren Auszug direkt dankbar zu sein. Es war in dieser Phase unseres Lebens genau das richtige gewesen.

Vielleicht haben Su und ich etwas in dieser Phase geschafft, was für so viele Paare hilfreich sein könnte, vielleicht ist es etwas wie eine Schneise, die wir geschlagen haben durch den Dschungel und das Gestrüpp jahrhundertealter Beziehungsmuster. Ein nicht einfacher, aber gangbarer Weg, hin zu echter Gleichberechtigung, nicht zu Gleichmacherei, hin zu Partnerschaft auf Augenhöhe, nicht zu unnatürlichem Rollentausch, ein Weg, der zu einem echten Frieden führt und den latenten permanenten Kampfmodus beendet. Wie dieses neue Model zwischen Mann und Frau im konkreten ausschauen kann, weiß ich auch noch nicht, jedoch wird es ein Model sein, in dem sich Polaritäten nicht bekämpfen, sondern ergänzen.

Ich sehe heute so viele ältere Menschen, Frauen und Männer, die allein wohnen und jetzt alleine alt werden und ihrem Ende entgegengehen. Sie alle haben mehrere gescheiterte Ehen oder Beziehungen hinter sich, sind oft verwundet und manchmal auch verbittert. Manche haben aufgegeben und ziehen das Alleinsein dem Stress einer Beziehung vor, viele aber wünschen sich durchaus noch einen Lebensgefährten und manche machen sich auch noch mit 70 oder mehr Jahren auf die Suche. Da hat sich etwas noch nicht erfüllt. Ist das Altersheim tatsächlich unsere Endlösung, unser Zukunftsmodel? Ist die Familie tatsächlich ein Auslaufmodel? Es sieht fast so aus…!

Mir gefällt das nicht wirklich. So wertvoll auch die Einsamkeit für den inneren Weg sein mag, so ist der normale Mensch eben doch kein Einzelwesen, sondern er lebt in Familien, Gruppen, Gemeinschaften, er ist ein geselliges Wesen und liebt Gesellschaft. Ich muss hier an einen Verwandten meiner Eltern aus der alten Heimat denken. Er war ein liebenswerter Mann, hatte eine Metzgerei gehabt und immer viel gearbeitet, auch für seine Kinder. Als er schon sehr alt war und noch einmal bei uns zu Besuch, erzählte er so traurig mit Tränen in den Augen, dass jetzt, wo seine Kinder groß seien und alle ein eigenes Haus hätten, keines seiner drei Kinder ein Zimmer für ihn frei hätte und er nun ins Altersheim müsse. Das hat auch mich so traurig gemacht und heute noch könnte ich mit ihm mitweinen und seinen Schmerz und seine Enttäuschung mit ihm teilen.

Su schreibt visionäre Romane, ihr erster heißt DANACH „Aufbruch in ein neues Zeitalter" und sucht darin nach neuen Lebensmodellen und konzipiert Lebensformen für ein Leben nach dem, die Erde ausbeutenden kapitalistischen Zeitalter, in sozialer, menschlicher, aber auch architektonischer Hinsicht. Die Architektur spiegelt unser gesellschaftliches und ökologisches Leben, das Leben der Gemeinschaft. Su selbst war ja jetzt allein in eine eigene Wohnung gezogen. Ich weiß noch nicht, ob diese 4. Phase jetzt die letzte, schon die Endphase ist oder ob noch eine weitere kommt, etwas anderes, etwas Überraschendes. Ich bin bereit und offen, obwohl auch vollkommen zufrieden mit dem, wie es jetzt ist.

Alles ist sehr entspannt, wie ein Fluss, der frisch und fröhlich durch die Täler rauschte und nachdem er so manche Stromschnelle durchlaufen, jetzt sanft und ruhig dahingleitend sich dem Meer nähert. Dahin, nämlich in die Freiheit, könnten Beziehungen führen, wenn wir uns durch die Engpässe unserer karmischen Restknoten gekämpft haben und uns wirklich eingelassen haben, auf uns selbst, auf unseren Partner und auf die Liebe, denn die Liebe ist ein Kind der Freiheit. Sie ist kein Warten auf etwas Besseres oder Passendes, sondern ein beständiges Sich Öffnen und ein beständiges Erweitern unserer Perspektive, bis das Geliebte gänzlich wahrgenommen, sich mit unserem Bewusstsein vereint. In der Liebe schmelzen die Identifikationen und alles dreht sich in einem ewigen Tanz um sich selbst und jubelt.

Für mich ist die Beziehung zu einem Menschen etwas Wunderbares, auch die Beziehung zu sich selbst ist ein Wunder - ein Wunder, dass es mich gibt und nicht nicht gibt. Alle Rollenspiele fallen in sich zusammen, weil es keine Rolle mehr spielt. Eine einfache Wahrheit, die aus dem Traum des Träumers plätschert, erfüllt und sättigt den Sehnsüchtigen. Es ist einfach und ganz natürlich glücklich zu sein in diesem ewig polaren Spiel von Mann und Frau. Daran ist nicht zu rütteln, denn die Frau in mir liebt den Mann und der Mann in mir liebt die Frau – basta!

Es gibt da diesen alten griechischen Philosophen Platon, der sagte, dass einst alle Wesen rund und ganz waren. Jedoch, vielleicht nur um ein Spielchen zu beginnen, schlug Gott die Wesen in zwei Hälften, in zwei Teile. Die Wesen waren nicht mehr ganz, es lief nicht mehr rund und holperte und jede Hälfte sehnte sich nach ihrer anderen Hälfte, nach der verlorenen Ganzheit. Und so begannen sie in diesem Durcheinander manchmal verzweifelt nach ihrer besseren Hälfte zu suchen, wie man bei uns so schön sagt.

Wir kennen diese Suche nur zu gut in der äußeren Welt und in unserem Leben, die Suche nach dem passenden Lebenspartner. Das Männliche sucht die Ergänzung durch das Weibliche und umgekehrt. Jedoch gibt es diesen Partner nur mit Einschränkungen und zeitweise und sowieso niemals für immer. Diese Suche führt im Außen meist zu keiner letztendlichen Befriedigung und muss deshalb wohl nach innen verlegt werden. So ist diese Geschichte wohl zu verstehen. Wir werden wieder ganz, wenn wir diese innere Hochzeit vollführen, wenn wir in uns das weibliche und männliche versöhnen und wieder vereinen. '

So oder so ähnlich empfinde ich wohl das, was in den letzten Jahren geschehen ist. Es läuft alles so rund und ohne nennenswerte Widerstände. Es ist im Fluss und ich bin im Fluss. Irgendwie und irgendwo bin ich angekommen, endlich, auch wenn ich nicht weiß, wo oder bei was.

Angekommen - Die Autobiographie

Ziemlich lange habe ich hier an diesem Buch geschrieben und mich durch mein Leben noch einmal hindurchgearbeitet. So vieles fällt mir noch ein, woran ich beim Schreiben über einen Lebensabschnitt nicht gedacht hatte. Ich könnte fast noch ein Buch verfassen über all die Dinge, die ich vergessen habe und die, die ich lieber gar nicht erwähnen wollte. Vielleicht wäre ein solches Buch das noch Interessantere für mich.

So habe ich dahingeschrieben und bin jetzt da angekommen, wo ich gerade bin, hier und jetzt, sitzend vor meinem Laptop diese Worte schreibend. Deshalb wird mich mein nächstes Kapitel hineinführen in die gegenwärtige Situation, meine persönliche und die in der Welt, in welche meine Welt ja eingebettet ist. Es ist eins, eine Welt und doch sind es zwei, denn so sehr wie mich das Weltgeschehen auch oft beschäftigt und interessiert, so ist mir dieses andererseits auch völlig egal und es fühlt sich so an, wie wenn ich damit gar nichts zu tun hätte, wie wenn mich dieses Geschehen da draußen gar nichts anginge.

Somit endet hier das, was man unter Autobiografie im engeren Sinn versteht. Da jedoch mein Leben jetzt noch nicht endet, schaue ich offen und neugierig nach vorne und möchte das Leben nicht eng und endgültig werden lassen. Deshalb wird diese Biografie weitergehen und ich werde hineinschreiben in eine Zukunft, die ich nicht kenne, die ich jedoch vorauskonzipiere, vorausträume, wie die Schamanen es nennen.

Rekapitulation

Während man sich durch sein Leben schreibt, hat man die Chance, alles, was man erlebt hat, noch einmal zu rekapitulieren. Das heißt, dass auch alle die Dinge, die uns verletzt haben, die Knoten, Traumata oder Schuldgefühle hinterlassen haben, die uns in negative Kompensationsstrategien getrieben haben, alles eben, was nicht geheilt ist und uns ein gesundes Gleichgewicht raubt, alles, was uns zu neurotischen Verhaltensweisen veranlasst, an die Oberfläche des Bewusstseins kommen kann. Damit haben wir erst die Möglichkeit, es aus unserem System zu entlassen. Diese Arbeit ist unerlässlich, um mit leichtem Gepäck den Gipfel unseres Lebens zu erreichen. Was schleppen wir nicht alles aus unserer Vergangenheit mit uns herum. Das kostet viel Kraft und man braucht sich nicht zu wundern, dass es so schwierig erscheint, glücklich zu sein, wenn ein Großteil unserer Energie an die Vergangenheit gebunden ist. Den anderen Teil unserer Energie richten wir dann zum Ausgleich auf die Zukunft, denn dort irgendwann und irgendwo wird ja vielleicht alles gut oder eben auch nicht.

Diese Rekapitulation ist natürlich im Grunde nichts anderes wie Therapie. Dieser Begriff ist ziemlich modern geworden. Er wurde aber auch nicht gerade eben erst erfunden, sondern ist uralt und eine radikale, schamanische Methode. Mit dieser Technik der Selbsterneuerung lösen wir unser auf die Vergangenheit fixiertes Bewusstsein und durch das Instrument des Atems und des Schreibens löschen wir quasi die alten und fremden Prägungen in einem Akt energetischer Hygiene. Man könnte es auch, ein, „es sich von der Seele schreiben", nennen.

Sich seine Biografie zu vergegenwärtigen und anzuschauen in ihrer Logik und ihren Konsequenzen, kann ich nur empfehlen. Das soll nicht unbedingt heißen, dass ich finde, möglichst jeder sollte seine Autobiographie schreiben, jedoch wäre es sicherlich ein erstaunliches Unterfangen. Jedes Leben und ich meine wirklich jedes Leben ist in seiner Einmaligkeit derartig bemerkenswert, interessant und dramatisch, dass es das sicherlich wert ist, von dem, der es lebt, genauer betrachtet zu werden. Noch dazu kommt, dass man oft feststellen wird, dass dieses Leben so reich war, so voll von Ereignissen und Erfahrungen und Überraschungen. Dies mag so manchem helfen die Falle des Selbstmitleides zu verlassen und Dankbarkeit zu empfinden für dieses so einmalige und abenteuerliche Schicksal.

Ankommen

Das Koan des Ankommens ist zu begreifen, indem wir verstehen, dass wir immer auf Reisen sind und zugleich immer am Ziel. Das Ziel ist der gegenwärtige, ewige Augenblick, in welchem wir uns immer befinden, wo auch sonst, wir können ihn gar nicht verlassen. Jedoch verbringen wir die meiste Zeit mit unseren Gedanken, Vorstellungen und Erinnerungen ganz woanders und verpassen diesen kostbaren Moment, der die Quelle und das Leben selbst ist. So fast schon abgetrennt von uns selbst und unserer Mitte verzetteln wir uns an der Peripherie unseres Da – Seins, was oftmals diese Leiden nach sich zieht, und wir versäumen es, die nährende Magie und Energie, die uns jeder Augenblick zur Verfügung stellt, wahrzunehmen.

Unsere Kultur hat uns nicht darauf vorbereitet, sondern auf ein für Zukünftiges zu funktionieren. Nicht, dass das vollkommen falsch wäre, sondern es ist durchaus auch sehr nützlich. Jedoch versäumen wir so, die Intensität unseres Lebens kennenzulernen und Erfüllung und Frieden zu finden. Diese finden wir immer nur in diesem Augenblick und nicht irgendwann dann, wenn wir irgendetwas erreicht oder bekommen haben. Dieses Morgen kommt niemals, denn wir werden es immer als ein JETZT erleben. Wir leben Jetzt oder nie. Mein bester Tag ist der Alltag, also das, dem wir immer so gerne entfliehen wollen. Das Alltägliche entpuppt sich dann als das Besondere, als das beständig Wunderbare und das Warten auf bessere Zeiten klingt aus.

Dieses Ankommen im gegenwärtigen Augenblick ist das Ziel und nicht nur das spirituelle Ziel. Die Reise geht weiter, doch sie findet nicht mehr unbewusst oder konzipiert statt, sondern jetzt reisen wir in und durch diesen Augenblick, aus welchem sich authentisch genau das ergibt, was in diesem Augenblick benötigt wird. Angekommen im grundlosen Augenblick ist die Reise des Suchenden zu Ende und geht doch weiter, immer weiter, denn die Reise deiner Seele führt heim in die Ewigkeit, heim in den ewigen Augenblick, heim in das milde Auge Gottes – nur ein Blick in dein Auge und die ewige Reise ist zu Ende.

Da man uns schon in unserer Kindheit dieses Dasein im Augenblick allmählich aberzogen hat, ist es oft ein langer und manchmal ein dorniger und steiniger Weg, um in diese Unschuld, Reinheit und Naivität zurückzufinden. Aus diesem Augenblick sprudelt die Quelle und immer auch das, was wir Kreativität nennen. Kreativität ist kosmische Urtätigkeit und wird sich beständig auch durch uns entfalten. Kreativität ist letztlich kein Resultat intellektueller Erwägungen, sondern ergibt sich spontan. Es geschieht, es geschieht wie von selbst. So ist in einem Jahrtausende langen Prozess erblüht, was wir Kultur nennen und was gespeist wird von jener universellen Intelligenz, die dieses Universum lenkt und uns, die wir untrennbar eingebettet sind in dieses. Du kannst das Universum nicht verlassen, ein absurder Gedanke und Versuch.

Angekommen zu sein, das heißt auch, dass man dann eben einfach nur so dahinlebt. Tag für Tag, das ist ein guter Tag, planlos, uferlos, grenzenlos oder was ist los – nichts ist los, ganz einfach, man lässt sich treiben, man ist im Fluss und es geschieht, es geschieht alles wie von selbst, fast ohne dein Zutun, so scheint es und es ist stimmig.

Gott war gestorben für mich damals in jungen Jahren auf einer Bank am Fluss sitzend mit einem Buch von Friedrich Nietzsche. Gott, das Absolute, das absolute Ideal war lange tot, jetzt ist er wiederauferstanden oder besser: Ich hatte ihn verloren und jetzt einfach nur wiedergefunden. Das sind die Kreisläufe des Lebens. Das ist das göttliche Spiel. Die kosmische Symphonie war wieder zu hören und der Himmel über mir war wieder in mir und perlte wie Champagner, so leicht und berauschend und klar. Er oder es ist das, was ist. Es ist nicht beschreibbar, was es für mich ist, es ist alles und nichts. Es ist zu einfach, um es zu verstehen.

Die Sufis sagen, wohin du auch schaust, du schaust in sein Angesicht.
Angekommen zu sein, heißt, dass du nicht mehr wartest.

Du wartest nicht mehr auf einen besonderen Anlass, sondern man gönnt sich das Beste schon heute.

Du wartest nicht mehr darauf, dass man dich versteht oder erkennt, weil das nicht mehr nötig ist.

Du wartest nicht mehr darauf, dass dir etwas Großartiges gelingt, weil jeder Augenblick in sich schon großartig ist.

Du wartest nicht mehr darauf, dass Frieden in der Welt ist, denn jeder Atemzug schenkt dir Frieden.

Du wartest nicht mehr darauf, dass der richtige Zeitpunkt kommt, denn die Zeit ist immer richtig.

Ja, es gibt einen Ort, der überall ist und eine Zeit, die immer ist. Dort wollen wir uns treffen und tanzen in der immerwährenden Symphonie der Sphären.

Das soll aber auch nicht heißen, dass jetzt, angekommen im Augenblick, alles anders wäre, nein, alles ist so wie vorher, nur anders...und schöner...

Es gibt da diesen Ausspruch eines Zen – Mönches, den ich schon in jungen Jahren einmal gelesen und damals nicht verstanden habe. Er Lautet:

„Vor der Erleuchtung habe ich Holz gehackt und nach der Erleuchtung habe ich Holz gehackt."

Heute verstehe ich ihn!

Erfüllung

Früher wollte ich nichts sein, aber vieles werden, jetzt kann ich alles sein, aber Heinz Espabad Kindl bin ich geworden. Ich bin ein Optimist und ein Pessimist und ein Realist und natürlich ein Träumer.

Meine Bestimmung hat sich erfüllt. Wenn man glaubt, dass es so etwas wie Bestimmung gibt, dann muss da ja etwas oder einer sein, der bestimmt, der das festgelegt hat. Das widerspricht meiner Vorstellung von Freiheit. Außerdem müssen sich die Götter doch wohl ziemlich langweilen, wenn sie immer schon vorher wissen, wie das Spiel endet. Deshalb ziehe ich den Gedanken vor, dass ich bestimme, was meine Bestimmung ist, obwohl ich natürlich weiß, dass ich auf der anderen Seite überhaupt nichts bestimme oder zu melden habe oder wüsste, wie das Spiel endet. Mit dem Paradoxon muss der Wanderer auf den mystischen Pfaden leben und erkennen, dass der Widerspruch hinter die Erscheinungen führt, in diesen seltsamen Bereich der Einheit, wo der Verstand nicht mehr viel zu melden hat.

Es ist Überraschung, das Ende ist offen, alles ist offen und jedes Ende ist nur wieder ein Anfang.

Alles das, was man denkt zu sein, das ist man gar nicht, das ist alles nur geborgt und wird bald wieder zurückgegeben. Das zu erkennen, ist uns bestimmt, weil es unsere tiefste Sehnsucht ist. Erkenne dich selbst. Das heißt die Wahrheit zu erkennen und die ist das, was bleibt und immer war und sein wird und nicht das, was kommt und geht. Das, was kommt und geht, ist das hinzugefügte und es tritt unablässig heraus aus dem Sein in die Existenz und sinkt wieder zurück, wie die Wogen in den Ozean.

So gefällt mir der Gedanke besser, dass ich bestimme, wie ich meine Rolle auf der Bühne dieser Welt spiele und nicht ein Regisseur da hinter den Kulissen. Ich selbst bin dieser Regisseur und er lebt in mir, innerhalb, in meinem Herzen und nicht außerhalb, irgendwo weit weg da draußen im Universum.

Viele Dinge haben sich in meinem Leben erfüllt und haben mich ein wenig lebenssatt gemacht. Viele Bögen haben sich geschlossen und es ist rund und ganz geworden. Man kommt ja immer wieder an die gleichen Punkte und zu den gleichen Themen im Leben, das ist Gnade, und so bekommt man immer wieder die Chance die Lektion zu lernen und zu verstehen, bis es vollbracht ist und dann hat es sich erfüllt und man wird neuen Herausforderungen begegnen.

Es gibt da die Beschreibung von einem Blick durchs Schlüsselloch hinein in eine magische, paradiesische Sphäre im 9. Kapitel, als ich noch ziemlich jung war. Irgendwann bin ich fast gänzlich unbemerkt in diesem Paradies angekommen. Diese Anderswelt auf der anderen Seite der Tür ist gar keine andere Welt, denn es ist immer diese Welt. Der Ort für dieses Paradies ist genau da, wo ich mich befinde. Es ist die Welt, in der ich lebe, nur mit anderen Augen gesehen. Man sagt ja, die Schönheit liegt im Auge des Betrachters. Oder anders ausgedrückt, wir selbst sollten die Verantwortung übernehmen für die Freude und die Schönheit in der Welt und in unserem Leben.

Wir verlassen und verlieren das Paradies und unsere Unschuld aus den verschiedensten Gründen und weil wir auch andere höllische und abgründige Erfahrungen machen wollen und finden es schließlich wieder. So muss es offensichtlich sein. Das sind die Kreisläufe und wenn sich der Kreis schließt, dann hat es sich erfüllt.

Es gibt viele Einzelthemen, die das betreffen. Hier ein paar Beispiele für diese Bewegung, die uns zurückführt zu etwas Unerfülltem, um es zu Ende zu bringen, was heißt, es wird ganz und ist befriedet.

Der Baggerführer

Schon als Kind habe ich im Sandkasten und auch sonst überall mit Inbrunst mit dem Bagger gespielt. Auch als Erwachsener habe ich an Baustellen immer wieder zugeschaut, wenn gebaggert wurde. Ich war fasziniert und konnte mich und die Zeit dabei völlig vergessen. Jetzt vor ein paar Jahren hatte ich einen Bagger im Garten von meinem neuen Domizil.

Dieser Garten wurde vollkommen neu gestaltet und wieder einmal stand ich gebannt dabei. Mit seiner riesigen Schaufel nahm er wie mit einer Hand zum Beispiel einen mächtigen Felsen und legte ihn wie Spielzeug genau dorthin, wo ich ihn haben wollte.

Einmal, als der Baggerführer morgens wieder kam, fragte ich ihn, ob er denn gerne arbeiten würde und er sagte: „Oh ja, ich arbeite gerne." Und dann fragte ich ihn noch, ob ihm das Baggerfahren Spaß machen würde, und er sah mich an mit seinen beiden kristallklaren Augen voller Freude und sagte: „Oh ja, das macht mir Spaß." Es war ein ganz besonderer Augenblick für mich, denn in diesem Moment war ich nicht nur mit diesem jungen Mann verbunden, sondern ich war selbst der Baggerführer. Diese meine Arbeit gab mir Sinn und Brot und Freude, sie erfüllte mich.

Später wurde mir klar, dass ich jetzt nicht noch einmal auf die Welt kommen muss, nur um Baggerführer zu werden. Jetzt ist es gut.

Nacktheit

Schon als Kind gab es da immer so eine Sehnsucht nach Nacktheit. Nach dem Entblößen anstatt dem Verhüllen. In den dunklen Moorweihern haben wir es schon als Jugendliche gewagt ohne Badehose zu schwimmen. Später sind wir nackt an der Isar herumgelaufen, ein Phänomen, dass das gerade im katholischen Bayern möglich und an bestimmten Abschnitten üblich war. Später habe ich nackt in der Galerie in einem Käfig performed und dann auch nackt Theater gespielt. Zu guter Letzt fand ich mich zu meiner eigenen Überraschung nackt tanzend in einem Meditationsraum und über mich selbst lachend, dachte ich an die strengeren, mehr traditionellen Sufis und wie die das wohl finden würden. Und ich lachte, weil ich wusste, jetzt ist es gut, nackt wurde ich geboren und nackt werde ich wieder gehen. Dazwischen gibt es auch die Scham, ein zartes und feines Gefühl, das es zu respektieren gilt. Jedoch schuldig will ich mich nicht fühlen, nein, die Erbsünde will ich nicht mit mir herumtragen. Jetzt ist es gut.

Der Ritter

Schon als Kind habe ich mit Leidenschaft Ritter gespielt. Auch die Kinder aus der Nachbarschaft konnte ich dafür begeistern und mein Vater hat uns allen Schwerter aus Holz geschnitzt. Wir hatten eine Burg aus nicht mehr verbauten Ziegeln im Garten und übten uns in den Tugenden des Rittertums. Später habe ich Comics und Ritterbücher gelesen und mein Leben lang waren Ritterfilme ein Genuss für mich.

So fühlte ich mich stark angezogen vom „Weg der Ritterlichkeit – Knighthood of Purity", einem der Zweige neben der Esoterischen Schule im Inayatiorden. Es gibt da 40 Regeln, die über mehrere Jahre kontempliert werden. Dies dient einer Katharsis und Reinigung unserer Persönlichkeit. Man konzentriert sich dabei auf die Ideale, mit welchen das Herz veredelt und geläutert wird, sodass ihm Flügel wachsen können. Eine die dieser Regeln lautet: „Halte dein Ideal unter allen Umständen hoch." Oder: „Sei bei jeder Gelegenheit taktvoll." Es ist eine allmähliche Annäherung an das Ideal durch ein beständiges Erkennen seiner Schwächen und Unzulänglichkeiten, eine Reise zur Verwirklichung von Liebe, Harmonie und Schönheit.

Als es dann nach vielen Jahren soweit war und ich in Paris in einer festlichen Zeremonie den Ritterschlag erhielt, da wusste ich, dass der Raubritter in mir verwandelt worden war in Espabad, den Ritter. Und jetzt ist es gut.

Die Liebe

Schon als Kind stand ich in meinem Gitterbettchen und habe nach der Mama geschrien und nach der Liebe. Die Magie dieses Augenblicks war erfüllt mit Schrecken. Es war fast wie sterben, wenn sie dann nicht gekommen ist. Mama ist manchmal nicht gekommen und vielleicht hat ihr mein Schreien genauso wehgetan wie mir. Mama hat aber den Herren in den weißen Kitteln, den Ärzten, geglaubt und die haben damals gesagt, man soll die Kleinen unbedingt schreien lassen. Die hören dann schon von selbst auf, weil die Kinder was gelernt hätten, so meinten sie und weil es ihre Stimme stärkt.

Später dann als ich langsam groß wurde, habe ich immer noch geschrien, mehr innerlich allerdings vor Sehnsucht nach der Liebe. Und ich habe die Liebe gesucht, bin ihr hinterhergelaufen und habe sie oft gefunden, jedoch genauso oft wieder verloren. Sie war nicht zu halten. Sie ist mir zwischen den Fingern zerronnen, wie wenn es sie gar nicht geben würde. Eine Illusion und die wunderbaren Frauen waren nur Erscheinungen, auf deren Gefühle genauso wenig Verlass war, wie auf meine eigenen.

Langsam begriff ich, dass das, was ich suchte, nicht da draußen zu finden war, sondern in mir selbst aufgespürt werden muss. Dies war ein langer Prozess und genau das, was man den inneren Weg nennt. In fast allen Religionen und spirituellen Traditionen geht es ja immer auch um das Herz und diese grundlose und bedingungslose Liebe in uns, das, was unsere ureigenste Natur und unser Sein ist und was wir immer so leicht mit der romantischen Liebe und mit unserer Bedürftigkeit verwechseln. Diese Liebe muss nicht mühsam entwickelt, sondern nur entdeckt werden. Und als ich sie entdeckte in der Magie eines jeden Augenblicks, da wusste ich, jetzt ist es gut.

Die Berge

Schon als Kind hat es mich immer in die Natur und speziell in die Berge gezogen. Von Grünwald bei München aus kann man die beeindruckende Alpenkette sehen und ihre Schönheit und Erhabenheit weckte eine Sehnsucht nach Freiheit und einem finalen Abenteuer.

Skifahren habe ich unter anderem am Sudelfeld in den bayerischen Alpen gelernt und aufgewachsen bin ich in der Sudelfeldstrasse in Grünwald und die Wendelsteinstrasse und der Spitzingweg waren gleich um die Ecke. Die Berge waren immer irgendwie präsent. Viele Reisen haben mich mein Leben lang in die Berge und viele Wanderungen auf die Berge geführt. Diese Faszination hat viele Aspekte und ein wichtiger ist der Berg als Symbol, Montana Sacra, der heilige Berg, der Olymp, auf dem die Götter wohnen, erhaben und unerreichbar.

Wir durchlaufen einen ganz speziellen und klassischen Prozess, bewusst oder unbewusst, wenn wir einen Berg besteigen. Aus dem Tal mit der Enge seiner menschlichen Siedlungen und Städte kommend, steigen wir durch Wälder und satte Natur neben plätschernden Bächen hinauf und allmählich gewinnen wir Abstand und Überblick. Wir lassen die Welt der menschlichen Dramen zurück und erreichen über die lieblichen blumigen Almenwiesen eine immer kargere Landschaft. Es wird pur, bizarr und felsig, oft eisig und lebensfremd, wenn wir uns dem Gipfel dieser Skulptur nähern. Es wird einsam, wir lassen etwas zurück und verlassen die Welt der Menschen. Nur mit leichtem Gepäck wirst du den Gipfel erreichen, dort, wo dich Weite, Aussichten, Überblick und Durchblick erwarten. Dort bist du den Göttern nahe oder näher und du kannst vielleicht die zwei Enden deines Seins erahnen. An dem einen Ende bist du menschlich, da unten im Tal und auf der Erde und an deinem anderen Ende bist du ewig, göttlich, da oben auf der Höhe deines Seins. Berg und Tal bedingen einander, es sind die zwei Seiten einer Medaille. Der Gipfel des Gipfels ist der Abgrund und so wirst du zurückkehren aus der eisigen klaren kristallinen Kälte der Einheit in die warmen Täler, wo der Wein des Lebens wächst und in den brodelnden Sümpfen sich die Fülle der Formen und Geschichten entfaltet.

Immer habe ich den Berg geliebt und wollte in seiner Nähe und mit Aussicht leben und jetzt hat mich ein günstiges Schicksal, wie ja in einem früheren Kapitel beschrieben, in die Berge geführt. Ich habe ein wunderbares Domizil gefunden und wenn ich in die Ferne blicke, dann sehe ich das Sudelfeld und den Wendelstein und um die Ecke ist der Spitzingsee. Wieder hat sich ein Bogen geschlossen und jetzt ist es gut.

Das Schreiben

Schon als Kind habe ich geschrieben, natürlich erst nachdem ich es in der Schule gelernt hatte, und als Jugendlicher habe ich weitereschrieben und nicht nur für die Schule. Schon damals sind Gedichte und Reflexionen entstanden und tagebuchartige Aufzeichnungen. Später Theaterstücke, Artikel für Zeitungen und alles Mögliche und hunderte niemals veröffentlichte Gedichte.

Das Schreiben, das mich Ausdrücken, hat mich immer begleitet und fasziniert. Das Wort an und für sich ist ein Mysterium und seine Geschichte begleitet die Evolution des Bewusstseins auf diesem Planeten. Am Anfang war das Wort, Al Kalim nennen es die Sufis oder Hu oder das OM, eine

Schwingung, die sich irgendwann mit Bedeutung verband und die Komposition von Beziehungen und Bedeutungsmustern erlaubte. Am Anfang war das Wort, das Gestalt annahm und sich verfestigte und uns staunen lässt über diese sich entfaltende Vielfalt von Wörtern und Sprachen. Unsere Kultur ist eingehüllt in einen Mantel aus Worten und ein wirkliches Verstehen führt uns zurück in die Stille des ersten Wortes.

Worte, so flüchtig wie der Atem, werden fest und konkret im geschriebenen Wort, schenken uns etwas wie Halt und in der Formulierung geben wir das Begriffene oder Unbegreifliche ab, können es loslassen und bewahren zugleich. So steht es geschrieben. Und Papier ist geduldig, so sagt man. So habe ich immer geschrieben und so schreibe ich immer noch und auch jetzt gerade - diese Worte.

Su hat einen Schreibclub gegründet, wo sie sich mit anderen trifft, um jeder für sich über ein bestimmtes vorgegebenes Thema eine kurze Abhandlung zu schreiben. Dies ist jedes Mal hochinteressant, denn man hat am Ende völlig verschiedene Positionen und es wird wieder einmal sonnenklar, dass jeder ein ganz eigenes Verständnis und eine ganz eigene Betrachtung einer Sache hat. Und diese Betrachtung ist natürlich immer auch ein Resultat der eigenen Biografie.

Als Su einmal verhindert war, an ihrem Schreibclub teilzunehmen, hat sie mich an ihrer Stelle hingeschickt. Das habe ich gerne gemacht, da ich ja gerne schreibe.

Das Thema, von einer Teilnehmerin formuliert, war an diesem Abend folgendes:

"Ich ging in die Wälder."

Da mir mein kurzer Beitrag vom 31.3.2020 dazu wie eine Zusammenfassung meines Lebens und damit auch dieses Buches erscheint, möchte ich diesen hier einfügen:

„Ich ging in die Wälder, weil ich bewusst leben wollte. Ich wollte das Dasein auskosten. Ich wollte das Mark des Lebens einsaugen und alles fortwerfen, das kein Leben barg, um nicht an meinem Todestag innezuwerden, dass ich nie gelebt habe."

Ich gehe nirgendwohin

Schon in jungen Jahren fühlte ich den Druck von außen sehr stark. Es waren die Ansprüche, die in der Schule an einen gestellt werden und die Vorstellungen der Eltern, die mir schier den Atem nahmen. Letztlich ist es der Druck der Gesellschaft und unserer ganzen Kultur oder Zivilisation, der dafür sorgen soll, dass wir zu gut funktionierenden Rädchen in diesem System werden. Ich habe von Anfang an dagegen rebelliert und mich dabei aufgerieben, denn dieser Kampf ist letztlich nicht zu gewinnen. Wir leben nun mal in dieser Gesellschaft und nicht außerhalb und deshalb ist dieses Bedürfnis nach Freiheit innerhalb derselben scheinbar nicht zu finden. So dachte ich und so blieb mir nichts als die Flucht, wenn ich mich nicht, am Rande der Gesellschaft angekommen, in anarchistischen, kriminellen und drogenverseuchten Szenen selbst zerstören wollte. Zurück zur Natur – das war schon bei vielen alten Philosophen wie Jean-Jacques Rousseau das Motto gewesen – jedoch die Evolution schreitet voran in Richtung Science-Fiktion und da ist immer weniger Natur und ein Zurück kennt die Evolution nicht.

Ich wollte zurück, zurück zu etwas wesentlichem, zurück zu mir und letztlich wohl zurück in die Geborgenheit Gottes, jenen nährenden Mutterschoß ewigen Glückes.

Also ging ich in die Wälder, weil ich bewusst leben wollte.

Das war ein Aufatmen, wie ein Heimkommen und eine Befreiung. Es war etwas so vertrautes, kein Wunder, denn wie viele Jahrtausende haben wir unter freiem Himmel und in und von der Natur gelebt. Natürlich tuen wir das heute auch noch, nur arbeiten wir jetzt meistens vor einem Laptop, womit wir unser Geld verdienen, das wir aber nicht werden essen können, genauso wenig wie unseren Computer.

Wie oft bin ich morgens mit Schultasche aus dem Haus gegangen, aber nicht in die Schule, sondern in den Wald, an den Fluss, an meine geliebte Isar. Da habe ich Kraft geschöpft und ein paar Stunden die Freiheit genossen und alle Zwänge vergessen. Ich begann ein zweites Leben am Fluss zu führen. Ich schlief in Höhlen, auf Inseln und in Baumhäusern und da gab es auch noch andere Typen, die das machten und wir nannten uns ironischerweise die Isarkongs.

Später, als ich alt genug war, ging ich auf Reisen. Ich wanderte durch Wüsten und den Dschungel, ich paddelte durch die Südsee und durchstreifte den Himalaya und es war wunderbar. Jedoch die Natur und das Natürliche waren nicht in mir. In mir waren Wunden, alte Knoten, Vorstellungen und Bedürftigkeiten. Es war wunderbar und ich liebte das Abenteuer, doch das Glück war da draußen irgendwie nicht zu halten und oft auch gar nicht zu finden, sondern nur eine Einsamkeit, die bisweilen schmerzte und nach einer neuen Strategie verlangte.

So dämmerte mir allmählich, dass ich und die Natur nicht zwei verschiedene waren, sondern dass ich selbst ja die Natur bin, die ich suchte. Das Natürliche, Selbstverständliche, Einfache und Normale musste in mir entdeckt und freigelegt werden. Nicht das Extreme, womit man ja eine Leere kompensieren kann, ist gefragt, sondern eine gesunde satte Mitte, etwas wie eine Heimat, musste wiederentdeckt werden. Ich konnte also wieder nach Hause fahren, denn wohin ich auch immer gegangen oder gereist bin, ich habe mich dabeigehabt und bin mich nicht losgeworden.

Nun begann eine neue Reise, die Reise nach innen, in das Mark des Lebens. Dies bedeutet auch, irgendwie zu sterben, zumindest da draußen in der Welt und man zieht seine Tentakeln zurück von den tausenden Dingen, an denen man festklebt. Es ist dies ein neuer Weg und einer voller Überraschungen und Hindernisse und wohl auch einer, der niemals endet. Dieses innere Leben ist ja ein Verschmelzen mit diesem Da-sein und dem ewigen Augenblick. Die innere Unendlichkeit dieser Seelenlandschaften ist die Natur, ist unsere Natur, innen wie außen. Und so wandern wir durch die Urwälder von Raum und Zeit, ohne auch nur noch einen Schritt zu tun. Alles geschieht, alles geschieht, wie von selbst und wir gleiten dahin, mühelos im ewigen Strom der Essenz von dem, was wir Leben nennen.

Und alles wird jetzt gleich-gültig und ich brauche nirgendwohin mehr zu gehen und es spielt keine Rolle mehr, ob wir leben oder sterben. Ich brauche nicht mehr zu rebellieren und fühle mich als ganz normales Mitglied dieser Gesellschaft. Und es spielt auch keine Rolle mehr, ob wir kluge Sätze schreiben oder den Müll hinaustragen, ob wir Heiler sind oder Bauarbeiter und was wir für richtig oder für falsch erachten…! Halleluja…!

So schließt sich auch hier wieder ein Kreis. Ich spiele nur, immer das gleiche Spiel mit Worten, mit Tönen, mit Deutungen. Und ich schreibe auch heute nur im Kreis, immer das gleiche, nur mit ein paar verschiedenen Worten, wie Musik, die ja auch nur aus ein paar Tönen besteht und sich doch immer anders anhört und immer, nicht nur scheinbar, andere und unendliche Variationen und Dramen erzeugt und doch immer nur Musik aus ein paar Tönen ist.

Alles dreht sich im Kreis, es ist die Poesie des Heiligen
und Absurden
Alles dreht sich um eine Mitte, die überall ist –
und nicht verrückt.
Alles wiederholt sich, wie das ewige Gedicht sich dreht –
immer nur um sich selbst
im Hier und Jetzt und niemals endet.

Wieder hat sich ein Bogen geschlossen und jetzt ist es gut.

Absurdistan oder die Welt, in der wir leben

Oft zieht mein Leben so an mir vorbei, wie wenn ich gar nichts damit zu tun hätte. Die Zeit verstreicht, ganz egal, was ich tue oder ob ich nichts tue. Es hat etwas traumartiges, ja, es ist wie im Traum und doch bin ich ganz wach. Alles ist so unwirklich, alles so seltsam, bisweilen wie wenn es mich gar nichts anginge, ein bisschen fühle ich mich wie ein Zuschauer in einem Theater. Jedoch ohne Zuschauer gibt es keine Vorführung. Also spiele ich offensichtlich eine Rolle in diesem Spiel.

Und so wie mir meine Welt außen oft ganz irreal und flüchtig erscheint, so auch dieses Innenleben mit seinen Gedanken, Ideen, Vorstellungen und Gefühlen, die, kaum sind sie da, auch schon wieder verschwunden sind. Innen und außen wachsen zusammen und ganz wunderbar erscheint jeder Moment übergangslos verschmelzend mit dem nächsten und dem nächsten zu einem ewigen und Ganzen.

Wenn ich so vor mich hinlebe, durch die Berge wandere, im See schwimme, einkaufen gehe, schreibe, Meditationen gebe und meinen Alltag lebe, dann bekomme ich im Grunde gar nichts mit von der Welt da draußen, außer durch die Medien. Natürlich schaue ich manchmal Fernsehen, höre Radio und verbringe täglich Zeit vor dem Computer mit Büroarbeit und erfahre vieles auch aus diesen alternativen Medien. Und dann merke ich, auf der Welt ist die Hölle los, und zwar so ziemlich überall.

Natürlich leben wir in der Dualität und in dieser Welt der Gegensätze von Tag und Nacht, von Gut und Böse, links und rechts, männlich und weiblich, von innen und außen, da gibt es Reibung, Konflikte und Krieg und dadurch eben auch Entwicklung. Nichts ist statisch, alles fließt und befindet sich in einem beständigen Übergang. Die Veränderung ist somit die einzige Konstante. Und das Herz ist der symbolische Ort, wo wir die Gegensätze vereinen können, um Frieden zu finden.

Wenn ich nur auf diese 70 Jahre meines Lebens zurückblicke, dann ist in dieser Zeit die Welt eine andere geworden. Als ich klein war, da haben wir noch gestaunt, wenn ein Auto durch unsere Straße gefahren ist. Das tut heute wohl kaum mehr irgendjemand. Im Wald da lag kein Holz herum und keine Tannenzapfen, weil die Leute es gesammelt haben, um zu kochen und zu heizen. Heute verheizen wir Öl, das aus Arabien oder von sonst woher kommt. Ich stand als Kind am Gartenzaun und habe zugeschaut, wie der Bauer mit einem Pferd den Acker gepflügt hat. Der Bauer ist längst steinreich geworden, denn er hat in Grünwald Acker um Acker als Bauland verkauft. Und heute fährt er mit einem riesigen, überdimensionierten Traktor durch die Gegend und zerquetscht alles unter seinen Rädern, was auch gerne leben würde. Damals waren die Gärten noch voll von Gemüse, Beeren und Obst, während heute darum gekämpft wird, dass das südamerikanische Zittergras oder die chinesische Sumpfdotterblume im Garten überlebt. Damals haben noch viele Männer viele Wochen einen Keller ausgeschaufelt, was heute von einem riesigen Bagger in wenigen Tagen erledigt wird. Ja was arbeiten diese Männer heute nur. Es gibt jetzt in unserem wohlhabenden und sehr geschäftigen Deutschland Millionen Menschen, die gar keine Arbeit haben. Als ich klein war, hatten wir auch noch keinen Kühlschrank und keinen Fernseher und kein Telefon und man hat manchmal einen Brief auf Papier geschrieben und hat ihn zur Post gebracht. Heute hat, wie wir alle wissen, praktisch jeder ein Handy und bekommt ganz viel Post, die er gar nicht will und braucht und ist fast den halben Tag damit beschäftigt, sie zu löschen. Das hat einen Sucheffekt und sie schauen alle immer wieder, was wieder Neues zum Löschen oder Lesen gekommen ist. Es gibt noch so vieles mehr, was sich geändert hat, dass ich es hier gar nicht aufzählen möchte und kann. Ich weiß es nicht so genau, aber in den letzten 100 Jahren hat sich vermutlich mehr geändert wie vorher in 1000 Jahren. Und es scheint, wie wenn es so weitergeht und sich diese Tendenz noch immer weiter beschleunigt.

Ja, es gab eine Zeit vor dem Internet und dem Handy. Daran können sich unsere Kinder natürlich nicht mehr erinnern. Ich aber kann mich noch daran erinnern. Ich sehe diese beständige Beschleunigung, diese beständige Frequenzerhöhung, die vielleicht ja sogar mit einer spirituellen Frequenzerhöhung auf geheimnisvolle Art konform geht. Ich sehe die vielen Vorteile dieser Entwicklung, zum Beispiel den enormen Zeitgewinn. Dennoch scheint es mir, wie wenn die Menschen dadurch paradoxerweise nicht Zeit gewonnen haben, sondern irgendwie ganz im Gegenteil. Ich sehe auch die Nachteile und die Probleme, die jeder Fortschritt und jede Entwicklung mit sich bringen.

Es ist ein Phänomen und wir dachten immer Science Fiktion kommt irgendwann in der Zukunft, jedoch leben wir bereits mittendrin. Es gibt seit einigen Jahren dieses Wort Entschleunigung und diese wäre wirklich für viele Menschen so wichtig, denn sie sind so im Stress, wie ferngesteuert, dass sie gar nicht mehr wirklich dazukommen, einmal wieder ganz herunterzufahren, ganz zu entspannen. Sie verpassen diese Entschleunigung und das oftmals sogar auch im Urlaub und dies führt zum Burnout, noch so ein neues Wort, was so etwas wie einen kräftemäßigen Zusammenbruch mit Depression bedeutet. Davon sind mittlerweile hunderttausende Menschen in unserer extrem fordernden Arbeitswelt und Kultur betroffen.

Mein Leben findet erstaunlicherweise in einer ziemlich heilen Welt statt. Hier bei mir zuhause in den bayerischen Bergen, sind die Wiesen grün und es plätschern die Bäche und die Menschen sind freundlich und sogar die Kinder grüßen einen auf der Straße mit einem echten offenen Lächeln. Die Eingeborenen in ihren Trachten und Lederhosen pflegen ihre christlichen Traditionen, lassen ihre Pferde und Kühe auf den Wiesen weiden und scheinen, ihre Heimat liebend und pflegend, mit Gott und der Welt im Reinen zu sein.

Und in Haidhausen, einem Stadtteil von München, wo sich das Ya Wali, meine Praxis und mein Meditationszentrum, befinden, erlebe ich auch diese heile Welt. Die Menschen hier sind die, die irgendwie irgendetwas geschafft haben. Sie fahren auch mit dem Rad. Sie sitzen in den zahlreichen Straßencafés, überall gibt es nette kleine Läden, Galerien und Bars, die Mütter spielen in den grünen Parks mit den Kindern und alle wirken scheinbar glücklich und zufrieden und sind freundlich.

Und überhaupt, da, wo ich lebe, haben die Menschen um mich herum, so ziemlich alles: Ein Dach über dem Kopf, etwas zum Essen im Kühlschrank, ein Handy, ein Auto und ganz viele Sachen, oft eben auch viel zu viele Sachen, was kein Wunder ist, weil unser Wohlstand soll ja darauf beruhen, dass wir immer viel kaufen, sonst funktioniert es nicht. Deshalb schmeißen wir logischerweise auch immer ganz viel weg. Das sieht man jetzt auch daran, dass es überall Wertstoffhöfe gibt, wohin die Leute ihren Müll bringen. Es ist aber nicht nur Müll. In manchen Wertstoffhöfen hätte man in wenigen Tagen alles zusammen, was man bräuchte, um sich ein Haus einzurichten.

Ich finde, dass ich da, wo ich lebe, unglaublich privilegiert lebe. Bei uns ist seit längerer Zeit kein Krieg, niemand verfolgt uns, es fallen keine

Bomben auf unsere Häuser, wir brauchen in Wald und Flur keine Angst vor Tretminen oder Räubern zu haben. Wir können fast, aber nur fast alles, was wir sagen wollen, auch sagen. Man gestattet uns zumindest teilweise eine eigene Meinung und wir haben ein relativ hohes Maß an persönlicher Freiheit und Bildung erreicht. Wir haben scheinbar eine Demokratie, die derzeit vielleicht beste Organisations- und Regierungsform, die ich mir vorstellen kann. Dies ist wahrlich nicht überall so. Ja, wir können dankbar sein.

Das Leid findet draußen statt, irgendwie hauptsächlich außerhalb von meinem normalen Lebensradius. Woher weiß ich davon? Nun, natürlich aus den Medien. Sie berichten unablässig, so gut wie nie von positiven Dingen, sondern beständig von grauenvollen Dingen wie Kriegen und Revolutionen, von Hunger und Vertreibung, von Katastrophen und Seuchen. Einerseits macht so viel Negativität unglücklich und krank und andererseits stumpft man dagegen ab, wird vielleicht sogar empathielos.

Das Leid in dieser, meiner mich umgebenden, scheinbar heilen Welt findet mehr hinter den Kulissen statt. Wenn man genau hinschaut, dann haben sie fast alle unzählige Probleme und Leiden und führen ein Leben, das sie nicht wirklich erfüllt. Vielleicht ist das der Preis für den materiellen Fortschritt, der bezahlt wird mit einem gravierenden Rückgang des Interesses an spirituellen Inhalten. Es ist eine seltsame Leere entstanden, die mit einem abendlichen Fernsehprogramm von unzähligen Krimis mit unzähligen Morden und lustigen Shows, die oft ziemlich unlustig sind, nicht kompensiert werden kann. Es scheint mir oft mehr einem „Zeit totschlagen" zu dienen als einer wirklichen Unterhaltung.

Meine seltsame persönliche Entwicklung

Ich war nie ein besonders politisch interessierter Mensch. Jedoch so in den letzten Jahren am Gymnasium wuchs in mir eine immer größer werdende Kritik am Establishment mit einem ziemlichen Misstrauen gegenüber den Regierenden. Mir schien, wie wenn viele der alten Nazis aus der Hitlerzeit wieder in der Politik aufgetaucht wären und alles konservative war mir sehr unangenehm. Die Reichen erschienen mir zu reich und die Armen zu arm. Der Vietnamkrieg war für mich ein unsägliches Verbrechen. Ich verstand nicht, wie man ungestraft fremde

Länder, wo man überhaupt nichts zu suchen hat, flächenmäßig bombardieren kann. „Keine Macht für niemand"- das war so die anarchistische Devise, der ich mich verbunden fühlte. Meine politische Einstellung war eine Linke und wir haben Marx gelesen und waren aber auch Hippies und Aussteiger und lebten ein Leben neben der Gesellschaft. In unseren Ansichten waren wir durchaus radikal, damals eben linksradikal – mir gefällt das Wort radikal, denn es kommt aus dem Lateinischen von dem Wort „Radix" und das heißt Wurzel. Das heißt, es hat wenig Sinn immer wieder an irgendwelchen Symptomen herumzudoktern, sondern, wenn man wirklich etwas verbessern oder ändern möchte, dann muss man das Übel an der Wurzel packen...

Auch erinnere ich mich, dass es mir damals, als ich so um die 20 Jahre alt war, also so circa um 1973, auf Reisen ziemlich peinlich war, ein Deutscher zu sein. Auch erinnere ich mich, dass ich einmal genau dafür sehr bewundert wurde. Es war in Marokko, wo die Leute mir großen Respekt zollten und immer wieder den Adolf Hitler als einen großen und starken Führer bewunderten. Dieser ganz andere Blick dieser Marokkaner verwunderte mich und gab mir zu denken, denn es war mir fast völlig unverständlich, wie man diesen irren, größenwahnsinnigen Herrn Hitler verehren kann. Ich für meinen Teil schämte mich für mein deutsches Volk und dafür, dass dieses Volk oder zumindest ein Großteil davon auf diesen schreienden Blender hereingefallen war. Alles, was man nur irgendwie nach rechts einordnen konnte, war mein Feindbild.

Der Faschismus ist ja nichts Neues und wohl noch älter als unsere Zivilisation und im Grunde ja nichts anderes wie ein besonders aufgeblasener und dann auch kollektiver Egoismus. Auch wurde mir damals schon allmählich klar, dass man dieses Phänomen nicht irgendwo da draußen besiegen kann, sondern dass der Faschismus, der sich raffiniert zu tarnen weiß, auch zum Beispiel als Antifaschismus, im Inneren des Menschen erkannt und besiegt werden muss. Also auch zum Beispiel in mir, sowie vielleicht auch in dir, geneigter Leser. Der Faschismus in seinen vielfältigen Ausdrucksformen ist ein archaischer Aspekt des immanenten Lebenstriebes und wird ausbalanciert durch die Kultivierung von Herzensqualitäten oder Empathie.

Mit dem Älterwerden wurde ich milder gestimmt und jener Herr Hitler mit seinem 3. Reich trat immer mehr in den Hintergrund. Nicht so allerdings in unserer Gesellschaft, wo allmählich eine Art Schuld Kult entstand. Man glaubt da beständig noch etwas aufarbeiten zu müssen, nun weil man es eben nicht wirklich aufarbeitet und thematisiert es bei jeder Gelegenheit und natürlich auch im Film und in den Künsten. Ich habe damals noch gar nicht gelebt und fühlte mich, wie schon erwähnt, in keinster Weise schuldig und werde mich hüten, Schuldgefühle einzufordern oder zuzuweisen.

Meine politische Orientierung rutschte mit dem Auftauchen der Grünen in den 80er Jahren in genau deren Richtung. Damit konnte ich mich identifizieren. Ich lebe in der Natur und von der Natur und ich bin Natur und diese soll geschützt und bewahrt werden. Und wie man ja sieht, ist dies auch wirklich nötig, denn die Zerstörung und der Missbrauch unserer Umwelt gehen praktisch ungebremst immer weiter. Diese Grünen waren anfangs revolutionär, eben radikal, aber bald schon, von der Macht und dem Geld korrumpiert, wurden sie von einem erbarmungslosen, kommerziellen Mainstream mitgerissen, ein nicht ungewöhnlicher Vorgang. Aus einer Friedenspartei wurde eine Kriegspartei. So ging mir auch diese politische Heimat schon bald wieder verloren.

Wie schon gesagt, war ich nie ein besonders politisch interessierter Mensch und deshalb oft und lange Zeit ohne ein besonderes Zugehörigkeitsgefühl. Es kam spät aber Gottseidank doch noch, dass ich mit Deutschland und meiner Heimat Frieden schließen konnte.

Natürlich fühle ich mich grundsätzlich als ein Kind dieses Universums und als nächstes bin ich eindeutig ein Bewohner dieses Planeten. Bei näherer Betrachtung bin ich aber ganz klar ein Deutscher und das nicht nur, weil Deutsch meine Muttersprache ist und weil ich hier aufgewachsen bin, sondern weil mich dieser kulturelle Kontext geprägt hat. Und wenn ich noch genauer hinschaue, dann bin ich ein Bayer, weil ich dieses Land hier am Alpenrand sehr schätze und liebe und weil ich hier lebe. Egal wo ich bin, ich fühle mich überall wohl, aber hier ist meine Heimat und ich bin dankbar hier leben zu dürfen und sehe mein Land mit einem gewissen Stolz. Das Feindbild gegenüber Deutschland und seinen spießigen Bewohnern begann sich erstaunlicherweise aufzulösen. Dies entfernte mich, einen alten Multi-Kulti Fan, zeitweise sehr vom Diversity - Mainstreamdenken, welches ja zu einer Auflösung nationaler Identitäten tendiert, hin auf die rechte Seite der politischen Landschaft. Das Pendel in mir schwang von links nach rechts, etwas, was ich mir nie hätte träumen lassen. Dies war wohl eine not - wendige Bewegung der Kompensation, um sich dann in Harmonie zu öffnen, hin zu einer gesunden Mitte. Eine Mitte, die so weit und offen ist, dass sich in ihr links und rechts begegnen können und nicht an den Rand gedrängt oder verdrängt werden müssen. Eine radikale Mitte, eine Mitte, die überall ist und für alles Platz hat und in der die Liebe in jedem Augenblick aufs Neue geboren wird.

Ich fühlte patriotisch und sah einen tiefen Sinn darin, die Heimat mit ihren Eigenheiten und Charakteristika zu schützen und zu bewahren. Wenn ein Japaner oder ein Italiener oder meinetwegen ein Indianer in Amerika stolz auf seine Identität und sein Land ist, dann findet man das gut und richtig, nicht so aber in den letzten Zeiten in unserem Lande, denn dann wird man misstrauisch und abwertend als Nationalist diffamiert. Das erschien mir seltsam und absurd.

Dass ich wieder die konservativen und bewahrenden Aspekte in mir entdecken und zulassen konnte, hat mich gestärkt und befriedet bis tief in mein Wesen. Wieder einmal hat sich ein Kreis geschlossen und etwas wurde ganz und hat Heilung erfahren. Ich begann etwas Interessantes immer klarer zu sehen, und zwar, dass wir automatisch und praktisch unbewusst beständig Feindbilder entwickeln, ein fataler Mechanismus und oft eine Kompensation, eine Projektion nach außen. So bleiben wir in einem dualistischen Weltbild gefangen und damit zwangsläufig auch in einem beständigen Kriegsmodus. Unser Parteiensystem, das ja prinzipiell Spaltung erzeugt, ist ein Spiegel für diesen Sachverhalt und wir alle wissen, wie viel Geld, Kraft und Energie von den Regierenden oft nicht für das Wohl des Landes eingesetzt werden, sondern bisweilen als kriminelle Energien in den Kampf der Parteien gegeneinander fließen.

Dieses Dahinschmelzen der Feindbilder in mir brachte mich zurück in einen freien Raum des Denkens, des freien unkonditionierten Denkens, welches nicht Partei ergreift. Und wenn es doch in gewissen Situationen Partei ergreifen muss, dann ausschließlich für die Freiheit, den Frieden und die Freude. Oder um hier ein vielfach missbrauchtes und missverstandenes Wort zu verwenden, das aber jeder tief im Herzen versteht, dann ergreift dieses ganzheitliche Denken Partei für die Liebe. Und so wollen wir uns immer fragen in allen Situationen und Herausforderungen: Wie würde die Liebe jetzt handeln.

Der unschuldige und kindliche Blick

Selbst wenn ich da einerseits, wie ein Eremit ganz in meine eigene und innere Welt zurückgezogen lebe, so ist da doch andererseits ein für mich selbst erstaunliches Interesse am Geschehen in der Welt geblieben. Dieses Interesse ist durchaus gepaart mit einer ritterlichen Haltung, einen Beitrag für das Gelingen einer positiven Entwicklung zu leisten. Diese beiden Aspekte, den Eremiten und den Ritter in eine vernünftige Balance zu bringen, ist wohl eine der wesentlichen Aufgaben auf dem spirituellen Weg.

Doch etwas ist jetzt anders und das ist mein Blick auf die Dinge der Welt. Dieser Blick ist tief verbunden mit einem Staunen. Sagt man nicht, das Staunen wäre der Beginn der Philosophie. Staunend und mit einer gewissen Naivität nehme ich zur Kenntnis, was so alles in der kurzen Zeit meines Lebens auf dieser Welt passiert ist und noch passiert. Da könnte ich endlos viele Dinge erwähnen und betrachten und das würde dann ein weiteres Buch füllen. Deshalb will ich nur ein paar Dinge herauspicken, die mir besonders absurd erscheinen.

Die Bevölkerungsexplosion

Die Weltbevölkerung ist in meiner Lebenszeit extrem von 4 auf fast 8 Milliarden Menschen gewachsen, während wir gleichzeitig ein unglaubliches Artensterben haben und sehr viele Lebensformen somit endgültig von diesem Planeten verschwinden. Natürlich ist es einerseits völlig natürlich und wunderbar Kinder zu bekommen und ich selbst bin so dankbar für meine Kinder. Jedoch ist es andererseits vollkommen klar, dass mehr Menschen mehr Nahrung, mehr Energie und mehr Platz brauchen und dass das weniger Natur und mehr Stress, mehr Müll und mehr Probleme in so ziemlich jeder Hinsicht, bedeutet. Dies wird kaum thematisiert. Man bekommt jetzt einerseits auch schon in manchen Ländern Geld für jedes Kind und das ist sicherlich eine gute Sache, aber vielleicht müsste man andererseits besser gar keine Kinder oder nicht so viele kriegen, wenn man sie sowieso nicht ernähren kann und ihnen eben auch keine positive und lebenswerte Zukunft bieten kann.

Diese Enge, speziell in den Megacitys mit oft schon über 20 Millionen Einwohnern und diese Überbevölkerung machen mir Sorgen, denn die Welt wächst ja nicht mit, wird nicht größer, also - wo soll das nur hinführen...?

Unsere Nahrung

Mehr Menschen brauchen immer mehr Nahrung. Es ist einerseits Gottseidank durchaus möglich mehr zu produzieren, jedoch andererseits entstehen gigantische Monokulturen, die nur funktionieren, wenn sie mit allen möglichen Giften meist schon mit Flugzeugen besprüht werden. Der Großteil dieser Nahrungsmittel wird dann an Tiere verfüttert, die unter unmenschlichsten Bedingungen in Konzentrationslagern gehalten werden. Das Fleisch dieser gequälten Kreaturen wird kreuz und quer über den Globus gefahren. Die Menschen wollen dieses in immer größeren Mengen verzehren, was ihnen nicht nur guttut, sondern auch für viele Krankheiten mitverantwortlich ist. Wie absurd ist denn das, ein Stück Fleisch oder einen Apfel um die halbe Welt zu fahren, wie wenn es hier so etwas nicht gäbe. Das schafft die seltsamsten und unnötigsten Abhängigkeiten, ja, wo soll das nur hinführen...?

Völkerwanderungen

Man möchte es kaum glauben, aber Millionen Menschen sind auf dieser Welt aus den verschiedensten Gründen auf der Flucht. Es ist wirklich schrecklich seine Heimat verlassen zu müssen und einerseits vollkommen verständlich und ich würde das wohl genauso machen, wenn ich keine andere Möglichkeit erkennen könnte, jedoch andererseits leben überall schon sehr viele Menschen und diese haben oft schon selbst genug Probleme und freuen sich deshalb nicht besonders über die Zuwanderung.

Wenn man die Geschichte betrachtet, dann kann man unschwer erkennen, dass, wenn Völker, die in Lebensräume eingewandert sind, in welchen schon Menschen gelebt haben, dies meistens zu Irritationen, dann zu Reibungen und oft zu Krieg und Unterdrückung geführt hat.

In den meisten Ländern der Welt kann man jetzt nur noch unter ganz bestimmten Bedingungen einwandern. Es ist schon seltsam, wenn man zum Beispiel das relativ kleine Deutschland, mit eines der am dichtesten besiedelten Länder der Welt, in welchem es schon Millionen Arbeitslose gibt, die von den anderen miternährt werden müssen, zu einem Einwanderungsland erklärt. Nicht, dass ich finde, dass man die Gastfreundschaft nicht pflegen sollte und dass niemand kommen soll, aber warum wird das Problem nicht bei der Wurzel gepackt und endlich damit aufgehört, Waffen und Krieg und natürlich die alte koloniale Ausbeutung in diese Länder, aus denen sie fliehen, zu tragen. Alles voller Widersprüche und ein verlogenes Herumdoktern an Symptomen, ja, wo soll das nur hinführen...?

Globalisierung

Einerseits muss es dem Planeten gut gehen, dann wird es auch den Nationen und Ländern gutgehen und wenn es den Nationen gutgeht, dann auch seinen Bewohnern und zu guter Letzt auch mir, aber andererseits muss es zuerst mir und dir gutgehen, damit wir uns kümmern können um unsere Familien und unser Dorf oder unsere Stadt. Dann wird es dem ganzen Land gutgehen und wenn es den Ländern und Nationen gutgeht, dann auch dem Planeten, um den sie sich jetzt wunderbar gemeinsam kümmern können.

Ein gewisses lokales patriotisches BIO - Demeter-Denken ist sicherlich ein wichtiger Gegenpol zum globalen, medialen und biotechnologischen Totalitarismus. Man kann durchaus national oder patriotisch eingestellt sein und trotzdem global denken. Kein entweder oder, sondern ein sowohl als auch – das wäre ein gutes neues Paradigma.

Gefährlich wird es immer nur dann, wenn man glaubt, man sei etwas Besseres wie die anderen. Dies gilt für Völker, Religionen, Ideologien und Individuen und führt nur allzu leicht, wie wir ja schon oft genug gesehen haben, zu Unterdrückung, Gewalt und Krieg.

Wem dient also diese unaufhaltsam evolutionär voranschreitende Globalisierung. Einerseits hoffentlich einem wachsenden Gemeinschaftsgefühl, welches uns bewusst macht, dass das, was wir tun, immer auch alle und den ganzen Globus betrifft. Andererseits aber profitieren scheinbar erstmal hauptsächlich diese „global Players", riesige Konzerne, welche immer größere Märkte erschließen, um ihre unstillbare Gier nach mehr und größer stillen zu können. Ich kann nur schwer erkennen, wofür das mir oder dir persönlich nützen könnte. Das Gleiche gilt vorerst irgendwie auch für diese EU, dieses bürokratische Monster von tausenden hochbezahlten Beamten, umzingelt von tausenden Lobbyisten. Es macht nicht wirklich Sinn, wenn in Brüssel entschieden wird, wie laut ein Zug hier bei uns in einem bayerischen Alpental hupen muss oder wie lang oder krumm die Gurken sein dürfen. Ich sehe, wie so gut wie kein Problem dieser Welt gelöst wird, sondern wie beständig neue hinzukommen. Eine hauptsächlich dem Kapitalismus dienende Globalisierung zerstört rücksichtslos unsere Grundlagen und frisst die kleinen auf, ja, wohin soll das nur führen...?

Die Wirtschaft und das Geld

Es ist wunderbar, denn wir haben einerseits zumindest in unserer westlichen Welt ein hohes Maß an Versorgung und Wohlstand erreicht, andererseits ist dieses kapitalistische System derartig labil, undurchsichtig und ungerecht, dass im Grunde niemand mehr durchblickt. Damit meine ich vor allen Dingen als erstes einmal mich selbst, aber nicht nur.

Es fragt auch niemand, wem diese Regierungen und Eliten, für die das Geld nur noch Zahlen auf Papier sind, die Milliarden schulden und von wem sie sich die neuen Milliarden holen oder ausleihen. Auf alle Fälle scheint es, wie schon immer, irgendwie die Reichen immer reicher und die Armen immer ärmer zu machen. Und diese wirklich Reichen fördern dann natürlich das, was in ihrem Interesse ist und zu ihrem Nutzen.

Neulich hatte ein wichtiger Staatspräsident in Amerika eine Erkältung oder so etwas Ähnliches und daraufhin wurde in den Nachrichten gemeldet, dass in Hongkong die Aktienkurse reagieren und jetzt sinken würden. Was besteht da nur für ein Zusammenhang? Wenn das nicht völliger Irrsinn ist, mein Gott, wohin soll das nur führen...?

Der Mainstream

Einerseits ist es wirklich sehr gut eine satte bürgerliche Mitte, was man heute wohl Mainstream nennt, zu haben. Dies stabilisiert, schafft Vertrauen und vereint eben sehr viele in einer ausgewogenen

Durchschnittlichkeit. Andererseits tendiert der Mainstream, getragen von einer möglichst gleichgeschalteten Presse und einer oftmals gekauften Wissenschaft, für seinen Machterhalt natürlich dazu, alles zu verschlingen. Er weiß genau, was gut und was böse ist und versucht so weit wie möglich jeglichen Machtverlust oder Konkurrenten zu verhindern und jegliche Kritik an ihm selbst zu ersticken. Zwar will sich der Mainstream scheinbar sehr tolerant, offen und korrekt geben und zeigt dies auch durch verschiedene Themen wie zum Beispiel Diskriminierungskritik, Diversity, Genderideologie und Religionsfreiheit. Man will gut sein oder zumindest so erscheinen und gibt gerne nur die Schuld der anderen zu. Auf die Vergangenheit zu zeigen war schon immer einfach und unverfänglich. So bestimmt beispielsweise heute noch ein Herr Adolf Hitler, welche Worte wir nicht verwenden dürfen und dass fast alles, was patriotisch ist, in eine üble Naziecke geschoben wird. Der Antifaschismus wird selbst faschistisch, natürlich ohne es zu bemerken.

Der Freidenker, der Nach- und Querdenker, derjenige, der hinter die Kulissen des Konformismus schaut, wird allerdings sehr schnell diffamiert, ausgegrenzt und quasi verboten. Führt das nicht fast schon automatisch zur Diktatur, zur Meinungsdiktatur, wie wir sie in so vielen Ländern der Welt derzeit haben?

Ich habe da so ein Bild in mir von dem Politiker, wie er am Vormittag mit betroffenem Gesicht einen Kranz niederlegt zum Gedenken an die Gräuel des letzten Krieges und dann am Nachmittag im Kanzleramt ein paar hundert Panzer nach Arabien verkauft. Dabei sehnen wir uns doch alle nach Frieden und Freiheit, seltsam, wohin soll das nur führen...?

Das Militär

Einerseits sagen alle und natürlich auch unsere Regierungen, dass es um den Frieden geht und dass sie alles tun wollen für den Frieden, andererseits aber wird so ziemlich das meiste Geld auf dieser Welt ausgegeben für Waffen, auch für biologische Waffen, das heißt für Gift und tödliche Viren. Eine gigantische Kriegsmaschinerie und Kriegsindustrie leben davon. Das bedeutet sehr viele Arbeitsplätze in unzähligen Bereichen. Das Militär braucht den Krieg, es braucht Feindbilder und die Angst. Also gibt es Krieg, denn man kann ja nicht immer nur Bomben produzieren, ohne welche zu verkaufen oder eben abzuwerfen. Solange das so ist, braucht man eigentlich gar nicht groß weiter zu reden, weil zu was soll das schon führen...?

Das Internet

Einerseits ist dieses Internet eine derartig geniale Erfindung, unglaublich was damit alles möglich geworden ist und wie es uns auf tausenderlei Arten das Leben erleichtert und Zeit spart, andererseits allerdings hat niemand jetzt mehr Zeit, sondern es sieht so aus, wie wenn die Menschen immer weniger Zeit hätten. Scherzhafterweise möchte ich nochmal hinzufügen, dass auch sehr viel Zeit beansprucht wird zum beständigen Löschen und Filtern von unzähligen nicht benötigten Informationen und Nachrichten.

Diese umfassende Vernetzung und Digitalisierung trägt natürlich erheblich zur allgemeinen Beschleunigung und zur Globalisierung bei und führt uns zweifellos in die Zukunft, eine Zukunft, die mir persönlich ein bisschen unheimlich ist. Denn allmählich übernehmen immer mehr die Maschinen und künstliche Intelligenz das Geschehen und überhaupt alles und man kann sich schon fragen, wem das nützt und wohin das nur führen soll...?

Corona, ein bizarres Phänomen

Die Bakterien und Viren gibt es schon immer und viel länger als uns Menschen. Wir brauchen sie und wir leben mit ihnen zusammen. Das klappt auch gut, denn wir haben ein Immunsystem, welches die für uns nützlichen von den für uns schädlichen unterscheiden kann und die schädlichen tötet.

Schreckliche Infektionswellen und Seuchen hat es in der Geschichte immer wieder gegeben und viele Menschen sind daran gestorben, was aber kein Hinderungsgrund war für das beständige Wachstum der Weltbevölkerung.

Auch ich war oft genug krank und wurde von den immer wiederkehrenden jährlichen Infektions- und Grippewellen erwischt. So eine Grippe ist wahrlich kein Vergnügen, geht tief ins System, ist schmerzhaft und kräftezehrend und dauert oft ziemlich lange. Das Immunsystem zeigt Höchstleistung, geht gestärkt daraus hervor und hat dazugelernt. Ärzte können da nicht allzu viel helfen. Viele Menschen, die alt, krank und schwach sind, sterben auch daran. So war es und so ist es und so ist es irgendwie auch normal.

Noch nie fand ich es toll, wenn infizierte oder grippale Menschen in der Gegend herumliefen, weil ich mich natürlich nicht anstecken will, ja wer will das schon und weil diese Menschen sowieso besser ins Bett gehören.

Dieses Jahr, 2020, kam im Frühjahr wieder eine Welle, erstmal fast immer als eine leichte Grippe mit Erkältungssymptomen, bezeichnet als „Corona".

Einerseits, und zwar von offizieller, staatlicher Seite wurde dann aber eine unglaubliche Panik verbreitet. Es war ein medial ausgelöster Schock, welcher wieder viele Urängste aktivierte. Es gab einen Dauerbeschuß in den Medien, wodurch man zweifellos erreichen kann, dass die Menschen wirklich Angst bekommen und dann auch zum Großteil die Einschränkungen der persönlichen Freiheit, wie Masken tragen, Abstand halten, Quarantäne, Reisebeschränkungen, Shutdown und Lockdown relativ leicht oder sogar dankbar akzeptieren. Dies führt zum geschäftlichen und finanziellen Ruin von unzähligen Existenzen. Vielleicht wird es deshalb aus Not, Angst und Panik mehr Selbstmorde und Tote geben, als Tote, die wirklich an Corona und nicht nur mit Corona gestorben sind.

Andererseits erging es mir persönlich ganz anders in dieser Angelegenheit. Ich habe einfach keine Angst bekommen, ich habe versucht das ganze Theater und die Hysterie ernst zu nehmen, aber es ist mir nicht gelungen. Ich fühlte einfach, dass da so etwas wie eine Lüge in der Luft lag.

Ich kenne viele Leute in und um München und auch in den Bergen, wo ich wohne und auch in Österreich bei meinen Verwandten, aber nirgendwo ist mir in dieser Zeit jemand begegnet, der krank war und ich habe auch von niemandem gehört, der in meinem Umfeld daran gestorben wäre. Wo also ist diese Pandemie, diese schreckliche Seuche? Das soll allerdings nicht heißen, dass ich leugnen möchte, dass es diesen

Virus gibt. Wie käme ich dazu, natürlich gibt es Viren und sicherlich auch Corona.

Bei früheren Grippewellen gab es immer viele, die krank waren, in der Familie oder Nachbarn, Freunde, Bekannte oder Bekannte von Bekannten. Man hörte auch immer wieder von Millionen Toten. Jetzt weit und breit so gut wie niemand krank und niemand, den ich kenne, an Corona gestorben, aber alle laufen mit diesen, auch von einigen Virologen als nutzlos bezeichneten, Masken herum. Natürlich ist prinzipiell Vorsicht geboten, um sich nicht anzustecken, nur der Witz ist, bei wem soll man sich anstecken, wenn niemand krank ist. Auch ein sehr schnell entwickelter und kontrovers diskutierter Test erschien mir eher unglaubwürdig und wohl dem allgemeinen Aktionismus geschuldet.

Meine Betrachtung ist sehr subjektiv, aber in meiner Welt kommt Corona gar nicht vor, sondern nur dieser Hyperaktionismus und die Agitation aus den Medien, in welchen kritische Stimmen, auch die von Ärzten, Virologen und Wissenschaftlern, leider nicht zu Wort kommen dürfen. Warum wohl? Von unserem Immunsystem und dass dieses gestärkt werden muss und dass die Angst es schwächt, davon spricht sowieso von offizieller Seite niemand. Natürlich hat Angst auch ihren Sinn und ihre Funktion, sie warnt uns und will uns schützen und sollte durchaus auch angemessen beachtet werden. Sie einfach nur zu verdrängen ist letztlich nicht hilfreich und macht ebenfalls krank.

Über die Hintergründe und warum dies weltweit inszeniert wird, mit Beteiligung von globalen Institutionen, Organisationen, Pharma-Konzernen und Regierungen, kann jeder selbst spekulieren oder forschen, wenn es ihn denn interessiert. Cui bono – wem dient es - ist die gute Frage. Auf alle Fälle verdienen sie Milliarden damit. Ob den Global - Playern tatsächlich der Schutz von kranken Omas und Opas im Altersheim am Herzen liegt, möchte ich dahingestellt lassen. Ich plädiere sehr dafür, den alten Menschen ein Leben in Würde zu ermöglichen, wenn ich jedoch sehe, wie wenig Geld sehr vielen Rentnern zugestanden wird, dann kann von Würde sowieso keine Rede mehr sein.

Auf alle Fälle, wenn das alles nicht bizarr, grotesk, absurd ist, dann weiß ich wirklich nicht und überhaupt, wohin soll das denn eigentlich nur führen…?

Komplexität und Vielfalt

Einerseits erscheint es mir ganz wunderbar, dass unsere Kultur so eine Vielfalt in allen Bereichen entwickelt. Wir haben die Auswahl und können somit das für uns passende finden. Dies scheint mal wieder ein Sieg der Individuation zu sein. Niemand von unseren Wohlstandskindern braucht sich mit etwas zu begnügen, was ihm nicht gefällt, was ihm nicht schmeckt, was er nicht als optimal für sich empfindet. Es geht um Optimierung hin zur Perfektion.

Andererseits empfinde ich es mittlerweile immer öfter als erdrückend, vor einem nicht mehr überschaubaren Angebot zu stehen. Hier ein einfaches Beispiel: Als ich in einem großen Supermarkt eine Marmelade kaufen wollte, geriet ich in einen schier endlosen Gang. In diesem befanden sich von mir grob geschätzt mehr als hundert verschiedene Marmeladensorten, allerdings nicht die, die ich normalerweise bevorzuge. Nach längerem Suchen verließ ich den Supermarkt dann ohne Marmelade. Nicht viel besser erging es mir in einer Bio-Bäckerei, in welcher es dutzende verschiedene Brotsorten zur Auswahl gab. Als ich auf die Frage, was es denn sein dürfe, antwortete, ein gutes Brot, entstand natürlich ein sehr lustiges Gespräch. Hier verließ ich dann allerdings den Laden mit einem Brot.

Das ist ja nun auch kein so wirklich großes Problem. Allerdings vielleicht doch, wenn man bedenkt, dass dies sich ja mittlerweile auf alle Produkte bezieht, also auch auf beispielsweise Stromanbieter, Fluggesellschaften, Handys oder Staubsauger, dann wird klar, dass das irgendwie schon stressig wird und einfach auch dekadent und überflüssig. Wer braucht das schon! Wir müssen zu einer Entscheidung kommen und das kostet viel, nämlich Zeit und Nerven.

Diese ausufernde Vielfalt verschmilzt mit einer ausufernden Komplexität von allem: Meterlange Gebrauchsanleitungen und Geschäftsbedingungen, die kaum zu verstehen sind und die niemand liest, obwohl man ankreuzt, sie gelesen zu haben, immer dickere Gesetzesbücher, die es nicht schaffen die Kriminalität zurückzudrängen, ein Nachrichten Wirrwarr von Experten und anderen für mich oft unglaubwürdigen Individuen, in welchem niemand mehr News von Fakenews wirklich unterscheiden kann und so weiter und so weiter...

Es entsteht in dieser frustrierenden Vielfalt ein quasi postfaktisches Zeitalter, ein unübersichtliches und undurchsichtiges Gestrüpp. Eine Wahrheit, geschweige denn eine globale Wahrheit oder die Wahrheit, ist kaum mehr zu finden in dieser Fülle von Thesen und Gegenthesen, von emotionalen Erzählungen und Statistiken, von Meinungen und blinden Überzeugungen, von Propaganda, Lügen und Fiktion. Die Wahrheit ist, dass die Wahrheit gar nicht so gefragt ist bei den Menschen, sondern Bequemlichkeit oder Macht. Die Wahrheit erscheint den Menschen zu kompliziert, dabei ist sie ihnen eigentlich zu einfach, denn die Wahrheit ist immer einfach.

Vor circa 50 Jahren, als ich noch auf dem Gymnasium war, war ein großes Thema der Bürokratieabbau. Man sagte, so kann das nicht weitergehen, das erstickt die Kreativität der Menschen. Jedoch beständig und unaufhaltsam ist die Bürokratie weiter angeschwollen, kompliziert unser Leben und stiehlt uns die Zeit.

Neulich saß ich beim Notar, denn ich hatte mir ein neues Domizil gekauft. Gar nichts kompliziertes, jedoch lag da ein fast 20 Seiten langer Vertrag, den ich unterschreiben sollte. Ich sagte zum Notar, ein wirklich sehr netter und gepflegter Mann, dass ich keine Lust hätte, ihm viele tausend Euro zu bezahlen für einen Vertrag, den ich in dieser absurden Kompliziertheit mit einer weltfremden und ungebräuchlichen Ausdrucksweise, nicht verstehe. Darauf antwortete er, dass ich diesen ja auch gar nicht verstehen soll, denn sonst würde er ja arbeitslos werden. Das war so wunderbar ehrlich und wir haben alle herzlich gelacht, allerdings mit so einem seltsamen Beigeschmack von Ohnmacht, denn ich habe notgedrungen natürlich unterschrieben, denn was sollte ich auch sonst machen, nur, es ist eigentlich absurdes Theater und man kann sich ruhig fragen, wohin soll das nur führen…?

Dies waren möglichst knappe, skizzenhafte, sehr vereinfachte und natürlich subjektive Beschreibungen dieser Aspekte. Die Komplizierung hat meines Wissens höchst selten zur Lösung von Problemen beigetragen, ganz im Gegenteil, sie dient oft denjenigen, die gar keine Lösung wollen. Es gäbe noch eine Vielzahl von relevanten Themen, wie Natur, Energie, Sexualität, Kunst, Bildung, Religion, Feindbilder und noch vieles mehr. Jedoch damit könnte man ein weiteres, anderes Buch füllen.

Das Absurde und der Humor

Alles befindet sich in Entwicklung. Auch auf die so hochgelobten Fakten ist kein wirklicher Verlass, denn wer weiß schon, ob sie stimmen und außerdem ändern sie sich beständig. Ich habe schon immer so ein natürliches Misstrauen gegenüber den Mächtigen, Herrschenden und den sogenannten Eliten gehabt. Und wenn wir auf die Geschichte schauen, dann wissen wir, dass man sich da nie sicher sein kann, ob diese das Wohl der Menschen im Auge haben oder eben doch nur ihre eigenen Interessen und persönlichen Ziele. Schon immer wurden die Völker von ihnen manipuliert, ausgebeutet, unterdrückt und in Kriege getrieben.

Auch spirituelle Menschen sollten sich da nichts vormachen, es herrscht Krieg auf der Welt, ein Krieg auf vielen verschiedenen Ebenen, nicht nur ein militärischer, sondern unter anderem auch und das ist bedeutend wichtiger geworden, ein Wirtschaftskrieg, ein Finanzkrieg, ein Informationskrieg, ein Krieg um die Macht eben, so wie schon seit Menschengedenken. Dieser Krieg ist eingebettet in den uralten Kampf der dunklen Kräfte gegen das Licht, gegen die Liebe und die Wahrheit.

Es ist kein wirkliches Ende in Sicht, auch wenn schon seit Jahrhunderten immer wieder ein Quantensprung, ein Wunder, eine Neue-Zeit, ein Bewusstseinswandel oder wie auch immer man es nennen mag, prophezeit wird. Die Geschichten, die die Religionen, Ideologien oder Völker von sich erzählen, stiften zwar Identität und Sinn, sind aber im Grunde oft albern und kindisch und vor allem und das ist das Hauptproblem, sie nehmen sich einfach zu wichtig. Sie entwickeln fast alle ein viel zu dickes fettes Ego.

Das Ende ist offen in diesem göttlichen Experiment oder vielleicht auch nicht. Mag sein, dass ja alles auch gar nicht so wichtig ist. Denn da ist immer dieser ewige Augenblick und jeder Augenblick ist ein Kuss Gottes, ein köstliches Geschenk. Die wirkliche Religio, dieses sich wiederverbinden mit der Quelle, mit dem, was man wirklich ist, das ist dieses köstliche Geschenk.

Noch nie erschien mir in meinem Leben die Welt so verworren und undurchsichtig und absurd wie in diesen Zeiten. Ich schreibe hier im Jahre 2020. Humor hilft so sehr, nicht hineingezogen zu werden in dieses

Schlachtfeld, um nicht in einem beständigen oft nur latenten Kampfmodus langsam auszubluten, auszubrennen und seine Ideale zu verlieren.

Ich bin glücklich in Absurdistan. Für mich ist es wie ein Kasperltheater, ein Irrenhaus oder ein Kindergarten und es ist sehr interessant und spannend und unterhaltsam. Ich liebe das Leben und die Welt, auch wenn sie mir manchmal wie ein riesiger Misthaufen erscheint. In diesem leben ein paar fleißige Käfer, die eifrig versuchen aus dem ganzen Mist gute Erde zu machen. Beständig kommt neuer Mist dazu. Kann das gelingen, ja, es kann! Auch ich probiere es beständig und es ist nicht immer einfach und natürlich müssen wir bei uns selbst anfangen, das dürfen wir nicht vergessen. So lasst uns dankbar sein und staunen, welch wunderbare Gewächse beständig aus dieser guten Erde hervorgehen. Es lohnt sich und es geschieht dann fast von selbst, es ist ein natürlicher Prozess, aus Kompost wird Erde und vielleicht verfolgt diese Evolution ja doch ein Ziel. Vielleicht verbirgt sich ein tiefer Sinn im Absurden und ein Lachen ist ein Weg, der uns erhebt über die ach so menschlichen Abgründe.

Unsere Welt bietet uns mit ihren Bedingungen in dieser Dualität eine Bühne für gewisse Erfahrungen und Lektionen, die wir genau hier lernen können. Man könnte es zum Beispiel mit der 10. Klasse in der Schule vergleichen. Die hat ihren Lernstoff und wenn man ihn intus hat, dann kommt man in die 11. Klasse. Man bleibt nicht in der 10. und jedes Jahr rücken neue aus der 9. Klasse nach. Die 10. Klasse bleibt die 10. Klasse, die wird nicht wirklich besser oder anders, sondern bietet immer den gleichen Stoff. Und vielleicht ist diese Welt genau so etwas wie diese 10. Klasse und das ist auch der Grund, warum sie moralisch, ethisch und in menschlicher Hinsicht eben nicht wirklich anders oder besser wird, weil das auch gar nicht ihre Aufgabe ist. Und wenn man die Lektionen nicht gelernt hat, dann ist man durchgefallen und muss die 10. Klasse eben wiederholen. Das nennt man dann Karma.

Vor einiger Zeit habe ich meinem Bedürfnis folgend die Dinge auf den Punkt zu bringen und zusammenzufassen ein Manifest geschrieben. Das hat wieder mal Spaß gemacht.

Schon in meiner Jugend habe ich gerne Manifeste geschrieben und einige sind jetzt auch hier in diesem Buch gelandet: Im 4. Kapitel, DIE STUDIENZEIT, gibt es das Sowieso-Manifest und das Manifest zum Spiel und im 8. Kapitel, KREATIVITÄT, das Sowieso-Manifest 2. In diesen von

Dada berührten Manifesten ist schon auch etwas Humor zu finden. Ich selbst jedenfalls muss immer wieder darüber lachen.

Dieses letzte Manifest betreffend die Welt oder Absurdistan kommt hier und jetzt:

Gedanken für ein natürliches Leben

1. Natürlich haben wir Religionsfreiheit, Gottseidank, und ist das nicht wundervoll...? Welch eine Freiheit, Freiheit auch von Religion!

2. Natürlicherweise leben Sufis im Augenblick (oder versuchen es hoffentlich zumindest), sie sind eben die Kinder des Augenblicks... und „wenn ihr nicht werdet wie die Kinder...!"

3. Nicht natürlich ist es, eine Vergangenheit beständig hinter sich herzuschleifen und so irgendwie am Leben zu erhalten, denn dies ist nicht hilfreich und verhindert wirkliches Voranschreiten beim... „dem EINEN entgegen..."

4. Nicht natürlich ist es, in einem Schuldgefühl zu leben - dies ist unmenschlich und man kann sich fragen, wer denn davon profitiert.

5. Natürlich gibt es viele, und das weiß doch eigentlich wirklich jeder, verschiedene Kulturen, Völker und Rassen auf dieser Welt, Gottseidank, das ist wundervoll - welch eine Vielfalt...!

6. Nicht natürlich ist Toleranz, die die Intoleranz toleriert, beschönigt oder ignoriert und sich so selbst zerstört...

7. Es ist nicht natürlich, alles zu vermischen, ganz einfach, weil es unbekömmlich ist und nicht schmeckt – und wohl ein banaler Einheitsbrei wird.

8. Es ist natürlich, trotz allem Wahnsinn und aller Absurditäten dieser Welt, Humor zu haben, denn er ist hilfreich und eine gute Medizin... und

wirkungsvoller als alle haarspalterische Besserwisserei...

9. Es wird natürlich sein, dass, trotz ihrer herrlichen kulturellen Leistungen, die Zukunft der Religion die Überwindung dieser patriarchalen Religionen mit ihren gigantischen Egos sein wird - hin zu einer Religion oder Ethik des Herzens - dafür lohnt es sich zu leben oder wer gerne arbeitet, auch dafür zu arbeiten.

10. Natürlich hat jeder von uns eine rechte und eine linke Hand. Nun stell dir vor, deine rechte Hand hasst deine linke und deine linke deine rechte und so haben sie ein bizarres Feindbild entwickelt. Dies würde so einige Probleme in deinem System erzeugen und wenn du nicht schon krank bist, dann würde es dich wohl krank machen. Führen wir diese beiden Hände aber zusammen, in der Mitte vor unserem Herzen, so wie es manche tun, wenn sie beten, dann entsteht eine Synthese, etwas ganz Neues, etwas, was wir noch nicht kennen, eine Chance - und diese Chance könnten oder sollten wir nützen...

Ich bin wohl so etwas wie ein sehr moderner Sufi, der sich für Personenkult nie begeistern konnte. Die Lehren von Hazrat Inayat Khan haben mich vollkommen davon überzeugt, dass die Weisheit in allem enthalten ist und natürlich auch in allen Religionen, spirituellen Traditionen und mystischen Philosophien. Sie alle sind nur die Gewänder für die Botschaft des Mysteriums, für den offenen Weg in die Freiheit. Der moderne heutige Erwachende weiß, dass jeder Atemzug ein Geschenk, ein Erfolg und eine Befruchtung ist und er weiß, dass jeder, durch den er verletzt wird, auch sein Lehrer ist und dass es gut ist für unsere Welt, zumindest einmal täglich das Gegenteil von dem zu denken, was der Mainstream denkt.

Das Alter

Alt braucht jung. Solche Worte definieren sich durch ihr Gegenteil. Wer alt geworden ist, war auch einmal jung. Wie lange ist man noch jung und ab wann ist man alt? Natürlich kann man das nicht zeitlich festlegen. Es ist individuell, relativ und hängt wohl in erster Linie davon ab, wie man sich fühlt und was man denkt. Man ist alt, wenn man denkt, dass man alt ist. Man ist so jung, wie man sich fühlt. Ich habe mich mit 20 Jahren manchmal älter gefühlt wie jetzt mit 70 Jahren.

Ich hätte damals sowieso nicht gedacht, dass ich mal so alt werde. Und ich weiß noch, als ich 60 wurde, da dachte ich, wie kann das sein, dass ich plötzlich 60 bin. Es erschien mir so plötzlich. Was habe ich nur gemacht die ganze Zeit?

Alter Mann, was nun? Das ist die Frage. Was soll ich mit dem Rest meines Lebens anfangen? Ich denke, ich habe keine Lust, nach irgendeinem besonderen Sinn zu suchen oder nach einer Aufgabe oder danach, was ich noch erreichen oder beweisen könnte. Es scheint da keinen Sinn zu geben, weder, wenn wir hinausschauen ins Universum, noch, wenn wir hineinschauen in die inneren psychischen Räume oder in das Innere der Materie. Da ist nur dieses Mysterium. Da ist einfach das, was ist und unser Bewusstsein ist wie ein Spiegel, in dem sich das spiegelt, was gerade da ist. Es bleibt unerklärlich, ein Wunder. Der Sinn ist etwas Individuelles, etwas, was jeder für sich selbst finden muss. Wir sind es, die einen Sinn hineinprojizieren, einen Sinn über die Dinge stülpen. Er ist etwas zutiefst Menschliches, weil wir Sinn brauchen und weil wir denken, die Sinnlosigkeit nicht aushalten zu können.

Der Sinn ist etwas sehr Einfaches, etwas Sinnliches wie das Leben. Der Sinn des Lebens ist natürlich das Leben selbst und nichts außerhalb davon. Also ist es müßig sich viele Gedanken, geschweige denn Sorgen zu machen, denn das Leben lebt, weil es leben will. Das ist seine Natur und diese Natur ist beständige Veränderung und Überraschung. Es kann also nicht langweilig werden. So lasst es uns feiern und genießen, solange es geht.

Der Verfall

Altwerden ist keine Kunst, man wird es ganz von selbst oder eben auch nicht. Keine Frage, dass eine gesunde, natürliche Lebensführung mit vernünftiger Nahrung, Bewegung und Entspannung ratsam ist. Ich habe vor, gesund zu sterben. Dieses Siechtum und Leiden vor dem Ende des Lebens wünscht sich niemand und doch sorgt unsere Hightech – Medizin oftmals für eine fast endlose Verlängerung des Sterbeprozesses und will einfach niemanden sterben lassen. Jedoch, so finde ich, haben wir selbstverständlich ein Recht auf unseren Tod und wenn wir wollen, dann auch auf einen selbstbestimmten.

Was allerdings schon lange vor dem Tod Probleme bereiten kann, ist der langsame körperliche und oft auch geistige Abbau. Wir alle kennen Sprüche wie „Altwerden ist nichts für Weicheier" oder „Altwerden ist nichts für Feiglinge" und das ist gar nicht so falsch.

Wenn wir den Zenit unserer Leistungsfähigkeit überschritten haben, dann geht es langsam wieder bergab. Der körperliche Höhepunkt ist sicherlich schon so mit 35/40 Jahren überschritten. Man findet niemanden mehr in diesem Alter in der Bundesliga oder bei olympischen Spielen. Dieser Abbau und Verfall beginnt am Anfang sehr langsam und wird denjenigen Schwierigkeiten bereiten, die sich über ihre glatte Haut und ihre jugendliche Schönheit oder über ihre körperliche Leistungsfähigkeit definiert haben. Der Kampf gegen diesen Verfall ist sinnvoll und verständlich, aber auch lächerlich und sinnlos, denn er kann ja nicht gewonnen werden, sondern nur verzögert.

Die Gesundheit ist selbstverständlich ein höchstes Gut und es bedarf der Natürlichkeit, der Verantwortung und der Weisheit, um diese zu bewahren. Man kann auch gesund alt werden und gesund sterben.

Schau dir die Rinde eines alten Baumes an, die ist ganz anders als die des jungen Baumes und auf ihre Art vielleicht sogar viel interessanter und schöner. Und schau dir das Herz eines alten Menschen an, wie zum Beispiel das meine, das so oft gebrochen wurde und so viele Wunden davongetragen hat, das ist ganz anders als dieses junge Herz und auf seine Art vielleicht viel interessanter und schöner. Vom Leben gezeichnet, das heißt, du hast es gelebt und erfahren.

Ich kann mich gut erinnern, als ich so mit gut 50 Jahren noch Eishockey gespielt habe. Es war im Eissportstadion in Grünwald. Nachdem ich einem flotten Angriff gefahren hatte, musste ich erstmal wieder zurück zu meinem Tor, um mich da auszuruhen. Da stand ich und schnappte nach Luft und plötzlich war mir klar, dass es Zeit war, Abschied zu nehmen. Es machte einfach keinen Sinn mehr mit 20 Jahre Jüngeren, um die Wette zu laufen, da hilft auch Erfahrung nichts mehr, denn da fehlte einfach diese alte kriminelle Energie, diese Portion Aggression, die es braucht, um sich durchzusetzen und eben auch die Kondition. Als ich heimkam, habe ich meinem Sohn erzählt, dass ich aufhören muss. Er sagte noch, Mensch Papa, du bist doch noch fit und schießt die Tore! Ja, sagte ich, ein Tor schießen macht schon Spaß, aber jetzt ist es Zeit aufzuhören, und zwar besser, bevor ich mir das Genick breche. Ich weiß noch gut, das ist mir damals gar nicht so leichtgefallen, denn es war ja klar, dass das ein Abschied vom Eis für immer war.

Auch so kann man das Leben sehen, als ein beständiges Abschiednehmen. Meist geschieht es automatisch. Aber manchmal ist es auch schmerzlich und es fällt schwer loszulassen. Wir nehmen Abschied von der Kindheit, von der Jugend, von Freundschaften und geliebten Menschen, von Orten und Dingen, von Zähnen und Haaren, von Erinnerungen und Fähigkeiten, von der Sexualität und manche auch vom Verstand. Welch eine spezielle Art sich allmählich von der Welt zu verabschieden, wenn Menschen im Alter dement werden, wenn die Erinnerungen verblassen und alles Alltägliche, was so wichtig war, an Bedeutung verliert und nicht mehr funktioniert. Im Grunde eine vielleicht sehr not-wendige Maßnahme, um sich den Freiraum für neue Ebenen des Seins zu erkämpfen und zu öffnen.

Altes geht, Neues kommt. Was alt wird, wird neu. Wir könnten das Neue, das, was kommt, willkommen heißen, würden wir nicht so oft am Alten, Bekannten hängen. Willkommen heißen ist ein Schlüssel zum Glück, willkommen heißen auch den Verfall. Es annehmen, willkommen heißen einen jeden neuen Augenblick und das, was er zu bieten hat. Und das heißt eben auch das, was in der üblichen, gesellschaftlichen Werteskala ganz unten steht. Annehmen auch diese Werteskala, die dann an Bedeutung verliert und sich auflöst, denn sie war nur eine Fiktion.

Dieser Verfall führt zum Abschied vom Körper, mit dem wir wohl am meisten in dieser Welt identifiziert sind. Das Leben ist von Anfang an lebensgefährlich und wird enden, das wissen alle und doch sehen wir mit sehr gemischten Gefühlen und einer Traurigkeit auf unseren Tod, auf seinen süßen Ruf der Liebe. In der Liebe schmilzt dieses Ego, dieses labile Gerüst einer nicht dauerhaften Konstruktion.

Dem süßen Ruf der Liebe folgend gestatten wir den aufbauenden und abbauenden Kräften ihr Werk zu tun. Welch wunderbare Metapher sind unsere Jahreszeiten und wie sehr liebe ich sie alle. Und wenn wir im Herbst unseres Lebens angekommen sind, dann lasst uns ernten und die Früchte genießen, die diese Phase uns zu schenken hat. Da sind drei Aspekte, das Kind, der Narr und der Weise, die ich hier besonders erwähnen möchte.

Das Kind

„Und wenn ihr nicht werdet wie die Kinder, dann werdet ihr nicht ins Himmelreich eingehen." Wer, wenn er denn christlich aufgewachsen ist, kennt nicht dieses Zitat aus der Bibel. Als ich jung war, habe ich es nicht so recht verstanden, denn ich wollte doch endlich erwachsen werden. Heute, nachdem ich irgendwann doch so etwas Ähnliches wie erwachsen geworden bin, verstehe ich es gut. Dieses Kind und die damit verbundene Einfachheit und Unschuld waren immer in mir. Es wurde nur allmählich begraben unter den Vorstellungen und Zwängen, die unsere Gesellschaft uns auferlegt. Wir sollen vernünftig werden und rational. Wir sollen Verantwortung übernehmen und an die Zukunft denken. Wir sollen es schwer nehmen und wichtig und „in den sauren Apfel beißen" und es eben nicht zu leicht nehmen.

Einen spirituellen, inneren Weg zu gehen, dieses „DEM EINEN ENTGEGEN" bedeutet, dieses Kind wiederzuentdecken, freizulegen und freizulassen. Oftmals entdecken wir zuerst die Wunden, die es davongetragen hat und unsere Aufgabe ist es, das Innere Kind erst einmal zu heilen. Das Kind wird in unserer Kultur erzogen, das heißt, es soll sich an die Vorstellungen der Erwachsenen anpassen, wobei das ganz eigene, individuelle des Kindes oft auf der Strecke bleibt. Und indem dieses Sosein des Kindes oft nicht gewürdigt und geliebt wird, werden eben genau durch den Entzug von Würdigung und Liebe dem Kind Wunden zugefügt und diese gilt es zu erkennen und zu heilen. Wenn es heil wird, dann kann es wieder den ihm gebührenden Platz im Leben, beziehungsweise im System des Erwachsenen einnehmen. Der Weg führt aus der Unterdrückung in die Freiheit oder anders ausgedrückt, wir erkennen verloren geglaubte Seelenanteile als zu uns gehörig und integrieren sie wieder in unsere Persönlichkeit. Das erzeugt Freude und Leichtigkeit.

Mit dem Reifen werden wir in gewisser Weise immer jünger. Ich für meinen Teil kann sagen, dass ich das kindliche in mir nie ganz aufgegeben habe. Dieses Erwachsensein hatte immer auch irgendetwas Lächerliches für mich und die Erwachsenen haben sich immer so wichtig genommen, obwohl so deutlich zu sehen war, dass sie keine Probleme gelöst haben, sondern bei ihren Lösungsversuchen immer neue erzeugten. Das Ganze also eine Art Komödie! Außerdem schienen sie mir nie besonders glücklich zu sein, sodass ich fand, dass ihre Empfehlungen eigentlich fast immer höchst fragwürdig waren.

Was ist es also, was das Kindliche auszeichnet? Wie sind Kinder? Welche Qualitäten dürfen sie leben?

Nun sie leben im Augenblick, sie haben keine Vergangenheit und sie brauchen keine Zukunft, denn sie sind die Zukunft und haben keine Angst vor ihr. Sie sind unschuldig, rein und noch ganz mit sich selbst verbunden. In ihren Augen scheint noch das Licht der anderen Welt zu leuchten. Zugleich sind sie neugierig und wissbegierig, authentisch und ehrlich, kreativ und verspielt. Das Kind hat keine Hintergedanken oder heimlichen Absichten, es ist einfach und einfach, wie es ist. Diese Naivität, dieses Harmlose und Gutgläubige macht es auch leicht verletzlich und manipulierbar.

Oft schaut es so aus, wie wenn alte Menschen zu diesem kindlichen Verhalten zurückkehren würden und es endet ein bisschen so, wie es begann. Ein wenig abwertend bezeichnet man es auch als infantil, und meint damit kindisch, unreif und dumm. Die Alten blicken nicht mehr durch, so scheint es für die Erwachsenen, aber ist nicht genau das das Privileg, nämlich auf alle geschäftige Klugheit, Durchblickerei und Besserwisserei zu verzichten. Vielleicht ist es ja ähnlich wie mit den Tischmanieren, erst wenn man sie gelernt hat, kann man sie auch wieder über Bord werfen, vielleicht muss man zuerst erwachsen werden, um zu merken, dass es gar nicht so toll ist. Ist das auf der anderen Seite nicht wunderbar, sich nach all den Sachzwängen wieder diese Freiheit herauszunehmen und sich diese Kindlichkeit zu gönnen...und wenn ihr nicht werdet wie die Kinder, dann werdet ihr nicht...

Der Narr

Der Narr ist für mich unter anderem irgendwie auch wie eine Steigerung des Kindes. Im Narren ist, wie im Kind, eine ursprüngliche Weisheit enthalten, nur ist diese jetzt unter Umständen auch provokant, enthält das Absurde und eine gewisse Treffsicherheit. Der Narr zeigt durch sein Verhalten die Schwächen und Lügen der Menschen auf, er spiegelt sie auf lustige Art und Weise. Deshalb kann er auch nerven und unangenehm sein, denn er durchbricht die konventionellen Muster, hinter denen sich die Menschen sicher fühlen. Sie fühlen sich in ihrem Versteck ertappt, entlarvt.

Es gab da früher im Mittelalter das Model des Hofnarren, der der Einzige war, der am Hofe des Herrschers die Etikette durchbrechen und die Wahrheit sagen durfte. Allerdings konnte es ihn eventuell dann doch den Kopf kosten, wenn diese Wahrheit dem Herrscher nicht gefiel. Er musste also diese Wahrheit so verpacken, dass sie unterhaltsam war und zur Belustigung beitrug. Er war ein Spaßmacher mit Ironie und Sarkasmus und einer dem Lustigen innewohnenden Weisheit. So diente er eben nicht nur der Belustigung, sondern auch als Provokateur der Irritation, dem Spontanen und Grenzenlosen. Jedoch, es war ein Narr und diesen brauchte man ja, Gottseidank, nicht ernst zu nehmen.

Dieser Figur, die einem Archetypen entspricht, verdanken wir heute das Wort Narrenfreiheit. Wenn wir diese jemandem zugestehen, dann heißt das auch, dass von ihm keine Gefahr ausgeht, obwohl es auch sehr gefährliche Narren gibt. Aber er ist eben auch ein harmloser Kerl und man braucht ihn nicht besonders ernst zu nehmen. Genau das ist es aber, was mir gefällt. Man kann endlich machen, was man will. Wenn ich einer jungen Frau ein Kompliment mache, dann mag es sein, dass sie ein wenig errötet, aber dann doch wieder lacht, weil sie merkt, dass sie mich nicht ernst zu nehmen braucht, dass ich gar nicht wirklich etwas von ihr will, sondern ihr nur eine Freude machen wollte. Das ist wunderbar, ich genieße Narrenfreiheit. Ich bin irgendwo jenseits gelandet.

Aber es bedeutet noch mehr: Der Narr lässt sich vertrauensvoll von höheren Kräften leiten und folgt immer der Idee der Freiheit. Dies bewirkt gute Laune und Fröhlichkeit. Der Narr sorgt aber auch für Spannung und kreatives Chaos. Er tänzelt zwischen Weisheit und Albernheit und lässt sich in seiner Sorglosigkeit von den Gefahren und Abgründen nicht beeindrucken und neigt also auch zum Übermut. Übermut tut manchmal auch nicht so gut. So stolpert er quasi beständig in neue spannende Erfahrungen und geht neugierig unbekannte Wege. Er gibt sich wie das Kind närrisch und unbefangen und voller Leidenschaft dem Leben hin.

Der Narr hält sich gerne für weise. Der Weise aber weiß, dass er ein Narr ist.

Der Weise

Wenn sich Erfahrung und Intuition vereinen, entsteht unter Umständen das, was wir Weisheit nennen. Höchst selten finden wir diese Qualität bei sehr jungen Menschen, die das Leben mit seinen verschiedenen Phasen noch vor sich haben. Es hat zweifelsfrei etwas mit Reife zu tun, die wir durch gelebtes Leben erlangen. Die Summe und Essenz unserer Erfahrungen lassen uns reifen und so finden wir dies eben in einem fortgeschrittenen Alter. Früher war es normal die „Alten" um Ihren Rat zu fragen. Heute scheinen der Respekt und die Achtung vor dem Alter nicht mehr so angesagt zu sein. In unserer modernen Welt landen die alten Menschen am Ende immer öfter im Altersheim.

Um jedoch von Weisheit zu sprechen, genügt nicht diese horizontale gelebte Achse, sondern es bedarf auch der Vertikalen. Es braucht sozusagen eine gute Verbindung nach oben, einen möglichst sauberen Anschluss an die leichten lichten Sphären hinein in den Ozean des Wissens. Es ist mehr noch wie ein gutes Bauchgefühl, was wir mit funktionierenden Instinkten gleichsetzten könnten. Es ist die Stimme des Herzens, die, wenn der Lärm unserer Gedanken zur Ruhe kommt, beständig in unserem Inneren erklingt. Es ist eben dieser Kanal in die Tiefe oder Höhe geistiger Dimensionen, durch welchen wir Intuition, Inspiration und Visionen empfangen. Indem unsere Erfahrungswelt durch diesen Segen, durch diese Geschenke der Gnade wie Blitze aus der anderen Welt befruchtet wird, entsteht Weisheit.

Was zeichnet den Weisen aus, wenn nicht eine gewisse, unerschütterliche Gelassenheit. Es ist diese Indifferenz, eine Gleich-Gültigkeit. Wenn es so kommt, dann ist es gut und wenn anders, dann auch. Wenn ich es bekomme, freue ich mich, wenn nicht, dann freue ich mich auch, denn wer weiß, wofür es gut sein könnte, dass ich es nicht bekomme. Es ist ein alles egal, aber nicht als eine negative, frustrierte Trotzreaktion, sondern als Ausdruck einer Erwartungslosigkeit, eines Verzichtes auf Zukunft, zugunsten der Erfahrung des ewigen Jetzt.

Wenn man dem Jetzt ausweicht, weicht man dem Leben aus und man wird keine Erfüllung finden. Man fühlt ganz instinktiv, dass man das Wesentliche verpasst hat, dass man sein Leben noch nicht gelebt hat.

In den letzten Jahren bemerke ich diese Gelassenheit immer öfter bei mir und wie mir nichts mehr wirklich Sorgen bereitet. Die Flucht vor dem Jetzt, dieses beständige abgelenkt sein, findet allmählich ein Ende und das bewirkt auch das Ende der Probleme, die sich ja meist auf die Vergangenheit oder die Zukunft beziehen. Wenn wir den Widerstand gegen den gegenwärtigen Augenblick aufgeben und ihn endlich zu würdigen beginnen, dann bleibt nicht mehr viel übrig von Unglück und Kampf.

Man kann sich ja einen alten Weisen nur schwer in großer Erregung vorstellen, das passt irgendwie nicht ins Bild und Weisheit hat es nun mal nicht eilig, denn sie ist gekoppelt an Geduld, die bestimmt keine hervorstechende Tugend der Jugend ist. Man weiß, was man bekommen wird und dass man es bekommen wird und weil man das weiß, spielt es keine Rolle, wann das sein wird. Ob morgen oder erst nächstes Jahr oder in 10 Jahren oder in 10 Tausend Jahren hat keine Bedeutung, das ist Geduld, eine wahrlich göttliche Qualität.

Dieses heranreifende Weisewerden bringt einen allmählichen Verzicht von typischen Ego Aspekten mit sich. Vier, mir besonders wichtig erscheinende, möchte ich hier erwähnen:

Das Kritisieren

Ich erinnere mich an eine interessante Form von Kritik, die früher in einer anspruchsvolleren Münchner Tageszeitung praktiziert wurde. Es gab zu einer Theater – Premiere immer zwei Artikel nebeneinander zu lesen. Ein Kritiker schrieb so etwas wie einen Verriss, nach dessen Lektüre man sich ganz sicher war, dieses Theaterstück ganz sicher nicht anschauen zu wollen. Und ein anderer Kritiker lieferte eine andere Kritik, nämlich eine positive, eine Art Lobeshymne, sodass man ganz sicher war, dieses Stück auf keinen Fall versäumen zu dürfen. Eine raffinierte Aufforderung ins Theater zu gehen, um sich eine eigene Meinung zu bilden.

Es gibt da aber auch diese sehr weit verbreitete Kritiksucht. Man kann alles immer und überall auch kritisieren. Man wird immer irgendwelche Argumente finden, die dafür geeignet sind. Es ist eindeutig eine Frage von welcher Seite ich die Sache betrachte. Gute Werkzeuge dafür sind aber nicht nur Fakten, sondern auch Ironie, Zynismus und Sarkasmus. Diese intellektualisierten Formen von Aggression sind scharfe Waffen und können tief verletzten. Wer allerdings kritisiert und angegriffen wird, wird sich in der Regel verteidigen und somit wird sich das, was er verteidigt, selbst wenn es der größte Schwachsinn ist, weiter verfestigen. Man gerät so in einen offensichtlichen oder latenten Kriegsmodus, der jegliche Zusammenarbeit unmöglich macht und dann auch konstruktive Kritik nicht mehr zulässt.

Es ist eben auch für viele gar nicht so einfach, Kritik nicht persönlich zu nehmen, sondern nur auf die jeweilige Sache bezogen zu sehen, wodurch man sehr profitieren könnte.

Warum kritisieren wir überhaupt? Natürlich mag es da auch die ehrenwerte Intention geben, die etwas verbessern und optimieren will. Aber so gut wie fast immer haben wir auch den Effekt, dass wir uns selbst aufwerten, indem wir andere oder anderes kritisieren und abwerten.

Der Weise verzichtet auf diese Art von Kritik und auch darauf, ungefragt und deshalb oft unerwünscht, Ratschläge zu geben. Sagt man doch, auch Ratschläge können Schläge sein.

Das Verurteilen

Wenn das Kritisieren noch rigoroser wird, dann neigt man gerne zum Verurteilen. Man bildet sich ja gerne ein zu wissen, was richtig und was falsch ist und überhaupt will man einfach gerne Recht haben. Man nimmt eine Position ein, was einem hilft, sich zu definieren und beginnt dann andere Haltungen oder Meinungen zu verurteilen. Man wird sehr hart und nimmt nur zu leicht die gleichen Züge an, die man verurteilt oder verachtet, oft ohne es selbst zu merken. Es ist diese Projektion nach außen, wo es so einfach ist, das zu verurteilen, was man bei sich selbst nicht sehen kann.

Viele kennen sicher den Spruch aus der Bibel, wo eine Ehebrecherin gesteinigt werden soll und der da lautet: Derjenige, der ohne Schuld ist, der werfe den ersten Stein!

Der Weise verzichtet auf das Verurteilen. Er blickt mit Liebe und Mitgefühl auf alles Menschliche, denn nichts Menschliches ist ihm mehr fremd.

Das Vergleichen

Ja, es dreht sich immer um das Gleiche, um das Glück. Und weil alles aus dem Gleichen gemacht und entstanden ist, kann man auch alles vergleichen. Ich persönlich liebe gute Vergleiche und Gleichungen!

Ja, alles gleicht sich, die Sterne am Himmel, die Bäume und die Städte und doch ist nichts gleich. Man findet nicht einmal zwei gleiche Schneeflocken oder Sandkörner am Strand, geschweige denn zwei gleiche Menschen.

Wozu also vergleichen? Natürlich helfen uns gute Vergleiche manchmal etwas besser zu verstehen. Jedoch stellen wir den Wert und die Einmaligkeit einer Sache, eines Ereignisses oder eines Menschen in Frage und entwerten irgendwie das Wunder und das Wunderbare dieser Erscheinungen, wenn wir vergleichen. Der Vergleich kann aufwerten oder abwerten, übersieht dabei aber das Sosein eines Gegenstandes oder eines Menschen. Auch man selbst will nicht gerne verglichen werden, sondern man will gesehen werden, und zwar als das, was man ist, als das Individuum mit eben genau dieser einmaligen Persönlichkeit. Dieses unglaubliche Kunstwerk unserer Persönlichkeit will und soll gewürdigt werden, nicht relativiert und bewertet.

Das Vergleichen verhindert die Dankbarkeit und die Freude an dem, was man hat. Alles könnte immer noch mehr, schöner, größer oder besser sein, aber dann übersieht man, wann genug genug ist. Man erkennt dann nicht die Vollkommenheit, die jeder Augenblick enthält und dass das, was er uns schenkt, genau das ist, was wir in diesem Augenblick brauchen.

Alles könnte genauso gut immer auch noch weniger, hässlicher, kleiner oder schlechter sein. Also nehmen wir es doch erstmal einfach so, wie es ist, an.

Der Weise verzichtet auf das Vergleichen und lässt es und lässt geschehen, was geschieht, weil es geschieht.

Das Selbstmitleid und das sich Beklagen

Ich armer, kleiner unbedeutender Mensch, nichts gelingt mir, nichts ist mir vergönnt und was kann ich schon bewirken auf dieser Welt.

Nun, wir brauchen uns nur mal eine kleine Mücke vorzustellen und wir werden sehen, dass diese unter Umständen nachts in unserem Schlafzimmer in der Lage ist, für eine schlaflose Nacht zu sorgen. Und natürlich kennen wir wohl alle die alte Geschichte von David gegen Goliath oder den wunderbaren Satz aus der Bibel: Du sollst dein Licht nicht unter einen Scheffel stellen. Wenn man jedoch ins Selbstmitleid verfällt, blockiert man sich selbst und die Kräfte und Qualitäten, die sich durch uns entfalten wollen.

Wer die kreative Macht der Gedanken verstanden hat, weiß, dass er durch negative Gedanken genau das in sein Leben zieht, was er befürchtet. Durch die Aufmerksamkeit, die wir auf Unerwünschtes richten, nähren wir dieses Unerwünschte mit Energie. Die Energie folgt der Aufmerksamkeit. Dies ist ein Gesetz, sowie die Resonanz oder die Polarität. Aus diesem Grund übt sich der Wanderer auf den inneren Pfaden auf alle Fälle in Gedankenhygiene und versucht negative Glaubenssätze zu erkennen, um sie dann mit der Zeit durch neutrale oder nützliche, positive zu ersetzen.

Wer ins Selbstmitleid verfällt, weigert sich sein Schicksal anzunehmen und versäumt es, die Bedingungen der Welt, in der er ja genau wegen diesen erschienen ist, anzunehmen. So boykottiert er sich und sein Leben selbst. Das Selbstmitleid verhindert die nächsten anstehenden Schritte zu gehen, denn die Schuld für ein ungnädiges Schicksal liegt dann nicht bei einem selbst, was einen nicht dazulernen lässt und somit jegliche Weiterentwicklung blockiert. Dies zieht in der Regel immer heftigere Schicksalsschläge als Weckrufe nach sich.

Ich glaube manchmal, ich habe allmählich vergessen mich zu beklagen oder zu beschweren über all die Dinge, die unser Leben komplizieren, wie die Irritationen des Körpers, die nie endenden täglichen Pflichten oder beispielsweise die schwierigen und anstrengenden Menschen oder die alltäglichen Ungerechtigkeiten und Absurditäten unserer Welt. Natürlich ist das wohl auch so, weil ich da so viel Freude in mir verspüre, diese grundlose und unverdiente Freude. Da ist kein rechter Plan mehr und keine Erwartungen. Da ist dieses Geschenk des Lebens und sich be - schweren heißt ja, es schwer zu machen, jedoch wir wollen die Last abwerfen, um leicht und freudig dahinzuschreiten.

Das soll aber nicht heißen, dass man dem, was einen bedrückt, nicht auch Ausdruck verleihen dürfte. Selbstverständlich ist es höchst wichtig, Mitgefühl mit sich selbst zu haben, sich dem Schmerz oder dem Leid zu stellen, ihm auf den Grund zu gehen und es liebevoll anzunehmen und damit zu erlösen. Nicht dienlich ist es, sich mit dem Leid zu identifizieren, es zu nähren, darin zu baden.

Der Weise verzichtet deshalb darauf, sich zu beklagen, denn er trägt in Würde sein Schicksal, wohl wissend, dass alles vom Freund kommt, vom Geliebten und dass alles einem geheimnisvollen Plan dient, nämlich dem göttlichen Spiel.

Das Glück des Alters

Als ich noch jung war, konnte ich mir nicht vorstellen, einmal so alt zu sein. Und überhaupt, ich wollte gar nicht so alt werden, weil ich dachte, dass das Leben der Alten langweilig sei. Das hat sich nun überhaupt nicht bestätigt. Ganz im Gegenteil, es ist so spannend wie noch nie, voller Überraschungen und süßer neuer Herausforderungen.

In meiner Arbeit wird vieles immer einfacher und unspektakulärer, was zum Beispiel beim Heilen oder Therapieren dennoch oder vielleicht gerade deshalb oft zu den schönsten Effekten und Resultaten führt. Auch für

Menschen, die sich bei mir Rat holen, wird mein Rat immer einfacher und verzichtet auf komplizierte Werkzeuge und Methoden.

Selbstverständlich bleibt das Leben gesellschaftlich und politisch wie auch privat dramatisch, aber meine alte sehr geliebte Attitüde des Dramatisierens löst sich allmählich auf. Immer habe ich die Liebe gesucht und jetzt irgendwie so plötzlich bin ich ganz voll davon. Ich weiß nicht, wie es geschah. Es ist Gnade.

Im Tempel der Ewigkeit, den du auf deiner Reise verlassen hattest, wieder angekommen, kannst du dich vom Kosmos und seiner Intelligenz sowieso nicht trennen. Du kannst das Universum nicht verlassen. Du bist und bleibst stets ein Teil davon. Du kämpfst jetzt nicht mehr mit anderen Egos und hörst langsam auch auf gegen das eigene Ego zu kämpfen. Liebe deine Feinde, also dann erstmal auch dich selbst. Langsam wir es friedlicher. Und wenn man dann so etwas wie seinen natürlichen kosmischen Rhythmus gefunden hat, hört bisweilen die Reibung mit den Gegebenheiten auf und die Weisheit schenkt uns die Fähigkeit der Hingabe an das Leben und den Tod. Man braucht irgendwann nicht mehr noch mehr Zeit, denn durch mehr Zeit wird man nicht frei von der Zeit. Und durch mehr Raum wird man nicht frei vom Raum.

Die Schönheit ist überall. Wohin mein Blick fällt, existiert sie durch meine Empfindung und sie ist auch dort zu finden und zu sehen, wo sie scheinbar nicht ist.

So sagen Sufis und Mystiker: Wohin mein Auge auch fällt, sehe ich doch immer nur dich, oh Schönheit! Ich bin verbunden. Verbunden sein, das ist die Religion der Zukunft, die Religio, die die Menschheit braucht. Meine Religion ist keine Geschichte oder ein Narrativ, wie man es heute gerne nennt. Ich trinke aus der Quelle und bin ein sehr gläubiger Atheist und die Geschichten, Dogmen und Rituale verlieren allmählich ihre Kraft und Bestimmtheit, sowie auch die persönliche Geschichte und man wird frei. Frei sein von etwas und allem, heißt offen sein für alles, heißt das grundlose und fraglose Glück zu erfahren in der Ekstase des Augenblicks.

Meine Zukunft

Wer braucht schon Zukunft, angekommen im ewigen Augenblick? Ich schon, ich möchte schon noch eine Weile hier sein. Aber wozu? Eine gute Frage, ich weiß es auch nicht so genau. Natürlich um es zu genießen. Aber wann ist es genug genossen. Wie oft muss man etwas wiederholen, bis es wirklich reicht?

Da ist einerseits diese Routine, eben diese täglichen Wiederholungen. Wie oft will ich noch Zähneputzen, Einkaufen, Spazierengehen, Aufräumen, Gespräche führen, Nachrichten hören, Blumen gießen und so weiter und so weiter. Ich denke jeder kennt gewisse Ermüdungserscheinungen, was diese Alltäglichkeit betrifft. Aber natürlich steckt eben gerade auch im Banalen das Wunderbare, genauso wie im Spektakulären, wenn man denn die Augen geöffnet hat und es endlich sehen kann.

Wie oft noch spielt dann keine Rolle, wenn man es sieht, wie wenn es das erste Mal wäre. Das ist Zen. Das ist es, wenn man es gefunden hat und nichts mehr zu tun ist, wenn Weg und Ziel eins werden, wenn wir den wahren Weg gefunden haben, und der wahre Weg ist der alltägliche Weg. Ja, so heißt es dann: Immer auf Reisen und immer am Ziel.

Wie oft noch oder wie lange? Man weiß es nicht und das ist gut so und macht es besonders spannend und intensiv, denn es könnte jederzeit das letzte Mal sein, dass man abends seine Augen schließt.

Und das trägt andererseits dann auch zu dieser Traurigkeit bei, die mich immer wieder mal streift, denn es ist ja alles auch so schön, so neu, so voller Überraschungen und Wendungen. Ich kenne da bisweilen eine solche Sentimentalität und selbst diese ist irgendwie auch genussvoll und ermöglicht volles Leben. Die Melancholie gehört zum Herbst und wenn ich den Blues spüre, dann hat es auch etwas Kreatives und ein tiefes Eintauchen, hinein in das, wo ich zuhause bin.

Wie oft noch werde ich diese herrlichen Berge sehen, Skulpturen aus Fels und Stein und diese Wälder, lebende Organismen aus lebenden Wesen und diese Menschen, jeder so einmalig und speziell. Wie oft noch werde ich mein Schätzchen im Arm halten und wie oft werde ich noch meine Kinder sehen und wie sie durch ihr Leben gehen. Wie viele Sommer werde ich noch haben, bevor ich zurückkehre in die ewigen Jagdgründe. Es ist mir egal und das ist gut so.

Ich habe schon des Öfteren von alten Menschen gehört, dass das Schlimmste für sie ist, dass sie das Gefühl haben, dass sie nicht mehr gebraucht würden. Abgesehen davon, dass es vielleicht auch eine befreiende Tatsache sein könnte, ist es natürlich nur ein Gedanke und ob er wirklich stimmt, hängt nur von der Betrachtung ab. Auch ein vollkommen pflegebedürftiger Mensch wird noch für so vieles gebraucht, zum Beispiel auch dafür, dass ein Pfleger Arbeit hat und das ist nicht zynisch gemeint, sondern zeigt nur, wie alles mit allem verknüpft ist. Ich gehöre nicht zu den Menschen, die sich darüber definieren, dass sie gebraucht werden und doch tut es auch gut zu wissen, dass dem so ist. Meine Patienten, meine Schüler und natürlich meine Kinder, speziell meine Tochter, die noch Soziale Arbeit studiert und die ich doch unterstützen muss, brauchen mich ja vielleicht noch, also trotz aller Todessehnsucht, es ist noch zu früh zum Sterben. Ich bin mir hier einer gewissen Widersprüchlichkeit durchaus bewusst und genieße diese im Spannungsfeld zwischen Todessehnsucht und Lebensfreude.

Vor mir liegt also eine herrliche Zukunft, die ich aber nicht mehr wirklich brauche. Und doch habe ich noch vieles vor, zum Beispiel dieses Buch zu beenden oder ganz offen zu sein für alles, was da noch kommen könnte. Ich bin bereit für das Abenteuer Leben und für alle Aufgaben, die für mich noch vorgesehen sind. Alles ist möglich oder zumindest fast alles. Man sieht in der Welt, wie Menschen mit 70, 80 oder noch mehr Jahren Papst werden oder Präsident. Ich staune oft und frage mich, ob ihnen das wohl wirklich noch Spaß macht und ob sie dieser Aufgabe überhaupt noch gewachsen sein können. Vielleicht sind es ja auch nur Marionetten, die am Ende noch hoffen irgendeine Neurose von Machtlosigkeit kompensieren zu können. Ich weiß es nicht und brauche es auch nicht zu wissen. Alles und auch diese Welt bleibt ein unheimliches Geheimnis und Experiment mit offenem Ausgang, umso mehr als mir immer klarer wird, zwar auf dieser Erde zu leben, aber nicht von dieser Erde zu sein.

Vor mir liegt also eine herrliche Zukunft. Es ist wie ein unendlich breiter Weg nach allen Seiten offen, ganz lichtvoll und leicht. Es sieht gar nicht aus wie ein Weg, sondern mehr wie ein Raum, ein zeitloser Raum. Etwas wie ein Traum, wo ich nirgendwohin muss, denn ich bin ja schon da.

Dieses Bild erinnert mich an eine Vision, die ich vor etwa 30 Jahren hatte.

Ein Tanz in die Zukunft

Diesen schon weiter vorne im Buch erwähnten Tanz, möchte ich hier nochmals mehr in Bezug auf die Zukunft erwähnen.

Als mir zu Ohren kam, dass in meiner Straße in München Haidhausen ein Sufi – Scheich einen Kurs gibt, wollte ich da hin. Ich war neugierig und ging hin. Damals haben mich Titel noch irgendwie mehr beeindruckt.

Wir waren vielleicht ein Dutzend Menschen in einem Raum von etwa 50qm und machten verschiedenste Körperübungen und Meditationen. Und dann kam es: Wir sollten quer durch den Raum tanzen, oder besser gesagt, uns tänzerisch von einer Wand zur anderen Wand bewegen. Diese Strecke sollte unsere Lebensreise symbolisieren.

Es begann am Boden liegend in der Joga - Position des Kindes. Ich weiß nach über 30 Jahren nicht mehr, ob unser Tanz mit Musik begleitet wurde, aber ich denke, eine von außen kommende Musik war nicht nötig, denn es ging ja um eine innere Musik, einen inneren Rhythmus und eine von innen kommende Führung.

Da lag ich also. Ich war erst einmal gar nicht so begierig darauf in Bewegung zu kommen, quasi geboren zu werden, um mich dann in dieses mühsame Leben hineinzuarbeiten. Es begann langsam, zögernd und vorsichtig erkundete ich erste Möglichkeiten des Ausdrucks. So ganz allmählich nur kam ich zum Stehen und mit kleinen, winzigen Schritten ging es hinein in eine feindliche Welt. Ja, ich fühlte mich bedroht und mein Tanz war ein Ausweichen, ein Zurückweichen, ein Ausloten, ein ängstliches Probieren und wachsendes kämpferisches Fordern. Mein Tanz wurde sehnsüchtig und verzweifelt und bekam eitle und aggressive Momente. So tanzte und kämpfte ich mich voran durch Freuden und Leiden, zwischen Fluchtgedanken, Todessehnsucht und Ekstasen, pendelnd zwischen Extremen ohne Mitte, immer wieder mit der Hoffnung es schaffen zu können. Die Mitte ist nicht verrückt, doch unauffindbar. So bewegte ich mich aus der Vergangenheit heraus auf meine damalige Gegenwart zu.

Ich erlebte nur ein kurzes Jetzt, ein kurzes Angekommen-Sein in diesem Raum und in diesem Workshop. Sogleich ging es weiter und weicher werdende Bewegungen führten mich auf einen leichter werdenden zukünftigen Weg. Es geschah etwas ganz und gar Wunderbares und Unerwartetes. Das Ringen um Existenz und Identität begann sich auf völlig undramatische Weise aufzulösen und der Tanz wurde geschmeidiger, runder und selbstverständlicher. Es war kaum mehr ein Tanz, sondern ein Dahingleiten, ein leichtfüßiges Tippeln, fast schwebend erfuhr ich eine Art zu sein, die ich mir immer erträumt und gewünscht hatte. Was für eine Zukunft! Genau so wollte ich leben. Ich spürte Mut und Hoffnung, obwohl sie jetzt gar nicht mehr nötig waren. Es war eine herrliche Vision, die zugleich körperlich erlebbar war.

Mein Tanz führte mich durch weite Landschaften auf ein Tor zu, das offen stand und den Namen Tod gar nicht wirklich verdiente. Es war eine Reise über den Tod hinaus. Es war ein Hindurchgleiten, mühelos, schmerzlos, absichtslos und dahinter war es wie davor. Weite Landschaften und ein Tanz ganz einfach wie ein Schweben, eingebettet in eine herrliche Symphonie, die ich jetzt selbst war. Und auch das Tor schien nur eine Vision zu sein und hatte den Zauber einer Illusion.

Nachdem wir die Übung beendet hatten, saß ich da und war tief beeindruckt. Ich wusste, so wird es werden und so wird es sein und so oder so ähnlich wurde es ja auch.

Mit großer Dankbarkeit für diese Übung verabschiedete ich mich damals vom Scheich und ging reich beschenkt mit dieser Vision hinaus und zurück in mein damals noch hoch kompliziertes Leben.

Meine Zukunft im Jetzt

Im Angstmodus kann man kaum wachsen und sich entfalten. Das heißt, wenn man eine glückliche Zukunft möchte, dann muss man sein Drama, den Sturm im Wasserglas, sein Hamsterrad des Stresses und der Gewohnheiten verlassen, und zwar jetzt, nicht irgendwann. Die Zukunft ist in diesem Jetzt enthalten. Dein Weg führt nicht zum Glück, dein Weg ist Glück.

„Tomorrow never comes." Jetzt ist die Chance den Alptraum, den kollektiven und den persönlichen zu verlassen. Jetzt kannst du das alte

Drehbuch schließen, den Tisch leerfegen und das neue leere Buch aufschlagen und eine neue Geschichte schreiben, eine Zukunft, die sich von selbst schreibt. Dein Traum von Liebe, Sicherheit und dass irgendetwas Bestand hat, erfüllt sich wie von selbst, es geschieht, es geschieht.

Es ist nicht vollkommen hier in der Materie, weil die Vollkommenheit nicht vollkommen wäre, ohne die Unvollkommenheit.

Und natürlich musst du schauen, ob du das Glück ertragen kannst und wie lange. Wenn nicht, wirst du zurückkehren in das Drama, das du so gut kennst und das dir eine Identität gibt und etwas zum Kämpfen. Also schau, ob du so eine Identität noch brauchst und wenn ja, dann ist das auch gut und vollkommen und vollkommen egal.

Der Schamane lächelt und weiß, er ist das - oder zumindest - ein Universum. Er liebt seine Feinde und liebt sich also selbst, denn er kennt nur noch einen Feind und das ist er selbst. „Deine Freunde lullen dich ein, doch dein Feind hält dich wach." (Hazrat Inayat Khan) Doch ein geliebter Feind wird ein Freund und der Freund ist eine Zukunft, die nie endet, eine Zukunft wie ein Schicksal, eine Zukunft im Jetzt. Wenn wir das Bewusstsein vom Verstand, der beständig in die Vergangenheit und Zukunft eilt und uns möglichst gänzlich an Anspruch nimmt, zurückfordern, dann erst wird es möglich, uns selbst von innen her zu spüren und mit unserem Energie- oder Lebensfeld zu verschmelzen. Wir haben dann die Chance eins zu werden mit unserem Dasein und unser Bewusstsein zerfließt in genüsslicher Hingabe. Wir wandeln dann auf dieser Brücke zwischen dem Nichtmanifesten und dem Manifesten. Wenn man so will, könnte man sagen, zwischen Gott und der Welt. Wir haben dann die Möglichkeit zu pendeln. Das heißt, wir können natürlich jederzeit durch die Welt der Phänomene und Erscheinungen wandeln, was wir natürlich auch immer wieder müssen, um hier zu existieren und wir haben jederzeit die Möglichkeit durch das Tor der Freiheit in den Raum des Ursprungs einzutreten. Wenn diese Verbindung zum Ursprung, diese Verbindung mit der Matrix, mit der Essenz stark und beständiger wird, dann haben viele spirituelle Lehrer immer von Erleuchtung gesprochen. Früher glaubte man tatsächlich diese Erleuchtung sei nur den Männern vorbehalten. Ein modernerer Guru, namens Osho, erklärte diesen absurden Sachverhalt mit herrlichem Humor und Ironie und zwar: Männer haben Frauen, die sie in den Wahnsinn treiben und so wählen sie als letzten Ausweg die Erleuchtung. Auch Sokrates hatte schon seine Xanthippe und ich, ja ich habe eine wunderbare Su.

Hier berühren wir wieder einmal eines der vielen Paradoxa, und zwar, dass wir eine Verbindung wiederfinden wollen, etwas finden sollen, was niemals verloren war, niemals abreißen kann. Keinen Atemzug konnten wir jemals tun, ohne genährt zu werden von der Quelle des Lebens.

Wir erfahren das Paradoxon, dass wir in einer Art Illusion, einem Traum leben, dass alles gar keine Rolle spielt und dass doch alles voller Sinn und Bedeutung ist, sowie auch die Täuschung. Warum nur? Weil wir dann die Gnade der Ent-Täuschung, das Geschenk des Erwachens erleben dürfen.

Wie ernst nehmen wir unser Leben: Sehr ernst, vielleicht zu ernst, wie so vieles, wie auch die Wissenschaft, die uns das Leben immer weiter zu erklären und zu erleichtern versucht. Und doch führen uns alle Erklärungen, zumindest was beispielsweise die Sinnsuche betrifft, nicht wirklich weiter. Es ist immer gutes Futter für den Verstand. Aber alle Erklärungen und Behauptungen gelten eben auch nur so lange, bis sie widerlegt werden. Wenn wir wissenschaftlich darangehen spirituelle Dimensionen zu erfahren, dann verschließt sich diese Welt vor uns und wir werden kaum den Zugang finden zu den Sphären des Wunderbaren und der Magie. Um diese erfahren zu können, muss man grundsätzlich in Betracht ziehen, dass es diese tatsächlich gibt.

Wir sollten uns nicht täuschen lassen. Es muss nur irgendetwas, auch eine Lüge, oft genug wiederholt werden, bis es geglaubt wird. So funktioniert es eben. Da fällt mir jener Galileo Galilei ein, der da vor einiger Zeit behauptete, dass die Erde rund sei und sich um die Sonne drehen würde. Nun er musste dieser frechen Aussage abschwören, sonst hätten sie ihn wohl umgebracht.

Auf was also kann man sich schon verlassen, wenn nicht auf diesen ewigen Fluss des Lebens, der wir sind und der uns ganz von selbst in die Zukunft trägt und auf die konstante Veränderung, auf die Vergänglichkeit und den Tod. Und zugleich warten wir wie die Felsen durch alle Zeiten nicht auf Veränderung, die immer geschieht und keine Hoffnung braucht, weil wir wie Felsen sind im Strom, Felsen der Hoffnung.

Wie ernst nehmen wir unser Leben: Ziemlich ernst dafür, dass es doch nur ein Traum sein soll oder eine Illusion, Maya, wie man im Hinduismus sagt. Dieser Gedanke hat allerdings wenig Bestand, wenn man sich mit dem Hammer auf den Finger schlägt. Dieser Schmerz ist dann doch ziemlich real und scheint keine Illusion zu sein oder doch?

Ich bin nicht traurig über die Lügen dieser Welt, die gehören scheinbar einfach dazu, das ist Dualität, Licht und Schatten. Ja, es ist gut so, wie es ist. Dennoch macht es sicherlich viel Sinn sich eine Welt ohne Lüge und Gewalt zu erträumen.

Wenn wir uns vergegenwärtigen, wie viele Visionen in der Kunst, in Filmen und Romanen, Katastrophen und Horrorszenarien thematisieren und wie viele Entwürfe von einer Science Fiktion Welt produziert wurden und werden, die die Versklavung und Beherrschung der Welt und der Menschen durch eine erbarmungslose Technik zum Inhalt haben – Big Brother Is Watching You, 1984 von George Orwell – dann brauchen wir uns nicht so sehr zu wundern, dass auch eine ebensolche Welt entsteht. Vielleicht wäre es interessant, welche Welt entstünde ohne irgendwelche Visionen, wenn wir es weglassen könnten, Zukunft zu konzipieren und aufhören würden, unsere begrenzten, ängstlichen und selbstsüchtigen Vorstellungen in die Zukunft zu projizieren. Vielleicht könnte sich dann ein evolutionärer oder göttlicher Plan ganz frei entfalten und wir würden uns, getragen von der Wahrheit des Augenblicks, in eine natürliche und gesunde Zukunft hinein entwickeln, losgelöst von unseren Kategorien von Gut und Böse, die sich ja gegenseitig bedingen und brauchen.

Manches lässt einen schon bisweilen erstarren, aber Gott sei Dank nie für immer. Es ist mehr ein Innehalten. Vielleicht ist es auch Trauer, aber wie eine Trauer über eine welkende Blume. Es ist eine Trauer ohne Verzweiflung, gepaart mit einem Staunen über die Vergänglichkeit. Ich weiß, ich bin zu tief für mich, ich werde ertrinken. Da ist eine wachsende Zugkraft weg von einer Vita aktiva immer mehr hinein in eine Vita kontemplativa, die uns schon den Geschmack des Todes schmecken lässt. Welch ein Geschenk ist diese Welle, die wieder zum Ozean wird, so tief, immer wieder und wiederkehrend als Welle. Das Wasser in der Welle ist das Gleiche wie irgendwo sonst im Ozean. Und es hat die gleichen Qualitäten in sich. Welch ein Spiel, welch eine Dramatik!

Neulich erst dachte ich an die berühmte Atombombe, die ja derzeit wieder groß im Gespräch ist. Die Menschen, also natürlich nur einige davon, weil andere wieder gar nicht dürfen, haben so viele davon gebaut, dass es reichen würde, die ganze Welt viele Male zu zerstören. Ich stellte mir vor, wie ich auf den Balkon ging, als die Bombe gefallen war, um die lebendige Skulptur des Atompilzes zu bewundern. Ich fand, es ist ein guter Moment, um mir als alter Bayer eine halbe Bier aufzumachen und Prost zu sagen und Halleluja, um diesen einmaligen Moment zu ehren, zu verherrlichen und zu genießen...

Gott - sei - Dank, dass es einen Gott gibt oder so Etwas oder die Ewigkeit oder die Heimat, das Universum, die Meditation oder die Liebe.

Und so komme ich auf den Titel dieses Kapitels zurück, auf meine Zukunft im Jetzt.

Da gibt es jetzt nicht mehr viel zu schreiben. Man hofft ja immer, dass alles gut wird. Aber wenn alles gut geworden ist, dann gibt es nichts mehr zu erhoffen und man landet langsam im Augenblick. Möge der ewige Augenblick meine Zukunft sein!

Aber natürlich hoffe ich, dass ich nicht allzu lange werde suchen müssen, um einen geeigneten Verleger für dieses, jetzt fast fertige, Buch zu finden. Also man sieht, trotz allem geht alles ganz normal weiter...

Mein Tod

Man wird wohl kaum jemanden finden, der sich drüber freuen kann, gegen Ende seines Lebens ein Pflegefall zu werden und dadurch beständig auf fremde Hilfe angewiesen zu sein. Dies ist sicherlich so, wenn man von speziellen, neurotischen Fällen absieht. Denn selbstverständlich bringt es ja auch Vorteile. Man kann die Verantwortung abgeben, braucht sich um nichts mehr zu kümmern, bekommt eine besondere Portion Aufmerksamkeit und Mitgefühl, steht plötzlich wieder sehr im Mittelpunkt und es stellt auch eine neue Möglichkeit dar, sein Umfeld zu tyrannisieren, sich ins Selbstmitleid sinken zu lassen oder bei anderen Schuldgefühle zu erzeugen, um nur einige zu nennen.

In unserer Gesellschaft hat man diesen Fall, ein Pflegefall zu werden, ja bereits durch eine Pflegeversicherung institutionalisiert. Und wie so vieles ist das gut und auch gar nicht gut und hat dazu geführt, dass unzählige alte Menschen allein in irgendwelchen Einrichtungen in ihren Zimmern sitzen und auf ihren Tod, über den man bei uns allerdings möglichst nicht spricht, warten.

Ich hatte so einige Klienten in Altersheimen, die es natürlich in den verschiedensten Preisklassen gibt und war dort also des Öfteren zu Besuch.

Ich erinnere mich an eine mir vollkommen unbekannte sehr alte Dame, die mich sofort als ihren Sohn, dem ich vielleicht ähnlich sah, erkannte und mich freudig begrüßte und dankte, dass ich doch endlich noch gekommen sei. Ich habe es nicht übers Herz gebracht, ihr diese Freude zu nehmen und wir saßen dann auch zusammen in ihrem Zimmer und sie weinte vor Glück. Sie war eine so liebenswürdige Frau und ich war so berührt, dass wir dann zusammen weinten. Ich fühlte tatsächlich wie ein Sohn, wie ein Sohn aller einsamen Mütter und meine Dankbarkeit war so groß für alle diese Mütter, die uns alle geboren haben.

Ich habe diese Frau dort nie wiedergesehen, aber ich hoffe so sehr, dass ihr dieses Spiel, ihren Sohn noch einmal wiederzusehen, Frieden geschenkt und geholfen hat, den Weg über den Jordan zu gehen...

Also, wie schon gesagt, ich hoffe und gebe mir Mühe einmal gesund zu sterben. Und dafür tue ich auch so einiges, ich pflege mich innen wie außen, gehe viel hinaus an die frische Luft zum Wandern in die Berge, versuche meinen Körper mit etwas Yoga geschmeidig zu halten, tanze immer noch gerne und viel, ernähre mich vernünftig und versuche natürlich und gesund zu leben. Und dabei dürfen die Lebensfreude und der Genuss auf keinen Fall zu kurz kommen. Die Achtsamkeit und der Atem sind so wichtig und die Spiritualität. Und was heißt es, spirituell zu sein. Im Grunde weiter nichts, als natürlich zu sein. Und etwas ganz Natürliches ist natürlich der Tod. Und so freue ich mich auf meinen Tod und neugierig bin ich selbstverständlich auch – möge es kein Trauerspiel, sondern ein Fest sein. Inschallah!

Als junger Mann hatte ich immer eine starke Affinität zu den Indianern Nordamerikas. Ich habe viele Indianerbücher, unter anderem auch Bücher von Karl May gelesen. Irgendwo bin ich folgender Beschreibung begegnet, die mich sehr beeindruckt hat:

Der Häuptling irgendeines Stammes, der Apachen oder Komantschen, war in die Jahre gekommen und fühlte, dass es Zeit war, diese Welt zu verlassen. So trat er vor sein Volk und bedankte sich für ihr Vertrauen und ihre Treue und verabschiedete sich mit den Worten, dass er sich nun auf den Weg in die ewigen Jagdgründe machen würde. Und so ging er und stieg auf einen Berg und kehrte nie wieder zurück. Vielleicht fühlte er, dass der Tod schon unterwegs war, vielleicht hatte er auch einfach nur genug von dem Leben unten in der Prärie, vielleicht war seine Sehnsucht so stark nach der anderen Welt oder vielleicht hörte er den Ruf seiner Ahnen. Ich weiß es nicht, aber auf alle Fälle faszinierte mich dieses selbstbestimmte Abschiednehmen. Vielleicht saß er auch noch tagelang da oben auf dem Berg ohne Nahrung und Wasser und ist dann einfach verdurstet, ich weiß es nicht. Doch ich spürte da so eine Größe und Souveränität. Es war das vollkommene Gegenmodell zu dem in unserer Kultur, wo es darum geht den Tod zu besiegen, ihn möglichst zu vermeiden oder zumindest das Leben so lange wie möglich, um jeden Preis zu verlängern.

Diese vollkommene Furchtlosigkeit vor dem Tod und einem Jenseits wollte ich mir gerne als Vorbild nehmen, auch wenn das nicht so ganz einfach ist. Ganz bewusst, ganz wach und klar diesen einmaligen Augenblick zu erleben, das will ich einmal nicht versäumen. Wir wurden hier allerdings anders konditioniert und das werden wir nicht mit einem Fingerschnippen wieder los.

Doch dieses Sterben übt der Mystiker oder der Sufi in seinen Meditationen und Kontemplationen, denn er steht auf der Schwelle zwischen den Welten. So tanzt er mit einem Fuß in jener und einem Fuß in dieser Welt, einen Tanz der Freude auf einem Weg, der kein Weg ist. Er feiert den Segen der Schwelle, wo sich diesseits und jenseits in Liebe umarmen, und Anfang und Ende reichen sich die Hände.

Es ist die Hingabe. Die Hingabe an das ganze Leben mit allen seinen Aspekten, an den Flow des Seins, bedeutet, die Vergangenheit sterben zu lassen und auch die Zukunft. Dann wird man einen leichten Tod sterben, denn im Lichte dieser deiner Gegenwärtigkeit löst sich das Schwere, Zeitgebundene auf, eben genau das, was du für dein Ich gehalten hast.

Werde ich es wissen, werde ich den Moment erkennen, wenn der große Häuptling Manitu mir die Hand reicht und mich führt zu neuen Abenteuern und interessanten Aufgaben. Werde ich es merken, wenn meine Zeit gekommen ist, und werde ich bereit sein oder werde ich auf meinem Sterbebett liegend noch etwas vermissen oder zu bereuen haben. Werde ich denken, ich wünschte, ich hätte mehr gearbeitet oder weniger, oder ich hätte mehr Mut gehabt zu tun, was ich wirklich will oder ich hätte besser noch mehr mein eigenes Leben gelebt oder solche Sachen? Ich glaube nicht, ich glaube es wird gut sein. Mashallah…!

Was auch immer wir dachten oder taten, es hat uns entweder von Gott oder der Matrix entfernt oder nähergebracht, doch zuletzt führen alle Wege nachhause.

Das Finale, der letzte Atemzug wird ein Ausatmen sein. Ein letzter Atem trägt mich zu Allah, zu Gott, „into the promised land", dort wo sich alles dreht, wo sich alles um sich selbst dreht, um den ewigen Augenblick. Hallelujah…!

Sagen die Sufis nicht, dass es irgendwann auf dem Weg keine Sünde mehr gibt, außer einer und das wäre, einen Atemzug zu tun, ohne an den Geliebten zu denken. So bitte ich um diese Gnade, um einen letzten Atemzug im Gedenken an Gott, an das große Mysterium… Alhamdulillah…!

Hier endet dieses Buch, jedoch noch nicht mein Leben – Gottseidank – es ist so schön, noch immer hier und so lebendig zu sein…!

Vortrag: Intuition und Medialität

Unendlich vieles ist schon über Intuition gesagt und geschrieben worden. Und so möchte ich in diesem Vortrag das Gewicht hauptsächlich darauflegen, wie wir Intuition entwickeln können. Dieser Ausdruck „Intuition entwickeln" ist bereits missverständlich, denn wie soll man etwas entwickeln, was prinzipiell bereits vorhanden ist.

Diesem Wort, aber mehr noch dem Wort Medialität haftet etwas Geheimnisvolles, Mysteriöses an, etwas, über das nur sehr weit entwickelte Wesen verfügen, etwas, das man eventuell in höheren Einweihungsstufen wie eine Gnade erlangen kann.

Hier muss man sich klarmachen, dass unser ganzes Leben, unser Alltag davon durchdrungen sind, denn was ist es, wenn wir eine Idee haben oder wenn wir plötzlich fühlen, dass wir dieses und nicht jenes möchten oder wenn irgendein Impuls von innen oder außen uns zu nicht geplanten Handlungen veranlasst. Einem Künstler gesteht man Inspiration und Intuition zu, ja hält sie für unumgänglich für Kreativität. Doch was ist es anderes, wenn eine Mutter spürt, ja ganz sicher weiß, dass ihr Kind jetzt genau diese Speise oder Medizin braucht oder noch einfacher: woher weiß ich, dass ich jetzt einen Apfel essen möchte. Ganz bewusst möchte ich diese alltäglichen Dinge in Beziehung sehen zu dem, was man Intuition nennt. Es gibt andere Worte dafür, die unser Phänomen beschreiben und weiterhelfen: Eingebung, Idee, Impuls oder Begriffe, die das sogenannte Alltägliche zu verlassen scheinen: Vision, Hellsichtigkeit, Medialität, Spiritismus.

Wir können also unterscheiden zwischen den ganz wie von selbst auftauchenden Ideen oder Inspirationen, wie sie beispielsweise ein Dichter oder auch Wissenschaftler braucht und einer Medialität, die ganz bewusst eine Verbindung herstellt zu konkreten Wesenheiten, Energien oder Informationspotentialen. Diese Form der Wissensvermittlung ist heute unter dem Begriff Channeling relativ populär geworden, obgleich natürlich schon immer bekannt, zum Beispiel im Schamanismus. Eine Vielzahl auf diese Weise entstandener Bücher wurde bereits veröffentlicht. Hierbei stellt sich eine Person als Medium oder Kanal (engl. Channel) zur Verfügung, was im Ausblenden der eigenen Persönlichkeit mittels leichter bis tiefer Trance geschieht. Das Problem hierbei kann im

Zurückkehren zur eigenen Persönlichkeit und im wieder in Besitznehmen des eigenen Körpers liegen. Ein nervöser und labiler Zustand kann die Folge sein. Das Wissen, das durch das Medium fließt, ist ja nicht im Besitz desselben und es kann eine große Diskrepanz entstehen zwischen persönlicher Entwicklung und dem vermittelten Wissen. Eine gereifte, gut geerdete Persönlichkeit wäre somit eine gute Voraussetzung.

Allerdings sind die Gründe dafür, ein Medium zu werden vielfältig und unvorhersehbar, entsprechen manchmal nicht den eigenen Wünschen, ja bisweilen fühlen sich manche Medien sogar gegen ihren Willen als solches missbraucht oder erkennen ihr Kanal-Sein in einer Art religiöser Haltung als ihre Form des Dienens an.

Wir wollen uns hier aber hauptsächlich mit dem etwas normaleren Phänomen der Intuition beschäftigen. Dabei beginnt es immer mit etwas ganz Einfachem, und zwar damit, dass ich etwas weiß, aber dieses Wissen nicht das Ergebnis meiner verstandesmäßigen Überlegungen ist.

Woher kommt dieses Wissen?

Eingebettet ins Universum schwimmen wir im ewigen Strom des Lebens, des Werdens und Vergehens, sind durchdrungen von Geist, ja sind im Kern unseres Wesens immer vereint mit diesem. Und so wie wir mitpulsieren in den Rhythmen der Natur, der Gestirne, mit dem Atem der Erde, der immerwährenden Ebbe und Flut, nicht nur in feinstofflichen Bereichen, sondern auch mit unserer ganzen Materie, so sind wir eben auch eingebettet in diesen unendlichen Ozean des Wissens, von wo aus uns Information jeglicher Art und jeglichen Ursprungs allzeit durchflutet. Wenn wir dieses zulassen, uns dafür öffnen, dann wird Wissen, in für uns verträglichen Portionen, in unser Bewusstsein eindringen und wir erhalten jene ganz direkte Information, die ungefiltert und von unserem Verstand und seinen Konditionierungen unberührt, zu unserer Verfügung steht.

Wenn wir uns betrachten als ein Kontinuum im Wandel, gleich einem Wirbel, bestehend aus dem Staub des Kosmos, gespeist vom Licht der Sterne, bewegt von der gleichen Kraft, welche die Galaxien bewegt und gelenkt von der gleichen Intelligenz, welche das ganze Universum lenkt, eine Intelligenz, die alle Ebenen unseres Wesens durchdringt, dann wird uns klar, dass es da nichts gibt, was nicht auch in uns zu finden wäre. Und dies ist der Grund, warum uns alle Weisheitslehrer, Heiligen und Propheten immer wieder darauf hingewiesen haben, nicht nur im Äußeren zu forschen und zu suchen, sondern sich nach innen zu wenden, um wirklich und letztendlich fündig zu werden.

Eine gute Voraussetzung und prinzipielle Ausrichtung dafür ist, sich in den gegenwärtigen Augenblick zu versenken oder etwas anders ausgedrückt, einfach das wahrzunehmen, was ist. Das heißt erst einmal nur zu schauen, wie fühle ich mich jetzt, wie fühlt sich mein Körper an, was fällt mir auf, was höre, sehe, denke ich genau jetzt. Das bedeutet nicht, nach etwas zu suchen oder zu forschen, sondern eben genau das wahrzunehmen, was sich jetzt zeigt, was da ist. Dies bringt uns in jedem Fall näher zu uns und näher an den Pulsschlag des Lebens selbst, denn Leben findet immer jetzt in diesem Augenblick statt. Leben ist nicht gestern oder morgen, ist nicht etwas, was wir in unserer Vorstellung im Kopf produzieren. Dieser Augenblick ist alles, was wir haben, was wir „wirklich" haben, unfassbar, immer gleich vorbei und doch immer da, vergänglich und ewig zugleich. Wenn wir eintauchen in dieses hier und jetzt, werden wir auf wunderbare Weise verbunden mit einem Überall und Immer oder anders gesagt: Der Augenblick stellt das Tor dar, durch welches wir eintreten in das Leben und gleichzeitig in die Ebene des Geistes, der sich unablässig manifestiert in und durch diesen Augenblick.

Dieser Augenblick beinhaltet genau das, was ich in diesem Augenblick benötige.

Dies mag sich sehr einfach anhören, ist aber für die meisten Menschen gar nicht so einfach, denn es bedeutet ja, sich aus seinen Konzepten und Programmen herauszuschälen. Unsere Wahrnehmung und unser Denken sind vorherbestimmt, konditioniert und wir haben somit etwas wie ein Raster, eine Schablone über unser Leben gelegt. Immer ordnet der Verstand alles sofort ein und verhindert so die direkte Wahrnehmung. Dieses mutige Zurücklassen des Verstandes und seiner Konzepte ist die Voraussetzung für die unkonditionierte Wahrnehmung dessen, was dieser Augenblick in und um uns entfaltet.

Dieser Augenblick ist in uns enthalten und wir in ihm.

Intuition entsteht nicht an der Peripherie, sondern kommt von innen, aus der Mitte und diese spricht zu uns in jedem Augenblick, welcher quasi der Mund ist des Universums, der Mund Gottes, wenn wir so wollen.

Setzen sie sich bitte aufrecht hin und schließen sie ganz sanft ihre Augen.

Spüren sie, wie sie atmen und denken sie dabei folgende Worte:

Übung: ein - ich atme ein

aus - ich atme aus

ein - dieser Augenblick

aus - entspannen (in den Augenblick hinein)

ein - dieser Augenblick

aus - ist alles, was ich habe

Seiner Intuition zu folgen heißt, einen inneren Weg zu gehen, einen Weg, der nicht auf Schlussfolgerungen und Interpretationen äußerer Umstände basiert, ebenso wenig wie auf fremden Erfahrungswerten oder Nachahmung.

Es versteht sich von selbst, dass wir Information von innen und von außen erhalten. Das Fallen eines Blattes, der Schrei eines Vogels oder was auch immer es sein mag, mögen ganz präzise Botschaften für uns enthalten, wenn wir bereit und offen dafür sind. Diese Botschaften oder Zeichen erschließen sich uns wiederum auf intuitive Art. Wir wollen uns hier aber mit dem beschäftigen, was „von innen" kommt und wie wir uns dafür öffnen können.

Dazu sollten wir uns erst einmal in einen meditativen Zustand begeben, d.h. in einem Rahmen mit möglichst wenig Ablenkung lassen wir Körper und Geist zur Ruhe kommen. Es gibt eine Vielzahl von hilfreichen

Techniken, von welchen ich hier zwei als sehr empfehlenswert erachte. Das ist das Wahrnehmen des Atemvorganges und das Lauschen, welches erhöhte Wachheit und Aufmerksamkeit nach sich zieht, uns mehr und mehr zu uns selbst bringt und uns in diesen unseren ureigensten inneren Raum führt, wo wir verbunden sind mit dem Ozean des Wissens. Wir suchen also nicht Kontakt zu anderen Personen oder Wesenheiten, sondern schaufeln den Weg frei zur umfassenden Quelle des Wissens, mit welcher wir ohnehin immer verbunden sind. Warum wir normalerweise diese Verbindung nicht bemerken, liegt daran, dass

1. unsere Aufmerksamkeit nach außen gerichtet ist und
2. wir permanent sehr viel Lärm machen mit unseren Gedanken.

Meditativer Zustand heißt also, die Aufmerksamkeit von den Dingen der äußeren Welt abzuziehen und seine Gedankenarbeit bewusster und ruhiger werden zu lassen, eben zumindest so ruhig, dass wir die Stimme hören können, die stets in unserem Inneren erklingt. Dies bedeutet von Aktivität, der in unserer Kultur dominierenden Kraft, auf Passivität umzustellen. Aus der Stille kommt es zu uns. In der Stille öffnet sich unsere Ausrichtung auf den Ozean des Wissens. Ein lebendiger, dynamischer Ozean, der ruhiger wird, je tiefer wir eintauchen, bis hin zu dem, was wir Wahrheit nennen, das unaussprechlich Ewige, das in der Tiefe des Ozeans ruht.

Entscheidend ist also die Ausrichtung auf Empfang von Information.

Entscheidend ist dieses JA, ich besitze eine gut funktionierende Intuition, genau wie jeder Mensch und diese ist vollkommen.

Wir müssen uns klarmachen, dass es nicht darum geht unsere Intuition zu verbessern, sondern darum, ihr mehr Aufmerksamkeit zu schenken, wenn wir dies denn wünschen.

Wenn wir also auf Empfang schalten und Störsender so weit wie möglich eliminiert haben, dann ist da nichts weiter zu tun. Wir empfangen und bleiben ganz offen dafür, in welcher Form wir die Information erhalten, beziehungsweise wie wir sie für uns wahrnehmbar machen können. Das ist von Mensch zu Mensch verschieden, kann sich durch Worte, Bilder, druckfertige Sätze, Empfindungen oder eventuell auch durch Gerüche oder einen Geschmack ausdrücken. Die Information ist naturgemäß nicht immer von sensationellem Charakter, sondern oftmals ganz unspektakulär, ganz alltäglich manchmal, unauffällig, leise, vielleicht ein Hinweis auf etwas direkt vor unserer Nase, etwas, was wir sowieso immer sehen und doch nie wirklich beachten.

All dies ist viel einfacher als man denkt. Es bedarf keiner großen Anstrengungen und keiner langwierigen Schulungen, denn es ist die natürlichste Sache der Welt.

Aber wir müssen aufpassen, dass uns der Verstand nicht überrollt mit seinen Argumenten oder Zweifeln, nachdem wir Information erhalten haben. Ganz schnell müssen wir diese annehmen, in uns verankern und in unser System integrieren, sonst ist es leicht möglich, dass ein Gegengedanke die Oberhand gewinnt. Unsere Intuition kann übereinstimmen mit dem, was wir mit unserem Alltagsbewusstsein dachten, kann aber auch völlig andere Ergebnisse und oft auch sehr überraschende Dinge zu Tage fördern. Jetzt gilt es zu handeln, bevor unser zweifelnder Verstand alles wegbügelt und als absurd oder unglaubwürdig entlarven möchte. Der beste Weg ist es, sich sofort an die Umsetzung zu machen, das heißt augenblicklich Wissen in Sein zu verwandeln, eins zu werden mit seiner Intuition.

Man sollte also möglichst wenig Zeit verstreichen lassen zwischen Empfang und Handlung, denn erstens, zu schnell wird es vergessen sein, zurücksinken in den Ozean und zweitens, der nächste Augenblick hält oft auch schon die nächste Information bereit. Doch keine Angst, einem verpassten Augenblick folgt schon der nächste und hält seine Wahrheit für uns bereit, denn Intuition fließt immer und ohne Unterbrechung.

Zur Umsetzung brauchen wir Vertrauen und Mut, denn meistens rechtfertigen wir ja unser Handeln mit rationalen Gründen. Jetzt aber vertrauen wir einer Quelle, die irgendwie im Dunkeln liegt und von einer Großzahl unserer Mitmenschen, wenn nicht geleugnet, so doch sehr stark in Frage gestellt wird. Wir schwimmen sozusagen gegen den Strom.

Haben wir nun zum Beispiel eine Frage ans Universum gerichtet, die wie auch immer geartete Antwort empfangen und sind jetzt bereit, dieser auch zu folgen, so erleben wir dann diese kleinen oder großen Wunder, und zwar auf ganz unspektakuläre Art und Weise. Dinge beginnen sich zu fügen, geschehen mit großer Selbstverständlichkeit, oftmals so, dass wir die Resultate fast nicht bemerken. Es fügt sich nicht nur in unseren Lebensplan, sondern auch in den, der anderen Menschen. Intuition kommt aus der Einheit, dient immer dem Ganzen und arbeitet niemals gegen etwas, sondern immer für etwas.

Wir müssen es ausprobieren und werden sehen, wohin es uns bringt. Nur dadurch wächst unser Vertrauen, dass wir es darauf ankommen lassen. Das erfordert eine gewisse Radikalität: Wenn alles dafür spricht nach rechts zu gehen, und wir nur diesen leisen Hinweis aus unserem Inneren haben, der uns nach links schickt, dahin wo wir gar keinen Weg erkennen, dann braucht es Mut, sich auf den Weg zu machen, trotz allem und gerade deswegen. Genau das ist es, worauf es ankommt. Intuition ohne Vertrauen, ohne Handlungsbereitschaft ist wertlos.

Das Leben ist Überraschung - Lass dich überraschen

Das Leben ist Entfaltung   - Entfalte dich

Und wem sollten wir mehr vertrauen als uns selbst. Wer könnte besser wissen, was gut für uns ist. Was könnte uns jemals näherstehen als diese Stimme, die aus unserem eigenen Inneren kommt. Und wenn wir diese Stimme als das Sprachrohr des Ozeans des Wissens verstehen, dann liegt es nahe noch einen Schritt weiterzudenken und wir erkennen, dass seiner Intuition zu vertrauen, letztlich zu dem führt, was wir Gottvertrauen nennen, ja dass ohne ein Wissen um oder ein Vertrauen in eine höhere Instanz, dies nicht möglich ist.

In schwierigen Lebenslagen sehnen wir uns oft nach Führung, nur müssen wir uns dann auch führen lassen. Wenn wir bei der Hand genommen werden, dann sollten wir mitgehen und vertrauen. Wir können die Augen schließen. Wir kennen den Weg nicht. Wir verzichten auf unsere Vorstellungen, wie der Weg verlaufen sollte.

Dieser Vortrag besteht natürlich aus Worten, und doch sind sie nicht wirklich das, worauf es ankommt. Deshalb wollen wir uns noch einmal in die Stille gleiten lassen, zwischen den Worten hindurch, in den Raum hinter den Worten, dort, wo unsere wahre Heimat ist.

Setzen sie sich bitte aufrecht hin.

Schließen sie ganz sanft ihre Augen.

Spüren sie, wie sie atmen und denken sie dabei

folgende Worte:

ein	ein (denken)
aus	aus (denken)
ein	Stille
aus	entspannen (in die Stille hinein)
ein	aus der Stille steigt es auf, wie die Wogen des Ozeans
aus	in die Stille sinkt es zurück

Eine Frage, die hier sicherlich auftauchen kann, ist, wie kann ich unterscheiden, ob es sich um meine Intuition handelt oder um unser gewöhnliches, konditioniertes Denken. Ich kenne keine Faustregel, weiß jedoch, dass mit dem immer häufigeren Verbundensein mit seiner Intuition, dies immer leichter fällt. Wir spüren, wenn unser Wissen aus einer tieferen Schicht kommt, wir spüren es daran, dass es einfach, klar und wahrhaftig ist. Wahrheit ist unkompliziert, eben nicht intellektuell zweideutig, mit wenn und aber versehen. Wir verspüren Erleichterung, ob der Reinheit und Leichtigkeit, mit welcher sie fließt. Mit der Zeit unterscheiden wir ohne Schwierigkeit Resultate aus meist anstrengenden Denkvorgängen von den mühelos und permanent fließenden Energien des höheren oder wahren Selbst. Und immer sollten wir bedacht sein, unsere Intuition zu schützen, einen Zaun um sie zu bauen, um die Quelle reinzuhalten, denn nur allzu leicht mischt sich, um nicht vom Thron gestoßen zu werden, durchs Hintertürchen unser Verstand dazu. Deshalb gehen wir mit Bestimmtheit vor und teilen unserem Verstand mit, dass wir ihn jetzt auf diesem inneren Weg nicht brauchen können, ihn zurücklassen müssen, ihn aber für entsprechende Dinge wieder zu Rate ziehen werden. So wird er nicht beleidigt sein und akzeptieren.

Wir alle kennen Begriffe, die im Zusammenhang mit dem Herzen stehen, wie zum Beispiel: „Den Weg des Herzens gehen" oder „Der Stimme des Herzens folgen" oder „Mit den Augen des Herzens sehen". Diese Ausdrücke treffen genau das, worum es uns hier geht. Wenn wir, wie in vielen spirituellen oder religiösen Gemeinschaften, das Herz als den Sitz oder als das Gefäß der Seele betrachten, dann bedeutet Herzensarbeit, dieses unser Herz sprechen zu lassen. Genau das, was wir meinen, wenn wir sagen, wir hören auf unsere innere Stimme, auf unsere

Intuition eben und dann sind wir inspiriert oder in der Liebe und das heißt, wir sind wirklich lebendig.

Und was bräuchten wir in der heutigen Zeit, die die Menschen durch ihre verkrusteten, sklerotischen Strukturen fast zu ersticken droht, mehr, als die Liebe, die mit ihrer Kraft alles zu erneuern und zu heilen vermag. In so gut wie allen Bereichen wird das Tun von sogenannten Sachzwängen bzw. Gewinndenken, eigentlich aber von der Angst keinen Gewinn zu machen, gelenkt. Auch dieses hat, so wie alles, was da ist, seine Daseinsberechtigung. Was aber würde passieren, wenn in Ministerien, in politischen wie gesellschaftlichen Einrichtungen, eine Ausrichtung auf geistige Ideale oder einfach auf die Liebe stattfände. Wenn dort mehr Menschen aus der Mitte handeln würden, inspiriert und angeschlossen an ihre Intuition, statt sich an der Peripherie zu verzetteln, dann würde vieles sich fügen, würde Frieden entstehen und eine umfassende Erleichterung für das menschliche Leben.

Das Gleiche gilt natürlich auch im medizinischen Bereich. Wir alle kennen die Probleme und ich möchte nur einen Punkt ansprechen: Auch in heilenden Berufen neigt der Mensch dazu, zu strukturieren, den Krankheiten Namen zu geben, Patienten in Schubladen zu stecken, mechanisch zu behandeln: bei diesem Symptom diese Medizin oder dieses Programm.

All dies führt zu Verkrustungen, Erstarrungen und Pauschalitäten. Doch was ist nötig, um dahinter zu schauen, die Gründe zu erkennen, für ein aus dem Gleichgewicht geraten sein, die wirklichen Hintergründe zu sehen für das, was sich auf der körperlichen und psychischen Ebene abspielt? Die Gründe liegen immer im Geistigen oder anders ausgedrückt in einer Beziehungsstörung. Wir sind eingebettet in ein unendliches Netz von Beziehungen: Beziehung zur Erde, zu den Eltern, zum Beruf, zur Gesellschaft, zu sich selbst, zur Natur, zur Sexualität, zum Gefühl, zur Liebe, zur Religion, zu Gott usw. fort. Beziehung suggeriert uns Trennung. Wenn ich zu etwas in Beziehung stehe, dann sind da zwei und somit keine Einheit. Wenn wir jedoch genauer hinschauen, tiefer blicken, dann sehen wir, dass da eben nicht ein Ich steht und dort z.B. die Natur, sondern wir erkennen, dass wir Natur sind, dass wir Erde sind oder Sexualität, Gefühl, Liebe, Religion, Gott. Dies wiederum hilft uns zurückzukehren in die Einheit, in den heilenden Ozean des Seins, dem die Liebe entspringt und eben auch die Intuition. Diese kommt aus der Einheit, führt uns wieder dorthin zurück und weist uns den Weg zur Heilung unserer Beziehungen.

Um nun hinter die Fassade der Symptome zu sehen, um wirklich an den Wurzeln die Weichen neu zu stellen, brauchen wir die Augen des Herzens, brauchen wir nichts mehr als dieses intuitive Erfassen und Verstehen. Jedoch müssen wir uns hüten vor zu viel Interpretation des intuitiv erhaltenen Materials. Wir sollten es möglichst so stehen lassen, wie wir es erhalten haben, um es nicht durch die Mühlen des Verstandes in unsere kleinen Raster zu pressen und so zu verderben.

Wenn wir 5 Menschen mit der gleichen Krankheit haben, dann haben wir es mit 5 verschiedenen Lebensgeschichten zu tun und werden 5 verschiedene Heilungswege oder Therapien benötigen.

In dem Workshop heute Nachmittag um 2 Uhr wollen wir die hier besprochenen Schritte praktizieren und anwenden. Nach meditativer Einstimmung und Konzentration auf Herzzentrum und 3. Auge, werden wir dies an uns und in einer Partnerübung erproben.

Zum Schluss möchte ich noch ein einfaches Beispiel aus meinem Leben erzählen, welches mir sehr geholfen hat, Intuition zu verstehen und vor allem umzusetzen.

Es war vor etwa 30 Jahren: An einem sonnigen Nachmittag spielen meine Kinder mit anderen Kindern im Garten. Ich gehe ums Haus, um mich in den 1. Stock in mein Arbeitszimmer zu begeben. Als ich um die Ecke biege, höre ich ganz deutlich die Stimme in mir, die sagt: „Räume diese Platte weg!" Ich schaue, und tatsächlich steht da ja diese Kristallquarzplatte, die ich einmal in den Bergen gefunden habe, an die Hauswand gelehnt, etwas versteckt hinter einem Busch. Mir leuchtet dieser Satz oder Gedanke in meinem Kopf nicht ein. Ich denke, diese Platte steht hier seit Jahren, die Kinder spielen auf der anderen Seite des Hauses, so ein Blödsinn, und gehe ins Haus. Ich sitze kaum an meinem Schreibtisch, da höre ich Kindergeschrei, allerdings von der Art, die einen Vater sofort losrennen lässt. Im Garten dann zerschlagene Kristallplatte, messerscharfe Splitter, blutende Kinderhände.

Vortrag: Seine Sehnsucht leben

Der Weg zu Heilung und Entfaltung

1. Sehnsucht als unser alltäglicher Begleiter

Natürlich wissen wir alle, was Sehnsucht ist. Dennoch ist es ein Wort, das nicht allzu häufig verwendet wird. Irgendwie findet man dieses Wort zu pathetisch, dramatisch, kitschig, altmodisch und nimmt lieber andere Worte, die die Sache etwas dämpfen, etwas wollen oder wünschen zum Beispiel. Damit schwächen wir die ursprüngliche Kraft, die hinter unserem Wunsch steht etwas ab. Es wirkt fast so, wie wenn es uns ein wenig peinlich wäre und der starke Wunsch uns irgendwie bloßstellen würde, angreifbar macht oder nicht sein darf.

Andererseits meinen wir, wenn wir von Sehnsucht sprechen, meist etwas weit entferntes, etwas kaum zu Erreichendes, etwas, das kaum der Mühe wert ist, denn wozu sollte man sich mit unerreichbarem abgeben. Sehnsucht, das ist etwas für Träumer, der Realist kümmert sich um greifbares, profitables. Wir alle kennen die üblichen, materiellen Träume der Menschen und wer hat sich wirklich noch nie den großen Lotteriegewinn ausgemalt. Oder wer kennt nicht den Frust bei Sonnenschein im Büro oder in der Schule, wenn andere baden gehen oder zum Skifahren. Und wer kennt nicht den Traum von der Insel mit weißem Sandstrand und Palmen, wo man sich befreit fühlen würde von Alltagsstress und banalem Existenzkampf. Die ganz alltägliche Sehnsucht kennt jeder, weil sie immer präsent ist und sie ist legitim, eben weil sie jeder kennt. Und so hat jeder Verständnis für den Wunsch nach dem Traumpartner oder dem Traumauto.

Es gibt also ganz normale, berechtigte Wünsche, und wenn die Menschen um den Fußballsieg brüllen, so darf das auch leidenschaftlich sein. Sehnt sich der edlere Mensch jedoch nach Befreiung, Gerechtigkeit, Selbstverwirklichung oder nach Demut, Gnade und Erlösung, dann wird das schon komplizierter und er muss sich mehr am Rande der Gesellschaft seine Nische suchen.

Wichtig in diesem Zusammenhang ist mir vor allen Dingen eines und zwar, dass wir erkennen, dass Sehnsucht da ist, immer da ist und egal in welcher Form unser ständiger Begleiter ist.

2. Warum wir unsere wahre Sehnsucht oft nicht mehr kennen

Unsere Kultur hat eine relativ umfassende Zwangsjacke entwickelt, beginnend von Verhaltensregeln aller Art bis zu schulischen und beruflichen Zwängen und so bleibt wenig Raum, um sich selbst noch zu spüren bzw. eigene Wege zu gehen. Verdrängung ist die Devise, sich nichts anmerken lassen, sich nicht bloßstellen oder sein Gesicht verlieren. Das beginnt schon in der Kindheit, wenn es heißt "weine doch nicht", geht weiter mit der Aneignung negativer Glaubenssätze und endet irgendwann damit, auf keinen Fall seine Gefühle zu zeigen, um ja nicht angreifbar und verletzbar zu werden. So unterdrücken wir Gefühle und nicht nur sogenannte negative, die natürlich genauso gelebt und gefühlt werden wollen, sondern auch positive, wie z.B. Verliebtheit oder Lebensfreude, die normalerweise nach Ausdruck und Entfaltung drängen. Es beginnt der Prozess des Vergrabens und irgendwann haben sich unsere Gefühle und unsere Sehnsucht, die ja über das Gefühl zum Ausdruck kommt, so weit zurückgezogen, dass wir sie kaum noch oder gar nicht mehr wahrnehmen können. Man führt ein sehr rationales, von Sachzwängen bestimmtes Leben und das ist irgendwie nur ein halbes Leben, da man ja viele Aspekte gar nicht mehr zulässt.

Hat man aber den Kontakt zu sich und seinen Herzenswünschen erst einmal verloren, weiß man gar nicht mehr, was man sich wirklich wünscht oder welcher Sehnsucht man folgen könnte. Oftmals erst wenn vertraute oder gewohnte Lebensumstände wegbrechen oder wenn Krankheiten auftreten und man in das berühmte schwarze Loch fällt, beginnt man wieder stärker zu spüren, dass da doch noch etwas sein muss, etwas, das dem Ganzen wieder Sinn und Perspektive gibt. Es beginnt dann bisweilen eine lange Phase der Arbeit mit sich, ein langsames wieder mit sich in Kontakt kommen, ein behutsames Ausgraben von tief in uns sitzenden Sehnsüchten.

Dieses ganze Phänomen ist also in gewisser Weise ein kulturell bedingtes. In dem Maße, wie uns Freiheit genommen wird, wie der Kontakt zu uns selbst abgewürgt wird, wird auch für Ersatz gesorgt:

Persönliche Entfaltung darf als Karriere im Rahmen kommerzieller Wachstumserwägungen erlebt werden, Luxusartikel, die man sich dann ja leisten kann, sollen belohnen und befriedigen und für Mutige oder Genießer gibt es den Abenteuerurlaub oder das Wellnesshotel.

Dies mag sicherlich einen Teil unserer Sehnsüchte bis zu einem gewissen Grad befriedigen, kratzt aber dennoch oft nur an der Oberfläche, denn tief in uns schlummert etwas Wildes, lebendiges, etwas, das wir ganz und gar sind und das nach Verwirklichung strebt.

3. Spiritueller Hintergrund

a. Wünsche hinter den Wünschen

Hinter allen unseren üblichen Wünschen steht ein tieferer Wunsch und hinter diesem etwas wie eine endgültige Sehnsucht und genau dahin werden wir geführt, wenn wir diesen unseren Wünschen folgen. Am leichtesten ist dies erkennbar, wenn wir bei unseren materiellen, ganz normalen Wünschen beginnen: Beispielsweise träumt jemand von einem eigenen Haus. Ein ganz normaler und verständlicher Wunsch, den man, wie es scheint, nicht zu hinterfragen braucht. Tut man es dennoch, so könnte man eventuell auf Bedürfnisse stoßen, die einem vorher nicht wirklich bewusst waren. Das, was dahinter liegt, könnte eine Sehnsucht nach Geborgenheit, Schutz und Sicherheit sein, welche sich so ausdrückt und sich durch ein Haus Erfüllung verspricht, oder das Bedürfnis nach Prestige und Bewunderung, worin sich wohl der Wunsch geliebt zu werden versteckt. Sich ein Haus zu bauen oder zu kaufen ist selbstverständlich gut und kann eventuell auch diese Qualitäten ins Leben bringen, vielleicht aber auch nicht, denn so mancher sitzt in einem wundervollen Haus und fühlt sich weder geborgen, noch geliebt, noch sonst etwas, um was es eben eigentlich ging. Aus diesem Grund ist es nicht nur einfacher, sondern auch erfolgversprechender sich um den Mangel direkt zu kümmern, um diese noch nicht oder zu wenig entwickelte Qualität zu erhalten. Bemühen wir uns also in diesem Fall um Geborgenheit und manifestieren dieses Gefühl in unserem Leben, was nicht unbedingt ganz einfach ist und wahrscheinlich einen längeren Prozess nötig macht, so mag der Kauf eines Hauses eventuell gar nicht mehr nötig sein. Wir stoßen also hinter unseren materiellen Wünschen immer auf eine Qualität, die diesem Wunsch zugrunde liegt. Es hört sich vielleicht etwas platt an, aber in dieser Hinsicht stimmt es schon, dass die materiellen Wünsche meist nur Ersatzbefriedigungen sind.

Sind wir nun bei den Qualitäten, die hinter unseren Wünschen stehen, angekommen, so merken wir, dass wir noch nicht das Ende unserer Sehnsucht erreicht haben. Wir spüren, dass unserem Verlangen nach Frieden, Lebendigkeit, Macht, Liebe, Meisterschaft, Einsicht usw. eine noch tiefere Sehnsucht zugrunde liegt und dass unser Bedürfnis nach Entfaltung uns zu einer Selbstverwirklichung führt, die unser begrenztes und gefährdetes Sein als Ego überwindet. Es ist uns durchaus klar, dass unsere persönlichen Qualitäten nicht wirklich genügen und so wollen wir teilhaben an der Kraft, die dieses Universum bewegt, an der Intelligenz, die es lenkt und an der Liebe, die es nährt. Es ist der alte Wunsch gottgleich zu werden oder wie wir heute sagen würden, unser göttliches Potential zu entdecken, unser göttliches Erbe anzunehmen und zu leben.

Wenn wir davon ausgehen, dass der moderne Mensch sich grundsätzlich oft einsam und verloren fühlt in einer feindlichen Welt, die ihm beständig alles abverlangt in einem gnadenlosen Existenzkampf, dann wird verständlich, dass da eine immerwährende Sehnsucht ist nach Geborgenheit, nach einem Aufgehen im Ganzen, in einer letztendlichen Dimension. Es ist das Erleben von Einheit, das Ziel jedes spirituell Suchenden oder Mystikers, das Ziel jeder Seele.

Und nicht nur der existentiell Gebeutelte, sondern auch der gut situierte, eben jeder Mensch kann diese Sehnsucht spüren. Warum auch sonst sind überall auf der Welt Religionen entstanden, wenn nicht deshalb, um den Menschen einen Weg zu zeigen zu ihrer Heilung, zu ihrem Heil, zur Erfahrung von Einheit in dieser unendlichen Vielfalt. Die Erfüllung dieses religiösen Bedürfnisses, dieses Eintauchen in eine fraglose Geborgenheit, in das Urvertrauen selbst, ist das, nachdem wir unsere vielfältigen Erfahrungen in der Existenz gemacht haben, was der eigentliche Sinn und Zweck unserer Reise hier auf Erden ist. Es ist dieses wieder Heimkehren, von wo aus wir aufgebrochen sind.

b. Von wo unsere Wünsche kommen

Da ist dieser tiefste aller Wünsche nach Erlösung in der Einheit. Aber woher kommt eigentlich diese Sehnsucht? Eine sehr schöne Erklärung oder Beschreibung, die ganz und gar meinen Vorstellungen entspricht, habe ich bei den Sufis gefunden:

Einst als alles in sich, in einem ewigen, endlosen Nichts ruhte, begann dieses absolute Alles, welches wir Gott nennen, sich nach sich selbst zu sehnen. Es entstand der Wunsch, dass da etwas sei, hervorgegangen aus dem unendlichen, unerschaffenen Potential, welches sich nicht erkennen kann, solange es sich unentfaltet in seiner Einheit befindet. Diese Sehnsucht trieb Gott in die Existenz, in die Dualität und ließ so ein Gegenüber entstehen, einen Spiegel, in dem er seine Herrlichkeit erblicken kann und schuf so schließlich ein Auge, unser Auge, welches sich an seiner Schöpfung also an sich selbst erfreut. So ist diese ganze Schöpfung letztlich Verherrlichung des einen Wesens. Diese Sehnsucht in unserem Herzen, die uns nach Entfaltung, Selbstverwirklichung streben lässt, ist seine Sehnsucht in uns gesät und zeigt uns dieses oben wie unten, dieses innen wie außen, dieses Prinzip, das der Motor und die Triebkraft allen Geschehens ist. So sind alle unsere Wünsche, unsere wirklichen aus der Tiefe kommenden Wünsche, nicht die unseren, sondern die seinen. Folgen wir ihnen, folgen wir dem göttlichen Plan. Und wenn es Sehnsucht ist, die uns in die Existenz zog, so ist es wiederum Sehnsucht, die uns aus der Existenz hinauszieht, die uns zu der Bewegung veranlasst, die das Zurückkehren einleitet, ein Zurückkehren in die Heimat, von wo aus alles begann. Mag sein, dass wir uns sehr weit entfernt haben vom Ursprung, ja ihn zeitweise ganz aus den Augen verloren haben, was jenes oftmals unsägliche Leid erzeugt, aber da ist diese Kraft in uns, die uns letztlich immer zurückfinden lässt. Wir kennen aus der Bibel das Gleichnis vom verlorenen Sohn und dem stattfindenden Fest bei seiner Heimkehr und das trifft es genau. Denn wir werden nicht nur erwartet und als Teile des Ganzen benötigt, sondern wir kommen auch nicht mit leeren Händen, denn die Essenz aller Erfahrung, die wir in der Existenz machen durften, bringen wir heim und ein in das Sein, bereichern dieses, vervollständigen quasi die Software des Universums und tragen so mit unserer Kreativität bei zum evolutionären Prozess des Ganzen. Wir sollten, um dieses zu verstehen, wieder zu etwas einfachem, weniger spekulativem zurückkehren, und zwar zum Atem.

Ganz wunderbar können wir all dies da erfahren: Wir atmen aus und da ist Ausdehnung. Wir gehen in die Fülle, in die Manifestation. Wir halten den Moment nach dem Ausatmen und erfahren alsbald eine Grenze und den unbremsbaren und nicht zu entrinnenden Impuls wieder einzuatmen. Wir ziehen jetzt alles Erfahrene aus unserer Umgebung zu uns zurück, wir bringen sozusagen die Ernte, die Essenz ein und kehren heim. Jetzt in der Pause nach dem Einatmen taucht ein Moment von Ewigkeit und absoluter Potentialität auf. Dem letzten Moment dieser Ruhe begegnet der erste aufsteigende Impuls, der uns mit seiner sehnsüchtigen Kraft keine Wahl lässt und zum nächsten Ausatmen drängt.

Gott atmet aus, Universen entstehen; Gott atmet ein, alles kehrt zurück; ein ewiges Pulsieren, ein ewiger Atem, ein ewiger Geist.

4. Wie wir unsere Sehnsucht wiederfinden

a. Mit sich selbst in Kontakt kommen

Da der moderne Mensch oft seine Sehnsucht gar nicht mehr richtig kennt, ist es ihm auch nicht möglich, sie zu benennen. Es ist eben bestenfalls nur so ein diffuses Gefühl, das sich gelegentlich, fast störend zeigt und dann bisweilen unpassend erscheint, weil für unsere Alltagsroutine unbrauchbar. So ist da also auch keine konkrete Sehnsucht, der wir folgen können, außer der gelenkten, von außen provozierten und aufgezwungenen.

Der erste Schritt ist deshalb wieder in Kontakt zu kommen mit sich selbst. Das wiederum ist nur möglich durch ein Innehalten in unserer Geschäftigkeit, durch ein sich Ausklinken aus dem banalen Ablauf unseres Lebens.

Es gibt eine Vielzahl von Möglichkeiten und Angeboten, um das zu bewerkstelligen, die alle eines gemeinsam haben und das ist die meditative Einstimmung. Deshalb ein paar Worte dazu: Meditative Einstimmung bedeutet nichts anderes als sich von außen nach innen zu wenden. Normalerweise sind wir mit unserem Bewusstsein fast vollständig im Außen, d.h. unsere ganze Aufmerksamkeit wird von Dingen außerhalb von uns gefesselt, sowohl intellektuell wie sinnlich und auch unser ganzes Handeln ist ja üblicherweise nach außen gerichtet. Dieser Moment nun, wo wir die Richtung unserer Aufmerksamkeit ändern und sie auf uns selbst richten, ist sozusagen die Wende und die Voraussetzung für dieses mit sich in Kontakt kommen.

Vieles eignet sich dafür und jeder muss das für ihn beste herausfinden. Das Hören von passender Musik, das Verweilen in der Natur, das Atmen und sich körperlich spüren, das Lauschen dem Gesang der Vögel zum Beispiel oder langsame Bewegung, Tanz, Tai Chi und vieles mehr eignen sich hervorragend dafür. Meditation in ihren vielfältigen Spielarten und Techniken aus allen Traditionen dieser Welt natürlich sowieso. Sport nur teilweise, eher die Stille nach der körperlichen Anstrengung.

Sind wir in Kontakt mit uns gekommen, beginnt die Entdeckungsreise nach innen ganz von selbst und wir stehen vor dem vielleicht größten Abenteuer, das uns das Leben zu bieten hat. Unweigerlich werden wir die Quelle, welche reine Freude ist, aufspüren und so gestärkt und bewusster in unser äußeres Alltagsleben zurückkehren und dort mit gesteigerter Aufmerksamkeit ebenfalls einem nie endenden Wunder begegnen.

b. Mit dem Herzen und den Gefühlen Verbindung aufnehmen

Wenn wir uns nach innen wenden, begegnen wir erst einmal unseren Gedanken, ja einer ganzen Gedankenmaschinerie, die schier unaufhörlich vor sich hinarbeitet, bisweilen fast sinnlos Gedankenabläufe produziert und wiederholt. Solange wir von diesem Denken beherrscht werden, können wir nicht in tiefere Schichten vordringen. Die Denkmaschine zu stoppen ist anfangs auch nicht möglich und so bleibt uns eigentlich gar nichts anderes übrig, als uns beim Denken zuzuschauen. Dies ist aber in doppelter Hinsicht von großem Nutzen, denn

1) erkennen wir so, was wir überhaupt denken und

2) werden wir dabei zum Beobachter

Wir distanzieren uns also von unserer Identifikation mit den Gedanken und gewinnen so an Freiheit, die es uns ermöglicht endlich Raum zu schaffen, um uns anderen Dingen zuzuwenden, z. B. unserer Sehnsucht. Dafür eignet sich nichts mehr als unser Herz, das Gefäß für die tieferen und tiefsten Aspekte unseres Seins. Wenn wir uns dort sammeln, unsere Aufmerksamkeit in diesem Bereich konzentrieren, dann nehmen wir Verbindung auf mit unseren echten, wahren Gefühlen und zuguterletzt mit unserer Sehnsucht, die in der Tiefe eines jeden Herzens schlummert und nur darauf wartet, erwachen zu dürfen. Das Herz ist der Ort, wo wir unsere Seele finden, ist der Pol unseres Wesens, wo wir Verbindung haben zu unserem ewigen Wesenskern. Es kennt unsere Sehnsucht und wir brauchen es nur zu fragen und wir werden Antwort erhalten, wenn wir nur still genug sind und lauschen, um die Stimme des Herzens zu vernehmen. Diese weist uns immer gemäß unseres innersten Planes den Weg, den kürzesten und besten Weg zur Erfüllung der Sehnsucht. Dabei müssen wir Vertrauen haben und nicht die Erwartung dramatischer, weltbewegender und spektakulärer Informationen, sondern eben vertrauen auch auf diese kleinen, unscheinbaren Schritte, zu denen wir aufgefordert werden bzw. uns ja selbst auffordern und die uns in eine neue, oft übersehene Richtung führen. Da zeigt sich bereits das große Erwachen, das Wunder, das wir erhoffen, in all den Belangen und Kleinigkeiten des Lebens, in all den Fügungen und Lösungen, die einfach und selbstverständlich geschehen, wie von selbst und meist ohne Anstrengung. Denn jetzt auf diesem Weg findet der Kampf, diese unerbittliche Konfrontation allmählich ein sanftes Ende, zugunsten einer Entwicklung, die ganz organisch und im Einklang und zum Nutzen des Umfeldes, des Ganzen stattfindet.

5. Wie befreien wir unsere Sehnsucht

a. Blockaden erkennen

Jede Irritation oder jedes Problem, das wir haben, ist ein Fingerzeig auf etwas, das wir erkennen und erfahren sollen. Hinter dem Symptom, dem sichtbaren und spürbaren Teil, versteckt sich quasi das, was wir nicht sehen und fühlen wollen und worauf wir durch das Symptom oder das Lebensproblem hingewiesen werden. Wir haben immer gute Gründe, warum wir das nicht wollen. In der Regel verstecken wir Schuld, Wut, Angst und andere sogenannte negative Emotionen, eben weil es unangenehm war, was wir erlebten und uns Schmerz bereitet. So kommt es, dass wir Mauern, Blockaden errichten, hinter welchen wir die Wunden und Traumata vergraben wollen. Ja, wir schieben sie so weit wie möglich weg. Nur wohin? Irgendwo im Körper finden all die Gefühle, die wir nicht fühlen wollten, ihren Platz, werden dort eingekapselt und wirken von dort aus sozusagen im Geheimen und bestimmen in ihrem Schattendasein unser Leben. Was wir dann erleben und oft nicht verstehen können und was sich auch immer wieder wiederholt, wird bestimmt von etwas hinter den Kulissen. Diese alten Traumata oder Konditionierungen verschwinden nun dummerweise niemals von selbst, es spielt dabei keine Rolle wieviel Zeit vergangen ist - es kann auch mehrere Leben zurückliegen.

Der erste Schritt ist also, dass wir erkennen und zugeben, dass wir Blockaden und Mechanismen aufgebaut haben, dass wir Altlasten mit uns tragen und dass wir, wie gefangen, in immer gleichen Mustern reagieren, unfähig frei und selbstbestimmt zu handeln. Unsere Probleme weisen uns beständig darauf hin und können niemals ganz zum Verschwinden gebracht werden, solange das Grundproblem nicht ins Bewusstsein gelangt ist.

b. Verdrängte Gefühle wieder zulassen

Der nächste Schritt ist, dass wir bereit sind, diese Dinge und Gefühle, die wir nicht haben wollten oder dachten, wir könnten sie nicht aushalten, doch zulassen, um sie wirklich kennenzulernen, zu fühlen, denn es ist ja etwas von uns und Gefühle haben einen Sinn und Zweck und der ist, dass sie gefühlt werden, denn dazu sind sie entstanden.

Hier treffen wir wieder auf unser Thema:

1. Um unsere Sehnsucht zu spüren, müssen wir alles aus dem Weg räumen, was uns daran hindert. Immer finden wir sie unter dem Schmerz begraben, unter dem Schmerz der Einsamkeit z.B. liegt die Sehnsucht nach Nähe.

2. Um unsere Sehnsucht zu spüren, müssen wir wieder lernen uneingeschränkt und bedingungslos zu fühlen, auch Sehnsucht kann schmerzen, wehtun.

Dies zu tun ist durchaus eine herausfordernde Arbeit: Der Einstieg läuft am besten immer über ein konkretes Problem oder körperliches Leid. Wir schauen in unseren Körper hinein, wo uns etwas auffällt oder etwas nicht stimmt. Wir müssen sozusagen das Versteck aufspüren und gehen dann dorthin, dorthinein, um da zu sein, um zu erleben, was da ist. Der Atem hilft uns dabei. Gefragt ist Hinwendung, keine Diagnose. Wir erforschen es, um dann dort die Emotion kennenzulernen, d.h. wie wir uns dort fühlen. Alle Informationen, die dabei ins Bewusstsein kommen sind hilfreich und nützlich, um besser zu verstehen. Wir handeln mit freundlicher Absicht, nicht um es zu bekämpfen oder loszuwerden. Im Gegenteil, die Emotion darf sich ausbreiten, wir lassen zu, dass Verdrängtes sich zeigt, damit es gespürt, erfahren und verstanden werden kann. Der Atem hilft auch jetzt, er löst, befreit es aus den Zellen, dem Gewebe. Der Schlüssel ist fühlen, bei ihm, dem Gefühl, mit ihm und in ihm zu sein, im Fühlen zu sein.

c. Herz öffnen und hineinnehmen

Der nächste Schritt ist vielleicht der schönste und wichtigste und folgt ganz logisch aus dem vorherigen Fühlen und ist das Öffnen des Herzens. Was auch immer wir zu Tage gefördert haben, wir nehmen es an, wie es ist. Keinesfalls sollen wir es verändern wollen, sonst versteckt es sich wieder, sondern wir schenken ihm Anerkennung, Achtung, Verständnis, nehmen es in die Arme und geben ihm einen Platz in unserem Herzen, denn da ist der Ort, wo es sein darf und willkommen ist, wo es Platz hat und Heilung findet. Du kannst diesen Aspekt, diesen Teil von dir fragen, was er braucht, um sich besser angenommen zu fühlen. Du gibst diesem Teil deine Stimme, damit er sich ausdrücken kann und damit du ihn verstehen und vor allen Dingen besser fühlen kannst.

Das Prinzip ist nicht etwas zu bekämpfen, wegzuschieben, loszulassen oder ein Gegenmittel zu finden, sondern es in Liebe anzunehmen. Durch die Integration der Schatten, verdrängter Gefühle und ausgegrenzter Persönlichkeitsanteile schafft man die Voraussetzung für Wandlung und

Heilung. Dieses Heilwerden, was immer auch ein Ganzwerden bedeutet, ist die wirkliche Bedingung, um Frieden zu finden und ist eine tiefe Sehnsucht in allen von uns.

6. Arten oder Qualitäten der Sehnsucht

Es gibt viele Arten von Sehnsucht. Auf einige, die ich für besonders wichtig erachte, nämlich nach Frieden, Glück, Leben, nach dem höchsten Ideal und nach unserer Aufgabe im Leben, möchte ich etwas ausführlicher eingehen.

a. Nach Frieden

Zunächst einmal ist es Friede, wonach wir uns alle sehnen. Jeden Abend, wenn wir schlafen gehen, finden wir ihn hoffentlich. Wenn nicht, man kennt die Qualen schlafloser Nächte. Und wir alle wissen ob der nie endenden Stürme des Lebens und der Existenzkämpfe, die uns manchmal nicht zur Ruhe kommen lassen. Wir sind beständig auf der Jagd nach etwas, von dem wir glauben, dass es uns fehlt: Liebe, Anerkennung, Geld, Macht und so weiter. Das äußere Leben der Sinnesempfindungen gibt vergängliche Freude. Seine Errungenschaften werden keinen Frieden bringen, denn wir werden sie wieder verlieren. Die Schwierigkeiten im äußeren Leben nehmen kein Ende. Frieden finden bedeutet sich abzuwenden von den äußeren Sinneseindrücken. Es ist wie mit dem Meer: die Oberfläche, die immer in Bewegung ist und die Tiefe, die still ist, umso stiller, je tiefer wir tauchen. Frieden ist etwas Unabhängiges in unserem Inneren, etwas, das ganz und gar uns gehört. Frieden ist Wissen, Macht und Glück zusammen. Wenn wir Frieden gefunden haben, dann haben wir unsere wahre Stütze gefunden, unser "Selbst". Im Frieden begegnen wir der allumfassenden Gegenwart.

b. Nach Glück

Des Weiteren sehnen wir uns alle nach Glück. Und dieses Glück, das wir damit meinen, kennen wir schon - man kann sich ja nach gar nichts sehnen, was man überhaupt nicht kennt - denn es ist unsere Natur, unser ureigenstes Wesen. Es ist ein von allen äußeren Dingen unabhängiges Glück, etwas, das wir nur im eigenen Herzen finden werden, das wir nicht erwerben können und also nicht in der Welt zu suchen brauchen. Dieses bedingungslose Glück hat nichts gemein mit den Vergnügungen des Lebens, bei denen der Verlust oft größer ist als der Gewinn.

c. Nach Leben

Und dann ist da in allen Wesen von Anfang an eine Sehnsucht nach Leben vorhanden. Alles, was wir tun, unsere ganze Kultur, Krieg und Frieden sind Ausdruck davon. Es ist das Natürlichste, dass wir den Tod zu vermeiden suchen. Aber man muss den Tod spielen, um zu durchschauen, was er ist und um zum Wissen um das Leben zu gelangen. So wird man seine Furcht vor ihm auf natürliche Weise verlieren. Alle Meditationsübungen sind irgendwie Abarten dieses Spiels. - Auch seine Unsterblichkeit kann man nicht erwerben, man muss sie entdecken.

Der Wunsch nach Leben erfüllt sich, wenn wir erkennen, dass zwar der Körper, den wir zum Leben erwecken, sein Leben wieder verliert, das Leben selbst aber lebt und zwar für alle Zeit. Kommen wir mit unserem wahren Wesen in Berührung, dann erfahren wir, dass es nicht dem Tod unterliegt.

d. Nach dem höchsten Ideal

Egal welcher Sehnsucht wir folgen, wenn wir in die Tiefe gehen, sozusagen auf den Grund dieser Sehnsucht, dann stoßen wir immer auf dasselbe und das ist die Sehnsucht nach sich selbst, nach seiner wahren Natur, die Sehnsucht nach dem, was uns trägt. Solange diese nicht entdeckt und verwirklicht ist, haben wir uns nicht und müssen Suchende sein. Noch im Werden begriffen, treibt uns diese Sehnsucht dem Ziel entgegen.

Auf dieser Suche stoßen wir immer auf uns selbst und somit auf unseren ewigen Kern, einem Nicht-Ich, das wir sind und öffnen damit das Tor zum Göttlichen, denn wer sich selbst, sein wahres Selbst findet, findet das Ewige in sich. Im sich Annähern an das höchste Ideal erreichen wir allmählich dieses Einswerden mit allem, was ist, mit der Einheit und erfüllen so unsere höchste und letzte Sehnsucht.

e. Nach seiner Aufgabe im Leben

Kehren wir aber noch einmal zurück zu einem ganz irdischen Wunsch, der vielen Menschen Schwierigkeiten bereitet und das ist der Wunsch nach einem erfüllten Leben, nach einer Arbeit, die wir sinnvoll finden, nach unserer Aufgabe hier in unserem sozialen Umfeld.

Wenn wir erkennen können, dass jeder Augenblick im Leben seine Aufgabe beinhaltet, jeder Augenblick eine Gelegenheit ist, dann ziehen wir den Kopf aus der Schlinge, denn wozu sollten wir dann noch nach Aufgaben suchen, wenn wir uns zuallererst der vor unserer Nase stellen. Wir lösen uns damit von der quälenden Frage, was wir tun sollen und hören auf die Zukunft über Gebühr aufzublähen.

Zweifellos können wir an dem Platz, auf den das Leben uns gestellt hat, von Nutzen sein und auf unsere Umwelt positiv einwirken, wenn wir mehr Liebe in das hineingeben, was wir tun. Was auch immer es ist, es ist genauso wichtig wie alles andere, für sich selbst gesehen, wie auch im Kontext mit allem anderen und es wird erfüllend sein, wenn wir es mit Engagement und Begeisterung machen. Der mehr und mehr spirituell ausgerichtete Mensch muss nicht z.B. seine Kanzlei verlassen, wenn er Anwalt ist und eine Meditationsschule gründen, um die geistigen Werte zu leben oder zu verbreiten, nein, er kann dies in seiner Kanzlei tun, da wo er sowieso tätig ist und da wo es am allermeisten gebraucht wird. Was wir auch tun, wir sollten es so gut machen und mit so viel Liebe, wie es uns nur möglich ist.

Auf der anderen Seite brauchen wir in diesem Zusammenhang Mut, denn wenn wir mit unserer Situation unzufrieden sind, nicht glücklich sind mit unserer Arbeit beispielsweise, dann ist ein konsequentes Handeln angezeigt, um das Tor zu öffnen für das Neue. Folgen wir unserer Sehnsucht, so wird sie uns führen, genau dahin, wohin wir schon immer wollten und einem erfüllten Leben mit allen seinen Herausforderungen steht nichts im Wege, wenn wir ihm nichts in den Weg legen durch kleinliches, ängstliches Denken ohne jegliches Gottvertrauen, denn Gottvertrauen bedeutet immer auch Vertrauen in sich selbst und in das Leben.

7. Das richtige Wünschen

Da gibt es diesen Spruch: Pass auf, was du dir wünschst, es könnte in Erfüllung gehen. In der Regel jedoch kennen wir genügend Wünsche, die nicht in Erfüllung gingen. Es heißt jedoch, dass jeder wirkliche Wunsch irgendwann und irgendwie erfüllt werden muss, dass dies ein kosmisches Gesetz ist. Wenn er also nicht in Erfüllung geht, dann deshalb, weil wir falsch wünschen. Aber wie wünschen wir richtig? Dazu sind drei Schritte nötig:

1) Der Wunsch muss echt, aufrichtig sein. Er muss aus deiner Tiefe kommen, dem Ort, wo du mit deinem ewigen Pol verbunden bist. Von da kommend ist dein Wunsch eine Fortführung, eine Ausweitung des göttlichen Willens oder Wunsches ins Leben hinein. Dieser Wunsch kann durch uns verfälscht werden und deshalb müssen wir sehr wachsam und klar sein und uns mit der reinen Quelle unserer Sehnsucht verbinden.

In seiner radikalen Form könnte das bedeuten, dass wir auf den persönlichen Wunsch verzichten in dem Vertrauen darauf, dass das Leben, das Universum oder das Schicksal sowieso besser weiß, was das Beste für uns ist. Normalerweise jedoch liegen uns unsere Wünsche zu sehr am Herzen, um auf sie verzichten zu können, Herzenswünsche eben!

2) Der nächste Schritt ist nun unseren Wunsch klar zu formulieren. Schaffen wir es eine deutliche Vision, ein eindeutiges Bild zu entwickeln, eventuell sogar auch von dem Weg, der uns dahinführt, dann ist die Erfüllung fast schon garantiert. Tragen wir ihn klar und stark in uns, in jeder Zelle von uns, so wird er durch uns verwirklicht.

Den Zweifel an dieser Erfüllung, wenn er denn auftaucht, sollten wir ganz schnell ausmerzen, denn er wird das Gelingen in Frage stellen, wenn nicht gänzlich vereiteln. Oder mit anderen Worten: wir müssen bedingungslos daran glauben und gänzlich offen bleiben dafür, wie, wann oder wodurch das geschieht, was wir ersehnen. Doch das versteht sich im Grunde von selbst, denn wie soll sich die Vision entwickeln, wenn ich sie im Anschluss wieder vernichte.

3) Der letzte Schritt verlangt nach unserer Willensstärke. Wir könnten eine Rangliste unserer Wünsche aufstellen und schauen, wieviel Einsatz wir bereit sind dafür aufzubringen. Sind wir gar nicht willens die nötigen Schritte zu gehen für die Erfüllung eines Wunsches, wieviel ist uns dieser denn dann überhaupt wert? Dies ist ein wichtiger Maßstab, denn wir wissen im Grunde alle, wenn wir bereit sind, alles zu geben, dann ist es nicht aufzuhalten und wenn unser Verlangen ein fortwährender Gedanke geworden ist, dann ist auch der Erfolg gesichert.

Wir reden hier natürlich nicht davon, sich in unsinnige, nutzlose oder aussichtslose Wünsche zu verbeißen. Sich in derartige Vorhaben zu verrennen ist weiter nichts als das Aufbäumen eines aufgeblähten und irregeleiteten Egos.

8. Krankheit und Heilung

Ich kann es zwar nicht garantieren, aber ich bin von folgenden Aussagen überzeugt:

Wer seiner Sehnsucht folgt, wird gar nicht erst krank. Mag sein, dies klingt irgendwie provokativ, aber, wenn der Vogel nicht fliegt, verkümmern seine Flügel, er wird krank oder verhungern. Folgt er aber seinem Lebensplan, so werden Verirrungen vermieden, Reibungen, Irritationen und Konflikte halten sich in Grenzen und dienen schlimmstenfalls einer Kurskorrektur. Krankheit, der letzte Hilfeschrei des Körpers, der ja auffordert zu einer solchen Kurskorrektur, wird gar nicht nötig sein.

Und hier die zweite Aussage für den Fall, dass man schon krank ist:

Wer seiner Sehnsucht folgt, wird wieder gesund. Zwar lagert unsere Sehnsucht oftmals unter unseren Schatten und zweifelslos scheint es anfangs nicht leicht, sich durch negative Glaubenssätze, verdrängte Gefühle und alle Arten von Wunden hindurchzuarbeiten bis zum Grund unseres größten Schmerzes, der die Sehnsucht bedeckt hielt. Doch wir werden fündig werden und sehen, dass wir selbst am besten wissen, was wir brauchen, was die Not wendet, eben notwendig ist. Deshalb nur zu und hab Mut, auch zu den ungewöhnlichen, vielleicht zuerst unmöglich erscheinenden Wünschen, die dich deinem Heil, deiner Heilung entgegenführen.

Auch dürfen wir nicht vergessen, dass das, was wir Krankheit nennen, vielen Zwecken dienen kann. Wir brauchen sie manchmal, um uns endlich zurückziehen zu dürfen, Aufmerksamkeit sprich Liebe zu erhalten, karmische Belastungen zu lösen, um uns zu reinigen und vieles mehr. Doch auch in allen diesen Fällen ist es der Versuch, uns durch diese Krankheiten zu helfen, uns darauf hinzuweisen, wo unser Weg liegt, uns zu unserem wahrhaftigen Lebensplan zurückzuführen, um unsere Aufgabe zu erfüllen und um unserem Ziel näherzukommen.

9. Die Sehnsucht erschafft das Ersehnte

Obwohl unsere Sehnsucht unser Ureigenstes ist, so ist sie doch zugleich etwas, das nicht wir erschaffen haben, etwas, das uns nicht gehört, sondern etwas Zugeflossenes. Sie fließt mit uns weiter und wir mit ihr und sie ist kreativ in sich selbst und erschafft letztlich das Ziel unserer Sehnsucht, denn dieses ist nichts außerhalb von uns, sondern es ist ein Zustand, ein Seinszustand von uns selbst.

Und sie kann uns Schmerz bereiten, weil wir uns ja vom Ziel unserer Sehnsucht getrennt fühlen. Wir leiden ja gerade darunter, dass wir das Ersehnte nicht in unserem Besitz wähnen und Mangel empfinden. Gleichwohl ist dieses Ersehnte immer auch ein bekanntes, denn etwas, das wir nicht kennen, von dem wir keine Ahnung haben, können wir gar nicht ersehnen, das heißt, dass es sich um etwas vertrautes, einen Zustand, den wir schon einmal hatten, handelt.

Keinesfalls müssen wir eine Sehnsucht einer anderen opfern. Mag sein, Freiheit und Bindung z.B. sind mit dem Verstand nicht zu vereinbaren, aber unser Herz, unser fühlender Kern vermag dieses sehr wohl. Das Leben selbst ist es, das alles vermag, auch die Vereinigung der Gegensätze, denn die Wahrheit kennt nicht nur dieses "entweder - oder", sondern sie kennt auch ein "sowohl als auch".

10. Es erfüllt sich immer nur jetzt

An einem Punkt unserer Reise wird die Sehnsucht sich erfüllen!

Warum nicht jetzt? Alles, was geschieht, geschieht immer nur jetzt. Warum also nicht seine Blickrichtung ändern und anstatt nach außen und in die Zukunft zu blicken, schauen wir nach innen auf unsere gegenwärtigen Gefühle, auf unsere Sehnsucht und auf den Mangel, der sie überdeckt. Lösen wir uns aus der Identifikation mit dem Gedanken, dass unser Mangel eine Tatsache ist, ganz abgesehen von den äußeren Umständen und erkennen, dass es ein Gefühl ist und wagen es dieses anzunehmen, ihm unser Herz zu öffnen und ihm einen Platz darin zu geben, dann beginnt sich augenblicklich bereits das Wunder der Heilung und Erfüllung zu vollziehen. Auch Erfüllung ist ein Gefühl und unabhängig von den Tatsachen, die dann eintreten können oder auch nicht. Hat nämlich zum Beispiel die Existenzangst einem neuen gesunden Urvertrauen Platz gemacht, dann ist der Lottogewinn, die Erbschaft oder der lukrative Job vielleicht gar nicht mehr nötig oder wird sowieso noch nachgeliefert. Durch das sich öffnen für das - was - ist, schaffen wir die Möglichkeit für Heilung und den Raum, der sich jetzt mit dem Ersehnten füllen kann. Solange ich jedoch beispielsweise mit dem Gedanken "ich bekomme es nie" oder "ich habe es nicht verdient" identifiziert bin, bleibe ich verschlossen und erzeuge genau die Realität, die dieser Gedanke ausdrückt. Nehme ich jedoch bewusst den Mangel an, geschieht bereits Erfüllung unserer Sehnsucht genau in diesem Augenblick. Ich kann dies nicht für den Verstand in befriedigender Weise erklären, aber dies ist eine der verblüffenden, inneren Erfahrungen, die ihr Geheimnis nur dem enthüllt, der bereit ist, diese Erfahrung selbst zu machen.

11. Die Vision: der rote Faden deines Lebens (eine meditative Reise)

An einem Punkt unserer Reise muss sich die Sehnsucht erfüllen!

So wollen wir jetzt einmal einen Blick werfen auf unseren Weg: Natürlich muss man sich etwas Zeit nehmen, um das zu tun, sich einstimmen und sich in einen meditativen Zustand begeben. Sie können es jetzt tun, während sie es lesen und entsprechende Pausen machen für das innere Erleben oder irgendwann, wenn es eben gut passt, vor dem Einschlafen zum Beispiel.

Lasst uns damit beginnen zurückzuschauen als wir in dieses Leben kamen und die ersten Etappen desselben betrachten, an die wir uns erinnern können. In der Regel finden wir schon ganz am Anfang einen roten Faden. Da ist etwas, das immer wiederkehrt, eine Problematik, ein Thema, eine Aufgabe, eine Sehnsucht. Es beginnt in der Kindheit, zieht sich durch unsere Jugend, hinein in das Erwachsenwerden. Wir können sehen, welche Etappen wir durchlaufen haben und was wir an welchen Punkten unternommen haben, was wir immer wieder erleben mussten oder woran wir immer wieder gescheitert sind. Diesem roten Faden folgen wir nun, bis wir hier und jetzt ankommen, da, wo wir uns in unserem Leben befinden.

Jetzt ändert sich die Blickrichtung: Wir schauen nicht mehr zurück, sondern nach vorne in die Zukunft und wir werden sehen, dass der rote Faden jetzt nicht endet, sondern uns weiterführt. Geben sie sich diesem hin, ganz frei und unbeschwert. Lassen sie ihren Visionen den Lauf und sich ungebremst entfalten. Der rote Faden ist eine Art Richtschnur unserer Sehnsucht und befördert uns weiter und weiter. Wo und wie werden wir sein in 10 Jahren, in 20 Jahren, wo in 30 Jahren, wo, wenn wir am Ende dieses Lebens stehen. Können wir gehen oder ist da etwas Unerfülltes, das uns irgendwie zurückhält. Dann muss es erledigt werden, dann sollten wir tun, was getan werden muss, um zu lösen, was auf dem Weg blockiert. Nicht immer liegt das in unserer Macht und so müssen wir es manchmal in die Hände einer größeren legen. Eines aber können wir erkennen und zwar, dass sich unsere Sehnsucht erfüllt und dass diese Reise genau diesem Zwecke dient. Da ist kein Zweifel mehr, sondern das Vertrauen, ja das Wissen, dass wir ankommen werden, zuhause, da wo unsere Reise begann.

Vortrag: Warum der Tod unser Freund ist

ODER WARUM WIR DEN TOD NICHT ZU FÜRCHTEN BRAUCHEN

Auf Grund großer Leiden kann der Tod als Erlösung empfunden werden. Für gewöhnlich aber ist der Gedanke an den Tod mit Angst und Schrecken verbunden. Dies hat in unseren Zeiten unter anderem folgende Gründe:

1. Wir fürchten die Schmerzen, die wir oft vor dem Tod in Form von Krankheit und Verfall erleiden. In unserer Kultur haben wir den Umgang mit Schmerz verlernt und haben keine sinnvolle Verwendung für ihn und sehen keinen Sinn im Erdulden desselben. Schmerzvermeidung sowie seine Betäubung wurden bei uns kultiviert. Somit hat man sich der Chance beraubt, einerseits die Informationen, die wir uns durch den Schmerz geben, zu empfangen und andererseits die Phasen des Schmerzes zu nutzen für unsere Läuterung, Stärkung und für unsere Weiterentwicklung im Allgemeinen. Wie nahe liegen doch oft Leid und Freude beieinander und gehen ineinander über, so wie Tränen in Lachen und Schmerz in Ekstase.

2. Wir fürchten uns in der Tiefe unseres Wesens vor dem „Jüngsten Gericht". Wir glauben zwar in unserer säkularisierten Welt kaum mehr an solche Dinge, jedoch in den Abgründen unseres Bewusstseins ist dies noch nicht gelöscht. Unser mechanistischer, materialistischer Glaube ist noch sehr jung und eben auch sehr oberflächlich.

3. Da ist kein Platz in unserer Geschwindigkeits- Wachstums- und Gewinn- Zivilisation für Verfall, Alter und Tod. Der alte Mensch wird nicht mehr so geachtet wie in früheren Zeiten und als erfahren oder weise verehrt, sondern eher als Last empfunden. Es ist dies wohl eine logische Konsequenz in einer Zeit, die alles Augenmerk auf ein „Werden" legt und sich abgewendet hat vom „Sein" und vom „Vergehen".

Dies alles fördert und legitimiert die maßlose Selbstsucht dieser Epoche.

Ich würde diesen Umständen eine Kultivierung der Langsamkeit entgegenhalten und daraus resultierend ein Innehalten, eine Kultur des Todes, die das Leben ergänzt, vertieft und bereichert.

Das Thema dieses Vortrags lautet: „Warum wir den Tod nicht zu fürchten brauchen." Dafür gibt es erstmal einen ganz einfachen und naheliegenden Grund:

Unser ganzes Leben ist ein beständiges Sterben und Abschiednehmen… Denken wir z.B. an unsere Kindheit oder unsere Jugend, so werden wir feststellen, dass wir heute ganz andere sind und dass wir in diesem sogenannten Leben vielleicht schon viele verschiedene Leben und Rollen gelebt haben. Das Abschiednehmen von einer Phase unserer Entwicklung ist oft schwer, fällt uns aber umso leichter, je neugieriger und hoffnungsvoller wir voranschreiten.

Zu erwachen, das heißt, das Wunder des gegenwärtigen Augenblickes zu erleben und damit die Magie unseres Daseins im und als Universum zu spüren, bedeutet immer aber auch ein Zurücklassen der Konzepte von uns, beziehungsweise ein Sterben von dem, was Ego genannt wird, ein Opfern des falschen Selbst, um Platz zu schaffen für unser ewiges oder wahres Selbst. Wie sehr erinnert dieser Satz genau daran, an diese Art des Sterbens, den Sokrates einst vor Tausenden Jahren gesagt haben soll: „Zu philosophieren bedeutet, Körper und Geist voneinander zu trennen."

Der spirituelle Mensch oder der Mystiker richtet seine Aufmerksamkeit auf das Absolute, das Sein, das Ewige oder auf Gott und so wird er ein Kind Gottes. Der „normale" Mensch richtet seine Aufmerksamkeit auf diese Welt und so wird er in Kind der Erde sein.

Was der Erde angehört unterliegt dem Verfall. Was des Himmels ist, ist ewig. Der Mensch hat zwei Pole, einen göttlichen und einen irdischen, mit allen Stufen dazwischen. Unser ewiges Selbst formt sich aus, hinein in die Existenz, sowie der ganze Ozean sich erhebt in einer Woge, um zurückzusinken in die Einheit.

So wie wir einen Körper haben und doch nicht dieser Körper sind, so leben wir in dieser Welt und sind doch nicht von dieser Welt.

Oder lasst uns ein anderes Bild verwenden: Die Blume, eines der schönsten Mandalas, das wir haben:

Während am Rande der Blüte die Blütenblätter schon welken und abfallen, entfalten sich aus der Mitte immer wieder frische und erneuern die Blüte, welche an der Peripherie dem beständigen Verfall unterworfen ist. – Eine schöne Metapher für die ewige Gleichzeitigkeit von Werden und Vergehen und so wie Dunkelheit nicht ohne Licht denkbar ist, so nicht der Tod ohne Leben oder anders gesagt, ohne Veränderung, Transformation oder Evolution.

In der normalen Bewegung des Atems ist dies alles enthalten und vielleicht können wir gemeinsam dieses Thema nur für ein paar Minuten anhand unserer Atembewegung kontemplieren:

Ich bitte Sie, für ein paar Augenblicke ganz sanft die Augen zu schließen, sich nach innen zu wenden, um intensiver das zu spüren, was wir ohnehin immer tun, und zwar, dass wir atmen. Unsere Atembewegung begleiten wir jetzt mit folgenden Worten und Gedanken:

Wir atmen ein und wir atmen aus und wir bemerken es und denken dabei die Worte „ein" und „aus"   '
Beim Einatmen denken wir: „Werden"
Beim Ausatmen denken wir: „Vergehen"
Beim Einatmen denken wir: „Ich bin"
Beim Ausatmen denken wir: „Ich bin nicht"
Einatmen: Halten und Fülle, Verdichtung, Ich fühlen
Ausatmen: Halten und Leere Stillstand, Nicht-Ich fühlen
Einatmen: Halten bis der Atem zurückfließen muss ins Universum
Ausatmen: Halten, bis das Leben uns wiederhaben will.

Auf diese sehr einfache Weise erforschen wir diese Momente und den Kreislauf, in dem sie enthalten sind.

Während wir die Übung jetzt ausklingen lassen, möchte ich gerne etwas mit Worten ausdrücken, was man mit Worten eigentlich gar nicht ausdrücken kann. Jedoch dafür haben wir Musik, Kunst oder Poesie:

Es ist klein
Es ist groß
Es ist ein Tal
Es fließt ein Fluss darin
So viele Dämme kannst du nicht bauen
Es fließt ins Meer
Meer willst du
Mehr kannst du nicht haben

Wenn Leben und Tod also so eng miteinander verbunden sind, warum ist dann da diese Schwelle zum Jenseits, über welche wir nicht blicken? Warum erhalten wir so wenig Botschaft von der anderen Seite? Nun, das mag viele sinnvolle Gründe haben. Und vielleicht auch, weil es gar kein Jenseits gibt, sondern nur unseren Mind mit seinen Vorstellungen und Projektionen und Phantasien. Und vielleicht auch, weil es keinen wesentlichen Unterschied gibt zwischen diesseits und jenseits und weil eben in der Regel die Dinge, die wir zu erledigen haben, vor unserer Nase liegen. Und genau darauf sollten wir auch unserer Aufmerksamkeit richten und nicht so sehr auf ein Jenseits oder jenseitige Wesenheiten, die, wenn sie zu uns sprechen, oft mehr verwirren, als zur Klärung beitragen. Ich persönlich halte es nicht für prinzipiell hilfreich mit beispielsweise Verstorbenen in Kontakt zu treten, da sich eben diesseits und jenseits nicht wirklich unterscheiden und von der anderen Seite keinesfalls nur Positives zu erwarten ist.

In meiner Arbeit ist es durchaus des Öfteren angezeigt mit körperlosen Wesenheiten in Kontakt zu treten. Dies mache ich bei Clearings jeglicher Art, aber auch beispielsweise, um Beziehungen mit Verstorbenen zu klären oder um Missverständnisse auszuräumen. Das Interesse, das Verstorbene manchmal noch an unserer Welt und unserem Leben hier haben, kann natürlich auch von altruistischen Motiven geprägt sein, oft aber auch von ganz egoistischen Wünschen, die zu Lebzeiten nicht ausreichend erfüllt oder aufgelöst wurden. Solchen Wesen zu helfen, wenn man denn weiß wie, ist wichtig und gut, sich mit ihnen unnötig abzugeben eher nicht nützlich und manchmal sogar gefährlich.

Sich mit höheren Ebenen der Existenz in Verbindung zu setzten, um Führung, Heilung und Einsicht zu bekommen, ist etwas anderes und entspricht der Hinwendung zum Geistigen, Ewigen, Göttlichen. Es gibt die verschiedensten Ausdrücke dafür, wie: der Stimme des Herzens folgen oder den Weg des Lichtes gehen und erfordert immer unsere Hingabe an die Natur, das Sein, die Wahrheit oder das Heilige.

An dieser Stelle ein paar Worte zur Reinkarnation. Da ist nicht nur ein Leben nach dem Tod, sondern logischerweise auch ein Leben vor der Geburt. Da ist überhaupt nur Leben mit Zäsuren, Einschnitten und Abschnitten, denen Verfall und Auflösung voraus gehen kann und die wir Tod nennen. Für mich ist es selbstverständlich, dass wir durch viele Existenzen unser Karma erfüllen und dass wohl mehrere Leben nötig sind, um den Heimweg zu finden und zu bewältigen. Bei meiner Arbeit verwende ich aber Rückführungen nur, wenn sie mir therapeutisch sinnvoll erscheinen und sicher nicht, um der allgemeinen Informationsflut noch mehr Informationen hinzuzufügen. Es verwirrt oft mehr als es nützt. Aus gutem Grund treten wir unsere Lebensreise hier erstmal als scheinbar unbeschriebene Blätter an.

Um nicht völlig in ein lineares Denken von einer Kette von Inkarnationen zu rutschen, was großen Spielraum bietet für Fantasie und Wunschdenken, mag es hilfreich sein, der Idee der Gleichzeitigkeit Aufmerksamkeit zu schenken. Wir leben auf verschiedenen Ebenen der Existenz, materiellen, feinstofflichen und geistigen und wir leben Aspekte unserer Vergangenheit wie unserer Zukunft. Wir sähen und ernten zugleich. Und wie ja auch zum Beispiel Zellen unserer Leber nicht viel wissen darüber, was die Zellen in unserem Gehirn gerade treiben, so wissen auch wir nur wenig über die Bandbreite und Tiefe unseres Wesens, da wir eben nur die Aspekte wahrnehmen, auf die unser Bewusstsein konzentriert ist.

Der Tod selbst tut ja nicht weh. Jedoch die Angst davor und das Selbstmitleid und die Erinnerung an die Vergänglichkeit, sowie das Abschiednehmen können sehr wohl schmerzen. Speziell dann, wenn da noch unerledigtes ist, wenn sich manches noch nicht erfüllt hat. Wenn da jedoch dieses Urvertrauen ist, dann wissen wir, dass sich alles erfüllen wird, auch wenn wir nicht wissen wie, wo und wann.

Schauen wir uns einmal einen Menschen an, der im Sterben liegt. Wenn wir mit ihm fühlen und Mitgefühl haben, dann ist da natürlich, wie schon gesagt, zuerst diese Trauer und dieser Schmerz aus vielen Gründen wie Mitleid, Verlustangst, die Erinnerung an den eigenen Tod, Hilflosigkeit und vieles mehr. Da ist aber auch Würde und Ekstase zu finden, gerade auch bei Menschen, die ihre Schmerzen ertragen wollen und die man sie auch tragen lässt, denn Schmerz und Ekstase können sehr eng beieinander liegen. Oft werden sie betäubt, weil die Menschen um sie herum es nicht ertragen.

Und ja, da ist auch Freude. Ja, ich habe es erlebt, ganz still sitzend bei Sterbenden war da immer eine unglaubliche Leichtigkeit und Freude zu spüren. Hinter der Fassade, die oft aus schrecklichem Leid bestand, da konnte ich sehen, wie etwas jubilierte, während es sich vom Körper befreite und diesen verließ, irgendwie energetisch gesehen, von unten nach oben. Ganz bildlich, so habe ich es immer wahrgenommen, der Mensch stirbt von unten nach oben, wie wenn er tatsächlich die Erde verlassen würde und hinauf ginge in den Himmel. Und ich habe es auch erlebt, dass da nach dem Tod ein unbeschreiblicher Duft war und später erst die alltäglichen Gerüche nach Krankheit, Medizin und Mensch zurückkehrten. Ich halte es für ein großes Privileg, Dabeisein zu dürfen, wenn eine Seele den Körper verlässt. Je bewusster alle Beteiligten es erleben, desto größer der Gewinn. Ich habe keine Worte dafür, was der Gewinn ist, doch ich danke dafür:

Ich danke dir,
nichts bin ich mehr als ein Abgrund
in dem ein paar Sterne schweben und ein Mond.
Nicht, dass ich etwas geschafft hätte,
doch nie ging es mir besser.
Ich danke dir,
alles scheint so klar,
wie mein Schicksal, das mich umhüllt
und wie der Duft,
der mich zu dir trägt.
Ich danke dir,
während ich ausatme,
immer wieder ein letztes Mal
atmest du ein.
Nicht, dass ich etwas geschafft hätte, doch jetzt bin ich ganz frei…

Der zweite Titel des Vortrages lautet: Warum der Tod unser Freund ist.

Nun eben deshalb, weil alles, was wir tun können im Angesicht des Todes, ein letztes Mal wäre und so unglaubliche Intensität und Erfüllung bekäme. Etwas ganz Alltägliches wie zum Beispiel einen Brief zu schreiben, Tee zu trinken, die Landschaft zu betrachten oder das Pflanzen eines kleinen Baumes im Garten, würde uns veranlassen dieses mit größtem Genuss zu vollbringen und wie würden wir das Bäumchen oder unser Kind oder was auch immer betrachten, wenn wir wüssten, dass wir es zum letzten Mal sehen. Und, weil wir dann bestimmt nichts täten, was uns nicht wirklich wichtig wäre. Alles, was wir tun, bekäme wieder eine tiefe Bedeutung.

Wenn wir an den Tod denken, wissen wir, dass wir keine Zeit zum Verplempern haben und dass es endlich Zeit wird, das zu tun, was wir wirklich tun wollen. Dies könnte ein guter Schlüssel sein für ein gutes Leben. So mancher wird aber auch ein gutes Leben haben, ohne jemals an den Tod zu denken, falls es das überhaupt gibt. - Jedem das Seine.

Ja, der Tod ist ein guter Ratgeber und er könnte sogar noch mehr sein, vielleicht unser Retter. Doch vor was könnte er uns retten? Vielleich vor diesem nie genug haben, vor diesem immer mehr wollen...?

Lassen sie uns diesen Gedanken in einer kleinen Meditation kurz kontemplieren:

Wieder schließen wir sanft die Augen. (Wie oft wir dies doch tun, ohne dabei daran zu denken)

Wir machen es uns gemütlich, denken Feierabend, sitzen auf unserem Sofa, ganz bequem und seufzen und lassen alles gehen, alles Überflüssige und alle Spannungen.

Jetzt denken wir an den Tod, an unseren Tod. Wir stellen ihn uns vor, wie auch immer er uns erscheinen mag, ganz individuell, ja, es kann durchaus ein ganz persönlicher Tod sein. Und schauen ihn an und wir fragen ihn:

Was wirst du mir nehmen?
Was wirst du mir geben?
Welchen Rat kannst du mir geben?

Lass die Antworten einfach kommen. Du brauchst nicht nachzudenken. Auch keine Antwort enthält eine Antwort.

Und dann lassen wir diese kleine Übung ausklingen.

Ich glaube, es ist sehr nützlich eine gute, das heißt auch persönliche Beziehung zum Tod zu haben, egal ob wir spirituell ausgerichtet sind oder nicht. Gehen wir allerdings bewusst einen spirituellen Weg, so gilt die Aufforderung, wie sie sich Sufis geben: Stirb jetzt und beginne zu leben!

Des Himmels Mühlen mahlen dich zu Staub.
Da schimmert etwas,
es scheint sich zu erfüllen!
Ein Windhauch trägt dich fort.
Es weht, es windet in aller Stille.
Es windet sich dein Fluss.
Er fließt ins Meer,
mehr willst du,
mehr kannst du nicht haben.

Auch wenn es für unser normales Denken nicht logisch erscheint, so gibt doch erst der Tod unserem Leben einen letztendlichen Sinn und nichts hat Sinn ohne Hoffnung. Ich erinnere an die Worte von Jesus am Kreuz, sterbend sprach er: „Es ist vollbracht." Wie also kann man Tod und Hoffnung zusammenbringen?

Nur dadurch, dass man erkennt, dass das Leben lebt und nur der Tod stirbt, dass das Leben den Tod überlebt und der Tod uns dabei hilft. Da ist keine Zeit mehr, stehend vor der Ewigkeit und auch kein Tod.

Es kann der Gedanke an den Tod sein, der uns aus der Hektik unserer geschäftigen Welt reißt, der uns innehalten lässt, der uns zu uns selbst zurückkehren lässt, der die Welt anhält, der uns langsam werden lässt, damit sich da wieder Raum auftut, um zu spüren, zu verstehen, zu lieben, zu sein. Die Langsamkeit, von der ich spreche, ist nicht nur ein Selbstzweck, sondern sie dient auch dem Zeitgewinn. Normalerweise denkt man heutzutage, man müsse alles nur etwas schneller machen und schon ist Zeit gewonnen. Dass das aber nicht richtig funktioniert, wird langsam offenkundig. Ich schlage vor, wer mehr Zeit möchte, der solle langsamer werden und dann weiterschauen. Er wird sich wundern.

Wer sich den Tod und seinen Rat zum Freunde macht, dessen Sorgen zerrinnen wie die Zeit vor der Ewigkeit.

Und alles endet wie ein Gedicht:

Schließe sanft deine Augen!
Hast du Lust zu sterben?
Sag ja
und komm in meine Arme!
Da wird dein süßes Grab sein.
Und wenn du deinen Sarg, diese Ewigkeit liebst,
dann werde ich dich bekommen
und du ---
du bekommst den ganzen Rest.

Über den Autor

Heinz Espabad Kindl arbeitete nach seinem Studium der Philosophie als Schauspieler und Tänzer. Nach einem Unfall mit Todeserfahrung führte ihn seine Suche nach Asien in buddhistische Klöster und schließlich in den internationalen Sufiorden, wo er heute als Senior Teacher arbeitet.

Nach der Entdeckung seiner medialen Fähigkeiten wurde er Heilpraktiker und anerkannter Heiler im DGH, Dachverband Geistiges Heilen e.V. und arbeitet neben seiner Praxis in München als Fachdozent in der Europäischen Akademie für Selbstheilungsprozesse von Clemens Kuby. Sein erstes Buch „Vom inneren Weg" (Heilende Poesie) ist 2008 erschienen. Seit 2011 ist er Mentor an der Suluk – Akademie in Paris. Seit 2012 leitet er das Münchner Heil- und Meditations-Zentrum YA WALI. **www.ya-wali.de**

Espabad lehrt auf entspannte und humorvolle Weise, er führt ebenso kraftvoll wie einfühlsam durch die inneren Prozesse der Bewusstwerdung und Heilung. **www.espabad.de**